国家出版基金项目
NATIONAL PUBLICATION FOUNDATION

马克思主义经典著作研究读本

主 编 杨金海 李惠斌

马克思《法兰西内战》研究读本

李惠斌

中央编译出版社
CCTP Central Compilation & Translation Press

总　序

　　呈献给读者的这套"马克思主义经典著作研究读本"丛书，旨在立足于 21 世纪中国和世界发展的现实，对马克思、恩格斯、列宁重要著作以及有关专题思想重新进行较为深入的研究和解读，供广大读者特别是致力于深入研究马克思主义经典作家原著的读者阅读使用。计划出版 40 种，三年内陆续完成编写和出版工作。

　　马克思主义经典著作是学习和研究马克思主义理论的基础文本，历来为人们所重视。在我国学术史上，曾编写和出版过不少关于经典著作的读本，包括各种注释性读本和导读性读本，对学习和研究马克思主义理论发挥过重要作用。然而，随着时代的发展，这些读本也越来越显出历史局限性。比如，以往对经典著作的解读视角较旧，对马克思主义理解不够全面；解读的经典著作范围较小，视野有限；解读所依据的文献不足，深度不够等。进入新世纪以来，特别是自 2004 年中央实施马克思主义理论研究和建设工程以来，马克思主义经典著作的教学、研究以及普及工作不断加强，这就迫切要求对经典著作重新进行解读。

　　同时，这些年我国学界有关经典著作的翻译和研究成果不断推出，为更好地解读经典著作提供了可能。改革开放以来，特别是进入新世纪以来，随着我国社会主义现代化建设以及人类文明的深入推进，我们对马克思主义的理解以及对经典著作的研究不断深化，解读视角发生重大转变，对马克思主义的理解更加全面。例如，以往由于受革命实践的影响，我们较多地从社会主义"革命"视角去解读，而较少从社会主义"建设"视角去解读，因此，较多地注重研究其中的阶级斗争、无产阶级革命和无产阶级专政等理论，而较少研究社会和谐发展、人的全面发

1

展等思想。革命胜利后，仍然沿袭了这种解读模式。这就造成了对马克思主义理解的片面性。实际上，马克思主义经典著作中有丰富的新社会建设思想，恰恰是这些长期被忽视的思想对我们今天的社会主义建设实践来说更有意义。近些年来，我国学者自觉地从"建设"视角研究经典著作基本观点，取得了一系列可喜成就。又如，过去对经典著作的解读主要限于对若干重要经典著作的解读，如对《共产党宣言》等五六部名著有较为详细的解读，对其他著作的解读不多。即使有收文较多的导读性读本，但常常由于篇幅所限，也只能对这些著作进行简要介绍，不可能对每一部著作展开研究。近些年来，这种情况在逐步发生变化。研究经典著作的专题成果越来越多。再如，近年来新的经典著作编译成果和相关研究成果不断推出，大大拓宽了人们对经典著作基本观点的理解。加之这些年我国学界一大批优秀的中青年学者成长起来，他们的外语水平较高，知识储备较多，研究方法较新等，对经典著作的研究和理解也更有新意。这些都为更好地解读经典著作提供了新的时代条件。

为了继承前人研究的成果，弥补以往研究的不足，总结这些年我国学界编译、研究经典著作的成果和经验，比较全面系统地解读和阐释经典著作的基本观点，中央编译局专门成立了"马克思主义经典著作及其重大理论问题研究"课题组，并对该项研究提供了基金资助。课题组不仅在局内组织力量进行研究，而且向社会公开招标，争取到社会力量的支持，一批有造诣的中青年专家参与到课题研究中来。经过课题组同仁两年多努力，已经形成一批研究成果，并将继续补充、完善并陆续推出。这套"马克思主义经典著作研究读本"丛书就是这些成果的集中体现。

本丛书力求体现如下特点，这也是丛书编著工作所力求遵循的原则：第一，体现全面性和系统性。本丛书不仅对经典作家的名著进行解读，也对其他重要著作进行解读，还要对经典作家的一些重要思想，如马克思的人类学思想、列宁的新经济政策理论等，进行专题梳理和解读。不仅从"革命"视角，而且从"建设"视角，全面、系统地梳理经典作家的思想观点。力求使这套丛书成为收文最全面、解读最系统、最能够反映经典作家著作全貌的学术成果。第二，突出文献性和考证性。每一研究读本的写作，力求充分反映国内外有关研究成果，特别是要充分反映我国新时期在经典著作翻译和研究方面所发现的新文献、取得的新成果。在此基础上，要对经典著作形成的历史背景、国内外传播、原著重要思想观点及其流变，以及后人对这些观点的理解等，进行考证研究。如果说过去的解读主要是"注"的话，那么，这套读本则要进一步体现"疏"的特点。通过这种"注疏"性考据研究，不仅使读者知其然，也知其所以然。这样，也能够为学界进一步研究提供尽可能丰富的文献资料。第三，力求权威性和准确性。一方面，研究读本所依据的经典著作文本力求具有权威性和准确性。主要依据中央编译局所编译的最新译本，如《马克思恩格斯全集》第二版、《马克思恩格斯文集》、《列宁全集》第二版、《列宁专题文集》等。对还没有新译文的文本，可以采用旧译文。同时，适当参照外文版本，进行比较研究。另一方面，所依据的其他文献资料，也力求具有权威性和准确性。要选择国内外在该研究领域最具权威性的专家学者的最具代表性的观点和最有影响力的文章。

基于上述考虑，本丛书采取大致统一的研究和写作框架。除导论外，各个读本均有五个部分组成。一是历史考证部分，其中包括写作背景、国内外主要版本和传播考证等；二是研究状况部分，包括对国内外已有的研究情况进行梳理；三是当代解读部分，包括对经典著作的内容简介，对已有研究观点的疏正，对重要理论观点及其当代意义的阐述；四是原著选编部分，根据经典著作的不同情况，或采取全选的形式，或采取节选的形式，均采用中央编译局的最新译本，个别读本同时选编原著的旧文本，以方便比较研读；五是附录部分，包括3到5篇关于本著作的国内外有一定权威性的研究文章，以及进一步研究需要参考和阅读的文献资料。

需要说明的是，对于经典著作的研究，往往会有仁者见仁、智者见智的情况。所以，尽管我们在组织编写工作中努力体现上述原则，但这些读本的观点不一定都具有代表性，更不可能与每一位读者的观点完全一致。加之作者研究角度不同,水平各异,每一读本的结构、篇章、内容、观点都不尽相同,其权威性程度也不尽一致。其中很可能有疏漏和错误之处,谨请读者批评指正。

该丛书在编写和出版过程中,得到了各个方面的大力支持。中央编译局对此项工作高度重视,始终给予鼎力支持。国家出版基金将该丛书列入 2012 年资助项目。中央编译出版社为该丛书申报国家出版基金项目并最终立项,以及为丛书出版做了大量工作。本丛书中收入的译著和文章的译者、作者和出版者同意我们使用相关的著作版权。该项目顾问委员会的专家对丛书的编写工作给予热情指导,编委会成员和课题组同仁为丛书的编写付出了辛勤劳动。在此一并致以衷心的谢意!

《马克思主义经典著作研究读本》

编辑委员会

2013 年 6 月 16 日

目　录

导　论

　　《法兰西内战》在马克思的著作中具有十分重要的地位。如果可以对他的这篇著作与他的其他著作加以对比的话，那么，这篇著作的重要性，它对于后人的影响，可能仅次于《共产党宣言》和《资本论》。尤其重要的是，马克思通过总结巴黎公社的伟大实践提出来的民主政治理论，对于后来的社会主义实践，具有特别重要的意义。不论是列宁，还是后来的毛泽东，他们的社会主义理论和实践，都深受这篇著作的影响。在这篇光辉著作过去了140多年之后，尤其在经过了中国的改革实践之后，我们重新来研究这篇著作，研究它的背景、它的文本、它的意义、思想和理论，更是具有一种不同的感受。研究这些历史和文献，我们从来没有感觉到它们的时代感有如此的强烈。通过一种历史和同时代文献的对比研究，我们会对一些文字的意义产生出更加明确的认知；对比今天的时代，我们会对这些文献的现实意义，有一种更加亲切的感受。

一　关于本书收入的国内外重要研究文献

　　考茨基对于巴黎公社和《法兰西内战》的研究，使我们的研究更加具有了历史感。他所提出的"第一巴黎公社"和"第二巴黎公社"的概念，使我们在研究1871年巴黎公社历史的同时，不得不再去研究法国大革命的历史。法国大革命和因此而产生的第一巴黎公社没有像第二巴黎公社那么惨烈，因为起义者及时地向凡尔赛进军，把皇帝本人也挟持到了巴黎，从而免遭屠城的灾难。但是，第一巴黎公社却因为罗伯斯庇尔的雅客宾专政而使得革命的恐怖走向极端，连罗伯斯庇尔本人后来也被送上了断头台。而 1871 年的巴黎公社虽然没有成功，却创造了令后人敬仰和积极效仿的民主政治模式。两个巴黎公社出现的差距，还有一个重要的原因往往被人们忘记，那就是在 1835 年到 1840 年间，法国思想家托克维尔在访问美国 9 个月之后，写成他的名著《论美国的民主》，这本书的成功使得法国人对于民主政治的了解已经不再限于他们的先哲伏尔泰、卢梭、孟德斯鸠等的理论中，而是上升到了一种对现实案例的关注中。作者注意到，马克思的《黑格尔法哲学批判》也受到了这位法国政治思想家的影响①。托克维尔的思想肯定也直接和间接地影响了马克思领导的国际工人协会和法国政治领袖们的思想。而从这个角度的研究会使我们对于巴黎公社和马克思的著作有一种更加深刻的了解。

列宁与考茨基的争论使得《法兰西内战》的研究在今天有了特殊的意义。十月革命的胜利，使得考茨基对列宁的批评一度陷入谬误。十月革命与巴黎公社不同，列宁继承了马克思关于"革命专政"的理论，采取了阶级镇压的方法，取得了十月革命的胜利。但是，取得胜利的无产阶级如何实现民主和解放劳动的问题，并没有引起列宁的注意。相反地，他把这种临时性的"革命专政"延长到了整个社会主义初级阶段，忽视了马克思和恩格斯关于打碎权力，实行民主制，以及在经济上使劳动者获得自由和权利从而真正摆脱奴役的思想。因此，考茨基对列宁的批评在今天看来，在苏联模式已成往事之后，其思想的确有着十分重要的意义。

考茨基研究巴黎公社和《法兰西内战》的著作很多，《论无产阶级专政》和《恐怖主义和共产主义》是他的代表作。由于篇幅所限，本书只收入了他的《论无产阶级专政》中的第五章"无产阶级专政"。有兴趣的读者可以再去看他的《恐怖主义与共产主义》，其中关于"第一巴黎公社"和"第二巴黎公社"的论述，既有正确的观点，也有错误

---

① 关注这方面的研究请阅读本书"当代解读"部分。

的观点，读者可以从中得到一些历史的教益。

本书收入了法国思想家巴迪欧的文章《巴黎公社：政治的政治性宣言》（兰江译）。巴迪欧的文章提出了一个具有吊诡意义的问题。巴黎公社的失败，是因为它没有一个有力的政党的领导，但是，正是因为这个原因，它创造了有史以来民主政治的典范。与此相对照，十月革命由于有了一个强有力的政党的领导，从而取得了革命的成功，但是，因此出现的"党—国"体制，却出现了斯大林主义的问题。毛泽东试图通过"文化大革命"的方式解决这个世纪难题，但是，没有取得成功。我们在《法兰西内战》的当代解读一章中试图回答这个吊诡性的问题。我们的结论是，在后来的社会主义国家试图建立现代民主制度时，忘记了马克思在《法兰西内战》中讲的实现劳动解放的条件，即建立个人所有制，给劳动者个人以权利，实现劳动者的"自由的联合"。传统社会主义在使劳动者摆脱资本奴役的同时，由于没有解决个人权利问题，从而使其重新陷入了权力的奴役。因此，劳动者的政治上的解放，是离不开经济上的解放的。相反地，劳动者一旦获得了经济上的解放，则必然要求政治上的解放，因此，中国目前的政治体制改革，也同样存在着一种"倒逼"现象。

M. 塔巴克的文章《马克思的无产阶级专政理论再认识》是较早把马克思和恩格斯的无产阶级专政理论解释为民主政治理论的文章之一，他的研究具有独到之处，对我们的研究很有启发。这一点我们后面的研究中还会谈到。他的不足之处在于他不能从经济基础的角度去研究马克思的民主政治理论为什么在后来的社会主义国家不能得以实现的原因。

顾准先生的《直接民主与"议会清谈馆"》是他对巴黎公社和《法兰西内战》的一种研究心得。直接民主与代议制民主是民主政治的一个重要问题，也是我们后面研究的一个重要内容，因此，我们收入该文，供读者继续研究时作为参考。

中央党史研究室第二研究室主任郑谦的文章《"文化大革命"的巴黎公社情结》是国内研究巴黎公社和《法兰西内战》的不可多得的参

考文献。文章已经在网上广泛传播，经作者同意后收入书中，作为研究《法兰西内战》的参考文献。

二 关于本书收入的经典著作文本

本书经典著作选编部分收入恩格斯写的 1891 年版导言、马克思《国际工人协会总委员会关于普法战争的第一篇宣言》、马克思《国际工人协会总委员会关于普法战争的第二篇宣言》和马克思《法兰西内战——国际工人协会总委员会宣言》。

马克思写作《法兰西内战》，总共写了三稿。对于细心的研究者来说，每一稿都有独立的研究价值。因此，我们把《法兰西内战》初稿和二稿收录于本书附录部分，供读者研究时参考。马克思写作《法兰西内战》时作了大量报刊摘录。对于那些对马克思的研究方法感兴趣的读者，这部分内容也是十分重要的。我们选择其中的第一部分，即马克思写作《法兰西内战》使用过的摘录部分，收入书中，供研究者参考。马克思在正式发表《法兰西内战》之后，又作了一些摘录。有兴趣的读者可以去查阅吴惕安等译的《马克思关于巴黎公社报刊消息摘录》（商务印书馆，1975 年版）。

三 鸣谢

马克思的《法兰西内战》在中国的研究和传播已经有了近一百年的历史，其间有个人和组织作了大量的翻译和研究工作。本研究是在前人的工作基础上进行的，因此，大量地采用了前人的研究成果。作者在引用和使用过程中尽量注明了出处，以对前人的工作表示尊重。其中尤其是中央编译局的前辈的研究成果，是量最大的。这些同志有的已经过世，他们一生都在无私和默默地从事翻译和研究工作，真可谓"春蚕到死丝方尽，蜡炬成灰泪始干"。用李商隐这句诗来形容他们是一点也不过分的。本书经典著作部分采用了中共中央编译局集体编译的中译本，我们对人民出版社同意该书使用这些译本表示感谢！书中收入的《马克思关于巴黎公社报刊消息摘录》则是商务印书馆1975年的版本。我们对于该书的编译者和出版者表示感谢！感谢本书所引用文献的作者、译者和出版者同意本书收入他们的著作和译文作为研究参考文献！

　　南京大学兰江教授提供了他的巴迪欧文章的译稿，同时为本书无私地提供了他的一些研究成果。白云真博士在文献整理方面给予了帮助。郑天喆博士协助整理了法文方面的文献资料。在此一并致谢！

第一部分　历史考证

第一章　写作背景

根据法国史学家皮埃尔·米盖尔的《法国史》① 和德国著名思想家考茨基在其《恐怖主义与共产主义》② 一书中的论述，历史上曾经有过两个巴黎公社：一个为 1789—1795 年的巴黎公社，成立于 1789 年 7 月 14 日巴黎市民攻陷巴士底狱以后，以革命市政府的形式出现。另一个为 1871 年的巴黎公社，被马克思和恩格斯称为第一个无产阶级专政的政权。马克思的《法兰西内战》一文是在第二巴黎公社失败后的第三天写成并在第一国际总委员会的大会上宣读的。为了比较准确和全面地了解巴黎公社的情况和马克思对待巴黎公社的基本态度，我们愿意和读者一起，比较全面地了解一下两个巴黎公社的情况。

一　法国大革命与第一巴黎公社

法国大革命是 1789 年—1799 年在法国发生的一场革命。在这次革命中，代表资产阶级的民主党人和共和党人一起推翻了君主专制政体。

法国大革命的起因是人民对法国封建统治者的不满。在路易十五当政时期（1710 年—1774 年），人民对国王的统治极度不满，有识之士起而抨击当时的宗教和王室，从而形成了思想启蒙运动，涌现出了伏尔泰、卢梭、孟德斯鸠等一大批思想开明的人物。天赋人权、君主立宪、三权分立等思想应运而生，并且日益深入人心。

---

① 〔法〕皮埃尔·米盖尔：《法国史》，蔡鸿滨等译，北京：商务印书馆 1985 年版。
② 〔德〕考茨基：《恐怖主义与共产主义》，马清槐译，北京：生活·读书·新知三联书店 1963 年版。

伏尔泰（1694 年 11 月 21 日—1778 年 5 月 30 日）是法国启蒙时代的思想家、哲学家、文学家，启蒙运动公认的领袖和导师。被称为"法兰西思想之父"。他不仅在哲学上有卓越成就，也以捍卫公民自由，特别是信仰自由和司法公正而闻名。尽管在他所处的时代审查制度十分严厉，伏尔泰仍然公开支持社会改革。他的论说以讽刺见长，常常抨击天主教教会的教

伏尔泰（1694—1778）

条和当时的法国教育制度。伏尔泰的著作和思想与托马斯·霍布斯及约翰·洛克一道，对美国革命和法国大革命的主要思想家都有影响。

让·雅克·卢梭（Jean-Jacques Rousseau，1712 年—1778 年），法国伟大的启蒙思想家、哲学家、教育家、文学家，是 18 世纪法国大革命的思想先驱，启蒙运动最卓越的代表人物之一。主要著作有《论人类不平等的起源和基础》、《社会契约论》、《爱弥儿》、《忏悔录》、《新爱洛漪丝》、《植物学通信》等。卢梭不但是资产阶级启蒙运动的代表人物，而且其思想对于空想社会主义也有很大影响。

卢梭（1712—1778）

他提出的私有制是人类不平等的起源和基础的著名思想，为空想社会主义者提供了重要的理论依据。

孟德斯鸠（1689 年—1755 年），法国 18 世纪资产阶级杰出的思想家之一。他最重要的贡献是对资产阶级的国家和法的学说做出了卓越贡献，他在洛克分权思想的基础上明确提出了"三权分立"学说；他特别强调法的功能，认为法律是理性的体现，法又分为自然法和人为法两类，自然法是人类社会建立以前就存在的规律，那时候人类处于平等

孟德斯鸠（1689—1755）

状态；人为法又有政治法和民法等。他提倡资产阶级的自由和平等，但同时又强调自由的实现要受法律的制约，政治自由并不是愿意做什么就做什么。他说"自由是做法律所许可的一切事情的权利；如果一个公民能够做法律所禁止的事情，他就不再有自由了。因为其他的人也同样会有这个权利。"

伏尔泰、卢梭、孟德斯鸠等人的思想为法国大革命的发生提供了重要的思想基础。在革命前，法国的居民被分成 3 个等级：天主教高级教士、封建贵族、资产阶级和农民。1789 年的法国大革命起因于第三等级和贫民阶层反对封建王权的斗争。主要以部分教士、公证人、律师和行会会员为主所组成的"三级会议"代表（共有 1139 名齐集巴黎）纷纷向国王提出陈情书，要求限制专制王权、颁布王国宪法、废除农村的领主特权。爆发革命的直接原因是：第三等级在国王路易十六反对的情况下召开会议，决定建立"国民议会"，路易十六在压制失效的情况下采取了妥协政策，同意特权等级与第三等级合并开会，宣布成立"制宪议会"；但是，国王的让步并没有得到王室的认可，王后及其近侍都不同意这种"屈服行动"，他们在军队和警察中酝酿一场反扑，并联络外籍军团在巴黎外围集结，使巴黎有大兵压境之势；与此同时，国王解除了有一定改革意向的财务大臣内克的职务（7 月 10 日），巴黎市民感觉到刚刚发生的改革进程有被扼杀的危险，便发动了武装起义。7 月 14 日，为了寻找武器，高举大刀长矛的起义民团和参加起义的巴黎市民在倒戈的炮兵的协助下，攻陷了巴士底监狱，释放了监狱中的囚犯，拿走了武器，将负隅顽抗的监狱长德·洛内斩首，并把他的首级挂在枪尖上游街示众。类似的暴力活动席卷了巴黎的大街小巷。这就是历史上著名的反对封建王朝专制统治的法国大革命的开始（这一天后来被确定为法国的国庆日）。

参加起义的市民通过选举产生了一个革命的巴黎市政府，他们称为巴黎公社。公社的构成是各种政治俱乐部。与 1871 年的巴黎公社相比，这时期的巴黎公社时间上要长很多，从 1789 年一直持续到 1795 年，时间达 6 年之久。巴黎公社要求废除封建权利，废除官职世袭和买卖制度，改行选举制；重建整个司法制度，审判官、司法官员由世袭制改为任命制或选举制，他们的职务不再归个人所有，那些过去花钱买到官职而现在落选或不被任命的人给予一定的赔偿金。所有这些改革都是在狂热的气氛中仓促作出的决定，旧制度在几天之内就整个瓦解了。

1789 年 8 月 26 日通过了《人权与公民权宣言》，宣称"自由"就是"有权采取一切无害于他人的行为"；"平等"就是废除特权。《宣言》谴责封建专制主义，宣称只有全体国民是至高无上的。"任何个人，任何部分公民的团体都不得把主权据为己有"，"主权本质上存在于全体公民之中"。主权的表现形式就是法律，"也就是公民或公民代表的大多数所表达的普遍意志。"人民制定法律，指派依照法律进行审判的官员，委任国王执行法律。

巴黎公社的这些革命措施使得皇室和贵族无法接受，于是，国王路易十六 10 月份把忠于他的佛兰德尔联队调来凡尔赛，准备控制巴黎的局势。此时，距离 7 月革命的爆发已经过去了将近 3 个月。巴黎市民对此迅速做出了反应。他们以妇女为先导，组成浩浩荡荡的队伍，徒步走到凡尔赛，包围了王宫。由于人多势众，卫兵不敢开枪。国王不得不同意迁居巴黎，从此解除了巴黎公社的后顾之忧。

为了解决实施改革所需要的经费问题，制宪议会作出决定，把价值为 30 亿法郎的教会财产收归国有，并以此为抵押发行债券，此后不久则对教会的地产进行公开拍卖。

1781 年 6 月 20 日，国王路易十六装扮成平民逃出巴黎，结果被抓了回来。8 月奥地利皇帝和普鲁士国王在皮尔尼茨号召欧洲各国君主组成反对法国革命的十字军，因为国内发生革命而流亡国外的王公贵族也磨刀霍霍。巴黎市民把这一切当成阴谋，再次发动了起义。1792 年 8 月 10 日起义公社夺取了政权，逮捕了国王。他们解散了原来的议会，进行普选，选出了新的议会，名为国民公会。国民公会由主张恐怖的雅各宾左派三巨头罗伯斯庇尔、丹东和马拉所控制。巴黎公社在国民公会的基础上成立了公共安全委员会，下设治安委员会和革命法庭。公共安全委员会（或救国委员会）由 12 人组成，实行集体负责制，成了真正的政府，他们任命将军、官吏和大使，负责指挥政治警察。治安委员会的任务是"揭露一切不良的和讨厌的份子"，负责侦察叛徒和对革命缺乏热情的人。革命法庭则按照治安委员会提供的嫌疑人名单立即惩罚他们。丹东创立的革命法庭由 5 人组成的审判团和检察官富基埃–坦维尔和他的助手们构成。革命法庭的判决是终审判决，各地公

罗伯斯庇尔（1758—1794）

安委员会的决定在各省由特命代表负责强制执行，在军队中由共和国特派员负责强制执行。正如历史学家米盖尔所说，"这种超集中的特殊制度是一种真正的专政"，"到处人头落地"，从战败的将军、前贵族到投机商人和各种嫌疑份子，"不加区别地一律处死"，"处决犯人的协和广场每天血流成河"①。考茨基则正确地指出，当时"无论是谁，只要被一个'爱国者'怀疑和告发，就足以被判处死刑，并且事实上还没有任何上诉的机会"②。据克鲁泡特金的《法国革命》一书披露，"从 1793 年 4 月 17 日设立革命法庭之时起，到 1794 年牧月 22日（6 月 10 日）止，即在 14 个月期间，巴黎的革命法庭已经发布命令处死了 2607 人。但是，自从颁布新法令以后，从牧月 22 日到热月9 日（1794 年 7 月 27 日），即仅在 46 天的时间里，这同一个革命法庭就处死了 1351 人。"③ 这种恐怖统治的结果是丹东和罗伯斯庇尔本人以及他们的所有朋友也都被控以"人民公敌"而被这个专政机器送上了断头台。

---

① 〔法〕皮埃尔·米盖尔：《法国史》，蔡鸿滨等译，北京：商务印书馆 1985 年版，第284 页。

② 〔德〕考茨基：《恐怖主义和共产主义》，马清槐译，北京：生活·读书·新知三联书店 1963 年版，第 28 页。

③ 同上书，第 33—34 页。

二 第二巴黎公社前发生的几个事件

事件 1：国际的建立

19 世纪中叶，法国是一个农民占多数的国家，全国约有 70% 的人口居住在农村。不过，法国已经有 300 万产业工人。19 世纪 60 年代，法国工人运动开始蓬勃高涨。1864 年 9 月，由马克思参与组织的第一国际成立，不久巴黎也建立了国际的组织，1865 年 1 月正式设立国际巴黎局，开始在法国各个城市吸收会员。国际巴黎局在半年多的时间里就发展到500 名会员，汇集了一大批优秀的工人代表和社会活动家。国际会员积极地领导工人罢工，组织同业工会、各种合作社、互助储金会等，并通过组织罢工和争取工人权益等活动，把工人阶级团结在一起。1869 年，在国际会员的倡议下，各个工会和其他劳动组织联合组成工人协会联合会。到 1870年，加入巴黎联合会的有近 50 个工人协会，每个协会都派 1—3 名代表参加联合会的工作。联合会与国际在一个地方办公。国际巴黎局一度出现普鲁东主义占上风的现象，主张放弃工人阶级的革命活动。由于马克思对于普鲁东主义进行了不妥协的斗争，国际巴黎局产生了瓦尔兰等一批接近科学社会主义思想的积极分子。尽管受到帝国警察的种种迫害，国际巴黎局却不断成长和巩固，他们把社会主义思想灌输给工人群众，从组织上团结了工人阶级，在工人中培养了自己的组织者和领军人物。

事件 2：奈尔事件

1870 年 1 月巴黎发生了一件轰动整个法国的事情，史称"奈尔事件"。这件事情激起了巴黎市民暴风雨般的革命情绪。拿破仑三世家族中的皮埃尔·波拿巴亲王对《马赛曲报》上的一篇文章不满，提出要找罗什福尔决斗。在这同时，《马赛曲报》的撰稿人巴斯卡尔·格鲁谢也给皮埃尔·波拿巴寄去了挑战书。当格鲁谢的决斗助手到住宅去找亲王的时候，亲王就向他们开了枪，把他们当中的一个叫做维克多·奈尔的记者给打死了。当罗什福尔的决斗助手到来时事情已经发生了。罗什福尔在第二天的报纸上撰文痛斥了法国皇帝一家的"匪徒"行为。文章写道："法国受这些强盗血手的摆布已经18年了。法国人民，难道你们没有看到，现在是结束这一切的时候了!"① 1月12日是奈尔下葬的日子，巴黎郊区聚集起巨大的游行队伍，数千名警察封锁了市中心，以阻止游行队伍在市中心聚集。人们对于皇族以及帝制的不满已经到了极限。正如凯尔任策夫所说"巴黎像在锅里一样整天处在沸腾之中"②。国际和工人协会的全体成员都参加了游行。他们已经预感到革命的时刻就要来了。瓦尔兰在1870年1月19日给奥布里的信中说："我们决定，今后我们要注意政治事件，在一切场合下我们都要商议应当采取什么行动。人民激动了；革命快要到来。"③

事件3：反对公投，提出建立共和国的宣言

1870年5月，政府决定举行新宪法的全民投票，用以巩固帝国的统治。国际领导了反对全民投票的斗争，并在工人集会上组织讨论后来以国际和工人联合会的名义发表了一个宣言，提出了关于工人各项要求的纲领，宣布应该建立"民主社会共和国"，而共和国的基础将是作为社会基础的劳动。它要求废除常备军，把教会的财产充公，彻底修改税收制度，改组大型企业等等。瓦尔兰在一封信中写道："我们反对帝制……我们要求人民享有全部主权、由人民直接管理。我们要求建立普遍的社会共和制。"④

事件4：路易·波拿巴向普鲁士宣战并在色当被俘，法国帝制灭亡

1870年7月19日，拿破仑三世的政府狂妄地向普鲁士宣战。虽然

① 〔苏〕凯尔任策夫：《巴黎公社史》，中国人民大学编译室译，北京：生活·读书·新知三联书店1961年版，第40页。

② 同上。

③ 同上。

④ 《对巴黎国际工人协会的第三次审判》，1870年巴黎版，第63页。见凯尔任策夫：《巴黎公社史》，中国人民大学编译室译，北京：生活·读书·新知三联书店1961年版，第41页。

法国皇帝的将军们拿到的是普鲁士的地图，但是，整个战争主要地是在法国境内。普鲁士出动了约45万人，而法国只有25万士兵。战争只用了5个星期，连法国皇帝本人也在9月2日的色当战役中当了普鲁士人的俘虏。

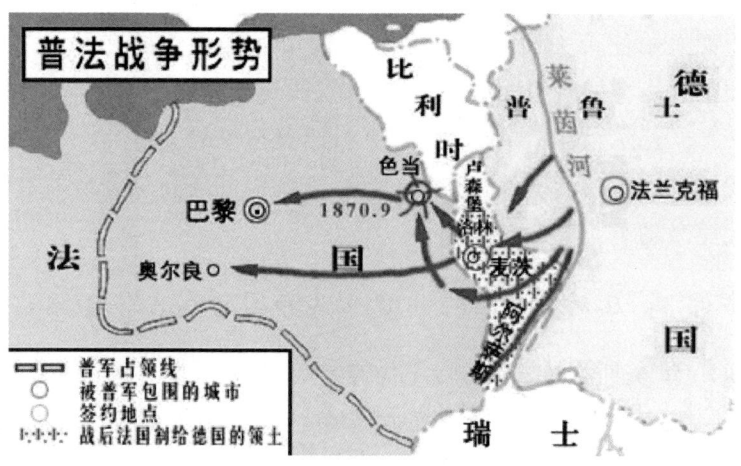

消息第二天传到了巴黎，人们纷纷走上街头，高呼"打倒帝制"的口号。各党派的领导人匆忙提出自己成立政府的方案。示威的人群挤满了巴黎的主要街道，"大街小巷都挤得水泄不通，革命的声势惊天动地"①。9月4日，巴黎的人民群众占领了立法院大厦，宣布帝制已被推翻，要求立法院罢免这个当了普鲁士俘虏的皇帝。立法院的甘必大和朱尔·法费尔把人群引到了市政厅，剩下来的立法委员便匆忙密谋成立了以立法院11位立法委员组成的临时政府，后称为国防政府。这一天对于法国来说，是帝国的末日，也是共和国的诞生日。而普鲁士军队则是在喜庆气氛中庆祝他们的色当日。

9月19日，普鲁士军队包围了巴黎。甘必大和其他两名临时政府成员只得乘气球出城，去外省寻求援兵。他们建立了约50万人的军队，

---

① 《国防政府文件》，1876年巴黎版，第1卷，第177页。见凯尔任策夫：《巴黎公社史》，中国人民大学编译室译，北京：生活·读书·新知三联书店1961年版，第48页。

试图解救巴黎。但是，这些军队不是投降，就是被打败。法国只剩下了向普鲁士投降一条路。普鲁士政府不愿意和一个不被大众承认的法国临时政府进行谈判，要求同一个能够负责任的政府谈判。为了结束战争，法国于1871年2月8日进行了议会选举。政府进行了改组，一直负责与普鲁士进行谈判的梯也尔被指定为这个法兰西共和国行政权力的首脑。

事件5：马克思恩格斯对事态的看法

马克思和恩格斯担心国际巴黎支部做蠢事。因为巴黎支部发表了一个宣言（在事发后发表的第一个宣言），提出把战斗进行到底。宣言对德国工人说，"共和的法兰西要求你们以正义的名义撤回你们的军队；否则我们将战斗到最后一个人，你我双方都将血流成河。"宣言声称，法国绝不同敌人媾和，除非敌人退出法国。宣言建议成立欧洲联邦，并提出"世界共和国"的口号。宣言号召说："德国社会民主党人……法国社会民主党人深信，你们将为了消除各国人民之间的仇恨，为了普遍裁军和经济协调而共同努力。"正如《巴黎公社史》一书的作者凯尔任策夫所说，"这里既有沙文主义，又有幼稚的和平主义，更有蒲鲁东派关于经济利益协调的各种口号。"① 恩格斯则认为这个宣言表明"人们还完全受着空话的支配"②。因为早在这一年（1870年）的2月28日，根据国际总委员会的指示被派往巴黎调研的塞拉叶得回来的消息是：法国国际工人协会"支部没有了，总支委会也没有了，因为全体委员先是被关在监狱里，而现在又都分散在各部队里，有些人在常备军，另一些在国民自卫军，有的参加了别动队，国际工人协会不再存在了。"③ 所以马克思和恩格斯都同意（见恩格斯9月7

---

① 〔苏〕凯尔任策夫：《巴黎公社史》，中国人民大学编译室译，北京：生活·读书·新知三联书店1961年版，第58页。

② 《马克思恩格斯全集》第33卷，北京：人民出版社1973年版，第59页。

③ 〔苏〕凯尔任策夫：《巴黎公社史》，中国人民大学编译室译，北京：生活·读书·新知三联书店1961年版，第57—58页。

日给马克思的信和马克思9月10日的复信）当时任国际总委员会委员、法国通讯书记的欧仁·杜邦的建议，"利用共和国必然给予的自由在法国组织政党，在建立组织之后，一有可能立即采取行动，在缔结和约以前，国际在法国应持观望态度。"① 恩格斯在给马克思的信（9月12日）中则更加明确地说明了他的立场："应当阻止工人在缔结和约之前采取行动……不管和约如何，它必然会在工人们有所行动之前就缔结。如果工人们现在为保卫国防效劳而取得胜利，那他们就不得不继承波拿巴和当前这个满目疮痍的共和国的遗产，他们将无谓地遭到德国军队的镇压，并又会倒退20年。如果他们等待，则什么也不会失去。边界可能有某些改变，但这只是暂时的，将来又会被取消。为资产阶级去同普鲁士人作战，那是荒谬的。"②

马克思（1818—1883）

马克思9月9日执笔给国际总委员会关于普法战争的第二篇宣言，号召工人阶级为承认法兰西共和国和反对兼并萨斯—洛林而斗争。宣言对于法国工人的策略问题作了详细的指示："当敌人几乎已经敲着巴黎城门的时候，一切推翻新政府的企图都将是绝望的蠢举。法国工人应该执行自己的公民职责，但他们不应该让人家用1792年的民族传统来迷惑他们，如像法国农民曾经让人们用第一帝国的民族传统来骗住他们一样。他们不是应该重复过去，而是应该建议将来。唯愿他们镇静坚决地利用共和国的自由所提供给他们的一切，更切实地加强他们自己阶级的组织。"

正如《巴黎公社史》作者所说，马克思尖锐地批评法国临时政府，但是警告工人不要去推翻它，因为推翻临时政府就意味着无产阶级夺取

---

① 《马克思恩格斯全集》第33卷，北京：人民出版社1973年版，第60页。
② 同上书，第64—65页。

政权，而现在工人还没有准备好。这时推翻政府，就会对保皇党有利。①

事件 6：巴黎国际的组织工作和警备委员会

9 月 4 日晚上，巴黎发生了一件非常重要的事情。法国国际各支部领导人、职工会领导人和革命俱乐部的主要工作人员在科尔德里大街的国际会址内召开会议，拟定今后的行动路线。与会者鉴于国际支部、职工会、合作社等组织软弱无力，提出立刻建立一个与各区有联系的、具有自己领导中心的新组织的问题。会议决定建议巴黎的 20 个区每区成立一个警备委员会（用以监督临时政府的活动），每个区警备委员会选出 4 人组成中央委员会，这个委员会后来被称为 20 区中央委员会。根据有关文件显示，会议还通过了关于当前主要任务的决议，明确了对临时政府的态度："临时政府将不会受到攻击，因为战争还没有结束，人民群众还准备得不够，还没有很好地组织起来。"② 会议还提出了一些具体的政策措施："彻底废除警察局，组织民警机构，立刻撤换司法机关的所有官员，取消一切限制集会结社和出版自由的法律。选举巴黎各区区政府。撤销帝制时期对人民运动中的所谓政治犯罪事件的一切判决和迫害。"③ 政府（市政厅）在第二天收到了这个决议。

9 月 11 日，巴黎有 15 个区按照 9 月 4 日的决议选出了代表，20 区中央委员会便正式开始了工作。这 20 个警备委员会每天将收集到的各个区官方政权所作所为的各种情报报告给由各地警备委员会代表组成的中央委员会。而中央委员会负责协调一切反对市政厅的反动阴谋的斗争，或在巴黎人民面前揭露这些反动阴谋。在其后的 6 个月里，直到

---

① 〔苏〕凯尔任策夫：《巴黎公社史》，中国人民大学编译室译，北京：生活·读书·新知三联书店 1961 年版，第 62 页。

② 同上书，第 63 页。

③ 《国防政府文件》，第 1 卷，第 193 页。见〔苏〕凯尔任策夫：《巴黎公社史》，中国人民大学编译室译，北京：生活·读书·新知三联书店 1961 年版，第 64 页。

1871 年 2 月底成立国民自卫军中央委员会为止，这个委员会一直是人民运动中最主要的领导力量。即使在后来的公社时期，20 区中央委员会还在起着某种重要的政治作用。正如史料记载："20 个区的代表们每天下午穿上国民自卫军、步兵或炮兵的军装来这里（科尔德里大街——作者注）开会。他们带来关于自己地段上的消息，交换意见或商谈，通过某种决议；然后，晚间回到自己的区里，到各区委员会自己开会的地方，到街道俱乐部，报道来自可靠方面的一般性消息，把关于各种事态的因果告诉给自己的委托人，把通过的决定传达给他们。"①

事件 7：巴黎市民武装起来

大敌当前，巴黎工人阶级和普通市民都自发地要求武装起来，抵御普鲁士军队的入侵。巴黎的各革命团体也都支持工人和市民武装起来。国防政府中的甘必大在 9 月 5 日的公报中声明："一切有选举权的公民都可以参加巴黎的国民自卫军。"他同时建议 9 月 6 日举行国民自卫军军官和军士的选举。内政部 9 月 6 日又发出通报，建议国民自卫军在原有 60 个营的基础上，在 48 小时内再组建 60 个新营，每营 1500 人。由于巴黎市民参加国民自卫军的积极性空前高涨，在三个星期内就建立了 194 个新营。以至于 9 月 30 日甘必大不得不建议停止成立新营。不过到这个时候，巴黎的基本工人群众都已经入伍了。实际上其后仍有人加入国民自卫军，因为没有人会去执行每个营不超过 1500 人的命令，有的营甚至超过了 2500 人。国民自卫军以极快的速度武装了起来，到 10 月份，已经有 34 万支枪发了下来。整个巴黎被武装了起来，大部分国民自卫军战士还穿上了制服。国民自卫军每人每天可以拿到 1.5 法郎的生活补贴，他们的妻子也可以得到 75 生丁的津贴。这就使得巴黎的妇女儿童也都被动员了起来。保卫巴黎成了他们的共同使命。

① 杜勃雷尔：《1871 年公社》，1920 年莫斯科版，第 12 页。见〔苏〕凯尔任策夫：《巴黎公社史》，中国人民大学编译室译，北京：生活·读书·新知三联书店 1961 年版，第 68—69 页。

事件8：巴黎起义——民族战争开始向国内战争转变

对于巴黎来说，具有吊诡意义的是，国民自卫军刚刚武装起来，因为两件事情的发生，它就成了一支庞大的反政府武装。10月28日，巴黎城下的勒-布尔日战役由于政府指挥失利而失败，29日，统帅17万大军驻防麦茨抵抗普鲁士军队的巴赞将军宣布投降。政府承认了这些失败的消息，同时"轻松愉快地"通报了在中立国倡议下开始的停战谈判。军事上的失守和停战谈判这两个消息使得巴黎的民众愤怒了。"这两个消息都激起了人民的强烈的怒潮。巴赞的叛变行动使巴黎居民联想起国防政府在首都玩弄的种种阴谋诡计。在巴黎居民看来，停战乃是对祖国莫大的叛变，是彻头彻尾的投降。"[①] 10月31日，巴黎市民，包括国民自卫军战士，他们有的带着武器，有的没带武器，包围了市政厅，他们高呼"打倒政府"的口号，抓捕了部分政府要员。但是，由于没有很好的组织工作，后半夜在大部分民众和武装的国民自卫军成员撤走的时候，忠于政府的武装力量占了上风，他们救出了被捕的政府人员，解除了国民自卫军的武装。起义的革命者与政府签订了停战协定后才得以自由地走出了市政厅。

三　第二巴黎公社

在发生了1870年10月31日的起义事件以后，梯也尔政府无时不在考虑收缴国民自卫军的武器，解散国民自卫军组织。1871年3月18日的前一天晚上，内阁会议在梯也尔主持下正式确定了解除巴黎工人武装的任务，决定"夺取效忠于中央委员会的各营队的大炮、枪支和装备，解散委员会并逮捕其成员"[②]。在蒙马特尔高地上有国民自卫军的

[①]　〔苏〕凯尔任策夫：《巴黎公社史》，中国人民大学编译室译，北京：生活·读书·新知三联书店1961年版，第152页。

[②]　维努阿：《论停战与公社》，第207页。见〔苏〕凯尔任策夫：《巴黎公社史》，中国人民大学编译室译，北京：生活·读书·新知三联书店1961年版，第251页。

171 门大炮。这些大炮（包括其他 16 个地区的 246 门大炮）主要是巴黎市民自愿捐款向有关兵工厂订做的，属于巴黎市民自己的财产。这些大炮和其他国民自卫军的武器装备在国防政府向鲁普士缴械投降时并没有谁敢于要求交出来。但是，3 月 18 日清晨，蒙马特尔高地、梭蒙高地和别列维尔等各个炮兵阵地同时受到了进攻。由于拉动大炮的动静过大，惊醒了附近的市民，国民自卫军和妇女儿童都走上街头，包围了抢夺大炮的士兵和军官。市民们与政府的士兵联欢，给士兵送去食品和饮料。瓦解了政府军的战斗力。有的士兵不仅不执行他们的上司要求他们向市民开枪的命令，甚至掉转枪口，把他们的上司打死。国防军的两位将军列康特将军和托马将军被群众抓住。群众组织了临时法庭对他们进行了审判，然后由士兵把两人拉到公园枪毙了。梯也尔在惊恐之下，带着他的部长、将军、宪兵、警察和部队匆忙离开了巴黎，逃到了凡尔赛。

　　3 月 18 日对于巴黎来说是一个不眠之夜，旧的政府官员以及由他们控制的国家机器逃离了巴黎。由国民自卫军的 215 个营队投票选举出来的由 40 人组成的中央委员会组成了新政府，而这个新政府规定的第一项任务就是立即进行公社选举，选举的日子定在 3 月 22 日（实际上公社选举是在 26 日进行的）。于是，"公社万岁"的声音响彻了整个巴黎。中央委员会决心把权力交给由全民选出来的公社。在公社产生之前，中央委员会临时接管了旧政府的各个部门，维持巴黎的公共秩序，与各区区长进行谈判，具体安排选举各项事宜，打击保皇派、资产阶级分子和支持旧政府的各种人等的游行、滋事和挑衅。中央委员会作为临时政府，在公社选举前实际上也再次重申了国际的民主思想。这个国民自卫军的中央委员会在一系列的告民众书中阐明了自己对于公社的态度。

　　在 3 月 22 日的一份有关公社性质的文告中说：

　　"城市的权利也和国家的权利一样，是不可动摇的；城市和整个国家一样，应当有自己的议会，这种议会的名称可以叫市政会议或公社会议，也可以叫公社。"

市政议会组织专门的委员会负责各部门的管理工作（财政、劳动、教育、国民自卫军等等）。"市政会议的成员应承受舆论的经常监督、督促和批评，他们可以被罢免，他们必须提出有关自己活动情况的报告并负完全责任。"①

3月24日的公告中说：

中央委员会争取建立一个"处在公社经常监督下的共和国"。"我们要求保持共和国这个唯一可能和不容争辩的管理形式。我们要求巴黎享有一般的法权，换言之，即成立由选举产生的公社会议，撤销警察局……解散常备军，让国民自卫军负起维持巴黎秩序的全部责任。人民有权选举自己的一切领导者。最后，为了保障人民，改组国民自卫军。"②

3月28日公社在市政厅广场上宣告成立。据说国际会员中有18人被选入公社，但实际上可能有30人，占后来公社委员人数的一半。③ 公社设立了相当于政府各部的10个委员会，它们分别是执行委员会、财政委员会、军事委员会、司法委员会、公安委员会、粮食委员会、劳动和交换委员会、对外联系委员会、社会服务事业委员会和教育委员会。公社各个委员会的职权分别是：

执行委员会是一个常设机构，负责执行公社的各项法令和其他委员会的决定。

财政委员会负责处理法兰西银行的问题和税收，"在新基础上建立巴黎的预算"。

军事委员会代替国民自卫军中央委员会掌管国民自卫军的纪律、武器装备和供应，保证公社的安全，监视凡尔赛的活动。

司法委员会负责公社的民主与法治。

---

① 迈依阿尔：《公告，信条，官方文件》，1871年巴黎版，第67—68页。见〔苏〕凯尔任策夫：《巴黎公社史》，中国人民大学编译室译，北京：生活·读书·新知三联书店1961年版，第306页。

② 同上。

③ 〔苏〕凯尔任策夫：《巴黎公社史》，中国人民大学编译室译，北京：生活·读书·新知三联书店1961年版，第320页。

公安委员会行使警察的职责，"它的任务是负责共和国的安全和监督任何形迹可疑的公民"。

粮食委员会掌管巴黎的粮食供应，其任务是至少保证三个月的粮食供应。

劳动和交换委员会负责公共工程和贸易，"宣传社会主义原则"，设法提高工资和促进工商业发展，加强与国外的贸易往来。

对外联系委员会的任务是在友好关系的基础上处理与国内各地公社的联系，准备建立联邦国家，在条件有利和有可能的情况下派自己的代表去欧洲各国，特别是普鲁士。

社会服务事业委员会掌管邮局、电报、交通等事业，"研究在不触及公司利益的条件下把铁道事业移交法国各地公社掌管的途径"。

教育委员会负责改革学校教育事业，其任务是草拟关于实行完全非宗教性义务免费教育的一般法令，应该增加中等学校中的助学金名额。①

巴黎公社成立后的两个月里实行了许多具有深远影响的重大措施：宣布公社委员会是取代旧政府的唯一政权；取消征兵制和常备军，宣布以工人为主体的国民自卫军是唯一的武装力量；实行民主选举与群众监督相结合的民主制度；废除高薪，实行兼职不兼薪的制度。公社还颁布了一系列保护劳工的法令。这些措施为无产阶级政权建设提供了宝贵经验，丰富和发展了科学社会主义理论。

马克思指出："公社的真正秘密就在于：它实质上是工人阶级的政府"。公社把自己的斗争看做国际性的事业，宣告"公社的旗帜是世界共和国的旗帜"。公社团结许多国家的侨民为共同事业并肩战斗。波兰人、意大利人、比利时人组成侨民兵团。参加保卫公社的波兰人多达五六百人，其中有将领东布罗夫斯基和符卢勃列夫斯基等。5月6日，公社拆毁沙文主义和民族压迫象征的"旺多姆圆柱"，将旺多

---

① 参见〔苏〕凯尔任策夫：《巴黎公社史》，中国人民大学编译室译，北京：生活·读书·新知三联书店 1961 年版，第 329—330 页。

姆广场改名国际广场。巴黎公社革命体现了崇高的无产阶级国际主义
精神。

达布罗夫斯基：波兰革命家、
巴黎公社武装部队总指挥

东布罗夫斯基

瓦尔兰

弗兰克尔

　　旺多姆圆柱又称凯旋柱。它是为了纪念拿破仑的战功，于1806—
1810年在巴黎旺多姆广场修建的。整个圆柱全部用缴获的武器上的青
铜制成，顶上有一座拿破仑铸像，铸像在复辟时期被取下，但在1833
年又重新复原。1871年根据巴黎公社的决议，旺多姆圆柱作为军国主
义的象征被推倒。1875年圆柱又被资产阶级政府修复。

　　巴黎飘扬着的是无产阶级的革命红旗，是对旧世界的致命威胁。梯也尔政府在凡尔赛纠集武装力量，并勾结普鲁士军队于 5 月 21 日攻入巴黎市区。英勇的巴黎工人筑起街垒进行武装抵抗，开始了历史上称为"五月的流血周"的激烈巷战。5 月 28 日凌晨，巴黎公社战士弹尽粮绝，最后的 147 名社员在拉雪兹神甫公墓东北角的墙下全部被反动军队屠杀。拉雪兹神甫公墓的这段墙被后人称为"巴黎公社战士墙"，它是巴黎公社精神的永恒历史见证。凡尔赛军对巴黎人民实行血腥大屠杀，据统计，公社战士共有 7.29 万人在作战中牺牲，2.98 万人被枪杀，6 万多人被投入监狱或被流放。

　　巴黎公社革命是法国无产阶级自发进行的一场革命，第一国际并没有直接促使公社诞生，而是以其思想和影响孕育了公社革命。国民自卫军中央委员会的 40 名成员中半数以上是国际成员。当选的 81 名公社委员中有 36 名国际成员。除了某些重大失误，公社所采取的很多措施，尤其是社会经济措施，都与国际的原则相符合。

第二章　写作与传播[①]

　　作为出生和成长于比较落后的德国的马克思，对于法国大革命以来的这段历史非常关注。著有《1848 至 1850 年的法兰西阶级斗争》、《路易波拿巴的雾月十八日》等重要著作，充分显示了他的历史唯物主义方法的科学性以及其理论的力量和预见性。巴黎公社起因于普法战争，在写作《法兰西内战》之前，马克思还起草了国际工人协会总委员会关于普法战争的两篇宣言。因为这两篇宣言与后来写的《法兰西内战》关系密切，而且，马克思在写《法兰西内战》时也提到了第二篇宣言，所以，恩格斯 1891 年编辑《法兰西内战》单行本时收入了这两篇宣言。为此，恩格斯写道："在上面提到的这篇篇幅较大的著作前面，我加上了总委员会关于普法战争的两篇较短的宣言。首先，是因为《内战》提到了第二篇宣言，而第二篇宣言如果没有第一篇宣言作参照，是不能完全弄明白的。其次是因为这两篇同为马克思所写的宣言，也和《内战》一样，突出地显示了作者在《路易波拿巴的雾月十八日》中已经初次表现出的惊人的才能，即在伟大历史事变还在我们眼前展开或者刚刚终结时，就能准确地把握住这些事变的性质、意义及其必然后果。"[②]

---

　　① 　本章内容主要参照和引用了中央编译局编译《马克思恩格斯文集》第 3 卷中的题注资料和人民出版社 1976 年 1 月编印的《马克思恩格斯著作的发表和出版》一书，原著为前苏联学者列文所著，1948 年在苏联出版。

　　② 　《马克思恩格斯文集》第 3 卷，北京：人民出版社 2009 年版，第 99 页。

一 《国际工人协会总委员会关于普法战争的第一篇宣言》的写作与早期传播

《国际工人协会总委员会关于普法战争的第一篇宣言》是马克思在1870年7月19—23日写成的。

1870年7月19日，即在拿破仑三世的政府狂妄地向普鲁士宣战的当天，总委员会委托马克思起草关于这次战争的宣言。宣言在7月23日的总委员会常委会上通过，在1870年7月26日的总委员会会议上被一致批准。宣言首先用英文刊登在伦敦1870年7月28日《派尔—麦尔新闻》第1702号上，几天以后以传单的形式印行了1000份。英国的许多地方报纸也全文或摘要转载了宣言。宣言曾送交《泰晤士报》编辑部，但该报拒绝发表。

鉴于宣言的第一版很快就脱销，1870年8月2日总委员会决定再增印1000份。同年9月，第一篇宣言又和总委员会关于普法战争的第二篇宣言一起用英文再版；马克思在这一版中更正了第一篇宣言在第一版中的几个印刷错误。

8月9日，总委员会成立了一个委员会，负责把第一篇宣言翻译成德文和法文并加以传播。参加这个委员会的有：马克思、荣克、赛拉叶和埃卡留斯。宣言由威·李卜克内西翻译成德文首次发表在1870年8月7日莱比锡《人民国家报》第63号上。马克思得到宣言的这个德译文之后，对译文作了彻底的加工，对全文的几乎一半重新进行了翻译。宣言的新的德译文刊登在1870年8月《先驱》杂志第8期上，同时还印成传单，随后，还发表在8月12日纽约《工人联合报》、8月13日苏黎世《哨兵报》第26号、8月13日维也纳《人民意志报》第26号以及8月21日奥格斯堡《无产者报》第56号上。1891年纪念巴黎公社20周年的时候，恩格斯在柏林《前进报》出版社出版的《法兰西内战》德文版上刊出了总委员会关于普法战争的第一篇宣言和第二篇宣言，这两篇宣言的译者是路易莎·考茨基夫人，恩格斯对译文进行了校订。

总委员会关于普法战争的第一篇宣言用法文发表在 1870 年 8 月日内瓦《平等报》第 28 号、1870 年 8 月 7 日布鲁塞尔《国际报》第 82 号和 1870 年 8 月 7 日韦尔维耶《米拉波报》第 55 号上。宣言还由总委员会所设委员会译成法文印成传单。第一篇宣言于 1870 年 8—9 月首次用俄文发表在日内瓦出版的《人民事业》第 6—7 期上。

二 《国际工人协会总委员会关于普法战争的第二篇宣言》的写作与早期传播

《国际工人协会总委员会关于普法战争的第二篇宣言》是马克思在 1870 年 9 月 6—9 日写成的。

1870 年 9 月 6 日，国际总委员会研究了由于第二帝国崩溃及普法战争进入一个新阶段而形成的新局势，决定就普法战争发表第二篇宣言。为此，成立了一个起草委员会，其成员有马克思、荣克、米尔纳和赛拉叶。

马克思起草这篇宣言时，利用了恩格斯寄给他的各种材料，这些材料揭露了普鲁士军阀、容克（地主）和资产阶级借口军事战略上的需要而并吞法国领土的野心。总委员会在 1870 年 9 月 9 日召开专门会议，一致通过了马克思起草的这一宣言。宣言被分送到伦敦各资产阶级报纸，这些报纸却采取沉默态度，只有《派尔—麦尔新闻》在 1870 年 9 月 16 日摘要刊登了宣言。9 月 11—13 日宣言用英文以传单的形式印行 1000 份。9 月底又出版了将第一篇和第二篇宣言印在一起的新版本。这一版改正了第一版的几个印刷错误，也对个别段落的文字作了修改。

第二篇宣言的德文本是由马克思翻译的，他在翻译时删去了个别段落，增加了几句专门针对德国工人说的话。第二篇宣言的这个译本发表在 1870 年 10—11 月《先驱》杂志第 10—11 期，1870 年 10 月 8 日维也纳《人民意志报》第 37 号以及 1870 年 10 月 1 日苏黎世《哨兵报》第 33 号上，同时还以传单的形式在日内瓦印行。1891 年，恩格斯在《法兰西内战》的德文第三版中刊出了第二篇宣言，为该版翻译第二篇宣言的是路易莎·考茨基夫人，恩格斯对译文进行了校订。

第二篇宣言的法译文载于 1870 年 10 月 23 日《国际报》第 93 号和 12 月 4 日的第 99 号，1870 年 9 月 21 日《波尔多论坛报》，并以节译的形式载于 1870 年 10 月 4 日《平等报》第 35 号。此外，这篇宣言还用弗拉芒文发表于 1872 年 10 月 16 日和 24 日安特卫普《工人报》第 51 号和 52 号。

三 《法兰西内战》的写作和早期传播

马克思和恩格斯始终热情地关心巴黎劳动者的斗争，高度赞扬巴黎工人的英雄气概和革命首创精神。他们在伦敦利用一切可能与巴黎公社取得联系，给予支持和帮助。马克思亲自给了巴黎公社许多宝贵的指示，并且给第一国际各支部发出了数百封信，号召各国工人援助巴黎公社。公社革命期间，国际总委员会先后举行了 7 次会议，专门讨论公社问题。马克思还与公社委员弗兰克尔·莱奥、瓦尔兰建立了通信联系。公社失败后，第一国际及其各国支部强烈抗议反动派镇压公社，谴责梯也尔政府的暴行，发动营救、支援和救济公社流亡者的活动。在 5 月 28 日凌晨巴黎公社最后的 147 名社员于拉雪兹神甫公墓东北角的墙下全部被反动军队屠杀的第三天，即 5 月 30 日，马克思就在第一国际总委员会会议上宣读了他的著名著作《法兰西内战》，全面论述了巴黎公社的丰功伟绩，总结了巴黎公社的经验和教训，揭露和痛斥了梯也尔反动政府官员们的丑恶嘴脸及其镇压公社的罪恶行径。

巴黎公社一宣布成立，马克思就开始细心搜集和研究所有关于公社活动的消息，如当时能够收集到的法国、英国、德国报刊的材料，巴黎来信提供的情况等等。最初，马克思曾在 1871 年 3 月 28 日总委员会会议上提出发表一篇告巴黎工人的宣言，这项建议被一致通过，并委托马克思起草这个文件。马克思接受了这个委托，并准备起草这个文件。但是，巴黎的局势发生了变化，一是马克思已经观察到，巴黎这场武装反对鲁普士军队的民族战争正在演化为一场法国反动政府勾结普鲁士军队镇压巴黎公社的国内战争，形势究竟如何发展，还需要作进一步地观察。二是当时法国社会上有一种论调，认为巴黎无产阶级的革命行动是根据国际总委员会的指示进行的，巴黎公社直接领导了这次起义和建立公社的行动。在这样的情况下发表告巴黎工人书，可能时机不合适。

经过一段时间的观察与研究，马克思逐渐对巴黎公社的性质和巴黎工人阶级革命的历史意义有了清楚的认识。马克思在 4 月 12 日给库格曼的信中充分肯定了巴黎工人阶级打碎资产阶级国家机器的伟大创举。马克思这时一反过去曾经认为巴黎的行为是一件蠢事的说法，指出，巴黎工人的行动如果有什么不足的话，那就是对于敌人过于宽容，没有像第一巴黎公社时期一样及时地向凡尔赛进军，因为他们不愿发动国内战争。这两个错误是中央委员会过早地放弃了领导权，过早地把权力移交给了公社。4 月 17 日，马克思再次给库格曼写信指出："工人阶级反对资本家阶级及其国家的斗争由于巴黎人的斗争而进入了一个新阶段。不管这件事情的直接结果怎样，具有世界历史意义的新起点毕竟是已经取得了。"这就是说，在巴黎公社正式成立的两周之后，马克思就已经准确地预见到了这场斗争的结局。所以他充分地肯定了巴黎人民的这次伟大的悲壮之举，特别是肯定了巴黎工人阶级打碎资产阶级国家机器的伟大尝试，认为单凭这一点，他们就将永载史册。在马克思看来，巴黎人民这种打碎资产阶级国家机器的举动是所有欧洲大陆国家工人阶级取得革命胜利的先决条件。

马克思这时候意识到，现在不是要发表一篇告巴黎工人的宣言，告诉巴黎工人如何行动和指导整个运动的进展，而是要向全世界工人阶级发出呼吁，呼吁全世界的工人阶级一起行动起来，同情和支持巴黎工人阶级的伟大壮举。于是马克思在 1871 年 4 月 18 日总委员会会议上，建议就法国"斗争的总趋向"发表一篇告国际全体会员的宣言。马克思的建议得到一致通过，总委员会继续委托马克思起草这一宣言。会后，马克思就开始了宣言的起草工作。

这里所谓宣言，指的就是马克思后来写成的《法兰西内战——国际工人协会总委员会宣言》。马克思写这个宣言用了两个多月的时间。如果从 3 月 18 日巴黎起义他开始建立笔记和摘录到 5 月 30 日马克思在国际大会上宣读这个宣言为止，他用去了 70 多天的时间。在这期间，他除了处理国际工人协会的日常事务之外，还要参加总委员会的各种会议，要同各地工人运动的领导人和其他友人进行联络，帮助他们开展工作。巴黎公社成立之后，马克思的工作更加忙碌，他同公社一些负责人保持联系，同来往于巴黎和伦敦之间的有关人员谈话，对公社的工作提意见和建议；他要组织撰写文章和稿件，对有关报刊和反对者对巴黎革命和国际工人协会的造谣、中伤和污蔑进行回击和反驳；他要组织各国工人集会声援巴黎公社。马克思在这期间写了几百封关于巴黎公社的信，寄给所有建立了国际组织的国家，通过这些信件，阐明巴黎公社的无产阶级性质和重大历史意义，呼吁他们给巴黎公社以积极的支持和帮助。所以说，马克思写作《法兰西内战》几乎是在百忙中抽空写出来的。恩格斯在 5 月 9 日的总委员会会议上向大家报告说："公民马克思病得很重，宣言的起草工作使他的病更加恶化了。"这主要是他的支气管炎发作引起咳嗽，妨碍睡眠，同时他的慢性肝病也因为长时间休息不好而厉害起来。从 4 月中旬到 6 月中旬，马克思断断续续病了两个月。他就是在这样的情况下完成了《法兰西内战》的写作。

从巴黎革命的第一天起，马克思就着手收集各种报刊，进行摘录，写在笔记本上。由于巴黎处于被封锁状态，得到巴黎的报刊比较困难，马克思主要是利用英国出版的英文和法文报刊如自由派的报纸《每日新闻》、《回声报》、《观察报》，保守派报纸《每日电讯》、《旗帜报》，以及半官方的《泰晤士报》、爱尔兰民族主义者办的《爱尔兰人报》和一个波拿巴主义报纸《形势报》。马克思还设法从法国弄到一些巴黎出版的法文报刊，如支持公社的《口令报》、《号召报》、《波尔多论坛报》、《复仇者报》、《先锋报》以及资产阶级报纸《自由报》、《费加罗报》、《钟报》、《小报》等。其他摘录的报纸还有《自由巴黎报》、《人民呼声报》、《公社报》、《人民报》、《社会报》、《国民报》、《形势报》、《观察家报》等。马克思主要是通过这些报纸了解情况，掌握事件的进程和方向。马克思摘录这些报刊资料的笔记已经收入了《马克思恩格斯文库》俄文版第 3 卷。北京商务印书馆 1975 年编译出版了由吴惕安等译、陈叔平编的《马克思关于巴黎公社报刊消息摘录》一书。本书附录收入了其中的第一部分。

除了这些报刊资料以外，马克思还利用了巴黎的国际会员和其他友人来信中的资料，如列·弗兰克尔、路·欧·瓦尔兰、奥·赛拉叶、伊·鲁·托马诺夫斯卡娅、彼·拉甫洛夫、保尔·拉法格以及公社其他领导成员的信件和通过他们转交的信件中提供的资料①。

4 月 18 日后，马克思开始这项文献的起草工作，一直继续到 5 月底。他根据每天整理的材料，先写了《法兰西内战》的初稿和二稿（见本书附录）。根据吴惕安研究员考证，"初稿大约是从 1871 年 4 月 18 日写起，到 5 月 9 日和 13 日之间完成。之后就写二稿，二稿大约于 5 月 23 日写成。最后的定稿是在 5 月 30 日之前写完的。"② 1871 年 5 月 30 日，即巴黎最后一个街垒陷落的两天以后，总委员会一致批准了马克思宣读的《法兰西内战》的定稿文本。随后，马克思又对这一宣言的第四部分的某些段落作了补充和加工。

《法兰西内战》最初于 1871 年 6 月 13 日左右在伦敦用英文印成 35 页的小册子发表，印数 1000 份，当时没有署作者名字。小册子出版后产生了爆炸性的影响，引起了人们的广泛关注。只用了两天时间第一次印刷的书就销售一空。伦敦几家最大的报纸（《泰晤士报》等）都为这部著作发表社论，英国几乎所有的报纸都相继发表了评论，之后其他各国的报纸也都开始发表有关这部著作的评论文章。正如恩格斯所说："伦敦有史以来还没有一个出版物像国际总委员会宣言那样产生如此强烈的影响。"③

----

① 这里和以下的部分内容作者参阅和吸收了编译局已故同事吴惕安研究员的研究成果《马克思〈法兰西内战〉一书的写作与传播》，见《马列著作编译资料》第 9 辑。吴惕安研究员在文中提了更多更翔实的资料，可供进一步的研究者查阅。

② 中央编译局：《马列著作编译资料》第 9 辑，北京：人民出版社 1981 年版，第 139 页。

③ 见《马克思恩格斯著作的发表和出版》（内部资料），北京：人民出版社 1976 年版，第 51 页。原著为俄文，前苏联学者列文著，1948 年版。

在巴黎公社受到资产阶级舆论疯狂攻击的情况下，马克思的《法兰西内战》成了当时唯一指出巴黎公社世界历史意义的著作。资产阶级舆论在攻击巴黎公社和《法兰西内战》的同时，也把攻击的矛头对准了马克思。马克思曾经写道：《法兰西内战》"引起了一片疯狂的叫嚣，我目前荣幸地成了伦敦受诽谤最多的、受威胁最大的人"①。恩格斯则通报说："整个伦敦都只是谈论我们。当然是一片狂叫。这样更好。"② 马克思为伦敦的这种"极大的惊恐"而感到高兴。他写道："在度过了二十年单调的沼泽地的田园生活之后，这的确是很不错的。"③ 英国政府办的报纸《观察家报》威胁《法兰西内战》的作者，说要向法庭控告他侮辱镇压巴黎公社的梯也尔政府官员。为了不使总委员会受到打击，马克思在给伦敦一家报纸编辑部的信中宣称他是《法兰西内战》的作者，他愿意个人承担评论梯也尔、法夫尔等人的责任。他写道："对这帮恶棍我一点也不在乎！"④ ——他这样骄傲地回答了要向法庭控告他的威胁。⑤

1871 年 6 月 27 日马克思向总委员会报告说，第一版已销售一空，并建议再印 2000 份。总委员会同意了马克思的建议，不久便出了英文第二版，印数 2000 份。与此同时《法兰西内战》还由爱·特鲁拉夫于 1871 年 7 月 1 日以传单的形式发行。马克思和恩格斯一起在第二版中改动了几处正文，更正了第一版的几个印刷错误，并增补了《附录》的第二部分。宣言的署名作了如下变动：去掉工联主义者本·鲁克拉夫特和乔·奥哲尔的名字（他们在资产阶级报刊上表示不同意宣言，并退出了总委员会），增添了总委员会新成员的名字。1871 年 7 月 25 日马克思向总委员会通报说，第二版又已脱销。总委员会根据恩格斯的提议，于 1871 年 8 月初出了《法兰西内战》英文第三版，印数 1000 份，马克思在这一版中删去了前两版中个别不确切的地方。

① 《马克思恩格斯全集》第 33 卷，北京：人民出版社 1956 年版，第 236 页。
② 同上书，第 238 页。
③ 同上书，第 236 页。
④ 同上书，第 237 页。
⑤ 以上文字参考和引用了〔苏〕列·阿·列文凯瑟：《马克思恩格斯著作的发表和出版》，周维译，北京：生活·读书·新知三联书店 1976 年版一书。

　　1871—1872 年，《法兰西内战》被译成法文、德文、俄文、意大利文、西班牙文、荷兰文、弗拉芒文、塞尔维亚—克罗地亚文、丹麦文以及波兰文，在欧洲各国和美国的期刊上发表，同时还出了单行本。

　　德译文是由恩格斯翻译的，1871 年 6—7 月发表于《人民国家报》（6 月 28 日，7 月 1、5、8、12、16、19、22、26 和 29 日第 52—61 号），1871 年 8—10 月在《先驱》杂志上摘要发表，此外，还在莱比锡出版了单行本。恩格斯在翻译时作了几处不大的改动。1876 年，为了纪念巴黎公社 5 周年，出版了《法兰西内战》的新德文本，对文字作了一些订正。

　　《法兰西内战》的法译文于 1871 年 7 月 6 日至 9 月 3 日在布鲁塞尔的《国际报》上刊出，同年 8 月 3 日至 10 月 21 日在日内瓦的《平等报》上刊出。1872 年在布鲁塞尔根据英文第三版翻译出版了法文版单行本，译文经马克思校订过，他曾作了大量修改，把某些段落重新译过。布鲁塞尔的法文版一共印了 9000 册。

　　1891 年，为迎接巴黎公社 20 周年而准备出《法兰西内战》的德文第三版（纪念版）时，恩格斯重新校订了译文，并为该版写了导言。恩格斯把马克思写的国际工人协会总委员会关于普法战争的第一篇和第二篇宣言收进了这一版。此后在各种文字的单行本中，导言和两篇宣言也都与《法兰西内战》一起刊印。柏林《前进报》出版了这个纪念版。恩格斯在导言中对巴黎公社的历史意义和巴黎公社的经验再次进行了论述。恩格斯在这个单行本中同时也对巴黎公社的历史，其中包括参加公社的布朗基派和蒲鲁东派的活动，作了一系列补充。

四　马克思《法兰西内战》在中国的传播

　　陈独秀在《新青年》1922 年 7 月第 9 卷第 6 号上发表了《马克思学说》一文，在文章中对马克思的《法兰西内战》的部分内容进行了引译，同时引译的还有《共产党宣言》、《哥达纲领批判》等。[①]《法兰

---

　　① 见中央编译局马恩室：《马克思恩格斯著作在中国的传播》，北京：人民出版社 1983 年版，第 263 页。

西内战》第一个中文版本是在抗日战争时期由时任中宣部副部长的吴黎平和刘云（张闻天，又名洛甫）合译，延安解放社 1938 年 11 月出版。当时是在物质条件极为困难的情况下，以"马克思恩格斯丛书"第五种的形式出版。该书共收入了 6 篇文章，其中包括恩格斯 1891 年写的"引言"，马克思写的两篇国际工人协会总委员会关于普法战争的宣言和一篇国际工人协会总委员会关于法兰西内战的宣言，同时还收进了马克思 1871 年 4 月致库格曼论巴黎公社的两封信和列宁在《马克思致库格曼书信集》俄译本中论巴黎公社的文章。同年 11 月，该版本又由中国出版社作为"马克思恩格斯丛书"重印。重印时改为横排版式并将注释改为脚注，由新知书店发行。1939 年 2 月，重庆新华日报馆又把解放社的版本重印，在大后方广泛发行。同年 3 月，中国出版社再次重印了吴黎平和刘云译的这个版本。4 月 15 日，上海海潮社出版了由郭和翻译的另一个版本。海潮社于 1940 年 11 月又把这本书重新出版，书名改为《巴黎公社》①。

---

① 见中央编译局马恩室：《马克思恩格斯著作在中国的传播》，北京：人民出版社 1983 年版，第 315 页。

解放战争时期，《法兰西内战》在解放区和国统区都有流传。1946年5月，生活书店把该书作为"世界学术译丛"之一出版，同时在时为国统区的上海和重庆两地发行。在解放区，解放社重新出版了10年前的版本，1948年交由华北新华书店发行。1949年1月，中原新华书店也出版了这个版本。3月，东北生活书店把该书作为"马列文库之九"出版，由新中国书局（光华书店）发行。5月，华东新华书店出版印刷该书10000册。

人民出版社重新成立后，1954年11月根据1848年8月解放社的版本重印，出版了小32开本，印数3001册，在全国各地发行。1958年3月又重印了一次，印数增加到7500册。

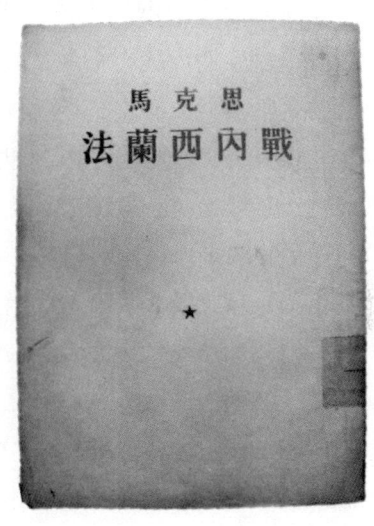

1961年5月，中共中央编译局为了纪念巴黎公社90周年编译出版了《马克思恩格斯列宁斯大林论巴黎公社》，其中所收的《法兰西内战》有4篇文章是在莫斯科外国文书籍出版局出版的《马克思恩格斯文选》（两卷集）第1卷译文的基础上根据新出版的《马克思恩格斯全集》俄文2版第17卷，参照英文本和德文本加以修改，并在校改过程中个别地方参考了吴黎平、刘云的译文。书中还收进了由张芝联、张广达根据《马克思恩格斯文库》1934年第3卷的英文版译出

的马克思写作《法兰西内战》一文时的两个草稿，即初稿和二稿。由新华书店向全国发行。人民出版社于 1961 年 5 月同时还根据《马克思恩格斯列宁斯大林论巴黎公社》中的译文，排印出版了《法兰西内战》大 32 开横排的单行本，是为北京初版。当年印行了 5000 册，1962 年再次加印了 10080 册。

1963 年 11 月，中共中央编译局根据俄文版编译的《马克思恩格斯全集》第 17 卷出版中收进了马克思写的关于普法战争的两个宣言和《法兰西内战》一文及其两个草稿。其中关于普法战争的两篇宣言和《法兰西内战》一文是在《马克思恩格斯文选》（两卷集）中文版的基础上，根据英文原文校订的；《法兰西内战》初稿、二稿也据英文原文作了校订。1964 年 5 月，人民出版社在《法兰西内战》单行本第 4 次印刷时又作了改版，除了恩格斯的导言在 1961 年版的译文的基础上根据《马克思恩格斯全集》俄文第 2 版第 22 卷作了一次校订外，其他几篇的译文均按照《马克思恩格斯全集》中文版第 17 卷中的译文排印。中共中央编译局的这个版本在《法兰西内战》初稿和二稿前增加了"'法兰西内战'草稿"作为其初稿和二稿的篇名，书中附注释 169 条，同年 6 月，人民出版社又根据这个版本出版了此书的 16 开大字本（共分 4 册）。

1970 年底，《法兰西内战》第 2 版第 5 次印刷时编译局又进行了认真的修改，其中恩格斯的序言采用《马克思恩格斯全集》中文版第 22 卷（1965 年 5 月出版发行）的译文。两篇关于普法战争的宣言、《法兰西内战》一文及其两个草稿都据《马克思恩格斯文选》和《马克思恩格斯文库》的英文版编译。① 该年 6 月已经再版了该书的 16 开大字本。

---

① 以上文字参照了周文熙：《法兰西内战的写作及在中国的翻译和出版》，载《教学与研究》1981 年第 2 期。

　　1972 年 5 月，中共中央编译局采用《马克思恩格斯全集》的译文编辑并由人民出版社出版的《马克思恩格斯选集》第 2 卷除对《法兰西内战》的初稿和二稿进行了摘录以外，其他各篇（包括恩格斯写的 1891 年单行本导言）都是全文收录，个别译文经过了重新修订。

　　1995 年 6 月，中共中央编译局修订出版了《马克思恩格斯选集》第 2 版把马克思的《法兰西内战》编入了第 3 卷，篇幅与第 1 版一样，译文上作了个别修订。

　　2009 年中央实施马克思主义理论研究与建设工程，中央编译局编辑出版《马克思恩格斯文集》（10 卷本），马克思的《法兰西内战》被编入第 3 卷，篇幅依然保持《马克思恩格斯选集》的内容，但是译文则依据有关文本作了变动。恩格斯写的 1891 年版导言根据《马克思恩格斯全集》德文版第 22 卷翻译；关于普法战争的两篇宣言则是根据《马克思恩格斯全集》英文版第 22 卷并参考《马克思恩格斯全集》德文版第 17 卷翻译;《法兰西内战》正文及其两个草稿（摘录）则是根据《马克思恩格斯全集》历史考证版第 1 部分第 22 卷并参考《马克思恩格斯全集》德文版第 17 卷翻译。

2012 年 9 月出版的《马克思恩格斯选集》第 3 版仍然将《法兰西内战》收入了第 3 卷,内容依据《马克思恩格斯文集》作了修改。

除了正式出版马克思的《法兰西内战》之外,围绕该书的各种版本的提要、注释、名词解释也在各地大量出版。1962 年中国人民大学马克思列宁主义基础系编印了《〈法兰西内战〉简释》,1971 年中国人民解放军军政大学训练部编印 16 开大字本《〈法兰西内战〉名词解释》,1972 年人民出版社出版发行了由中央党校编辑小组编写的《〈法兰西内战〉提要和注释》。全国各地为教学需要编印的有关《法兰西内战》的导读和辅导材料,这里就不再一一列举了。

本书收入的马克思《关于巴黎公社消息的报刊摘录》由中共中央党校 1962 年翻译后收入《国际共产主义运动史学习材料（一）》;1974 年北京大学国际政治系将其编入《国际共产主义运动史参考资料——巴黎公社》一书,作为校内教学参考资料;1975 年商务印书馆正式出版了由吴惕安、裴家勤、齐剑农译北京大学国际政治系陈叔平编的《马克

思关于巴黎公社报刊消息摘录》全译本。研究这个摘录，对于研究马克思的《法兰西内战》一文，其文本价值非常重要。可以看出，身为第一国际创始人的马克思虽然人在英国伦敦，但是一直都在关注着巴黎公社的活动消息。其中至少我们可以看到马克思当时的一些重要的关注点。本书收入的是马克思正式宣读《法兰西内战》之前的报刊摘录，因此，这些摘录对于马克思《法兰西内战》的研究者来说是十分重要的研究文献。

第二部分　研究状况

第三章　国外研究情况

在今天的互联网上，如果你输入"巴黎公社"、"巴黎公社运动"、"巴黎公社的精神"、"巴黎公社的性质"、"巴黎公社失败的原因"、"巴黎公社的经验教训"、"巴黎公社的意义"、"巴黎公社对今天的启示"、"巴黎公社存活了"这样一些关键词，每一个关键词你都会收到大量有关该主题的文章和文献。在中外的历史上，很难找到一个历史事件能够引起人们长期以来如此众多和如此持久的研究和兴趣。当然，对于这个事件的关注程度最高的要首推马克思。事件发生时马克思正在伦敦。从巴黎公社诞生的第一天开始，马克思就开始系统地从各种法文和英文报刊上摘录有关巴黎公社的消息和报道。1975 年翻译出版的中文版《马克思关于巴黎公社报刊消息摘录》有近 300 个中文页码的丰富内容。正如恩格斯所指出的，马克思在《法兰西内战》这部光辉著作中，"把巴黎公社的历史意义用简短而有力的几笔描绘了出来，但是，描绘得这样鲜明，尤其是描绘得这样真实，以致后来所有关于这个问题的全部浩繁文献都望尘莫及"。

《法兰西内战》发表以后，关于这部著作及其思想的研究工作一直没有停止过。关于这些研究文献的详细目录，我们将在后面的资料索引中列出。这里只是就几个比较有影响的研究者及其研究内容作一个简单的介绍。

一　列宁和考茨基在研究结论上的对立

早期比较有影响的两个研究者分别是列宁和考茨基。列宁于 1907

年 8 月至 9 月写成《国家与革命》，而考茨基则于 1918 年写成《无产阶级专政》。这两个主要以马克思的《法兰西内战》为主要文本和理论依据的历史文献在今天看来似乎具有同等重要的历史价值。前者作为一种俄国十月革命及其社会主义革命和建设的重要理论依据，其重要性是不言而喻的。后者则在这个革命刚刚获得成功，就同样依据马克思《法兰西内战》中的思想对这个革命成功后建立起来的新政权进行了批判和否定，并且预言了它后来的失败结局。

 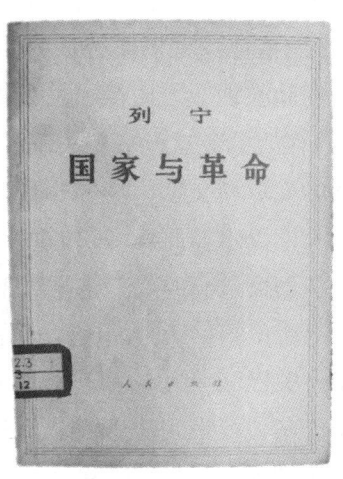

列宁的《国家与革命》共有 6 章内容，而其中的第三、第四、第五 3 章内容都与《法兰西内战》有关，虽然第五章主要转向马克思的《哥达纲领批判》的内容，但是，就无产阶级专政问题而言，始终都与《法兰西内战》一文密切相关。列宁研究和摘录了马克思在《法兰西内战》中的重要思想，特别是国家消亡和工人普选为主要内容的民主思想。列宁也注意到马克思在《法兰西内战》中提出的对于议会制的否定性论断。因此，列宁的研究从马克思和恩格斯《共产党宣言》序言中的一句话开始，即"特别是公社已经证明：'工人阶级不能简单地掌握现成的国家机器，并运用它来达到自己的目的。'……"列宁在引用这句话后指出，有百分之九十九的人对于单引号内的这句引自《法兰西内战》的话作了错误的理解，"流行的庸俗的'理解'

就是认为马克思在这里是强调缓慢发展的意思，不主张夺取政权等等。"① 在谈到用什么来代替被打碎的国家机器时，列宁研究时摘录了马克思关于废除常备军而代之以人民武装、取消职业警察和职业官吏而代之以由人民普选产生对选民负责和随时可以撤换的人民公仆以及从公社委员起的一切公务人员都只领取相当于工人工资的薪金等语句。列宁在这里紧接着指出："镇压资产阶级及其反抗，仍然是必要的。这对公社尤其必要。公社失败的原因之一就是在这方面做得不够坚决。"② 列宁在进一步研究了马克思的普选制不是议会制和"公社不是议会式的"等思想之后指出："我们不是空想主义者。我们并不'幻想'一下子就可以不要任何管理，不要任何服从；这种由于不懂得无产阶级专政的任务而产生的无政府主义幻想，与马克思主义根本不相容，实际上只会把社会主义拖延到人们变成另一种人的时候。我们不是这样，我们希望由现在的人来实行社会主义革命，而现在的人没有服从、没有监督、没有'监工和会计'是不行的。"我们需要"建立由武装工人的国家政权维护的最严格的铁的纪律，来组织大生产，把国家官吏变成我们的委托的简单执行者"③。"把整个国民经济组织得像邮政一样，做到在武装的无产阶级的监督和领导下技术人员、监工和会计，如同所有公职人员一样，都领取不超过'工人工会'的薪金，这就是我们最近的目标。这样的国家，在这样的经济基础上的国家，才是我们所需要的。"④ 从这些论述我们可以看到，列宁在这里实际上是修改和发展了马克思在《法兰西内战》中有关公社的政治和经济思想。列宁总结了巴黎公社失败的教训，即没有对资产阶级进行严厉的镇压。另外，列宁主张"建立由武装工人的国家政权维护的最严格的铁的纪律，来组织大生产"。这种东方式的政治和经济措施对于解决巴黎公社的失误，在一个经济和政治比较落后的国家和

① 《列宁全集》第31卷，北京：人民出版社1985年版，第35页。
② 同上书，第40页。
③ 同上书，第46页。
④ 同上书，第47页。

地区建立社会主义制度，的确是必要的，而且已经被实践证明是完全正确的。如果巴黎公社时期的无产阶级及其国民自卫军能够采取这样的革命措施，通过铁的纪律和及时地对资产阶级及其军队进行严厉的镇压，巴黎公社也许就不会失败，巴黎人民就不会反过来遭到梯也尔政府军的严厉镇压。

列宁在这里表述的就是他的军事共产主义思想。在十月革命胜利后不久，列宁就在农民的不满和反抗中意识到了这种制度的局限性，因而改行新经济政策，从而有效地促进了这个新兴国家的经济繁荣和人民生活的改善。列宁去世后，斯大林很快实行了工业的国有化和农业的集体化，通过对资产阶级的镇压和经济的计划管理，在短期内实现了前苏联经济的高速发展。成了全世界纷纷效仿的政治经济发展模式。前苏联则从一个政治经济比较落后的国家发展成为一度可以与美国抗衡的世界强国，从整体上改变了世界的政治军事格局。

但是，马克思在《法兰西内战》中所表述的作为巴黎公社原则的无产阶级专政与列宁的理解是有差别的。马克思和恩格斯都认为无产阶级专政是与"国家消亡"不能分开的。正如恩格斯所定义的那样，国家无非是一个阶级镇压另一个阶级的暴力工具。马克思和恩格斯都一致认为，国家是一个废物，一个祸害，一个凌驾于社会之上的多余的赘瘤。无产阶级革命取得胜利后，应该立即着手取消传统的国家，由对生产的管理取代这种对人的管理和镇压。列宁在其《国家与革命》一文中清楚地认识到，在这个问题上马克思和恩格斯是完全一致的。不过列宁在马克思的《哥达纲领批判》一文中找到了走出马克思恩格斯国家消亡问题困境的出路。马克思在《哥达纲领批判》中指出："在资本主义社会和共产主义社会之间，有一个从前者变为后者的革命的转变时期。同这个时期相适应的也有一个政治上的过渡时期，这个时期的国家只能是无产阶级的革命专政。"① 马克思在这里把共产主义社会分为

---

① 《马克思恩格斯文集》第 3 卷，北京：人民出版社 2009 年版，第 445 页。列宁引述见《列宁全集》第 31 卷，北京：人民出版社 1985 年版，第 82 页。

"第一阶段"和"高级阶段"两个阶段。这里的所谓"转变"和"过渡"时期,显然是指的从资本主义到共产主义的"第一阶段"之间的时期。不过列宁在这里把这个过渡时期延长到了共产主义的高级阶段。这可能是导致后来在社会主义道路问题上出现许多问题和失误的文本学根源。我们后面还将继续讨论这个问题。

考茨基被认为是马克思和恩格斯的学生,第二国际的理论家和主要领导人之一。恩格斯逝世后,他编辑出版了马克思的《资本论》第4卷。其1899年写的《土地问题》曾得到列宁的充分肯定。列宁曾说:"考茨基的这本书是《资本论》第3卷以后最出色的一本经济学著作"。"对马克思关于利润和地租的学说作了通俗、非常确切、非常天才的叙述"。但是,当列宁成功地领导了俄国的十月革命胜利之后的第2年,考茨基就写了《无产阶级专政》的长文直接批评列宁的思想和实践,其依据的也主要是马克思的《法兰西内战》。考茨基在文章中强调了巴黎公社和马克思《法兰西内战》中反复强调的民主思想。考茨基指出:正如恩格斯在马克思这本书的第三版导言中所明确指出的那样,巴黎公社就是"无产阶级专政"。"但是这个专政并不同时就是废除民主,而是以普选制为基础的最广泛地应用民主。这个政府的权力应该服从普选制"。① 考茨基认为,无产阶级专政这个词不是指个人的专政,而是一个阶级的专政。它指的只是一种状态,而不是一种政体。如果它转化为一种政体,就有可能成为少数人或"少数派"的专政。这样的"专政就陷入内战而不能自拔,并且经常面临着一种被这种内战推翻的危险"。② 考茨基在文章的最后指出:"幸而专政失败和革命崩溃这两者还未必就含义相同。然而,如果布尔什维克的专政仅仅成为资产阶级专政的序幕,那么,上述两者的含义就相同了。如果能够及时地用民主来代替专政,那么革命的主要成就还能得到挽救。"③

---

① 卡尔·考茨基:《无产阶级专政》(1918),何疆等译,北京:生活·读书·新知三联书店1963年版,第25页。

② 同上书,第29页。

③ 同上书,第51页。

抽象说来，考茨基的这些观点是有道理的。民主是社会主义的生命。如果没有民主，就不会有长期的稳定，不会有国家的长治久安。因此，马克思和恩格斯都特别强调民主对于社会主义和共产主义的意义。但是，考茨基的错误在于他反对在社会主义的任何阶段实行这种专政，甚至反对如马克思所说的在从资本主义社会到共产主义社会的过渡时期也采取这种革命的专政，这就走向了马克思思想的反面。如果按照考茨基的这个理论指导实践的话，苏联的十月革命就一定会重蹈 1871 年巴黎公社失败的覆辙。因为，俄国 1917 年的十月革命的背景与法国 1871 年巴黎公社的背景几乎是完全相同的。同样是政府军对外侵略的失败，甚至侵略的对象国都是相同的。1871 年革命前是法国政府军攻打普鲁士遭到失败，巴黎人民 30 万人起而反对临时政府，抵御外来侵略；1817 年则是当时的俄国临时政府冒险向德意志帝国和奥匈帝国军队发动进攻，遭到惨重失败，十天内俄军损失 6 万人，前线失利的消息传到首都，工人士兵群情激昂，结果导致了十月革命的爆发。恰恰是列宁对于巴黎公社的原则和马克思恩格斯思想的修改与发展，对资产阶级实行了革命的专政，才使得这种群众性的运动发展为一种成功的社会主义革命。

二　东欧剧变后的西方研究情况

《法兰西内战》以及与此相关的巴黎公社、无产阶级专政等问题的研究一直以来都是政治家和历史学家所关注的重要文献、事件和概念。仿效苏联的模式建立起来的各社会主义国家都把巴黎公社的原则无产阶级专政以及马克思的《法兰西内战》作为社会主义革命和建设的重要的指导原则和指导思想进行学习、研究和宣传。苏东剧变后，西方对于《法兰西内战》及其相关问题的研究尤其是对于与《法兰西内战》有关的无产阶级专政问题的研究开始热了起来。1987 年每月评论出版社发表美国学者哈尔·德雷珀（Hal Draper）《从马克思到列宁的无产阶级专政》一书，1990 年再发表《马克思与无产阶级专政》[1] 声称他查阅了马克思恩格斯 40 多卷近 700 万字的著作，只发现 11 篇文章和两次讲话共 18 处使用过"无产阶级专政"的术语，而且集中在 1850—1852 年、1871—1875 年，1891—1895 年三个时期。德雷珀认为，在那时，"专政"并不是极端分子的专有财产，恰恰相反，它被视为民主运动的一个方面。无论左派还是右派都这么认为。比如，路易·勃朗作为法国二月革命后建立的资产阶级临时政府中的左翼代表，主张临时政府应当把自己看成是由革命委派的独裁者，它变得不可避免，它没有责任去追求普选权的批准，直到所有的善得到实现。而临时政府中的右翼领导人拉马丁竭力希望革命纳入保守主义的轨道，他把自己和他的同党也称为独裁者。在大革命之后的 50 年代，惧怕人民的"专政"成了一种流行病。伦敦《泰晤士报》载文大声疾呼反对给大多数人以投票权，认为这会导致"民主的暴政"。法国复辟时期的历史学家基佐在《论法国的民主》（1849 年）中也写道，人人主张民主，但是民主意味着混乱、阶级战争和民众专制。他说，民主意味着一切权力归人民，意味着人民专政，而这是他所要反对的。[2] 另一美国学者查理·N. 亨特在《马克思和恩格斯的政治思想》一书中，以德雷珀的见解为基础，进一步研究了马克思恩格斯每一次使用"无产阶级专政"概念的历史背景。[3] 2000 年美国《科学与社会》杂志秋季号（总第 64 卷第 3 期）发表了穆罕默德·塔巴克的文章《马克思无产阶级专政理论再认识》，对马克思的《法兰西内战》及其无产阶级专政理论和实现形式等提出了自己的看法。2009 年，皮特·康姆贝尔在网络上发表《理解无产阶级专政：1919 年的加拿大左翼以及社会主义运动的可能性》一文，结合马克思的《法兰西内战》一文，研究了 1919 年加拿大社会主义运

---

　　[1]　Draper，M. 1990，"Marx and the Dictatorship of the proletariat"，in Karl Marx's *Social and Political Thought*：*Critical Assesments*，vol. III，Routledge.

　　[2]　郁建兴：《马克思与自由主义民主》，载《哲学研究》2002 年第 3 期。

　　[3]　鲁兰沁、张宝瑞、朱毅：《试论马克思学说的实质——兼评美国学者哈尔·德雷珀和查理·N. 亨特的"新观点"》，载《齐齐哈尔大学学报（哲学社会科学版）》1985 年第 4 期。

动的可能性问题。[①] 与此同时，法国青年一代后马克思主义学者巴迪欧也对巴黎公社和马克思的《法兰西内战》产生了浓厚的兴趣，先后发表文章《巴黎公社：政治的政治性宣言》和专著《共产主义假设》（*L' Hypthese Communiste*，2009），对马克思、列宁、毛泽东等对巴黎公社和无产阶级专政的理解进行了后马克思主义维度的分析。分析的焦点集中在巴黎公社的原则——无产阶级专政。

有关这方面的研究文献我们会在本书的参考文献中——列出，这里只是就塔巴克和巴迪欧的文章和研究情况作一个简单的介绍。

塔巴克的研究

塔巴克在《无产阶级专政理论再认识》一文中指出：巴黎公社是马克思坚持的无产阶级专政形式，它建立在工人阶级直接统治的基础之上，其最终结果是工人阶级的解放。这个专政通过一种强制的（否定的）功能否定旧秩序，通过一种积极的功能实现一种在经济、社会和政治上得到解放的社会。当代人主要通过其强制的功能认同无产阶级专政。相反，他的研究则试图用积极的功能定义无产阶级专政，用积极的功能取代强制的功能。此外，正如马克思所说，作为政治消亡的前提条件，无产阶级在建立自己的政治统治以前需要"打碎"国家。无产阶级专政不可能是官僚式的国家，因为这种模式与人的解放不相符合，而且它天生抵制消亡。当无产阶级开始通过直接的权力进行统治，消灭异化、剥削和控制的经济、社会和政治原因——包括官僚体制时，人的解放就成为可能的了。

塔巴克认为，马克思的《法兰西内战》是理解他有关这种专政的思想的关键。公社与无产阶级专政的联系是被马克思主义者普遍接受的。因此，他主要从巴黎公社的角度研究无产阶级专政概念。塔巴克首先提出了对把无产阶级专政等同于国家的流行观念质疑。他认为无产阶

---

① Campbell, Peter, Understanding the Dictatorship of the Proletariat: the Canadian Left and the Moment of Socialist Possibility in 1919. Tuesday, September 22, 2009.

级专政不应被解释为国家形式，因为按其现代的和官僚式的形式，国家不可能解放工人阶级。相反，国家变得不利于向共产主义过渡。因此，"无产阶级需要在革命期间打碎国家"。塔巴克指出：在马克思转变时期的概念中的"专政"，往往只是被理解为对付资产阶级反革命的镇压措施。"我的观点是，严格说来情况并非如此。无产阶级专政对于马克思来说是一个有其标准、规则、法律、目的和把社会改造成为共产主义的长期计划的'正常'社会制度类型。我称其为无产阶级专政的积极的和建设性的要素。"

塔巴克指出："当代马克思主义者在其努力证明需要进行的强制的过程中，往往轻视积极要素与否定要素之间的关系。强制要素错误地变成了专政的本质性的和无所不在的要素，以牺牲积极要素为代价。相反地，本文把积极要素当做是无产阶级专政的本质性要素，而且认为，不论是强制性制度，还是它们的功能，都不该构成积极要素的障碍。强制要素应该从属于过渡社会的积极要素。"

塔巴克同时认为，无产阶级的政治制度重视劳动者的解放，将这种解放作为其制度中必不可少的一部分。政治、社会和经济的解放一起构成了总目标，因而构成了建设性的和积极的要素。任何试图建构无产阶级专政理论模式的理论都必须解释这种政体的制度性何以会保证其总目标的实现。仅仅建设一个建立在保卫社会主义反对旧秩序的革命成果需要基础上的强制性模式，并不保证新秩序必然会走向共产主义。

塔巴克的研究得出了两个正确的结论：（一）巴黎公社是马克思所理解的无产阶级专政的形式；（二）马克思并未把这种专政论述为国家形式。这个结论是从卢森堡以来一直被少部分人坚持的。塔巴克认为，自从列宁之后，除了卢森堡之外，所有马克思主义者都接受了列宁的观点，把无产阶级专政与无产阶级国家作了等同。此外，塔巴克对于从资本主义向共产主义过渡期间的专政也持一种审慎的态度，指出这应该"种类适当"，不要把在全国范围内组织民兵组织与把中央集权的国家机器掌握在少数官僚或技术专家手中两者混为一谈；在这里有必要澄清两个不同的概念。第一，无产阶级专政含有镇压手段。但是，专政的制度设计应该防止政府"侵占"权力，坚持强制手段直接控制在无产阶级手里，其具体形式是马克思提出的非官僚的民兵组织形式。第二，镇压不是常态。马克思预言，一旦公社组织在全国范围内牢固地建立起来，它"或许"依然会"因为分散的奴隶主的反抗而遭遇灭顶之灾，和平进步短时间内被打断以后，它只会推进这个运动，使得社会革命拿起武器"。依照其他标准，"和平进步"，即无产阶级专政，只有"镇压资产阶级对革命的反抗"才成为"专制的"。在这个意义上，无产阶级专政的"专制"的方面并没有被排除。但是，如卢森堡所说，一定不要利用必然性，不要把内战情况下不得已采取的"所有策略都弄进一个完备的理论体系"。认识到使用武力的必然性是一回事，而利用它则是另外一回事。

塔巴克这里避开了马克思讲的"无产阶级的革命专政"的提法，而列宁正是引申了这句话之后才得出他的无产阶级国家理论的。

巴迪欧的研究

法国新一代后马克思主义代表人物阿兰·巴迪欧结合中国的"文化大革命"等现实问题研究了马克思的《法兰西内战》和巴黎公社问题。巴迪欧在对巴黎公社的成立及其失败的过程作了描述之后紧接着指出：就在这时，马克思对巴黎公社做出了评价，这个评价完全处于他对国家问题的思考之中。于他而言，这是历史上第一次无产阶级掌握了领导地位，第一次接管了行政乃至整个社会的伟大事件。从巴黎公社的经验和教训中，他得出结论：国家机器不能"接管"或"占领"，而是要摧毁。不过，巴迪欧指出：马克思的评价实际上有歧义。一方面，他对所有可以导致消解国家的东西都抱有好感。肯定公社摒弃了职业军队，而喜欢直接由人民武装起来的军队；所有的措施在选举中，而人民公仆是可以撤换的；这样做的结果是决策和执行的权力被分化了；马克思也肯定公社的国际主义。但另一方面，马克思又谴责了公社的无能，他们羸弱的军队缺乏中心；他们不能界定金融的归属，还有关于民族问题上的缺陷，同其他城市的联系，或者来号召外省的民众。解决这些问题好像又需要国家。马克思在这个问题上的含混，"在后来的一个世纪里，一方面被社会民主党的条文，另一方面被列宁的激进化立场所弘扬"。

巴迪欧认为，后来的社会民主党和列宁的共产党都"实现了马克思主义关于巴黎公社的含混评价"。他们都建立了一个政治实体——国家，不过政党在这里面是自由的："它担负着革命的任务，也承担着摧毁资产阶级国家的使命"。不过政党也是一个高度集中和有纪律的组织者，其能力完全是在于接管国家权力。它担负着建立新国家的任务，也承载着无产阶级专政的使命。斯大林之后这样建立起来的国家被称为"党—国"。巴迪欧认为，"党—国拥有可以解决巴黎公社所不能解决问题的能力；监管和军事防卫的集中化；对资本主义经济的彻底摧毁；号召并让农民臣服于工人阶级的领导之下；一个强有力的国际的建立，等等。"但是，这种政治模式的结果是导致了失败的斯大林模式。

巴迪欧对中国的"文化大革命"表现了极大的兴趣。他认为"文化大革命"是巴黎公社在中国的复活，是毛泽东试图找一条不同于斯大林模式的新模式。"上海公社"以及后来的"革命委员会"接管了传统的政权，毛泽东后来提出了"无产阶级专政下继续革命"的思想。"这仿佛是在一个既定的严格的党—国的等级制之中，试图寻找不同于1917年十月革命和列宁主义的新的支点"。但是，巴迪欧认为，毛泽东对于巴黎公社的看法依然没有走出"党—国"框架。所以他的研究要迎接这样的挑战，把经典的解释方法放在一边，并用一种完全不同的方法来处理事实和巴黎公社的决定，即"我们需要摒弃对国家的臣服，摒弃多党或一党的框架来思考政治"。

对于巴迪欧思想的分析、研究和批判我们将在后面的研究中进行。同时，我们已把巴迪欧的这篇文章收入本书，供读者研究、参考和批判。

三　介绍几本西方的研究著作

除了以上研究情况之外，我们在这里再介绍几本西方的研究著作。

（一）巴里巴尔的《论无产阶级专政》（Etienne Balibar：*On the Dictatorship of the Proletariat*，by Fran&ccedilois Maspero，1976.）

本书是巴里巴尔的文集，这里尤其涉及列宁的《国家与革命》中的无产阶级专政思想。巴里巴尔在阅读了《国家与革命》之后，得出的结论是，没有人和没有任何东西，甚至包括共产党的大会（影射法共二十二大），可以废除无产阶级专政。因为无产阶级专政不是一个建立政党或者制度的政策或者策略，相反，无产阶级专政是历史的现实。更准确地说，这个现实根植于资本主义本身，其包含在资本主义向共产主义过渡的全部过程之中。用巴里巴尔的话说，这是"历史发展趋势的现实"，这个历史发展趋势是在资本主义内部开始的，它是同资本主义的斗争。无产阶级专政并不是某一种向共产主义过渡的可能性，是在特定的历史条件下任由我们来选择的方案之一。对于无产阶级专政，必须要拒绝其他方案，尤其是资产阶级"民主"的道路，拒绝西方发达国家的政治和工业的道路。它不是选择方案之一，因此，它不能被放弃。

巴里巴尔提出这个结论是针对法共二十二大决定放弃无产阶级专政的目标，用尊重"民主"的方式来取而代之而提出的。我们应当将之看成是法共内部的一次讨论，因为巴里巴尔将法国放弃无产阶级专政的做法看成是按照资产阶级的意识形态的方向去行进。

（二）东尼·格鲁克斯泰因的《巴黎公社：民主下的革命》（Donny Gluckstein：*The Paris Commune*：*The Revolution in Democracy*，Bookmarks Publication，2006.）

这本书是2006出版的回顾巴黎公社革命的一本新书。该书探讨的问题是：我们为什么在今天还要继续谈巴黎公社？即在今天物质财富极大丰富的社会中，同时也是让数百万计的人陷入贫困、压迫、战争、疾病的同时，"另一个世界"是否可能。现在的全球化社会的替代方案，可以在1871年的巴黎公社革命中找到解答，这是工人们第一次自己掌控一个城市，并驱逐了法国政府。自由地实现自己的梦想，而所有的社会主义者、共产主义者、无政府主义者、好激进的雅各宾派都全身心地投入到这场革命运动中，投入到这场巨大的实验中。在巴黎公社中，社员放开了他们无拘无束的想象，他们信任社会正义、平等、国际之间紧密团结是可能的。一种新型的政府奠定在人民群众的积极民主的基础上——这是第一个工人国家。当然这场运动只持续了72天，工人们手挽手地在战壕里一起战斗到五月，而政府军和统治阶级的力量用最野蛮的方式重新夺回了他们的首都。对巴黎公社的诞生与灭亡的研究，重现了那个在政治上和社会上最辉煌灿烂的故事，也展现了最伟大的英雄主义。

值得注意的是，本书否定了马克思对于巴黎公社的解释，而是将巴黎公社看成一场远离和消除政治的运动，按照作者的说法，巴黎公社的社员从一开始就没有打算建立政党，而是试图在巴黎公社之中实现真正的工人自治。在作者看来，巴黎公社是无政府主义者的工人政府，而蒲鲁东、巴枯宁和克鲁泡特金是巴黎公社委员会中的思想渊源。按照一位社员的说法"公社就是要打破一切集中"，"权威原则从此以后不再可能在街区中建立其威信和秩序了，也无法驱动工厂去工作了，而这种不可能性则构成了其否定。"

不过作者也看到了问题没有那么简单，因为雅各宾主义者和布朗基主义者仍然认为公社是一个政府组织，他们对蒲鲁东主义进行了批判。同时，作者也提到了马克思主义的影响，但是他并不认为马克思主义在巴黎公社运动中占据主流。值得一提的是，作者特别强调了女性主义者在巴黎公社中的作用，她们不仅提出了男女在政治上的平等，更是将女性推向了革命的前台，成为巴黎公社运动的一股不可忽视的力量。

最后，作者乐观地说道，不应当将巴黎公社的被镇压看成是共产主义运动的结束，相反，他提出，这应当看成是一个"黎明"，而"黄昏还是黎明"正是作者最后一个部分的标题。在他看来，巴黎公社运动的失败实际上启迪了后来的革命运动，甚至包括了1917年的俄国革命。

（三）格雷特·威尔逊的《巴黎与巴黎公社：忘却的政治》（Colette Wilson, *Paris and the Commune*: *The Politics of Forgetting*, Manchester University Press, 2007.）

这也是新近出版的一本关于巴黎公社的著作。但是这本书并不仅仅是从巴黎公社的整个过程角度来书写的，而关注的是之后各种针对巴黎公社的忘却的态度。作者提出，他对巴黎公社的关注，主要有两个目的：第一是后来的法兰西第三共和国如何通过严格的监控检查措施，抹除巴黎公社记忆；第二是试图通过严格的案例研究，揭示出当时的作家、艺术家、摄影师是如何主动地迎合官方的口味而淡忘这段历史。

在今天，如果想在巴黎找到这些历史的遗迹，已经几乎无处可寻。巴黎公社中一些重要建筑已经不复存在，而留存下来的遗迹也不便于游人去参观。作者认为，正是官方的态度有意识地压抑了对巴黎公社的记忆，而这种压抑本身就是一种资产阶级意识形态针对共产主义思想的一种斗争。那么，与资本主义意识形态的斗争，不仅仅在于批判资本主义的剥削与压迫，也需要去恢复被淡忘的无产阶级斗争的历史，在那些被尘封的历史事件中，重新激发出无产阶级斗争的活力。

（四）哈尔·德拉佩的《从马克思到列宁的"无产阶级专政"》（Hal Draper, *The Dictatorship of Proletariat from Marx to Lenin*, Monthly Review Press, 1987.）

这本书详尽考察了无产阶级专政从马克思到列宁时期的发展。作者认为，"无产阶级专政"一词之所以著名，并不是因为马克思在《法兰西内战》中提到过这个词，而是因为在第一次世界大战之后的共产主义运动所致，尤其是苏联的布尔什维克政府用无产阶级专政来形容革命的国家。通常意义上，这个词有两个用法：一是"无产阶级专政"本身在19世纪晚期，是一种反民主的概念，对立于人民主权。在这个时期，"专政"和"民主"是对立的范畴。进入到20世纪之后，反苏联的阵营赋予了"专政"一词新的含义，他们将苏联的无产阶级专政描绘为专制统治。另一方面，在布尔什维克阵营中，无产阶级专政代表着马克思主义的革命性，这个词也担当着马克思对未来社会设计的任务。显而易见，两个方面，实际上都将无产阶级专政指向了第一次在世界舞台上出现的苏联社会主义政权。

不过到了20世纪20年代，斯大林主义将这个词当成了一种凌驾于人民之上的集权统治，关于这个词的革命的民主含义消失了。那么后来对这个词的讨论要么是在官方意识形态上高度抽象的讨论，要么是为苏联实际的官僚制的集体主义社会所服务的。因此，在今天看来，这个词不过是一个官僚主义的口号。

　　因此，德拉佩的书关心的不是作为政治体制的无产阶级专政，而是"无产阶级专政"一词在从马克思到列宁的发展过程中的具体用法的转变过程，而在不同的革命阶段和时期，无产阶级的革命家们是如何将这个词的含义同当时的具体革命实际相联系的。这里涉及了马克思和恩格斯的"无产阶级专政"在表达从资本主义社会向社会主义社会过渡的用法，也涉及第二国际和普列汉诺夫的折中用法（即在他们看来，无产阶级专政是在革命过程中的一个临时的策略，最终要被无产阶级的民主所取代），最后到列宁的布尔什维克的用法，以无产阶级专政构筑起来的苏维埃国家体制。

第四章 国内研究情况

《法兰西内战》在中国的研究应该始于抗日战争时期的 1938 年由吴黎平、刘云（张闻天）合译的《法兰西内战》（第一个中译本由延安解放出版社出版）。张闻天作为中共的早期领导人亲自研究和翻译了马克思的《法兰西内战》，供延安时期的党的干部学习和研究。这种学习和研究对于后来新中国成立后的治国方略的制定发挥了重要的作用。该书后来不断重印，说明中国学习和研究这本书的人越来越多。我国著名党史专家郑谦研究员认为：新中国成立以来，我国党内外曾出现过多次比较集中地学习《法兰西内战》和巴黎公社经验的活动，但是，这种学习实践的高潮却是在"文化大革命"。

一 改革开放之前的研究情况

郑谦研究员 2010 年发表在《中共党史研究》上的文章《"文化大革命"的巴黎公社情结》[①] 为我们研究《法兰西内战》一书在新中国成立后和"文化大革命"时期在中国的研究情况提供了方便。关于"文化大革命"前《法兰西内战》一书的学习研究情况，郑谦研究员写道：

> "文化大革命"前，对巴黎公社和《法兰西内战》的宣传、学习，比较突出的有两个时期：一是 1958 年；一是 20 世纪 60 年代上半期。1958 年的人民公社化运动中，毛泽东曾把人民公社与巴

---

① 2010 年 08 月 03 日 08：42 中国共产党新闻网。

黎公社相提并论，认为巴黎公社是世界上第一个公社，遂平的卫星公社是第二个公社（武力、郑有贵：《解决"三农"问题之路》，北京：中国经济出版社2004年版，第429页）。当年10月，张春桥在《破除资产阶级的法权思想》一文中，引用了《法兰西内战》中有关巴黎公社分配原则的几段著名论述，批评"片面地强调'物质利益'原则"，批判"资产阶级的法权"和"资产阶级的不平等的等级制度"（《人民日报》1958年10月13日）。1959年有关报刊发表的纪念巴黎公社的文章，则是从正确对待群众运动的角度阐述巴黎公社的意义，意在要求人们正确对待"大跃进"等运动。

　　而"文化大革命"时期这种对于《法兰西内战》的学习则达到了一个高潮。毛泽东通过研究马克思的《法兰西内战》，强烈地认识到苏联模式的局限，希望找到一种取代的办法。巴黎公社的经验让他看到了中国的希望。"文化大革命"开始不久，毛泽东就在北京大学哲学系学生的大字报中看到了巴黎公社的影子。毛泽东在中央常委扩大会议上高兴地指出："北大聂元梓等七人的大字报，是20世纪60年代的巴黎公社宣言——北京公社"① 几天以后，《人民日报》在一篇题为《巴黎公社实行的全面的选举制》的资料文章中介绍说："巴黎公社实行了全面的选举制。恩格斯说：'为了防止国家和国家机关由社会公仆变为社会主宰'，巴黎公社'把行政、司法和国民教育方面的一切职位交给由普选选出的人担任，而且规定选举者可以随时撤换被选举者。'"② 1966年11月3日，林彪在一篇讲话中说："按照巴黎公社的原则，充分实现人民民主权利。没有这种大民主，不可能发动真正的无产阶级文化大革命"；"这种大民主，是毛主席对马克思列宁主义关于无产阶级革命和无产阶级专政学说的新贡献。"③

----

　　① 《毛泽东在中央常委扩大会议上的讲话》（1966年8月4日），转引自陈东林、杜蒲主编《共和国史记》第3卷上，吉林：吉林人民出版社1996年版，第116页。

　　② 《人民日报》1966年8月15日。

　　③ 林彪：《在接见全国各地来京革命师生大会上林彪同志的讲话》，载《人民日报》1966年11月4日。

正如郑谦研究员所言，"文化大革命"时期学习和实践《法兰西内战》和巴黎公社经验，实行大鸣、大放、大辩论、大民主，批倒公、监、法，踢开党委和政府的做法，最后导致了"令人失望的结局"。但是，中国的"文化大革命"不是一个孤立的事件。1968年5月轰动世界的巴黎"五月风暴"，学生和教授们（让-保罗·萨特等著名教授）举起了"再造一个巴黎公社"的旗帜。有一大批左翼学者为此而兴奋不已。甚至晚近的法国学者巴迪欧至今仍对中国的"文化大革命"和巴黎的"五月风暴"研究兴趣正浓。

郑谦研究员的文章认为中国的"文化大革命"教条地搬用了马克思的《法兰西内战》和巴黎公社的经验，但是他并没有对这本著作本身的理论问题进行研究。不过，郑文中提到的另一个中国学者顾准则直接对《法兰西内战》的内容进行了研究和批评，批评的实质是"直接民主"还是"代议制民主"。顾准是中国学术界十分敬仰的一位学者。1973年4月20日，顾准写了《直接民主与"议会清谈馆"》一文，文中第一标题就是"直接民主的理想，来自《法兰西内战》"。顾先生的结论是："《法兰西内战》倡导直接民主，一方面是要消灭异化，一方面也是复古——复公民大会之古，也是复共和罗马之古。"在现代广土众民的民族国家里实行直接民主是不现实的。[①] 顾准更进一步研究了列宁的直接民主，"他甚至有充分的勇气，在布列斯特和约订立之后，解散了全部军队，用赤卫队（即公民的民兵的军队）代替常备军。他说，机关不过是会计和打字员，可以由无特权的雇员组成；群众的统计监督可以代替企业管理和政府内阁部。列宁的计划委员会是由技术专家组成的，它不是什么经济管理机构。"不幸的是，列宁的这些依照巴黎公社的经验和马克思《法兰西内战》的思想和理论制订出来的理想化的设想和实施办法后来却走向了它的反面："苏联的军队是全世界最大的一支职业军队；它的官僚机构是中国以外最庞大的机构；捷尔任斯基的契卡成了贝利亚的内务部；以工厂苏维埃和农村苏维埃为基层的直接民主

---

① 顾准：《顾准文集》，北京：中国市场出版社2007年版，第218页。

制，列宁生前已被工厂的一长制所代替；一切权力归苏维埃嬗变为一切权力属于党，再而变为一切权力属于斯大林。"① 顾准先生的文章是在"文化大革命"之后的 1973 年写的，他直接否定了马克思的直接民主而肯定议会民主。不论其结论是否正确，如果把"文化大革命"的"大民主"与马克思的民主思想等同的话，其结论肯定是有局限的。

二 改革开放以来的研究情况

改革开放以来，马克思的《法兰西内战》依然是中国从上到下的重要的研究文献。朱镕基在 1998 年 3 月 24 日主持召开的国务院第一次全体会议上指出："我们一定要奋发图强，励精图治，把我们的政府建设成一个廉洁的、高效的、廉价的政府。马克思的《法兰西内战》中讲过'廉价政府'这个词，实际上就是指一个精简的、成本很低的、不浪费人民血汗的政府。"② 看来马克思的廉价政府的思想在中国也已经深入人心。此外，马克思"社会公仆"几乎是与共和国一起出现的，从孙中山到毛泽东，国共两党都一度接受了马克思《法兰西内战》中的这个思想，"社会公仆"至今一直是中国共产党人始终坚持的一个理想形象。

进入新世纪以来，中国对于《法兰西内战》的研究出现了一些比较系统和专业性很强的研究。赵云献教授的文章《做永远忠于人民的勤务员》甚至认真研究了公仆思想在马克思的《法兰西内战》一文中的提出和恩格斯在《〈法兰西内战〉导言》一文中的强调，研究了马克思恩格斯关于社会公仆的选举、监督、随时撤换和对选民负责的思想以及社会公仆的工资不超出工人工资的思想。他同时认为毛泽东和后来的中国领导人都强调了这些思想。黄东阳教授的《转型期我国政府公仆身份的塑造——从〈法兰西内战〉探服务型政府建构之一隅》一文从政府

---

① 顾准：《顾准文集》，北京：中国市场出版社 2007 年版，第 219 页。
② 《朱镕基讲话实录》，人民出版社 2011 年 9 月出版，由人民出版社和中国财经出版社向全国发行。

治理的角度研究马克思的《法兰西内战》，认为马克思著作中蕴含丰富的政府治理理念，特别是在《法兰西内战》中对公仆的内涵进行了深刻的阐述，提出了公仆政府建设的诸多观点，这些观点与我国当前建设的服务型政府相契合。我国政府公仆身份的塑造主要应关注三个方面内容：一是规范公仆行为，提高公仆素养；二是贯彻以人为本的善治理念；三是实践公仆功能与理念的结合。① 刘晓龙、阎国平的文章《论马克思的反腐倡廉思想——读〈法兰西内战〉》则从反腐倡廉的角度研究了马克思的《法兰西内战》，认为马克思在总结巴黎公社经验的基础上创作了《法兰西内战》，其中包含了丰富的反腐倡廉思想。巴黎公社摧毁了资本主义的经济基础，彻底改变了国家性质，并通过打碎旧的国家机器，使公社的权力真正掌握在人民手中，这就铲除了腐败产生的土壤。同时，公社还制定了民主制度、监督制度等具体制度，推动了反腐倡廉工作的有序发展。马克思的反腐倡廉思想对中国特色社会主义建设具有重要指导意义。②

李延明等人撰写的专著《马克思恩格斯政治学说研究》，对马克思的《法兰西内战》以及其中所涉及的巴黎公社的经验进行了比较深入的研究。作者正确地认识到，"巴黎公社废除了常备军，不再具有阶级压迫、阶级统治的性质，已经不是原来意义上的国家……公社不是国家，而是从国家到自由人联合体（详见第十章）的过渡形式，在历史的序列中，它处在无产阶级专政国家消亡的半途中。"但是，作者没有区分马克思恩格斯的"无产阶级专政"与列宁以来我们所理解的"无产阶级专政"的区别，把国家和无产阶级专政这两个概念等同了起来。他的完整表述是："巴黎公社废除了常备军，不再具有阶级压迫、阶级统治的性质，已经不是原来意义上的国家，不是完整的无产阶级专政。在这个意义上，把它称为

---

① 黄东阳：《转型期我国政府公仆身份的塑造——从〈法兰西内战〉探服务型政府建构之一隅》，载《闽江学院学报》2010 年 03 期。

② 刘晓龙、阎国平：《论马克思的反腐倡廉思想——读〈法兰西内战〉》，载《山西高等学校社会科学学报》，2010 年 07 期。

无产阶级专政是不确切的。"① 这就是说，他与我们大多数人一样，在国家的意义上理解马克思恩格斯的无产阶级专政概念。我们后面将对这个问题进行展开论述。

杨涵教授的文章《双重民主原则下的自治——从〈法兰西内战〉透视马克思的政体思想》一文以对理想政治运行模式的寻找为切入点，通过对马克思《法兰西内战》中关于巴黎公社的相关论述进行分析，提炼、总结出马克思的思想中包含着一种新型的共和政体。这种新型共和政体以双重民主原则下的自治为核心，通过良好的政府治理模式来进行实际运作，它为我们提供了一个很好的借鉴。尽管公社自身的运作时间十分有限，其制度安排也没能达到最优化的效果，但其以人民自治为核心的治理精神却有着永恒的意义。② 石倩教授的文章《马克思的民主观——重读〈法兰西内战〉》认为，《法兰西内战》是马克思对巴黎公社经验教训的总结，同时也是马克思民主观成熟的标志。其中公仆制是民主制的核心，普选是达到公仆的手段，分配的公正是公仆制的必然体现。我国最大的民主表现形式是人民代表大会制度。但是就目前来看，人民代表大会制度还有很多不足，需要进一步完善。特别要注意发挥人大的监督权，也要注意公务员与工人、农民在分配上的基本平衡。③

这些对于《法兰西内战》中包含着的丰富的民主思想的研究对于中国的改革开放具有十分重要的现实指导意义。

三　研究的局限

到目前为止，我们对于《法兰西内战》的研究存在着一个重大的缺陷，即忽视了马克思关于民主政治的重要前提是劳动者的经济上的解

---

① 李延明等：《马克思恩格斯政治学说研究》，北京：人民出版社 2002 年版，第 238 页。
② 杨涵：《双重民主原则下的自治——从〈法兰西内战〉透视马克思的政体思想》，载《理论界》2009 年 06 期。
③ 石倩：《马克思的民主观——重读〈法兰西内战〉》，载《新西部（下旬·理论版）》2009 年第 04 期。

放，即劳动者在经济上获得个人权利的思想。

马克思在《法兰西内战》中写道："公社的真正秘密就在于：它实质上是工人阶级的政府，是生产者同占有者阶级斗争的产物，是终于发现的可以使劳动在经济上获得解放的政治形式。如果没有最后这个条件，公社体制就没有存在的可能，就是欺人之谈。生产者的政治统治不能与他们永久不变的社会奴隶地位并存。"[①] 马克思接着对于这个在经济上获得解放的具体形式作了进一步的论述，他说："要把现在主要用做奴役和剥削劳动的生产资料，即土地和资本完全变成自由的和联合的劳动的工具，从而使个人所有制成为现实。"[②] 在经济上建立一种自由的和联合的劳动者的个人所有制，是马克思在《资本论》和《法兰西内战》中一直坚持的作为民主政治基础的经济形式。这一点几乎是被所有研究《法兰西内战》和无产阶级专政理论的人们所忽视。

不论是列宁还是毛泽东，都非常重视马克思在《法兰西内战》中所讲的民主政治思想，而且自觉地把这些思想具体地运用到了两国的社会主义革命和建设的实践当中。中国的政治家和理论家们更是把马克思的民主政治思想，尤其是其中的选举制度和公仆制度，看做是十分重要的民主政治思想资源，至今其研究的兴趣始终不减。但是，人们往往忽视了，民主是一种政治形式，它作为一种上层建筑，其存在的理由和方式是由现实的经济形式决定的。在一个吃饭和住房靠政府供给的社会里，即在一个劳动者在经济上没有任何个人权利的社会里，任何形式的政治民主都会失去这种民主形式的真实意义。用马克思的话来说，如果劳动不能在经济上获得解放，任何民主形式都有可能是"欺人之谈"。所以，不论是在苏联模式的情况下还是在南斯拉夫社会所有制的模式下，由于劳动者个人没有"让占为己有的机会"，或者说由于劳动者个人在经济上没有权利，所以，其民主政治只能流于形式。

马克思在《法兰西内战》中所表述的这个思想，也可以在他的东

---

① 《马克思恩格斯文集》第 3 卷，北京：人民出版社 2009 版，第 158 页。

② 同上。

方村社理论中得到补充。我们知道，马克思对于亚细亚生产方式和东方村社问题作过大量的研究，其中最重要的一个思想，就是认为东方古代的土地公有制是东方专制主义的基础。马克思说："这些田园风味的农村公社不管初看起来怎样祥和无害，却始终是东方专制制度的牢固基础"① 马克思甚至认为，在东方的"财产形式下，单个的人从来不能成为所有者，而只不过是占有者，实质上他本身就是作为公社统一体的体现者的那个人的财产，即奴隶"②。在许多人都热衷于这种古代公有制的情况下，马克思却把这种经济形式与奴隶制同等看待。这是需要我们认真思考的问题。只有从这个意义上，我们才能理解马克思在《法兰西内战》中讲的"如果没有劳动者的经济上的解放，公社制度只是欺人之谈"的思想。

有关这个问题的深入研究，请参见本书第六章的内容。

---

① 《马克思恩格斯文集》第 2 卷，北京：人民出版社 2009 版，第 682 页。
② 《马克思恩格斯全集》第 46 卷上册，北京：人民出版社 1979 版，第 493 页。

第三部分　当代解读

第五章 《法兰西内战》的基本内容

《法兰西内战》是马克思在巴黎公社失败后的第三天向第一国际总委员会会议宣读的一个由马克思起草的"致协会欧洲和美国全体会员"的《国际工人协会总委员会宣言》（以下简称《宣言》）。《宣言》共分四个部分。下面分别介绍这四个部分的具体内容。

一 第一部分 论述"国防政府"

马克思用了很大的篇幅揭露了国防政府及其成员梯也尔、特罗胥等的可耻历史、叛国行为和残酷镇压巴黎人民的罪恶行径。马克思通过一些公开披露出来的信件和报告等等指出，国防政府的主要成员是一些"无耻的骗子"，他们口头上说"巴黎总督是永远不会投降"（巴黎总督特罗胥），"决不会出让我们的一寸领土，决不会让出我们碉堡上的一块石头"（外交部长法夫尔）。但是实际上，他们一上台就派梯也尔遍访欧洲各国宫廷，乞求调解。特罗胥在进入市政厅的第一天晚上就公开对其同僚们说，"在目前的情况下，巴黎想要经受住普鲁士军队的围困，那将是一件蠢举。"不仅如此，这位巴黎总督还在后来向聚会的巴黎区长们重复了这些话，得意地向他们说："事变的发展并没有推翻我的意见。"马克思在揭示了这些已经被公布出来的巴黎总督的投降的话后指出："可见，还在共和国宣布成立的当天晚上，特罗胥的同僚已经知道他的'计划'就是使巴黎投降。如果国防真的不仅仅是梯也尔和法夫尔之流图谋私人统治地位的幌子，那么9月4日一步登天的那些人在9月5日就应该引退，把特罗胥的计划告诉巴黎人民，让他们要么立即投

71

降，要么自己掌握自己的命运。那些无耻的骗子并没有这样做……"①马克思接着揭露了国防政府的官员在私人信件中公开承认他们"防御"的不是普鲁士的士兵，而是巴黎的工人。这就是说，这个所谓的"国防政府"，在大敌当前，不是防御普鲁士的进攻，而是把枪口对准巴黎人民，向外敌投降。正如马克思所指出的，"到了 1871 年 1 月 28 日，骗子们终于丢开了假面具。国防政府投降了，它视极度的自甘屈辱为真正的英雄行为，变成了由俾斯麦的俘虏组成的法国政府——这样一个屈辱的角色，甚至连路易·波拿巴都未敢承当。"② 马克思的话使这些投降派的无耻嘴脸表露无遗。

马克思还从个人品质方面揭露了"国防政府的一些主要成员"们的丑恶嘴脸。

国防政府的外交部长茹尔·法夫尔在与一个逗留在阿尔及尔的酒徒的妻子姘居时，通过拼凑伪造文据，以他的私生子女的名义谋得了一大笔财产，因而变成了一个财主，并且由于法庭偏袒他而躲过合法继承人提出的诉讼。正是这个伪造文据的罪犯在 9 月 4 日刚一上台就出于同情而立即释放了两个伪造文据的罪犯，其中一个跑到巴黎后又被公社送回了监狱。"而在这个时候，茹尔·法夫尔却在国民议会讲坛上大声喊叫：巴黎正在释放一切囚犯"。这那里是一个什么外交部长，分明是一个流氓加无赖，或者如马克思讲的是一个"逃犯"。

另一个是的厄内斯特·皮卡尔。他在帝国时代就曾经钻营内务大臣职位而没有成功，现在则"自封为共和国的财政部长"。这位财政部长有一个弟弟叫阿尔图尔·皮卡尔，曾经因为诈骗而被逐出巴黎交易所，这一点巴黎警察局 1867 年 7 月 31 日的报告中已经记录在案。而这位财政部长居然安排他的这个宝贝弟弟当了由他主办的《自由选民》的主笔。马克思进一步揭露说，这份财政部的报纸竟然"用官方诺言来误导一般的证券投机商"，而他的弟弟"则在财政部和交易所之间不断来来

---

① 《马克思恩格斯文集》第 3 卷，北京：人民出版社 2009 年版，第 132 页。
② 同上书，第 133 页。

往往，利用法国军队的惨败发财"。更加可笑的是，"这一对宝贝兄弟的全部财务信件都落到了公社手里了。"①

马克思在这里提到了巴黎市的市长茹尔·费里。9月4日前他还是一个吃不上饭的穷律师，当了市长后他在巴黎被围期间以市长的身份利用市民的饥饿搜刮了大笔的钱财。马克思痛斥道："他将来不得不交代他乱政失职之日，就是他受制裁之时。"

在揭露了伪国防政府中的总督、财政部长和巴黎市长之后，马克思的如刀之笔的重点转向了它的首相梯也尔。

马克思在这里为梯也尔的出场准备了一段非常绝妙的话，不能不摘录下来：

> "这些人只能够在巴黎变成废墟时得到假释证；他们正好是俾斯麦所需要的人。经过一番重新摆布，一向躲在幕后操纵政府的梯也尔现在成了政府的首脑，而假释犯则成了部长。"②

这是马克思对国防政府几个主要官员人品德行的准确描述：违犯法律的罪犯，背叛巴黎人民而倒向普鲁士政府的叛国者。而梯也尔则是他们的首脑。这个梯也尔是一个最典型的背信弃义、出尔反尔的小人。马克思对于梯也尔的一段描写也让人不能不叫绝。马克思写道：

> "梯也尔这个侏儒怪物，将近半个世纪以来一直受法国资产阶级的倾心崇拜，因为他是这个资产阶级的阶级腐败的最完备的思想代表。还在他成为国家要人以前，他作为一个历史学家就已经显露出说谎才能了。他的政治生涯的记录就是一部法国灾难史。1830年以前，他和共和党人混在一起，在路易-菲力浦统治时代，他背弃了他的恩人拉菲特而谋得了首相的位置。为了献媚于国王，他煽起了平民暴动来反对僧侣，因而使圣日尔曼奥塞鲁瓦教堂和大主教的宅邸遭受了抢劫；并且在对付贝里公爵夫人这件事情上充当了密

---

① 《马克思恩格斯文集》第3卷，北京：人民出版社2009年版，第134页。
② 同上书，第135页。

探大臣监狱产婆的角色。特朗斯诺南街上屠杀共和党人的事件以及接着颁布的针对新闻出版和结社权利的可憎的九月法令，都是他的杰作。"①

马克思在这里对于梯也尔的揭露只是开了个头。马克思接着历数了梯也尔的其他主要罪状：比如，1840年在他再度出任首相时以他的修建巴黎防御设施的计划而"震惊了全法国"，因为这个计划被普遍认为是一个危害巴黎自由的恶毒阴谋；他的种种随机应变和反复无常；"他在多年从事政治生涯中，从来没办过一件哪怕是极微小的稍有实际好处的事情"；他对财富贪得无厌却憎恨财富的创造者，他第一次当内阁首相时穷得叮当响，而在他离职时已经成了百万富翁；在1840年3月1日在同一国王手下最后一次当首相时，被人公开指责侵吞公款时他"报以眼泪了事"；"他为了使法国避免即将来临的财政崩溃而采取的第一个措施，就是给自己规定了300万法郎的年俸；这就是他1869年在他的巴黎选民面前当做前景描绘出的那个'节俭共和国'的全部内容"。马克思接着写道："梯也尔是一个谋划政治小骗局的专家，一个背信弃义和卖身变节的老手，一个在议会党派斗争中施展小权术、阴谋诡计和卑鄙伎俩的巨匠；在野毫不迟疑地鼓吹革命，掌权时毫不迟疑地把革命投入血泊；他只有阶级偏见而没有思想，只有虚荣心而没有良心；他的政治生涯劣迹昭彰，他的私生活同样为人所不齿——甚至在现在，他处在法兰西之苏拉的位置上，仍难免要以自吹自擂之可笑衬托出其所作所为之可恨。"② 马克思对于这位国防政府首相的揭露和控诉真可谓是淋漓尽致。不仅如此，马克思还揭露了梯也尔利用普鲁士的入侵、通过投降活动被选为法国政府的首相。在这方面，这个"最坏的人成为最佳人选"。用梯也尔自己的话，他自己"一向只依靠三种资源：外敌入侵、内战和无政府状态"，把一个政治投机分子的嘴脸暴露无遗。

---

① 《马克思恩格斯文集》第3卷，北京：人民出版社2009年版，第135页。
② 同上书，第139页。

二　第二部分　论述 3 月 18 日事件的经过

梯也尔政府做出了解除巴黎的武装的决定。他们制造了一个借口，宣称国民自卫军手中的大炮是属于国家的，必须交还给国家。马克思指出，这些武器是在普军开进巴黎前夕由梯也尔的军队撤退时丢弃并由国民自卫军筹款购置来的，而且在梯也尔政府与普军签订的投降书里已经正式承认这些武器是国民自卫军自有的财产，没有列入应该缴给普军的属于政府的武器部分之内。所以马克思揭露说这是梯也尔在没有借口的情况下找的向巴黎开战的借口。梯也尔以收回国家财产的名义发动了内战，他派维努瓦带领一大批警察和几个战斗团去夜袭蒙马特尔高地，试图夺回大炮，解除国民自卫军的武装。可是他的计划被早有准备的国民自卫军和闻讯赶来的当地群众的包围打破了。这时发生了两件事情：一是梯也尔派去的夜袭蒙马特尔高地的波拿巴军官之一勒孔特将军曾先后 4 次命令第 81 战斗团的士兵开枪射击聚集在皮加尔广场上的手无寸铁的群众，而当士兵们拒绝执行他的命令时，他就百般辱骂他们，结果被他的士兵给枪毙了。还有一位将军名叫克莱芒·托马，时任梯也尔政府军的总司令头衔。他在于 3 月 18 日的前几天向陆军部长勒夫洛呈递了由他自己一手炮制的"彻底消灭巴黎暴民之精粹"的计划书后，于 18 日这天晚上到场充当业余密探，也不知何故死在高地上。

3 月 22 日发生了一次所谓"旺多姆广场屠杀赤手空拳的公民"的事件。马克思揭露说，这实际上是梯也尔政府蓄意安排的一次挑衅行为。这一天，从富人区里吵吵闹闹地走出了一群派头十足的人物，队伍里全是纨绔阔少，一帮流氓胆怯地以和平示威做幌子，暗中携带杀人凶器，在街上列队行进，遇到国民自卫军巡逻兵或哨兵就抢他们的枪，走出和平街时他们高喊"打倒中央委员会！打倒杀人犯！国民议会万岁！"的口号，企图冲过岗哨的警戒线，出其不意地占领设在旺多姆广场上的国民自卫军总部。结果国民自卫军一开枪就把他们吓跑了。中央委员会没有理会这些花花公子的和平示威活动。两天后他们又来了一次公开武装示威活动。这一次遭到了国民自卫军的还击，梯也尔带着他的残兵败将窜逃到了巴黎郊区的凡尔赛。

马克思在这里对中央委员会和国民自卫军的行为进行反思，指出："当梯也尔通过偷袭蒙马特尔已经发动了内战的时候，中央委员会却不肯把这场内战打下去，因而犯了一个致命的错误，即没有向当时毫无防御能力的凡尔赛进军，一举粉碎梯也尔和他的那帮乡绅议员们的阴谋。"① 这个错误的结果导致了梯也尔对国民自卫军和巴黎人民的报复，大批地杀害巴黎的俘虏和放下武器的平民，并通过杀人进行狂欢。

三　第三部分　论述巴黎公社的经验

第三部分是《法兰西内战》的重点部分，马克思在这里对巴黎公社及其经验作了比较详尽的论述。

谈到公社，马克思首先向人们提出："工人阶级不能简单地掌握现成的国家机器，并运用它来达到自己的目的。"马克思用很大篇幅对此展开了论述。

首先，打碎"中央集权的国家政权"。马克思指出，作为中央集权的国家政权主要内容的常备军、警察局、官僚机构、教会和法庭是按照系统的和等级的分工原则建立的，起源于专制君主制时代。在历史的进程中，"每经过一场标志着阶级斗争前进一步的革命以后，国家政权的纯粹压迫性质就暴露得更加突出。"② 马克思高兴地看到，巴黎公社打碎了这种中央集权的国家机器，即取消了常备军、警察局、官僚机构、教会势力和传统的法官和检察官制度。马克思写道：（一）"公社的第一个法令就是废除常备军而代之以武装的人民"。（二）"警察不再是中央政府的工具，他们立即被免除了政治职能，而变为公社的承担责任的、随时可以罢免的工作人员。"（三）"公社是由巴黎各区通过普选选

---

① 《马克思恩格斯文集》第 3 卷，北京：人民出版社 2009 年版，第 147 页。
② 同上书，第 152 页。

出的市政委员组成的。这些委员对选民负责，随时可以罢免。其中大多数自然都是工人或公认的工人阶级代表。"①（四）"公社在铲除了常备军和警察这两支旧政府手中的物质力量以后，便急切地着手摧毁作为压迫工具的力量，即'僧侣势力'，方法是宣布教会与国家分离，并剥夺一切教会所占有的财产。"（五）"法官和审判官，也如其他一切公务人员一样，今后均由选举产生，对选民负责，并且可以罢免。"②

其次，建立各级基层生产者的自治政府。马克思写道："在外省，旧的集权政府也就得让位给生产者自治政府。在公社没有进一步加以发挥的全国组织纲要上说的十分清楚，公社将成为甚至最小村落的政治形式，常备军在农村地区也将由服役期限极短的国民军来代替。每一个地区的农村公社，通过设在中心城镇的代表会议来处理他们的共同事务；这些地区各个代表会议又向设在巴黎的国民代表会议派出代表，每一个代表都可以随时罢免，并受到选民给予他的限权委托书（正式指令）的约束。"③ 因此，马克思说："公社的存在本身自然而然会带来地方自治"④。

第三，中央政府履行的职能虽然为数不多，但仍然很重要，由公社的"严格承担责任的勤务员来行使"⑤。与此一致的，"民族的统一不是要加以破坏，相反，要由公社在体制上、组织上加以保证"。马克思在这里指出，保证和实现民族统一的办法是"消灭以民族统一的体现者自居同时却脱离民族的、凌驾于民族之上的国家政权，这个国家政权只不过是民族躯体上寄生的赘瘤"⑥。把上面的两个方面结合起来就是："旧政权的纯属压迫性质的机关予以铲除，而旧政权的合理职能则从僭越和凌驾于社会之上的当局那里夺取过来，归还给社会的承担责任的勤

---

① 《马克思恩格斯文集》第 3 卷，北京：人民出版社 2009 年版，第 154 页。
② 同上书，第 155 页。
③ 同上书，第 155 页。
④ 同上书，第 157 页。
⑤ 同上书，第 155 页。
⑥ 同上书，第 156 页。

务员。"①

第四，公社真正实现了廉价政府的口号。马克思指出，"公社实现了所有资产阶级革命都提出的廉价政府这一口号，因为它取消了两个最大的开支项目，即常备军和国家官吏"。不仅如此，"公社体制把靠社会供养而且阻碍社会自由发展的国家这个寄生赘瘤迄今所夺去的一切力量，归还给社会机体。仅此一举就会把法国的复兴推动起来。"②

第五，公社给共和国奠定了真正民主制度的基础。马克思指出："公社的存在本身就意味着那至少在欧洲是阶级统治的真正赘瘤和不可或缺的外衣的君主制已不复存在"。因此，给共和国奠定了真正民主制度的基础。从上面讲的普选制、负责制和罢免制等等我们已经不难看出，公社在民主制度建设方面是典范性的。

第六，公社是终于发现的可以使劳动在经济上获得解放的政治形式。马克思在这里指出，无论是廉价政府还是"真正的共和国"，都不是终极目的，而只是伴生物。而"公社的真正秘密就在于：它实质上是工人阶级的政府，是生产者阶级同占有者阶级斗争的产物，是终于发现的可以使劳动在经济上获得解放的政治形式。"最重要的是劳动者阶级的经济上的解放，这是马克思通过巴黎公社得出的一个非常重要的结论。马克思非常严肃地指出：如果没有经济上的解放这个条件，"公社体制就没有存在的可能，就是欺人之谈"。这个话说得很重，也很重要，因为它是常常被我们忽视的一个历史唯物主义的重要结论。马克思解释说："生产者的政治统治不能与他们永久不变的社会奴隶地位并存。所以，公社要成为铲除阶级赖以存在的、因而也是阶级统治赖以存在的经济基础的杠杆。劳动一解放，每个人都变成工人，于是生产劳动就不再是一种阶级属性了。"③

第七，公社能够使个人所有制成为现实。马克思在这里指出：公社"是想要把现在主要用作奴役和剥削劳动手段的生产资料，即土地和资

---

① 《马克思恩格斯文集》第3卷，北京：人民出版社2009年版，第156页。

② 同上书，第157页。

③ 同上书，第158页。

本变成自由的和联合的劳动的工具，从而使个人所有制成为现实"①。马克思提到了"联合起来的合作社"、"按照共同的计划调节全国的生产"、"控制全国生产"、"结束无时不在的无政府状态和周期性的动荡"，等等。但是，马克思同时指出："工人阶级不是要实现什么理想，而只是要解放那些由旧的正在崩溃的资产阶级社会本身孕育着的新社会因素。"

"使个人所有制成为现实"和马克思在《资本论》中讲的"重新建立个人所有制"是后来被误解最多的一个重要理论。过去我们把这里的"个人所有制"理解为公有制，理解为国家所有制和集体所有制。但是在联合模式失效后的今天，重新思考这个问题，已经显得十分重要，我们将在第六章进一步论述这个问题。

四　第四部分　论述巴黎的抵抗和梯也尔政府的屠城

马克思在这一部分控诉了梯也尔屠杀巴黎人民的罪恶行径。从 3 月 18 日巴黎人民把梯也尔政府打出巴黎城直到 5 月 18 日凡尔赛的国民议会批准向普鲁士投降的条约，被俘的波拿巴兵员返回，在长达两个月的时间里，梯也尔一直都在试图消灭巴黎公社。但是，他的图谋一直难以实现。巴黎公社战士的英雄气概使得梯也尔认识到，单靠他自己的谋略和他所掌握的武装力量，击破巴黎的抵抗是不可能的。于是他希望得到外省的支援。但是，因为正如马克思所说："他和外省的关系越来越紧张了"，"来自四面八方的代表团和宣言，都是用很不尊敬的口气坚决要求同巴黎和解，而和解的基础是毫不含糊地承认共和国，确认公社规定的各项自由权利，解散任期已满的国民议会。"②

在这种情况下，梯也尔先是要他的司法部长杜弗尔通令国家的检察官们把"呼吁和解"当做罪行查办，继而又改变策略，下令在 4 月 30 日按照他自己让国民议会通过的新市镇法在全国进行市镇选举。然而，

---

① 《马克思恩格斯文集》第 3 卷，北京：人民出版社 2009 年版，第 158 页。
② 同上书，第 168—169 页。

在全法国 35000 个市镇所选出的 70 万名议员中，联合起来的正统派、奥尔良派和波拿巴派总共还占不到 8000 人。在后来的补选中他们更是受到绝对的敌视。这样，正如马克思所说，"国民议会不但没有从外省得到他迫切需要的物质力量，而且连最后一点道义力量，即作为这个国家普选权体现者的资格也丧失了。"① 而且更表现他们彻底失败的是，各市新选出的市议会决定在波多尔召集一个与之针锋相对的新的国民议会，以取代梯也尔扶持的其代表权失效了的国民议会。

马克思介绍这些情况意在说明梯也尔对巴黎公社的镇压是师出无名，得不到法国各方面的支持。相反地，人们普遍地支持巴黎公社，支持以巴黎公社为主要标志的法兰西共和国。但是，梯也尔政权一意孤行，在得到普鲁士政府支持，收编其放回的波拿巴的被俘人员之后，梯也尔用一周的时间对巴黎进行了包括妇女儿童在内的大屠杀。由于巴黎守城人员被收买，梯也尔的军队得以攻陷巴黎，巴黎公社的成员保卫巴黎的斗争坚持了一个星期。马克思写道："巴黎全体人民——男人、妇女和儿童——在凡尔赛军队开进城内以后还战斗了一个星期的那种自我牺牲的英雄气概，反映出他们事业的伟大。"马克思对于梯也尔的士兵们"冷酷无情地大批杀人"、"不分男女老幼的屠杀"、大批地拷打和杀死俘虏、"在处置自己在战事结束后的杀戮中留下的成堆尸体而感到困难"以及资产阶级的报刊媒体表现出来的冷漠和无情等给予了愤然地揭露。

马克思在这里没有过多地表述巴黎人民被杀害的更多的具体情况，因为这些情况和信息人们从各种报刊上都可以了解到。马克思的笔主要用来揭露资产阶级政府的无耻、罪恶及其腐朽性。针对法国与普鲁士的联合行动，马克思写道："在现代最惊心动魄的这场战争结束后胜败两军联合起来共同杀戮无产阶级这样一个史无前例的事件，并不是像俾斯麦所想的那样，证明正在崛起的新社会被彻底毁灭了，而是证明资产阶

---

① 《马克思恩格斯文集》第 3 卷，北京：人民出版社 2009 年版，第 171 页。

级旧社会已经完全腐朽了。"①

马克思在《宣言》的最后谈到了国际工人协会，指出国际工人协会"无论在何处，在何种形式或何种条件下，只要进行着阶级斗争，自然总是我们协会的会员站在最前列。不论屠杀多少人，都不能把这个协会铲除"。要铲除协会，必须先铲除资本对劳动的专横统治，即铲除它们自身的寄生虫生活的条件。这样就再次表达了国际工人协会的目标和宗旨。

作为《宣言》的结尾，马克思为他的文件作了点题，对于巴黎的工人或工人的巴黎，他指出："工人的巴黎及其公社将永远作为新社会的光辉先驱而为人所称颂。它的英烈们已永远铭记在工人阶级的伟大心坎里。"这是一种点题，更是历史学家的称颂和历史性的肯定。而对于梯也尔之流的刽子手们，马克思的结论是："那些扼杀它的刽子手们已经永远钉在耻辱柱上，不论他们的教士们怎样祷告也不能把他们解脱。"② 这是一种历史的记录，是写在纸上印刷出来的记录，是写于人们心里去的"历史耻辱柱"。烈士名垂千古，刽子手遗臭万年。时间已经过了 140 年，但是马克思的这个文献将继续流传下去，法国的这些以梯也尔为首的镇压人民正义的历史性的行为的罪犯和刽子手，将永远受到人们唾弃。而这正是马克思的这个《宣言》的力量所在。

---

① 《马克思恩格斯文集》第 3 卷，北京：人民出版社 2009 年版，第 179 页。
② 同上书，第 181 页。

第六章 《法兰西内战》的当代解读

本项研究可以提供给读者的有两个重要结论：（一）马克思的《法兰西内战》所留给我们的是一个与我们的时代密切相关的民主政治思想；（二）这个民主政治思想是与劳动的解放密不可分的，而这个反映劳动解放的新经济制度是"个人所有制"，而不是后来依据苏联模式建立起来的公有制（即国有制和集体所有制）和简单的计划经济，这种个人所有制是与个人权利不能分开的。没有这种个人所有制，即没有让占为己有的机会，就无法解决马克思讲的使劳动者摆脱受奴役地位的政治目标。我们过去只重视了前者，而没有重视后者，所以没法真正解决劳动或社会生产力的解放问题。

中国今天发生的大变革的最大成就是解放了劳动，解放和发展了社会生产力，为解决马克思讲的第二个问题创造了条件。而一旦劳动的解放成为现实之后，劳动者的政治解放或政治民主化诉求也会明显地突显出来。今天，这两个问题已经同时摆在了我们面前。中国"十八大"及其之后提出的一系列重要思想和实践步骤，正在推动我们走近马克思在《法兰西内战》中提出的民主政治思想。因此，对这两个问题的研究，在今天更显得十分重要。

一 巴黎公社与无产阶级专政

1871 年的巴黎公社创造了一种新的政权形式，这就是无产阶级专政。所以，研究巴黎公社的学者的第一句话一般都会说，巴黎公社创立了人类历史上第一个无产阶级专政的国家形式。但是，这种说法是不正确的。因为在马克思的思想中，国家和无产阶级专政完全不是一回事。

（一）经典作家在国家问题上的政治学纠结

在经典作家那里，明显地存在着一个关于**国家问题的政治学纠结**。当列宁考虑他们所从事的无产阶级革命的目标时，他首先想到的是研究国家问题。但是，面对这个问题，他在马克思和恩格斯那里却遇到了难题。因为马克思和恩格斯并不主张有什么无产阶级国家。在马克思和恩格斯那里，现代国家属于资产阶级的范畴。《法兰西内战》时期的马克思和恩格斯认为"国家无非是一个阶级镇压另一个阶级的机器"，国家是"一个废物"，"一个祸害"，"一个要由社会供养的寄生赘瘤"，"一个凌驾于社会之上的寄生赘瘤"①，等等。因此，恩格斯写道："国家再好也不过是在争取统治的斗争中获胜的无产阶级所继承下来的一个祸害；胜利了的无产阶级也将同公社一样，不得不尽量立刻除去这个祸害的最坏方面，直到在新的社会条件下成长起来的一代有能力把这国家废物全部抛掉。"② 列宁已经非常清楚地认识到，"恩格斯甚至宣布公社已经不是原来意义上的国家。"③

列宁的判断是正确的："公社已经不是原来意义上的国家"。而且列宁更进一步认识到，在这个问题上，在关于国家和国家消亡问题上，马克思和恩格斯的"看法是完全一致的"④。为什么说公社已经不是原来意义上的国家了呢？因为马克思恩格斯认为公社的原则是无产阶级专政，而无产阶级专政是与国家消亡相联系的，意味着国家的转型。

马克思在总结巴黎公社的经验时对无产阶级专政这个概念进行了系统的论述。马克思所理解的无产阶级专政指的是一个没有职业军队，没有职业警察，没有职业官吏，甚至没有职业法官和审判官，是一种以人民自治为主要内容的社会治理方式。马克思在这里首先对国家机器进行了批判，认为国家机器是一个凌驾于社会之上、要由社会供养的一个多

---

① 《马克思恩格斯文集》第 3 卷，北京：人民出版社 2009 年版，第 157 页。
② 同上书，第 111 页。
③ 《列宁专题文集（论社会主义）》，北京：人民出版社 2009 年版，第 24 页。
④ 同上。

余的赘瘤，在由无产阶级掌握政权之后它将自行消亡。取代它的是一个只具有管理或服务职能的"廉价政府"或"社会的代表"，从而"给共和国奠定了真正民主制度的基础"。马克思写道："公社体制会把靠社会供养而又阻碍社会自由发展的国家这个寄生赘瘤迄今所夺去的一切力量，归还给社会机体。"① 马克思在强调国家这个寄生赘瘤的自行消亡的同时，充分肯定了公社所实行的公职人员普选制度。马克思写道："法官和审判官，也如其他一切公务人员一样，今后均由选举产生，对选民负责，并且可以罢免。"② 这就是说，马克思认为一切公务人员，包括法官和审判官，都要通过选举的方式产生，对选民负责，并且可以罢免。

恩格斯在总结了这两个方面的内容之后告诉他的读者："你想知道无产阶级专政是什么样子吗？请看巴黎公社。这就是无产阶级专政。"③在这里，不管是马克思还是恩格斯，都只是讲了两个内容，一个是国家消亡，一个是公务员普选。现在我们再来更完整地看恩格斯的上面那句话：

> "实际上，国家无非是一个阶级镇压另一个阶级的机器，而且在这一点上民主共和国并不亚于君主国。国家再好也不过是在争取统治的斗争中获胜的无产阶级所继承下来的一个祸害；胜利了的无产阶级也将同公社一样，不得不尽量立刻除去这个祸害的最坏方面，直到在新的社会条件下成长起来的一代有能力把这国家废物全部抛掉。"

恩格斯这里的话非常清楚地告诉我们，国家和无产阶级专政不是一回事。国家是阶级镇压的机器，是一个祸害，而无产阶级专政不是。不仅如此，无产阶级获胜后要"同公社一样"，"尽量立刻除去这个祸害的最坏方面"，直到新的一代"把这国家废物全部抛掉"。在这里，无产阶级专政是公社的原则，它的内容是尽量立刻除去国家这个祸害的最坏方面，以致把这国家废物全部抛掉。

---

① 《马克思恩格斯文集》第3卷，北京：人民出版社2009年版，第157页。
② 同上书，第155页。
③ 同上书，第111—112页。

实际上，马克思和恩格斯在这里都谈到了一个现代国家的转型问题，不过他们用的是国家消亡的概念，而不是国家转型这个现代概念。国家从传统的阶级镇压的工具转变为服务型政府，即恩格斯讲的从对人的统治转向对物的管理和对生产过程的领导为基本内容的国家转型理论。恩格斯在《社会主义从空想到科学的发展》一文中指出："当国家终于真正成为整个社会的代表时，它就使自己成为多余的了。当不再有需要加以镇压的社会阶级的时候……就不再有什么需要镇压了，也就不再需要国家这种特殊的镇压力量了……那时，国家政权对社会关系的干预在各个领域中将先后成为多余的事情而自行停止下来。那时，对人的统治将由对物的管理和对生产过程的领导所代替。"[1]

（二）列宁对马克思无产阶级专政和国家理论的修改

列宁在《国家与革命》一文中对于马克思和恩格斯的无产阶级专政和国家理论进行了两个重大修改：一是把无产阶级专政等同于无产阶级国家；二是把国家的存在时间无限期的推后了。

马克思在《哥达纲领批判》中提到了一个重要的概念，即"无产阶级的革命专政"。马克思写道："在资本主义社会和共产主义社会之间，有一个从前者变为后者的革命转变时期。同这个时期相适应的也有一个政治上的过渡时期，这个时期的国家只能是无产阶级的革命专政。"[2] 列宁引用了这句话，并且充分地利用了和发挥了这句话的意义。列宁紧接下来的论述中直接地和明确地把马克思这里作为国家来表述的"无产阶级的革命专政"转换成了作为巴黎公社原则的"无产阶级专政"。列宁写道：

"无产阶级专政，即被压迫者先锋队组织成为统治阶级来镇压压迫者，不能只是仅仅扩大民主。除了把民主制度大规模地扩大，使它第一次成为穷人的、人民的而不是富人的民主制度之外，无产阶级专政还要对压迫者、剥削者、资本家采取一系列剥夺自由的措

---

① 《马克思恩格斯文集》第 3 卷，北京：人民出版社 2009 年版，第 561—562 页。

② 同上书，第 445 页。

施。为了使人类从雇佣奴隶制下面解放出来，我们必须镇压这些人，必须用强力粉碎他们的反抗——显然，凡是实行镇压和使用暴力的地方，也就没有自由，没有民主。"①

从这段引文我们可以看到，列宁在这里显然是把无产阶级专政同无产阶级国家作了等同。恩格斯关于国家的定义在这里用在了无产阶级专政的范畴上面。我们如果把上面引用的恩格斯的话与这句话对照看，就会发现，恩格斯上面讲的"国家废物"和"祸害"又重新被列宁找了回来，作为无产阶级镇压资产阶级的工具。

不仅如此，列宁还把国家的消亡时间推迟到了共产主义的高级阶段。列宁写道："要使国家消亡，必须有完全的共产主义"。② "国家完全消亡的经济基础就是共产主义的高级阶段，那时脑力劳动与体力劳动已经消失，因而现代社会不平等的最重要的根源之一也就消失，而这个根源光靠把生产资料转为公有财产，光靠剥夺资本家，是绝不能立即消除的。"③ 这样，马克思讲的从资本主义社会向社会主义社会过渡时期的"无产阶级的革命专政"的期限就被推迟到了共产主义的高级阶段。或者换句话说，马克思和恩格斯讲的"国家消亡"的时间实际上是被无限期地推迟了。

我们知道，马克思在《哥达纲领批判》一文中讲了社会主义或共产主义④的分期问题，指出社会主义可以分为两个阶段，即社会主义的

---

① 《列宁专题文集（论社会主义）》，北京：人民出版社2009年版，第29页。
② 同上书，第35页。
③ 同上书，第36页。
④ "社会主义"和"共产主义"在马克思恩格斯的写作中一般而言是两个通用的词汇。两人早期选择使用"共产主义"这个概念来表述他们的理论和为之奋斗的理想社会。例如《共产党宣言》而不是写成《社会主义者宣言》，并且在其中用了很大的篇幅对于各种社会主义思想进行了批判。但是，自从1864年成立国际工人协会以后，"共产主义"这个概念便更多地被"社会主义"一词所取代。恩格斯在1894年2月13日致卡尔·考茨基的信中说："'共产主义'一词我认为当前不宜普遍使用，最好留到必须更确切地表述时才用它。即使到那时也需要加以注释，因为实际上它已经三十年不曾使用了。"从1864年到1894年，时间正好过了30年。虽然马克思的《哥达纲领批判》写于1875年，其中使用的是共产主义，而不是社会主义。但是这篇著作其间并没有发表。不会影响恩格斯说这个话的逻辑一致性。恩格斯1880年发表了《社会主义从空想到科学的发展》，这就更确立了他们用"社会主义"表述取代"共产主义"表述的语用习惯。

初级阶段（或第一阶段）和社会主义的高级阶段，与社会主义初级阶段相对应的是等量劳动获得等量报酬的按劳分配原则，而与社会主义高级阶段相对应的则是"各尽所能，按需分配"。与此同时，马克思还提出了一个过渡时期理论，即认为"在资本主义社会和社会主义社会之间，有一个从前者变为后者的革命转变时期。同这个时期相适应的也有一个政治上的过渡时期，这个时期的国家只能是无产阶级的革命专政。"这就是说，马克思在这里是讲了三个阶段，即（一）资本主义社会向社会主义社会的过渡阶段；（二）社会主义社会的初级阶段；（三）社会主义社会的高级阶段。马克思讲的"无产阶级的革命专政"是指在过渡阶段的革命措施，而列宁则把这个革命措施进一步推延到了整个初级阶段。今天，由于我们明显地意识到了社会主义初级阶段的阶级结构变化情况和初级阶段的长期性，所以列宁这个修改的不准确性已经被后来的历史所证明。

从理论上说，在过渡时期完成之后，在社会进入无阶级社会之后，这就如恩格斯所说，"当不再有需要加以镇压的社会阶级的时候……就不再有什么需要镇压了，也就不再需要国家这种特殊的镇压力量了"。但是列宁修改后的无产阶级专政理论，却是背离了马克思和恩格斯的这个重要的国家消亡理论。

（三）列宁与考茨基的争论

考茨基对于列宁把无产阶级专政理解为一种国家政体，解释为一种阶级镇压和暴力的工具，不重视民主问题，提出了严厉的批评。考茨基指出："这个专政并不同时就是废除民主，而是以普选制为基础的最广泛地应用民主。这个政府的权力应该服从普选制。"考茨基在马克思那里找到了理论根据。他同时指出："社会主义的劳动组织不应该是一种兵营组织。"因此，"我们把无产阶级专政不能理解为别的，只能理解为在民主基础上的无产阶级统治。"

考茨基对列宁的批评有一半是正确的。因为他正确地指出了马克思的社会主义民主政治理论。从后面我们对于马克思《黑格尔法哲学批判》时期的民主政治理论和《法兰西内战》时期的民主政治理论中也可以看出，考茨基对马克思的民主政治理论的理解基本上是正确的。他的问题是没有看到马克思关于过渡时期的"革命专政"理论以及列宁对这个理论的成功实践所具有的划时代意义。马克思在《哥达纲领批判》中讲的过渡时期的"革命专政"是在总结了巴黎公社的失败教训后提出的一个理论，这个理论在列宁那里得到了具体的实践。他在十月革命期间及其十月革命成功后的一段时期内，利用不断壮大的人民军队和国家权力，对于来自国外的入侵和国内的敌对势力的反抗，采取了果断的镇压措施，避免了巴黎公社的失败结果，取得了十月革命的成功。对于这一点，是包括巴迪欧在内的列宁的批评者都会积极肯定的。因为这是一个历史的事实。我们如果对巴黎公社和十月革命的历史进行比照的话就会看到，同样是基于皇权的统治，同样是面对外敌的入侵和国内空虚，同样地发动了人民的革命，只是由于后者采取了及时的"革命专政"而前者没有，所以其结局是完全不同的。巴迪欧形象地描述列宁于十月革命胜利后在雪地里跳舞，应该是对列宁比较了巴黎公社的失败与十月革命的成功后对于其理论上和实践上正确性的一种自然反应。

但是，巴迪欧和考茨基都批评了列宁及其后的"党—国"理论和实践上的错误。在短短的过渡时期之后，在无产阶级所期待的无阶级社会建立之后，如何按照巴黎公社的原则和马克思的理论，打碎资产阶级国家机器，建立社会主义民主政治的问题，一直是留给后人的一个至今没有解决的难题。

二　列宁思想对中国的影响

列宁对于马克思的无产阶级专政和国家理论的修改，既对我国的革命和过渡时期提供了正确的理论指导，也导致了后来的某些严重失误。

中国 20 世纪上半叶与 20 世纪初的俄国以及大革命时期的法国一样，也是处于农民占绝大多数的国家。同样是面对外敌的入侵，给中国新生的无产阶级和广大劳动者阶级的解放提供了机会。不论从后来披露的国共合作破裂的原因，还是从后来的几次大的战役来看，特别是从淮海战役中农民对于共产党军队的支持来看，国共两党两军较量的结果都是一种阶级力量之间的较量，中国的无产阶级和广大劳动者阶级取得了这次战争的最后胜利。中国共产党的坚强领导在其中发挥了非常重要的作用。内战结束以后，中国在对大地主大资产阶级进行镇压即"革命专政"的同时，通过赎买、合营等方式实现了对民族资产阶级的改造。但是，由于受到列宁思想的影响，中国在社会主义改造和向社会主义过渡完成之后，却依然坚持了无产阶级对于资产阶级的斗争和镇压的政策，以致出现了这样的情况，当我们在现实中已经找不到可镇压的资产阶级之后，竟然转向在思想领域中寻找资产阶级。后来则进一步提出"无产阶级专政下继续革命"的理论和策略。

这种不正确的修改也成了新中国成立以来基本的立法依据。1954年9月20日第一届全国人民代表大会第一次会议通过的《中华人民共和国宪法》总纲第一条规定"中华人民共和国是工人阶级领导的、以工农联盟为基础的人民民主国家"。这一个表述非常符合马克思《法兰西内战》的基本思想，即把人民民主作为新国家制度的核心内容。因为在社会主义初步建成之后，我们不仅消灭了资产阶级，同时也消灭了无产阶级，进入了一个无阶级社会。在这种情况下，"无产阶级专政"修改为"人民民主"，是非常合适的，完全符合马克思的思想。可是1975年1月17日第四届全国人民代表大会第一次会议通过的《中华人民共和国宪法》总纲第一条规定则修改为，"中华人民共和国是工人阶级领导的以工农联盟为基础的无产阶级专政的社会主义国家"。同时强调要坚持"无产阶级专政下的继续革命"和"继续开展阶级斗争"。强调"无产阶级必须在上层建筑其中包括各个文化领域对资产阶级实行全面专政"（1978年取消了这些内容）。这些上升为法律思想的国家理论显然是继承了列宁修改马克思之后的思想。这里所谓专政，不论在理论上还是在实践上，都是列宁所定义的"革命专政"的意思，即一种暴力性质的一个阶级对另一个阶级的镇压。这在理论和实践上对于中国社会主义事业的破坏作用是显而易见的。

1982 年 12 月 4 日第五届全国人民代表大会第五次会议通过的《中华人民共和国宪法》总纲第一条规定对此作了修订，修订为"中华人民共和国是工人阶级领导的、以工农联盟为基础的人民民主专政的社会主义国家"。《宪法》第二条规定："中华人民共和国的一切权力属于人民。"所以，这里的专政，实际上可以在民主政治的意义上进行理解。虽然当时仍然把这种专政理解为"无产阶级专政"，但是，这里对人民主权和人民民主思想的重新确立，为我国的现代民主政治制度建设奠定了基础。这部宪法确立了中国共产党及其所代表的工人阶级的领导地位，同时确立了依法治国和建设社会主义法治国家的基本思想，强调"一切国家机关和武装力量、各政党和各社会团体、各企业事业组织都必须遵守宪法和法律。一切违反宪法和法律的行为，必须予以追究。"这就基本确立了后来所说的"党的领导、人民当家做主和依法治国"的中国式民主政治模式。我们将在后面进一步研究这种民主政治模式。在这里我们只能简单地说，由于突出了人民当家做主的民主政治思想，这个模式与马克思的以传统国家消失为主要指向的民主政治思想是基本一致的。

三　国家消亡与民主是马克思的一贯思想

为了进一步说清楚马克思在《法兰西内战》中所坚持的民主政治理论，我们必须和读者一起从马克思的 1871 年写的《法兰西内战》回到马克思 1843 年写的《黑格尔法哲学批判》。在那里，我们会看到马克思将近 30 年来一直坚持的国家和民主理论。

马克思在这里一开始就重点研究了黑格尔提出来的"家庭"、"市民社会"和"国家"的关系问题。黑格尔把国家表述为家庭和市民社会的"自为的无限的现实精神"，认为国家高于家庭和市民社会，是家庭和市民社会的"必然性和内在目的"。而马克思则持完全相反的观点。马克思强调说："实际上，家庭和市民社会是国家的前提，它们才是真正的活动者；而思辨的思维却把这一切头足倒置。"马克思认为，

"家庭和市民社会是国家的真正的构成部分，是意志所具有的现实的精神实在性，它们是国家存在的方式。家庭和市民社会本身把自己变成国家。它们才是原动力。……这就是说，政治国家没有家庭的天然基础和市民社会的人为基础就不可能存在。它们是国家的 conditio sine qua non [必要条件]。"① 马克思在这里讲了至少有六层意思：（一）家庭和市民社会是国家的前提；（二）家庭和市民社会是国家的真正的构成部分；（三）家庭和市民社会是国家意志所具有的精神实在性；（四）家庭和市民社会是国家的存在方式；（五）家庭和市民社会是真正的活动者；（六）家庭和市民社会把自己变成为国家，它们才是原动力。这六层意思把家庭和市民社会与国家的关系表述得已经非常清楚了，把一种民主思想表达得也已经非常清楚了。

正是从这个意义上马克思认为，国家是一个抽象，它的具体内容和存在方式应该是家庭和市民社会。而国家作为政治制度，它就是以人民主权为主要内容的民主制度。马克思说："好像并不是人民构成现实的国家似的。国家是抽象的。只有人民才是具体的。奇妙的是黑格尔把主权这样活生生的质赋予抽象东西时不加任何思索，而把它归属具体东西时则吞吞吐吐，限制重重。"② 马克思在这里把他自己的民主思想作了充分的表述。在马克思看来，国家只是一个抽象，正是人民（即家庭和市民社会）构成了现实的国家。在民主制中，国家是人民的自我规定，它只是一种人民民主的政治制度。他说："在一切不同于民主制的国家形式中，国家、法律、国家制度是统治因素，但国家并没有真正的统治，就是说，并没有从物质上贯穿在其他非政治的领域中。在民主制中，国家制度、法律、国家本身都只是人民的自我规定和特定内容，因为国家就是一种政治制度。"③

马克思还对君主制度与民主制度进行了比较，认为君主制是国家规制人民，而民主制则是人民规制国家。"在民主制中，国家制度本身就

---

① 《马克思恩格斯全集》第 1 卷，北京：人民出版社 1956 年版，第 250—251、252 页。
② 同上书，第 279 页。
③ 同上书，第 282 页。

是一个规定，即人民的自我规定，在君主制中是国家制度的人民，在民主制中则是人民的国家制度。民主制是国家制度一切形式的猜破了的哑谜。"① 但是，马克思又说，"然而民主制度无论如何只是人民存在的环节，政治制度本身在这里不能组成国家。"这就把抽象国家排除在了他的政治理论之外。② 在所有这些表述中，我们找不到一处可以看到马克思对于国家独立地位的肯定，相反地，马克思反复要告诉我们的是，人民构成了现实的国家，因此，民主制度只是人民的规定，这种制度作为国家，没有它自己的独立内容，只有民主才是它的真实内容和存在方式。相反地，如果没有民主，没有民主制度，国家就没有真理可言。这就是马克思说的，"一切国家形式在民主制中都有自己的真理，正因为这样，所以它们有几分不同于民主制，就有几分不是真理，这是一目了然的。"也正是在这个意义上，马克思说："因此，只有民主制才是普遍和特殊的真正统一。"③

在说明这个观点时，马克思举了法国一个例子。马克思说道："现代的法国人对这一点是这样了解的：在真正的民主制中政治国家就消失了。这可以说是正确的，因为在民主制中，政治国家本身，作为一个国家制度，已经不是一个整体了。"④我们在这里找到了马克思所说的国家消亡和民主制度的理论起点和制度原型。著名法国政治思想家托克维尔1835 年出版了他的《论美国的民主》（上卷）⑤，引起了法国思想界和政界的轰动。1840 年，也就是在马克思写他的《黑格尔法哲学批判》的前 3 年，托克维尔完成了他的这部著作的下卷。我们在托克维尔的著作中可以看到马克思在这里所说的"现代的法国人对这一点"的"了解"，即对于民主制度和国家消亡的了解。托克维尔写道：

在新英格兰，公民是通过代表参与州的公共事务的。不这样办

---

① 《马克思恩格斯全集》第 1 卷，北京：人民出版社 1956 年版，第 281 页。

② 同上。

③ 同上。

④ 同上。

⑤ 托克维尔：《论美国的民主》，董国良译，北京：商务印书馆 1988 年版。

不行，因为无法直接参与。但在乡镇一级，由于立法和行政和立法工作都是就近在被治者的面前完成的，所以没有采用代议制。没有乡镇议会，在任命行政官员之后，选举团便在一切方面领导他们，其工作程序之简便，远非州的法律执行可比。①

乡镇的公务活动是极其繁多而又分得很细的。但是，大部分行政权掌握在几个每年一选的名为"行政委员"的手里。②

他们处理公务都是自行负责，只是在工作中要按本乡镇居民早先通过的原则办事。但是，他们如想对既定的事项做任何更改，或拟办一项新的事业，那就必须请示他们的权力给予者。比如说，打算创办一所学校。这时，几位行政委员就要找一个日子，在事先指定的场所召集全体选民开会。会上，他们提出自己的要求，向大家说明满足此项要求的办法，需要多少款项，拟建于何处。大会就这一切问题进行讨论之后，便定出原则，选定地点，表决筹措费用的办法，然后责成行政委员执行大会的决议。③

一个乡镇共有十九名主要官员。每个居民都必须承担这些不同的职务，违者罚款。但是，这些职务大部分都是付酬的，为的是使贫穷的公民能够付出时间而不受损失。还应当指出，美国的制度没有为官员规定固定的薪金。一般说来，每项公务的任命单上都写有单位工作量的报酬，按官员工作量的多寡计酬。④

"于是，在美国乡镇，人们试图以巧妙的方法打碎（如果我们可以这样说的话）权力，以使最大多数人参与公共事务。"⑤

托克维尔这里向法国读者描述的就是美国乡镇一级的直接民主。这或许也是后来的巴黎公社所采取的直接民主的参照原型。但是，关于这种直接民主的问题，作者将在后面加以论述，我们这里要指出的是，我

---

① 《马克思恩格斯全集》第 1 卷，北京：人民出版社 1956 年版，第 68—69 页。
② 同上书，第 69 页。
③ 同上书，第 69—70 页。
④ 同上书，第 71 页。
⑤ 同上书，第 75 页。

们在这里看到了马克思所说的打碎国家权力的托克维尔版本。托克维尔这里的最后一句话向我们表达了与马克思的"国家消失"和"国家消亡"完全一致的表述，即民主制度下的国家消失，或大多数人参与公共事务的国家消亡理论。托克维尔认为，美国乡镇的这种直接民主方法，是以一种"巧妙的方法""打碎"了权力。从国家层面说，这种所谓的打碎权力，自然就是打碎国家权力机器。当马克思在《法兰西内战》中讲，工人阶级不能简单地掌握现成的国家机器，而是要打碎资产阶级国家机器时，他所要表达的就是托克维尔和美国乡镇中公民参与意义上的"打碎权力"。

在这里我们可以清楚地看到，所谓国家消亡就是一种现代民主制度。我们现在就对托克维尔和马克思的国家消亡理论进行一个比较研究，从而进一步弄清马克思的国家消亡理论的具体内涵。这个内涵可能非常简单，只是我们把他弄得复杂化了。托克维尔把美国的基层民主表述为"人们试图以巧妙的方法打碎权力，以使最大多数人参与公共事务"。当我们读了托克维尔的表述之后，我们会觉得非常清楚，这里的所谓"打碎"，就是分权的意思，而且不是一般的分权，而是"使最大多数人参与"。在这里，"使最大多数人参与"既是这种"打碎"的形式，也是这种打碎的目的。一方面，最大多数人每年一次地在他们自己内部选举出他们自己的"行政委员"，承担繁多的行政事务；另一方面，最大多数人参与决定他们自己的重大决策。对于这种典型意义上的民主自治或民主分权制度，托克维尔用了一个"打碎权力"的词。如果说托克维尔还在对这个词的用法是否合适而犹豫不定的话（因为他在括号里加了一句话，"如果我们可以这样说的话"），那么，马克思则对于这种"现代法国人的"表述给予了积极的肯定。"在真正的民主制中政治国家就消失了。这可说是正确的，因为在民主制中，政治国家本身，作为一个国家制度，已经不是一个整体了。"在民主制中，政治国家已经不再是一个整体了，它被打碎了，消失了。我们在这里找到了马克思的"打碎国家机器"和"无产阶级专政"的真正的秘密。在我们对列宁的思想进行了上面的分析之后，在我们对于马克思的民主政治思想作了全面的了解之后，关于这两个概念的秘密已经完全不再是秘密了。

四　传统社会主义模式在民主问题上的一个致命缺陷

在我们弄清了马克思的国家消亡和无产阶级专政理论的秘密之后，我们会发现，这根本不是什么秘密。不论是列宁还是后来的毛泽东，都完全地了解了这个秘密。正如郑谦在《"文化大革命"的巴黎公社情结》一文中所说，列宁一直希望把俄国建成巴黎公社式的民主国家。他要建立"从下到上遍及全国的工人、雇农和农民代表苏维埃的共和国"，"废除警察、军队和官吏"，"一切官吏应由选举产生，并且可以随时撤换，他们的薪金不得超过熟练工人的平均工资"。[①] 这难道不是马克思在《法兰西内战》中讲的现代民主制度吗？

"苏维埃"一词是俄文"COBET"的汉语音译（英文为 Soviet），意即"代表会议"或"会议"。因此，所谓苏维埃就是列宁后来讲的工农兵代表会议。十月革命胜利的当天，《告俄国公民书》向人们宣告："国家权力全部归苏维埃"。1918 年 1 月 25 日，全俄苏维埃第三次代表大会通过《被剥削劳动人民权利宣言》，宣布俄国为工农兵代表苏维埃共和国。同年 7 月 10 日，全俄苏维埃第五次代表大会通过的《俄罗斯苏维埃联邦社会主义共和国宪法（根本法）》（简称《苏俄宪法》），确立了以苏维埃为基础的社会主义的民主制度。

中国的情况也是一样。毛泽东在建国之前就确定了民主建国的思想，他甚至认为共产党人通过民主建设，可以解决"历史周期率"问题。1954 年的宪法基本上确立了人民主权的民主政治模式。毛泽东甚至不满意苏联的官僚主义模式，意识到苏联的所谓民主是空的，只有少

---

① 列宁：《论无产阶级在这次革命中的任务》，《列宁专题文集（论社会主义）》，北京：人民出版社 2009 年版，第 20—21 页。

数人在控制企业和国家。所以，毛泽东采取了诸如"鞍钢宪法"和"文化大革命"等形式，试图解决真正的民主问题。但是，事实证明，这一切都是无效的。

这就是说，当我们找到上面所说的《法兰西内战》中所说的民主政治的秘密之后，我们根本没有解决什么问题，我们只是找到了一个新问题的起点。这个问题是：社会主义国家的民主政治怎么了？为什么人们（包括毛泽东）总是用"集权"、"专制"、"官僚主义"这些字眼来批评自马克思以来共产党人一直在追求的以人民当家做主为核心取向的而且到处都充满了民主字眼的民主政治制度呢？

捷克小说家米兰·昆德拉在一次获奖感言中引用过一句犹太谚语："人们一思索，上帝就发笑"。他解释说："为什么人们一思索，上帝就发笑呢？因为人们愈思索，真理离他愈远。人们愈思索，人与人之间的思想距离就愈远。"总结过去的经验和教训，我们这里要说的一句同样的话是："人们一思索社会主义的民主问题，马克思就会发笑"。马克思为什么在这个问题上要发笑呢？因为我们在研究和实施他提出的民主问题时，忘记了他的一个重要思想，这就是马克思在《法兰西内战》中说的："公社的真正秘密就在于：它实质上是工人阶级的政府，是生产者同占有者阶级斗争的产物，是终于发现的可以使劳动在经济上获得解放的政治形式。如果没有最后这个条件，公社体制就没有存在的可能，就是欺人之谈。生产者的政治统治不能与他们永久不变的社会奴隶地位并存。"① 马克思在这里所说的使劳动者在经济上获得解放的具体经济形式是他接下来说的"要把现在主要用做奴役和剥削劳动的生产资料，即土地和资本完全变成自由的和联合的劳动的工具，从而使个人所有制成为现实。"② 这就是说，马克思在《资本论》中也提到过的"重新建立个人所有制"，是劳动解放的必要条件，如果没有这个条件，那么，一切民主形式，对于劳动的解放来说，都只是欺人之谈。

---

① 《马克思恩格斯文集》第3卷，北京：人民出版社2009年版，第158页。
② 同上。

我们曾经认为我们理解了马克思的这个思想，理解了马克思在《法兰西内战》中讲的"联合起来的合作社按照共同的计划调节全国生产，从而控制全国生产，结束无时不在的无政府状态和周期性的动荡这样一些资本主义生产难以逃脱的劫难"，把这个思想简单地理解为计划经济和公有制，理解为每个个人都没有任何个人财产的完全的公有制，即所谓无产阶级的公有制。马克思讲的"个人所有制"被理解为以国有经济和集体经济为全部特征的无产阶级的计划经济。

这里是全部问题的总根源。个人没有任何财产的意思是说，不允许个人有任何可以占为己有的机会。这就是说，任何个人都是没有权利的，至少在经济上是没有任何权利的。在个人没有任何经济权利的情况下，民主就成为一句空话。因为按照社会学家韦伯的定义，权利和财产权都是"让占为己有的机会"。所以，个人没有任何财产，就是没有任何"让占为己有的机会"，就是没有任何权利。与权利缺失相对应的是奴役——不是被资本奴役，就是被其他权力奴役。这就应了马克思的那句话："生产者的政治统治不能与他们永久不变的社会奴隶地位并存"。在社会主义社会，民主被宣布为是公民的一种政治权利。可是，公民拥有这个权利的目的在于保护自己的财产权和与此有关的生存权，即保护自己及其家庭的经济权利。如果一个社会公民个人及其家庭没有任何财产权的话，那么，这种民主和与此相关的权利也就失去了意义。试想一下上面提到的托克维尔讲的美国乡镇的民主模式，如果说个人和家庭没有任何财产权的话，那么这种民主模式还有什么意义？这就像一场激烈的球赛一样，如果有人把球拿走了，这场球赛就失去了全部意义。如果空想社会主义者欧文在世的话，他依然会对着这些没有任何个人财产权却天天在叫喊民主权利的美国人说，"这些人也都是我的奴隶！"面对这种情况，上帝或许会笑，但马克思却是无论如何也笑不出来的。曾经写过上面讲的《黑格尔法哲学批判》的马克思无论如何也不会想到，他所批判的黑格尔的国家至上理论，已经在他的《法兰西内战》的引导下，变成活生生的现实，由于国家和集体占有全部财产的缘故，公民社会（或者他说的市民社会）已经不再存在，家庭甚至个人已经不再是经济的基本单位，"自由的和联合的劳动"根本没有出现，每一个劳动者作为个人只是这个国家机器上的一颗螺丝钉。在一个衣食住行以及工作和工资都由国家统一控制的社会里，任何一个人如果不满意于他现在的工作和环境，他除了学会忍受和适应以外别无选择。这样，马克思所预言的"每一个人的自由发展是一切人的自由发展的基础和条件"的理想社会变成了一个如考茨基所说的"巨大的兵营"。这肯定是马克思所始料不及的，这肯定也是他永远都不愿意看到的。①

不错，按照我们的传统理论，国家和集体占有也就是个人占有，国家有了，个人也就有了。所以我们称国家占有资源的制度为全民所有制。这样，在完成了"剥夺剥夺者"，建立了无产阶级专政的政治制度之后，我们的民主制度就成为专为生产、生活的组织权和资源控制权的分配而设置的政治制度。这里的组织权和控制权不再是个人的权利，而是公共的权力。无产阶级（这里不存在人民，因为这里几乎所有人都是没有任何个人财产的无产阶级）的唯一权利就是定期地直接或间接地参与选择由谁来组织他们的生产和生活。长此以往，在中国国内就形成了一种动员型的政治，执政党是各种政治活动的领导者。毛泽东所痛恨的官僚主义和所谓"党内资产阶级"就是在这种动员型的政治中产生的。他曾经向列宁学习，试图通过让工人、农民身份的人参与公共权力部门的办法来解决这个世纪难题。但是，这是根本无济于事的，因为正如考茨基所说，工人、农民进入政权机构之后，他们就不再是工人和农民，而是成了掌权者，成了官僚。毛泽东后期似乎一直都在试图解决这个问题，但是却始终无能为力。欧文的那句话或者已经成为一种在传统计划经济中无法解开的魔咒。从一定意义上说，权利的缺失对于劳动者所造成的奴役或许比之旧时代资本的奴役有过之而无不及。

---

① 今天的年轻人对于计划经济时代的生存环境是没有办法理解的。比如说当时的打击右派和对于知识分子的劳动改造。如果是在今天，不论公司说你是左派还是右派，不管人家给你戴上什么帽子，只要不被劳教或判罪，你至少可以换个环境生存。但是，在计划经济时代，你的住房是公家的，你的工作单位不被允许是不能调动的，吃饭要凭饭票，在这种情况下，你只能在单位接受劳动改造。我在上中学时，看到学校最有水平的老师不是在为学生授课，而是在担粪种菜。后来知道他们是因为一句话被打成了右派，工资被扣，家庭破裂。

五　中国的大变革与民主政治面临的压力

正如有的史学家所说，1789 年发生的法国大革命之所以称之为大革命，往往不是因为它的激烈程度，而主要是因为它延续时间的长度。中国大陆 1978 年以来发生的这场改革，已经进行了 34 年有余。但是，在作了上面的论述之后，我们或许有理由认为，到目前为，这场改革可能也只是揭开了一个序幕，真正的改革也许还只是刚刚开始。所以我们把这场改革称作大变革应该是非常恰当的。

到目前为止，这场大变革的最大成功在于解放了劳动，解放和发展了劳动生产力。如果说我们研究马克思的《法兰西内战》还有什么更新的收获的话，那么，认识到劳动的解放和这种解放的途径即"重新建立个人所有制"是我们的最大收获。劳动者只有经济上得的解放，才能最终在政治上获得解放。这是马克思所创立的历史唯物主义的一个基本原理。不过，这种经济上的解放，不是通过传统的公有制可以解决的，只有通过"重新建立个人所有制"，即通过给劳动者个人让占为己有的机会①，才能最后得到解决，或者换句话说，我们只有在这里才能找到解决劳动解放问题的线索和途径。关于这个问题，作者已经在别的地方多次作过研究，并且有专著《企业劳动产权概论》（中央编译出版社 2006 年版）出版，这里不再赘述。中国逐步放开市场，让一部分人通过诚实的劳动首先富裕起来的政策，把整个社会的劳动生产力充分地调动了起来，从而使得财富像魔力般地从地下奔涌了出来。不过，这并非如马克思在《共产党宣言》中讲的是资产阶级的力量，而是市场的力量。劳动者在社会主义市场经济中重新找到了在传统计划经济中失去了很久的自由和权利，从而使得巨大的社会生产力仿佛魔力般地从地下被呼唤了出来。

---

①　莫斯英文版的《资本论》第一卷把德文版中的"重新建立个人所有制"译成"给劳动者个人财产权"。

权利，这个与个人自由几乎是同义语的语词，它的失而复得，成为劳动解放的集中的象征。权利首先是财产权，是财产的让占为己有的机会。现在我们知道了，马克思所说的劳动者的"个人所有制"只有在承认劳动者的财产权的意义上才是可能实现的。从这个意义上说，劳动的财产权是马克思主义者所向往的新社会的基本经济基础。没有这个经济基础，所谓民主，所谓劳动的解放，所谓社会主义，都会失去意义，都会成为马克思所说的"欺人之谈"。这是因为，"生产者的政治统治不能与他们永久不变的社会奴隶地位并存"。一个没有基本权利保障的主人永远都只是一个笑柄而已。

2007年10月1日起正式生效的《中华人民共和国物权法》使得有关权利的理念在中国大陆真正成为了法定的现实，悬在个人权利和自由上面的达摩克利斯之剑终于放下了，财产权至此才真正成为了一种法权。也是从这时开始，《中华人民共和国宪法》中有关权利和自由的民主理念才开始产生意义。"保证人民依法享有广泛权利与自由"，这句话不仅反映了中国执政党深化改革的决心与指向，也反映了已经拥有了权利的广大民众的内心诉求。习近平在庆祝现行宪法30周年大会上提出的"依宪治国"、"依宪执政"和"依宪定案"的宪政思想以及2013年伊始展开的司法制度改革，说明这种保证人民依法享有广泛权利与自由的先进理念已经不再是空谈，而是迈开了实干的坚实步伐。

但是，权利本身就是一柄达摩克利斯之剑，其剑锋所指正是现有的动员式的政治制度。个人有了让占为己有的机会以后，就会追求机会平等。这是一种伴随权利共生的追求。可是，人们追求权利的起点从一开始就是不平等的。一方面，正如法国思想家福柯所说，由于性别、知识等等的原因，人们彼此所处的权力状态是不一样的。因此，人们得到权利的机会是不平等的。另一方面，权力扩大了权利的加权。公权力的占有者在客观上更是使这种加权上升。中国传统的动员式政治制度的特点是公权力全部掌握公共资源。在这种制度下，每一个占有公权力的人——不管这种权力是来自公众的委托，还是来自权力部门的安排，我们甚至可以把腐败的问题排除在外——他们在争取占为己有的机会方面，都处于优越地位。这就如在传统经济时代资本在生产过程中所处的优势地位一样。在转向服务型政府的过程中，不论"为人民服务"这个语词使用的多么普遍，这种外在的服务作为一种权力，其占有者就存在着使得个人权利得到加权的可能。托克维尔和马克思的"打碎权力"，在这里再次产生了意义。我国的基层民主和基层自治，正好满足了这种打碎权力的需要。之所以如此，是因为这种打碎权力的方式满足了人们追求权利平等的基本要求。

这是一个动员式的政治行为与基层民主自治共存的时代。只要农村的城市化过程还在进行中，这种共存模式在基层就不会结束。因为政府的动员式开发对于农村的城市化，依然是不可缺少的。即使是这个进程结束了，只要财政和税收不出现问题，这种模式单靠其惯性在短期内可能也是不会结束的。因此，服务型政府的建设和基层公民的权利保障依然是转型期最重要的社会问题。"十八大"已经为此做好了理论和思想上的准备，但是，这些先进理论和思想的具体的贯彻和落实却依然任重而道远。

六　关于直接民主与议会民主问题——民主的局限

《法兰西内战》对于议会民主给予了否定性的评价，主张议政合一的政治民主制度。如前所述，所谓"无产阶级专政"就是一种议政合一的民主制。马克思对此的表述是："公社是一个实干的而不是议会式的机构，它既是行政机关，同时也是立法机关。"① 用现在的话说，公社是一个议政合一的由公民自己来行动的办事机构。我们在托克维尔描述的美国乡镇的民主模式中已经看到了这种办事机构的模型。但是，不同的是，美国的乡镇行政委员不需要负责立法。如果涉及立法的话，可能就需要法学家的参与，这是美国的乡镇不需要考虑，也是巴黎公社时

---

① 《马克思恩格斯文集》第 3 卷，北京：人民出版社 2009 年版，第 154 页。

期的巴黎人没有考虑的问题。另外，在更大的公民区域内，比如在省一级区域内，如托克维尔讲的美国的州一级的范围内，代表制可能成为必要。因为"不这样办不行"，公民无法直接参与州一级的管理，所以只能通过代表参与州的公共事务。

对于直接民主，有人在追求，有人在反对，双方各执一端。的确如顾准先生所说，直接民主存在着很大的局限性。正如托克维尔所说，直接民主存在着多数人的暴政的问题。有时真理可能在少数人手里，但是如果通过投票表决，真理就会被否定。法国第一次巴黎公社时期的雅客宾专政就是以多数人同意的形式进行的，那种暴政的形式最后把罗伯斯庇尔本人也送上了断头台。中国的"文化大革命"更是把这种直接民主发展到了极致。这种直接民主方式也一度引起许多西方左翼理论家的积极肯定和向往。但是，这种直接民主对于中国民众的伤害绝不仅仅是肉体的和物质方面的，它使得一种制度终结了。但是，因此而简单地否定直接民主也是不全面的。在一个农民占多数的社会和在一个个人没有任何权利的社会，尤其是在一个法治不健全的社会，多数人的民主必然是一种暴政。但是，在一个法制健全的社会，在人们有了权利而且这种权利可以得到法律保障的前提下，一定范围内的直接民主和公民自治，并不是一个多么可怕的民主形式。托克维尔讲的美国乡镇的直接民主和中国目前在基层民主自治方面进行的探索，就是很好的正面案例。

但是，直接民主是有限度的，超过了一定的区域和范围，如托克维尔所说，直接民主就会成为不可能。在这种情况下，就可能需要代表制。如在区级市和省一级及以上的范围内，公民的参与、决策、管理和监督，可能需要通过自己选出的代表代行各种主权事务。这就是今天的代表制。马克思在《法兰西内战》中并没有一般地否定这种代表制度，马克思只是肯定了巴黎公社的"打碎权力"的做法。马克思明确反对当时的议会制，但是这并不是说马克思一般地反对代表制。因为关键是看是否真正地打碎了权力。

相反地，马克思并没有简单地否定代表制。实际上，不论是巴黎公社中的军事委员会，还是巴黎、地方和中央的关系，都存在着分层或分级代表的制度。军事委员会的分层民主代表制是显而易见的。马克思在《法兰西内战》中对于这种分层代表制也作了论述。马克思写道："公社的存在本身自然而然会带来地方自治"①，"每一个地区的农村公社，通过设在中心城镇的代表会议来处理他们的共同事务；这些地区各个代表会议又向设在巴黎的国民代表会议派出代表"②。马克思在这里就讲了三个级别的代表制。第一个级别是农村公社的地方自治，第二个级别是中心城镇的代表会议，第三个级别是巴黎的国民代表会议。马克思接着写道："中央政府履行的职能虽然为数不多，但仍然很重要。"③中央政府也是有地位的，只是权力打碎后，职能减少，但依然是很重要的。所以，说马克思只讲直接民主，不讲代议制民主，这是不准确的。只是马克思总结巴黎公社的经验，要求各级都要通过选举由"严格承担责任的勤务员来行使"代表责任，并且规定这些代表可以随时罢免，要求"每一个代表都可以随时罢免，并受到选民给予他的限权委托书（正式指令）的约束"④。所以，这里关键的不是直接民主还是间接民主，而是是否真正由人民掌握权力。

问题的关键在于议政合一，这一点不能不说是巴黎公社和马克思民主政治理论中的一个局限。如果不用考虑立法权的话，如美国乡镇的情况，那么议政合一是不成问题的。法官等所有公务人员每年一次地由全民集体选举产生，而且可以随时罢免。这肯定是一个很理想的基层民主政治模式。但是，乡镇以上政府的情况就不同了。因为市政府和中央政府层面上的议政合一与基层政府的议政合一的内容发生了变化，出现了从政府中独立出来的立法权和司法权等等的问题，出现了代议制的问题。在这种情况下，如何实现打碎权力或分权的民主制原则，是马克思留给后人的问题。

① 《马克思恩格斯文集》第 3 卷，北京：人民出版社 2009 年版，第 157 页。
② 同上。
③ 《马克思恩格斯文集》第 3 卷，北京：人民出版社 2009 年版，第 155 页。
④ 同上。

七 执政党的领导权问题

如前所述，中国的宪法所确立的民主政治模式中首先确定了中国共产党的领导地位，所以，执政党的领导问题是需要认真讨论的问题。

马克思不论是在巴黎公社的革命过程中，还是在总结巴黎公社经验的《法兰西内战》中，都强调了建立革命党组织的重要性。列宁领导的十月革命的成功，也与列宁的建党思想和他所建立和领导的党组织的正确领导，难以分开。中国的情况也是如此。没有中国共产党的领导，中国的革命、建设和改革的成功也都是不可思议的。如前所述，无论中国的革命、建设还是改革，都是一种动员型的政治和经济活动，离不开一个强有力的政党的领导。不仅如此，我们今天解决中国从动员型政治向服务型政治的转变，从而保证人民依法享有广泛权利和自由，也同样离不开执政党的领导。

在目前情况下，解决人民的权利和利益问题，解决社会的公平正义，建设一个现代民主社会，需要有一个真正代表人民利益的政党的领导。这是因为，中国长期的动员型政治造就了一个强大的动员型的政府。如果按照马克思的理论，打碎现有的权力结构，建设一个服务型的政府，真正把权力还给人民，那么，这就是一个巨大的政府转型的工程，没有执政党的有效领导，这个工程的顺利完成是很难想象的。

但是，由于权力给个人带来的巨大红利，使得执政党的领导干部对于权力的追逐，欲罢不能。因此，虽然政企分开、党政分开的理念经常被人提起，但是，权力红利的诱惑使得这种呼声很高的分权要求的真正实现，困难重重。这就使得执政党面临着巨大的考验。

党的领导干部虽然有严厉的法规和制度，但是，能够暴露出来的违纪者肯定只是极少数人。权力红利一天不除，党政分开和政企分开就一天不会得到真正的实现。这就使得党的领导成为一个问题。一个与民争利的政党是绝对不可能得到人民的真正承认和认同的。

　　在大变革时期，执政党的作用是领导人民群众完善法治，实现政府转型，实现人民当家做主的政治目标，建设一个和谐社会。这个历史任务决定了执政党必须站在人民群众一边，为打碎权力而努力。在目前情况下，如何打碎权力，是一个太大的题目，没有党的领导，是不可能实现的。但是，如果党的领导干部忙于傍资本、傍政府、争权力、争红利，要完成这个任务，也只能是空谈。

　　如前所述，社会主义市场经济给中国的劳动者带来了让占为己有的机会。但是，与这种让占为己有的机会同时带来的还有资本和公权力占有更多红利的机会。这两种权力是造成目前中国分配不公和社会不稳定的最重要的因素。

　　我们上面讲到了巴黎公社和马克思的《法兰西内战》为我们提供了两个重要的社会主义原则，一个是作为劳动的解放的社会主义经济制度，即个人所有制；一个是以打碎国家权力为主要内容的民主政治原则。从这个意义上说，解决这里的两种权力问题，是社会主义国家执政的共产党有必要认真对待的两个关键问题。不解决这两个问题，今天的共产党执政的合法性就会成为问题。因此，对于执政的共产党来说，这也是两个非常关键的任务。

　　资本是一种能占有更多机会的权力。人们都知道马克思讲了资本剥削劳动的逻辑，但是，很少有人注意到马克思讲的资本的另一个逻辑，即资本积累的结果会把所有的投资人排除在生产过程之外。在这种情况下，就出现了所有权与控制权的分离与博弈。中国的国有企业、大型股份制企业和所有金融类企业几乎也都是属于这种情况。在这里，保护投资人利益和降低资本对于劳动的剥削程度的问题同时存在，保护经营者权益和防止内部人控制的问题同时存在。解决好这两个影响企业发展和分配正义的问题，对于执政的共产党来说，是解放和发展社会生产力的一个十分关键的任务。

　　摆在执政党面前的第二个涉及社会公平正义诉求的关键任务是解决公权力及其占有者追求个人红利的问题。马克思在批判资本的贪婪时引用过当时伦敦出版的《评论家季刊》上的一句话说："资本的本性是胆怯的。这是真的，但是……一旦有适当的利润，资本就胆大起来。如果有10%的利润，它就保证到处被使用；有20%的利润，它就活跃起来；有50%的利润，它就铤而走险；为了100%的利润，它就敢践踏一切人间法律；有300%的利润，它就敢犯任何罪行，甚至冒绞首的危险。”用这句话来描述今天的公权力占有者的寻租行为，也是非常准确和生动的。但是，如果读者只是从中国目前的腐败与反腐败的意义上来理解这个问题，那就太过于狭窄了。人们追逐权力，并非只是为了贪腐，而更多地是为了合法的权力红利。因此，从各个层面上打碎权力，依然是今天执政党需要解决的问题。

上述两个方面的任务相辅相成，互相交错。这是关系到公民的生存环境和社会的公平正义的两个核心问题。任何党派，如果不解决好这两个问题，都有可能失去继续执政的合法性。

八　依法治国及其局限

由于受到上面所说的对于经典作家“无产阶级专政”理论的错误理解和错误解释，我国在政治上长期采取了阶级镇压的政策和措施。“三反”、“五反”、“镇反”、“反右”以及“文化大革命”等等都是这种“革命专政”的具体作法。“文化大革命”虽然提出“砸烂公检法”，但是，这种革命的专政却从来没有停止过，民主法治受到了空前的破坏。从2003年由于孙志刚事件引发违宪检讨从而废止了1982年5月12日发布的《城市流浪乞讨人员收容遣送办法》之后，近来又由于唐慧案和任建宇案等引发了2013年伊始中央提出停止使用已经实施了60年的劳动教养制度的重大改革举措。为了贯彻落实“十八大”精神，实施“依宪治国”、“依宪执政”和“依宪定案”的宪政民主取向，中国执政党中央决心以“维护法治的统一与尊严”和“保证人民依法享有广泛权利与自由”为主要宗旨进行一系列“完善以宪法为统帅”的司法制度改革，把国家与政府的全部行为纳入宪治轨道，从而迈开中国政治体制改革的新的和极其关键的一步。

之所以说它是关键的一步，因为这是我国真正走向依法治国的开始。上述镇压式政治及其所遗留的法外权力行为和与此相关的权力机构如果不加以清理，依法治国的理念就得不到真正落实，公权力对于公民权利的侵害就得不到有效控制，并从而使政府的公信力受到破坏。

当然，劳动教养制度的停止使用等项措施，肯定还只是我国司法制度改革的开始。虽然这仅仅是限制了政府的一部分行政权力，但是，它却为保证法院和检察院独立办案提供了条件。保证人民依法享有广泛权利与自由以及保证社会公平正义，并不是仅仅通过保证司法独立就能完全解决问题。我国改革开放以来制定和完善了大量的法律法规，这为建设法治政府和依法治国准备了充分的条件。但是，这些法律法规常常是由相关管理部门负责制订的。这种部门立法的方式客观上存在着保护部门和行业利益的偏好问题。我国法制中尽管有下位法服从上位法的判案惯例，但是，以宪法为最终依据的"依宪定案"惯例还没有形成，"依宪治国"、"依宪治政"和"依宪定案"的宪政思想还只是由党的领导人刚刚提出，宪政概念似乎至今还是一个概念禁区。各种专业性很强的下位法对于人民陪审制度的实施存在着诸多的不便。既然《宪法》规定"一切法律、行政法规和地方性法规都不得同宪法相抵触"，那么，以宪法作为判案最后依据的审判惯例，对于在全社会弘扬宪法精神，坚持人民陪审员在判案过程中的主导地位，从而在制度上保证人民群众的主体地位，意义十分重大。习近平同志在庆祝现行宪法 30 周年大会上的讲话中指出："依宪定案：我们要以宪法为最高法律规范，继续完善以宪法为统帅的中国特色社会主义法律体系。"这个重要宪政思想为我们完善现有司法制度，提出了非常重要的方向性的改革目标。

九　中国民主政治的前景展望

通过上面的论述我们已经对中国民主政治模式的三个环节及其各自的局限进行了论述。我们的研究表明，只有完成了三者的统一，即党的领导、人民当家做主和依法治国的统一，才能解决各自的局限，实现建设和谐社会的基本要求。

依法治国及其重大补充的"依宪治国"、"依宪执政"和"依宪定案",是中国民主政治模式中的重要一环。党的领导、人民当家做主和依法治国这三个方面是一个可以闭合的循环。但是,如果其中任何一环出现问题,这个循环就难以完成。而依法治国是其中的关键一环。我国《宪法》规定,"一切组织或者个人都不得有超越宪法和法律的特权",这就使中国民主政治的这三个方面有了闭合循环的可能。执政党和人民都要在法律的规范内活动。如果代表人民利益的执政党放弃权力红利,勇于站在人民的背后,把目前依然十分强大的政府权力分割和围堵在这个闭合的循环之内,从而迫使其完成向服务型政府和法治政府的转型,那么,中国民主政治前景肯定是值得期待的。

第四部分　经典著作选编

卡·马克思

法兰西内战

国际工人协会总委员会宣言

恩格斯写的 1891 年版导言

要求再版国际总委员会的宣言《法兰西内战》并给它写一篇导言，这是我没有想到的。所以我在这里只能简略地谈一下最重要的几点。

在上面提到的这篇篇幅较大的著作前面，我加上了总委员会关于普法战争的两篇较短的宣言。首先是因为《内战》提到了第二篇宣言，而第二篇宣言如果没有第一篇宣言作参照，是不能完全弄明白的。其次是因为这两篇同为马克思所写的宣言，也和《内战》一样，突出地显示了作者在《路易·波拿巴的雾月十八日》①中已初次表现出的惊人的才能，即在伟大历史事变还在我们眼前展开或者刚刚终结时，就能准确地把握住这些事变的性质、意义及其必然后果。最后是因为我们在德国至今还忍受着马克思预言过的这些事变后果所带来的苦难。

第一篇宣言曾经预言，如果德国反对路易·波拿巴的防御战争蜕变为反对法国人民的掠夺战争，德国在所谓解放战争之后所遭到的那一切不幸，将会变本加厉地重新落到它的头上。难道这个预言不是已经得到了证实？难道我们不是又经受了 20 年的俾斯麦统治？对蛊惑者的迫害不是换成了非常法和对社会党人的迫害，警察不是专横如故，法律不是同过去不差分毫地遭到可怕的歪曲？

---

① 见《马克思恩格斯文集》第 2 卷。——编者注

兼并阿尔萨斯和洛林就会"迫使法国投入俄国的怀抱",并且在兼并之后,德国就得要么公开成为俄国的工具,要么在稍经喘息之后准备一场新的战争,而且是准备一场"种族战争,即反对联合起来的斯拉夫语种族和罗曼语种族的战争"。这一预言难道不是不差分毫地得到了证实?难道兼并法国的两省不是已迫使法国投入了俄国的怀抱?难道俾斯麦不是在整整 20 年内徒劳地巴结沙皇,为他效犬马之劳,其卑躬屈节不是甚于小小的普鲁士在成为"欧洲第一强国"以前常为"神圣俄国"卑恭效力之时?难道一场战争的达摩克利斯剑不是天天悬在我们的头上?这场战争在开始的第一天就会使各国君主间一切立有盟约的联盟烟消云散;这场战争除了可以肯定其结局是绝对无法肯定的以外,其余的什么都不能肯定;这场战争将是种族战争,它将使整个欧洲遭受 1500 万或 2000 万武装士兵的蹂躏;这场战争之所以还没有爆发,只是因为连最强的军事大国也为这场战争的最终结果绝对不能预知而感到畏惧。

所以,我们也就更应该使德国工人能够重新读到这两篇几乎已被人遗忘的、证明国际在 1870 年所采取的工人政策的远见性的光辉文件。

我关于这两篇宣言所说的话,对于《法兰西内战》也是同样适用的。5 月 28 日,公社的最后一批战士在贝尔维尔一带的坡地由于寡不敌众而殉难。只过了两天,即在 5 月 30 日,马克思就向总委员会宣读了自己的著作。这一著作揭示了巴黎公社的历史意义,并且写得简洁有力而又那样尖锐鲜明,尤其是那样真实,是后来关于这个问题的全部浩繁文献都望尘莫及的。

法国从 1789 年起的经济发展和政治发展使巴黎在最近 50 年来形成了这样的局面:那里爆发的每一次革命都不能不带有某种无产阶级的性质,就是说,用鲜血换取了胜利的无产阶级,在胜利之后总是提出自己的要求。这些要求或多或少是含糊不清的,甚至是混乱的,这与巴黎工人每次达到的发展程度有关;但是,所有这些要求归根到底都是要消灭资本家和工人之间的阶级对立。至于这一点如何才能实现,的确谁也不知道。然而,这一要求本身,尽管还很不明确,可是对现存社会制度已经含有一种威胁;而且提出这个要求的工人们还拥有武装;因此,掌握国家大权的资产者的第一个信条就是解除工人的武装。于是，在每次工人赢得革命以后就产生新的斗争，其结果总是工人失败。

这种情形第一次发生于 1848 年。属于议会反对派的自由派资产者举行了要求改革的宴会，目的是要实现一种能保证他们的政党取得统治地位的选举改革。对政府进行的斗争日益迫使他们去求助于人民，于是他们不得不逐步让资产阶级和小资产阶级中的激进阶层和共和阶层走在前面。可是，这些阶层的背后是革命的工人，他们从 1830 年以来已经取得了比资产者，甚至比共和派所设想的要多得多的政治独立性。当政府和反对派之间的关系发生了危机的时候，工人们就打起了巷战；路易-菲力浦消失了，选举改革也同他一起消失了；代之而起的是共和国，而且胜利的工人们甚至把它宣布为"社会"共和国。至于这个社会共和国究竟是什么意思，谁也不清楚，就是工人们自己也不清楚。但是，他们现在已经拥有武装，已经成了国家里的一支力量。所以当政的资产阶级共和派一感到他们脚下的根基已经相当稳固的时候，他们的第一个目标就是解除工人的武装。事实果然如此。他们直接违背诺言，公开嘲弄工人并企图把失业者流放到边远省份去，逼得工人举行了 1848 年的六月起义。政府早已处心积虑地为自己保证了压倒优势。工人们经过了五天英勇斗争，终于失败。接着，对手无寸铁的俘虏的血腥屠杀就开始了，这样的屠杀自那场导致了罗马共和国覆灭的内战以来还未曾见过。资产阶级第一次表明了，一旦无产阶级敢于作为一个具有自身利益和要求的单独阶级来同它相对抗，它会以何等疯狂的残暴手段来进行报复。然而，和资产阶级在 1871 年的狂暴比较起来，1848 年事件还只能算是一种儿戏。

惩罚接踵而来。如果说无产阶级还不能管理法国，那么资产阶级却已经再也不能管理法国了。至少当时不能，因为那时资产阶级大部分还是保皇主义的，并且分裂为三个王朝政党和一个共和党。它的内部纷争，使得冒险家路易·波拿巴能把一切权力阵地，即军队、警察和行政机关尽行占据，并且在 1851 年 12 月 2 日把资产阶级的最后堡垒即国民议会也打碎了。第二帝国开创了这样一种局面：由一帮政治冒险家和金融冒险家剥削法国，同时工业也发展起来，这种发展先前在路易-菲力浦的目光狭窄、畏缩不前的体制下，在只由大资产阶级中一小部分人独揽统治权的条件下，是完全不可能的。路易·波拿巴以在工人面前保护资产阶级并反过来在资产阶级面前也保护工人为借口，夺去了资本家手中的政权；而他的统治却便利了投机事业与工业活动，简言之，使整个资产阶级的经济繁荣与发财致富达到了前所未有的程度。不过，得到更大程度发展的还是贪污舞弊和普遍的盗窃，干这些事情的人麇集在皇帝宫廷周围，从繁荣所带来的财富中抽取巨额的红利。

但第二帝国是对法国沙文主义的召唤，它意味着要求恢复1814年失去的第一帝国的边疆，至少恢复第一共和国的边疆。法兰西帝国局限在旧帝国的疆界内，甚至局限在1815年又经削割的疆界内，从长远而论是不可能的事。因此必然要不时地进行战争并扩大疆土。而扩大疆土，再没有什么会像朝德国莱茵河左岸扩张那样强烈地吸引着法国沙文主义者了。莱茵河畔一平方英里，在他们眼中要比阿尔卑斯山区或其他任何地方的十平方英里宝贵得多。只要第二帝国存在，要求收回——一下子收回或是一块一块地收回——莱茵河左岸地区只不过是时间问题。这个时间随着1866年的普奥战争到来了。波拿巴在指望获得"领土报酬"方面既然吃了俾斯麦的亏，吃了他自己过分狡猾的观望政策的亏，除发动一场战争之外也就别无他法。这场战争在1870年爆发了，结果是把他推上了色当，随后又把他送到了威廉堡。

必然的后果就是1870年9月4日的巴黎革命。帝国像纸牌搭的房子一样倒塌了；共和国又重新宣告成立。但是敌人已站在大门口；帝国的那些军队不是被死死地围困于梅斯，就是在德国当了俘虏。在这种危急关头，人民允许前立法团的巴黎议员们组成了"国防政府"。由于这时所有能荷枪作战的巴黎人都为保卫国家而加入了国民自卫军并武装了起来，从而工人在国民自卫军中占了绝大多数，所以人民就更欣然地同意组成这样的政府。但是此后不久，几乎完全由资产者组成的政府和武装的无产阶级之间的对立就暴露出来了。10月31日，有几个工人营攻下了市政厅，并且逮捕了一部分政府成员。可是，由于有人背叛，由于政府直接违背自己的诺言和几个小资产阶级营进行干涉，被捕者又被释放；而为了避免在遭受外敌围困的城内引发内战，人民仍然让原有的政府继续执政。

终于，备受饥饿折磨的巴黎在 1871 年 1 月 28 日投降了，但这是战争史上前所未有的光荣投降。炮台交出了，城墙上的武装解除了，战斗团和别动队交出了武器，被视为战俘。然而国民自卫军却保存了自己的枪械和大炮，只是同胜利者实行了停战。胜利者不敢耀武扬威开进巴黎；他们只敢占据巴黎的一个小角落，其中有一部分还是公园，而且这个角落也只被他们占了几天！在这几天内，曾把巴黎围困了 131 天的胜利者们自己却处于巴黎武装工人的包围之中，这些工人机警地监视着，不让一个"普鲁士人"越出让给外国侵略者的那个角落的狭窄界限。巴黎的工人们竟使一支让全部帝国军队放下了武器的军队对他们那样敬畏。跑到这里来向革命策源地进行报复的普鲁士容克们，不得不正是在这个武装的革命面前恭恭敬敬地停下来，向它敬礼！

在战争期间，巴黎工人只限于要求坚决继续打仗。可是现在，巴黎投降了，和平了，这时新的政府首脑梯也尔不能不看到，只要巴黎工人手里还有武器，有产阶级——大土地占有者和资本家——的统治就时刻处于危险之中。他要做的第一件事就是设法解除工人的武装。3 月 18 日，他派了军队去夺取国民自卫军的大炮，这些大炮是在巴黎被围期间由公众捐款制造的。这个企图没有得逞；全巴黎像一个人一样奋起自卫，于是巴黎和盘踞在凡尔赛的法国政府之间的战争即告开始。3 月 26 日，巴黎公社被选出，3 月 28 日正式宣告成立。到这时为止执行着政府职能的国民自卫军中央委员会，把自己的全权交给了公社。而在此以前该委员会已经下令废除了声名狼藉的巴黎"风纪警察"。3 月 30 日公社取消了征兵制和常备军，把一切能荷枪作战的公民都要参加的国民自卫军宣布为唯一的武装力量。公社免除了从 1870 年 10 月至次年 4 月的全部房租——把已付的租金转做以后的预付租金，并且停止变卖市立典押借贷处里所有的典押物品。同日又批准了选入公社的外国人为公社委员，因为"公社的旗帜是世界共和国的旗帜"①。4月1日规定，公社公务人员（因而也包括公社委员本身）的薪金，不得超过6000法郎（4800马克）。次日下令，宣布教会与国家分离，取消国家用于宗教事务的一切开支，并把一切教会财产转为国家财产；4月8日又据此下令把一切宗教象征、神像、教义、祷告，总之，把"有关个人良心的一切"，从学校中革除出去，② 此命令逐步付诸实施。4月5日，鉴于凡尔赛军队每天都枪杀被俘的公社战士，颁布了扣压人质的法令，可是这项法令始终没有贯彻执行。4月6日，国民自卫军第137营把断头机拖了出来，在人民的欢呼声中当众烧毁。4月12日，公社决定毁掉旺多姆广场上由拿破仑在1809年战争后用夺获的敌军大炮铸成的凯旋柱，因为它是沙文主义和民族仇恨的象征。这项决定是在5月16日执行的。4月16日，公社下令，对被厂主停工的工厂进行登记，并制订计划：把这些工厂的原有工人联合成合作社以开工生产，同时还要把这些合作社组成一个大的联社。4月20日，公社废止了面包工人的夜工，还取消了从第二帝国时起由警察局指派的最精于剥削工人之道的家伙们独家经营的职业介绍所；这种职业介绍所交由巴黎20个区的区政府接管。4月30日，公社下令封闭当铺，因为当铺是供私人用来剥削工人的，同工人占有自己的劳动工具的权利和进行借贷的权利相抵触。5月5日，公社决定拆毁专为处死路易十六赎罪而建筑的小教堂。

这样，从3月18日起，先前被抵抗外敌侵犯的斗争所遮蔽了的巴黎运动的阶级性质，便以尖锐而纯粹的形式显露出来了。因为公社委员几乎全都是工人或公认的工人代表，所以公社所通过的决议也都带有鲜明的无产阶级性质。这些决议，要么是规定实行共和派资产阶级只是由于怯懦才不敢实行的、然而却是工人阶级自由行动的必要前提的那些改

---

① 引自公社选举委员会的报告，载于1871年3月31日《法兰西共和国公报》第90号。——编者注

② 指巴黎公社教育代表爱·瓦扬1871年5月11日发布的命令的内容，见1871年5月12日《法兰西共和国公报》第132号。——编者注

革，例如实行宗教**对国家而言**纯属私事的原则；要么就是直接代表工人阶级的利益，有时还深深地触动了旧的社会制度。但是在一个被围困的城市内，实行这一切措施最多只能作出一个开端。从 5 月初起，全副力量都用到同不断增多的凡尔赛政府大军作战上去了。

4 月 7 日，凡尔赛军队在巴黎西线夺取了讷伊近旁的塞纳河渡口；但是，4 月 11 日，他们向南线进攻时却被埃德将军击退，伤亡惨重。巴黎遭到不停的炮击，而下令开炮的恰恰是曾经指斥普军炮击巴黎为亵渎圣地的人。就是这些人现在乞求普鲁士政府急速遣返在色当和梅斯被俘的法国士兵，好为他们去夺回巴黎。由于这批兵员陆续开到，凡尔赛军队从 5 月初起就占了决定性的优势。这种情况在 4 月 23 日已经表现出来了，这一天，梯也尔停止了根据公社提议开始进行的谈判，谈判的内容是用作为人质关在巴黎的巴黎大主教①及其他许多神父来交换两度当选为公社委员、但被关在克莱尔沃的布朗基一人。而在梯也尔改变了的说话口气中，这种情况表现得更加明显，他先前说话是慎重而含糊的，现在忽然变得蛮横无理咄咄逼人了。在南线，凡尔赛军队于 5 月 3 日占据了穆兰-萨凯多面堡，9 日占据了已被炮火完全夷为平地的伊西堡，14 日占据了旺沃堡。在西线，他们陆续攻占城墙外的许多村庄和建筑物，一直推进到主墙的脚下；5 月 21 日，由于有人叛卖以及在那里驻防的国民自卫军疏忽大意，他们得以闯进城内。占据着北部和东部炮台的普鲁士军队，准许凡尔赛军队取道城市北部按照停战协定条款禁止他们进入的地带向前推进，从而使他们能够在这样一条广阔的战线上实行进攻。巴黎人想必认为这一地带有停战协定作为保障，因而防守不力。正因为如此，巴黎西半部即真正的富人区只进行了微弱的抵抗；闯入的敌军越接近东半部即真正的工人区，所遇到的抵抗就越激烈越顽强。只是在经过八天的战斗之后，最后一批公社捍卫者才在贝尔维尔和美尼尔芒坦的高地上倒下去，这时对赤手空拳的男女老幼已进行了一个星期的越来越疯狂的屠杀达到了顶点。用后装枪杀人已嫌不够快了，于是便用

---

① 若·达尔布瓦。——编者注

机关枪去成百上千地屠杀战败者。最后一次大屠杀是在拉雪兹神父墓地上的一堵墙近旁发生的，这堵"公社战士墙"至今还伫立在那里，作为无声的雄辩见证，说明一旦无产阶级敢于起来捍卫自己的权利，统治阶级的疯狂暴戾能达到何种程度。后来，当发觉不可能把一切人杀尽的时候，就开始了大逮捕，并从俘虏群中任意拉出一些牺牲品来枪杀，其余的人则赶到大营房里去，让他们在那里等待军事法庭的审判。包围着巴黎东北部的普鲁士军队奉命不得让一个逃亡者通过，但是军官看见士兵对人道比对上司命令更加服从时，往往装做没看见。特别的荣誉应该归于萨克森军，它非常人道，放走了许多分明是公社战士的人。

————

如果我们今天在过了 20 年之后来回顾一下 1871 年巴黎公社的活动和历史意义，我们就会发觉，对《法兰西内战》中的叙述还应作一些补充。

公社委员分为多数和少数两派：多数派是布朗基派，他们在国民自卫军中央委员会里也占统治地位；少数派是国际工人协会会员，他们多半是蒲鲁东派社会主义的信徒。那时，绝大多数的布朗基派不过凭着革命的无产阶级本能才是社会主义者；其中只有少数人通过熟悉德国科学社会主义的瓦扬，比较清楚地了解基本原理。因此可以理解，为什么公社在经济方面忽略了很多据我们现在看来是当时必须做的事情。最令人难解的，自然是公社把法兰西银行视为神圣，而在其大门外毕恭毕敬地伫立不前。这也是一个严重的政治错误。银行掌握在公社手中，这会比扣留一万个人质更有价值。这会迫使整个法国资产阶级对凡尔赛政府施加压力，要它同公社议和。但是，更令人惊讶的是，尽管如此，由布朗基派和蒲鲁东派组成的公社也做了很多正确的事情。不言而喻，对于公社在经济方面的各种法令，无论是值得称道还是不值得称道的方面，首先要由蒲鲁东派负责；而对于公社在政治方面的行动和失策，则要由布朗基派负责。正如笃信某种学说的人们掌权后通常会出现的情况一样，无论是蒲鲁东派或布朗基派，都做了恰恰与他们那一派的学说相反的事情，遭到历史的嘲弄。

　　蒲鲁东这个小农和手工业师傅的社会主义者，对联合简直是切齿痛恨的。他说：联合的坏处多于好处，它根本是无益的，甚至有害，因为它是束缚工人自由的锁链之一；它是十足的教条，无用而且累赘，既违反节省劳动的原则又同工人的自由相矛盾；它的缺点比优点发展得更快；与它相反，竞争、分工、私有财产才是经济力量。只是作为例外——蒲鲁东就是这样说的——即对于大工业和大企业，比如对于铁路来说，工人的联合才适用（见《革命的总观念》第3篇）。

　　其实在1871年，甚至在巴黎这个手工艺品生产中心，大工业也已经不再是什么例外了，所以公社的最重要的法令，就规定要把大工业以至工场手工业组织起来，这种组织工作不但应该以每一工厂内工人的联合为基础，而且应该把所有这些合作社组成一个大的联社①；简言之，这种组织工作，正如马克思在《内战》中完全正确地指出的，归根到底必然要导致共产主义②，即导致与蒲鲁东学说正相反的方面。正因为如此，公社也是蒲鲁东派社会主义的坟墓。现在这个派别在法国工人中间已经绝迹了；目前在这里马克思的理论无可争议地占有统治地位，这种情形在"可能派"中间丝毫不亚于在"马克思派"中间。只有在"激进的"资产阶级中间还有蒲鲁东派存在。

　　布朗基派的情况也并不好些。他们是在密谋派别中培育出来的，是靠相应的严格纪律团结在一起的，他们认为，一批相对说来数目较少的意志坚决、组织良好的分子，在一定的有利时机不仅能够夺得政权，而且能够凭着一往无前的强大毅力保持政权，直到把人民群众吸引到革命方面并使之聚集在少数领袖周围。这首先就要把全部权力最严格地、独断地集中在新的革命政府手中。正是由这些布朗基派占大多数的公社，在实际上是怎样做的呢？它在向外省的法国人发出的一切公告中，要求他们把法国的所有公社同巴黎联合起来，组成一个自由的联邦，一个第

---

　　①　参看《马克思恩格斯文集》第3卷，北京：人民出版社2009年版，第105页。——编者注
　　②　参看《马克思恩格斯文集》第3卷，北京：人民出版社2009年版，第158—159页。——编者注

一次真正由国民自己建立的全国性组织。在此以前，中央集权政府进行压迫所凭借的力量是军队、政治警察、官僚机构。正是这支由拿破仑在1798年建立、后来每届新政府都乐于接过去用以反对自己敌人的力量，在一切地方都必须消除，就像在巴黎已经消除那样。

公社一开始想必就认识到，工人阶级一旦取得统治权，就不能继续运用旧的国家机器来进行管理；工人阶级为了不致失去刚刚争得的统治，一方面应当铲除全部旧的、一直被利用来反对工人阶级的压迫机器，另一方面还应当保证本身能够防范自己的代表和官吏，即宣布他们毫无例外地可以随时撤换。以往国家的特征是什么呢？社会为了维护共同的利益，最初通过简单的分工建立了一些特殊的机关。但是，随着时间的推移，这些机关——为首的是国家政权——为了追求自己的特殊利益，从社会的公仆变成了社会的主人。这样的例子不但在世袭君主国内可以看到，而且在民主共和国内也同样可以看到。正是在美国，同在任何其他国家中相比，"政治家们"都构成国民中一个更为特殊的更加富有权势的部分。在这个国家里，轮流执政的两大政党中的每一个政党，又是由这样一些人操纵的，这些人把政治变成一种生意，拿联邦国会和各州议会的议席来投机牟利，或是以替本党鼓动为生，在本党胜利后取得职位作为报酬。大家知道，美国人在最近30年来千方百计地想要摆脱这种已难忍受的桎梏，可是却在这个腐败的泥沼中越陷越深。正是在美国，我们可以最清楚地看到，本来只应为社会充当工具的国家政权怎样脱离社会而独立化。那里没有王朝，没有贵族，除了监视印第安人的少数士兵之外没有常备军，不存在拥有固定职位或享有年金的官僚。然而我们在那里却看到两大帮政治投机家，他们轮流执掌政权，以最肮脏的手段来达到最肮脏的目的，而国民却无力对付这两大政客集团，这些人表面上是替国民服务，实际上却是对国民进行统治和掠夺。

为了防止国家和国家机关由社会公仆变为社会主人——这种现象在至今所有的国家中都是不可避免的——公社采取了两个可靠的办法。第一，它把行政、司法和国民教育方面的一切职位交给由普选选出的人担任，而且规定选举者可以随时撤换被选举者。第二，它对所有公职人员，不论职位高低，都只付给跟其他工人同样的工资。公社所曾付过的最高薪金是 6000 法郎。这样，即使公社没有另外给代表机构的代表签发限权委托书，也能可靠地防止人们去追求升官发财了。

这种打碎旧的国家政权而以新的真正民主的国家政权来代替的情形，《内战》第三章已经作了详细的描述。但是这里再一次简单扼要地谈谈这个问题还是有必要的，因为正是在德国，来自哲学的对国家的迷信，已经进入到资产阶级甚至很多工人的一般意识之中。按照哲学概念，国家是"观念的实现"，或是译成了哲学语言的尘世的上帝王国，也就是永恒的真理和正义所借以实现或应当借以实现的场所。由此就产生了对国家以及一切同国家有关的事物的盲目崇拜。尤其是人们从小就习惯于认为，全社会的公共事务和公共利益只能像迄今为止那样，由国家和国家的地位优越的官吏来处理和维护，所以这种崇拜就更容易产生。人们以为，如果他们不再迷信世袭君主制而坚信民主共和制，那就已经是非常大胆地向前迈进了一步。实际上，国家无非是一个阶级镇压另一个阶级的机器，而且在这一点上民主共和国并不亚于君主国。国家再好也不过是在争取阶级统治的斗争中获胜的无产阶级所继承下来的一个祸害；胜利了的无产阶级也将同公社一样，不得不立即尽量除去这个祸害的最坏方面，直到在新的自由的社会条件下成长起来的一代有能力把这国家废物全部抛掉。

近来，社会民主党的庸人又是一听到无产阶级专政这个词就吓出一身冷汗。好吧，先生们，你们想知道无产阶级专政是什么样子吗？请看巴黎公社。这就是无产阶级专政。

弗·恩格斯

1891 年 3 月 18 日巴黎公社

20 周年纪念日于伦敦

弗·恩格斯写于 1891 年 3 月 18 日以前　　　原文是德文

载于 1890—1891 年《新时代》杂志　　　　中文根据《马克思恩格斯全集》
第 9 年卷第 2 册第 28 期　　　　　　　　　德文版第 22 卷翻译

国际工人协会总委员会关于普法战争的第一篇宣言

致国际工人协会欧洲和美国全体会员

在 1864 年 11 月的《国际工人协会成立宣言》中，我们曾经说过："工人阶级的解放既然要求工人们兄弟般的合作，那么在那种为追求罪恶目的而利用民族偏见并在掠夺战争中洒流人民鲜血和浪费人民财富的对外政策下，他们又怎么能完成这个伟大任务呢？"我们当时用这样的话描述了国际所主张的对外政策："……努力做到使私人关系间应该遵循的那种简单的道德和正义的准则，成为各民族之间的关系中的至高无上的准则。"①

路易·波拿巴利用法国的阶级斗争篡夺了政权，并且以不时进行的对外战争来延长其统治，无怪他一开始就把国际看做危险的敌人。在全民投票的前夕，他下令在巴黎、里昂、鲁昂、马赛、布雷斯特以及其他地方，即在法国全境搜捕国际工人协会各个领导机构的成员，借口说国际是一个秘密团体，试图密谋暗杀他；这种借口之荒唐无稽，不久就由他自己的法官们揭穿了。国际的法国各个支部的真正罪行究竟何在？就在于他们曾经公开地大声告诉法国人民：参加全民投票就等于投票赞成对内专制和对外战争。的确，正是由于他们的努力，在法国所有的大城市，所有的工业中心，工人阶级都一致起来反对全民投票。不幸，由于农村地区的极端愚昧无知，形势发生了逆转。欧洲各国的证券交易所、政府、统治阶级和报刊都欢庆全民投票的成功，认为这是法国皇帝对法国工人阶级的重大胜利。实际上这是个谋杀的信号，谋杀的对象已不是一个人，而是许多民族。

1870 年 7 月的军事阴谋不过是 1851 年 12 月的政变的修正版。初看起来，事情荒谬得很，全法国都不肯相信当真要发动战争。他们宁

---

① 见《马克思恩格斯文集》第 3 卷，北京：人民出版社 2009 年版，第 14 页。——编者注

肯相信那位把内阁的好战言论斥为不过是交易所把戏的议员①。当 7 月 15 日立法团终于被正式告知要打仗的时候，全体反对派都拒绝批准初步费用，甚至梯也尔也斥此事为"可憎"；巴黎所有独立的报纸都对此事进行了谴责，并且，说也奇怪，外省的报纸也与它们几乎采取一致行动。

与此同时，国际的巴黎会员也再次行动起来。在 7 月 12 日的《觉醒报》上，他们发表了《告全世界各民族工人书》，现摘引几段如下：

> "在保持欧洲均势和维护民族尊严的借口下，政治野心又在威胁世界和平了。法国、德国、西班牙的工人们！把我们的呼声联合成为共同反对战争的怒吼吧！……争夺霸权的战争，或维护某一王朝利益的战争，在工人看来只能是荒谬绝伦的犯罪行为。我们渴望和平、劳动和自由，我们坚持反对那些自己不付血税却利用社会灾难来进行新的投机的人的黩武叫嚣！……德国弟兄们！我们彼此分裂只会使专制制度在莱茵河两岸都获得完全胜利……全世界的工人们！不管我们的共同努力在目前会产生怎样的结果，我们这些不分国界的国际工人协会会员，代表法国工人向你们表示良好的祝愿和敬意，并保证忠于牢不可破的团结。"

在我们的巴黎支部发表这个宣言以后，接着法国各地也发出了许多同样的宣言，我们这里只能援引其中一篇。塞纳河畔讷伊支部在 7 月 22 日的《马赛曲报》上发表的宣言中说：

> "这次战争是正义的吗？不！这次战争是民族的吗？不！这只是王朝的战争。为了人道，为了民主，为了法国的真正利益，我们完全并坚决拥护国际反对战争的声明。"

这些抗议表达出了法国工人的真实情感。不久就发生一件奇事证明了这一点。原先在路易·波拿巴当总统的时候纠集起来的**十二月十日帮**换上了工人的衣服，受指使跑上了巴黎的大街去表演战争狂热，市郊的

---

① 茹·法夫尔。——编者注

真正工人们当即出来举行了拥护和平的示威，声势异常浩大，以致警察局长皮埃特里觉得还是立即禁止任何街头政治活动为妙。他提出的借口是，忠诚的巴黎人民已经充分地宣泄了他们蕴藏已久的爱国情感与高涨的战争热情。

不管路易·波拿巴同普鲁士的战争进程如何，第二帝国的丧钟已经在巴黎敲响了。它以一场模仿丑剧开始，仍将以一场模仿丑剧告终。但是不应该忘记，正是欧洲各国政府和统治阶级使路易·波拿巴能够把**复辟帝国**的残酷笑剧表演了 18 年之久。

从德国方面来说，这次战争是防御性的战争。但是，究竟是谁把德国置于必须进行自卫的地位呢？是谁使路易·波拿巴能够对德国进行战争呢？正是**普鲁士**！是俾斯麦恰恰同这个路易·波拿巴暗中勾结，目的是要镇压普鲁士本国人民的反抗，并使霍亨索伦王朝吞并全德。假定萨多瓦之役不是打胜而是打败了，法国军队就会以普鲁士盟友资格在德国到处横行。普鲁士在胜利之后，难道曾有过片刻想要以一个自由的德国去和一个被奴役的法国相对抗吗？恰恰相反。普鲁士细心保存了自己旧制度固有的一切妙处，另外又采纳了第二帝国的一切奸猾伎俩：它的真专制与假民主，它的政治面具与财政骗局，它的漂亮言辞与龌龊手腕。波拿巴体制以前只是在莱茵河的一岸称雄，如今在河的另一岸又出了个貌似一样的体制。在这种形势下，除了**战争**，还能有什么结果呢？

如果德国工人阶级听任目前这场战争失去其严格的防御性质而蜕变为反对法国人民的战争，那么无论胜利或失败，都同样要产生灾难性的后果。德国在它的所谓解放战争之后所遭到的那一切不幸，将会变本加厉地重新落到它的头上。

然而，国际的原则在德国工人阶级中间传播非常广，扎根非常深，我们不必担心会发生这种悲惨的结局。法国工人的呼声已经在德国得到了反响。7 月 16 日在不伦瑞克举行的工人群众大会宣布完全赞同巴黎宣言，唾弃对法国持民族对立态度的主张。会上通过的决议在结束语中是这样说的：

"我们反对一切战争，而首先反对的是王朝战争……我们为即将被迫参加一场无可避免的不幸的防御战争而深感悲痛；同时我们向德国全体工人阶级呼吁：一定要使这样一种巨大的社会灾难不再重演。为此，工人阶级必须争取让各国人民自己都有权决定战争与和平的问题，从而使他们成为自己命运的主人。"①

在开姆尼茨，代表 5 万萨克森工人的代表大会一致通过了如下的决议：

"我们以德国民主派的名义，特别是以参加社会民主党的工人的名义宣布，目前这场战争完全是王朝战争……我们高兴地握住法国工人们向我们伸出的兄弟之手……我们牢记国际工人协会的'**全世界无产者，联合起来！**'的口号，永远也不会忘记**世界**各国的工人都是我们的**朋友**，而**世界**各国的专制君主都是我们的敌人。"

国际的柏林支部也回答巴黎宣言说：

"我们全心全意地支持你们的抗议……我们庄严地宣誓：无论是军号的声音或大炮的轰鸣，无论是胜利或失败，都不能使我们背离我们为全世界工人联合起来而奋斗的共同事业。"

好极了！

在这场自杀性斗争的背景上，闪现着俄国的阴影。不祥的征兆是，目前的这场战争发出信号时，正赶上俄国政府刚刚建成它的具有战略意义的铁道线并且已经向普鲁特河方向集结军队。不论德国人在反对波拿巴侵略的防御战争中应该得到怎样的同情，只要他们容许普鲁士政府请求或者接受哥萨克的援助，那他们得到的同情就会立即失去。他们应该记得，德国在进行了反对拿破仑第一的解放战争以后，曾经有数十年之久匍匐跪倒在沙皇脚下。

---

① 《德国工人对国际宣言的答复》，载于 1870 年 7 月 22 日《马赛曲报》第 153 号。——编者注

英国工人阶级向法国工人和德国工人伸出了友谊的手。他们深信，不管当前这场可憎的战争进程如何，全世界工人阶级的联合终究会根绝一切战争。法国当局和德国当局把两国推入一场手足相残的争斗，而法国的工人和德国的工人却互通和平与友谊的信息。单是这一史无前例的伟大事实，就向人们展示出更加光明的未来。这个事实表明，同那个经济贫困和政治昏聩的旧社会相对立，正在诞生一个新社会，而这个新社会的国际原则将是**和平**，因为每一个民族都将有同一个统治者——**劳动！**

这个新社会的开路先锋就是国际工人协会。

总委员会：

罗伯特·阿普尔加思	乔治·米尔纳
马丁·詹·布恩	托马斯·莫特斯赫德
弗雷德里克·布拉德尼克	查理·默里
考埃尔·斯特普尼	乔治·奥哲尔
约翰·黑尔斯	詹姆斯·帕涅尔
威廉·黑尔斯	普芬德
乔治·哈里斯	吕尔
弗里德里希·列斯纳	约瑟夫·谢泼德
勒格廖利耶	斯托尔
W. 林特恩	施穆茨
捷维·莫里斯	威·唐森

通讯书记：

欧仁·杜邦 …………………………………	法国
卡尔·马克思 ………………………………	德国
奥·赛拉叶 …………………………	比利时、荷兰和西班牙
海尔曼·荣克 ………………………………	瑞士
乔万尼·波拉 ………………………………	意大利
安东尼·扎比茨基 …………………………	波兰
詹姆斯·科恩 ………………………………	丹麦

约·格·埃卡留斯 …………………………………………… 美国

　　　　　　　　执行主席　本杰明·鲁克拉夫特

　　　　　　　　财务委员　约翰·韦斯顿

　　　　　　　　总书记　约翰·格奥尔格·埃卡留斯

　　　　　　　　　　　　　1870 年 7 月 23 日于伦敦西中央区

　　　　　　　　　　　　　海–霍耳博恩街 256 号

卡·马克思写于 1870 年 7 月 19—23 　　　原文是英文

日

　　　　　　　　　　　　　中文根据《马克思恩格斯全集》

载于 1870 年 7 月 28 日《派尔-麦尔　　英文版第 22 卷并参考《马克思恩

新闻》第 1702 号　　　　　　　　　格斯全集》德文版第 17 卷翻译

　　选自《马克思恩格斯文集》第 3 卷，北京：人民出版社 2009 年版，第 99—119 页。

国际工人协会总委员会关于普法战争的第二篇宣言

致国际工人协会欧洲和美国全体会员

在我们 7 月 23 日发表的第一篇宣言中，我们说过：

> "第二帝国的丧钟已经在巴黎敲响了。它以一场模仿丑剧开始，仍将以一场模仿丑剧告终。但是不应该忘记，正是欧洲各国政府和统治阶级使路易·波拿巴能够把**复辟帝国**的残酷笑剧表演了 18 年之久。"①

这样，在军事行动实际开始以前，我们就已经把那个波拿巴泡沫当做过去的事物来对待了。

我们对第二帝国生命力的看法没有错，我们担心在德国方面"战争失去其严格的防御性质而蜕变为反对法国人民的战争"②，也没有错。从事实本身来看，防御性战争是到路易·波拿巴缴械、色当投降和巴黎宣告共和国成立时告终的。但是还在这些事件之前很久，当波拿巴军队腐朽透顶的情况刚一变得显而易见的时候，普鲁士军事上的幕后操纵者就决定要打一场征服战争了。不过在他们的面前有一个讨厌的障碍，即**国王威廉自己在战争开始时发表的声明**。威廉在北德意志联邦国会上发表的御座演说中，曾庄严地宣称，他是同法国皇帝作战，不是同法国人民作战。8 月 11 日，他曾发布告法兰西民族书，其中说道③：

> "拿破仑皇帝在陆上和海上向昨天和今天一直都愿意同法国人民和平相处的德意志民族发动了进攻；**为了打退他的进攻**，我负起了指挥德国军队的责

---

① 见《马克思恩格斯文集》第 3 卷，北京：人民出版社 2009 年版，第 115 页。——编者注

② 见《马克思恩格斯文集》第 3 卷，北京：人民出版社 2009 年版，第 116 页。——编者注

③ 在马克思翻译并于 1870 年以单行本刊印的德文本中删去了这句话和以下的引文，接下来一直到"他们立刻将此意暗示给了……市议员和新闻记者"这一段的文字也有所删节。——编者注

任，而现在**战局驱使我越过了法国的国界**。"

威廉并不满足于宣称他只是"**为了打退进攻**"才负起指挥德国军队的责任，以此来表白战争的防御性质，他又补充说，他只是在"战局驱使"下才越过了法国的国界。自然，防御战争并不排除"战局"所要求的进攻行动。

可见，这位虔诚的国王曾向法国和全世界保证他所进行的是严格意义的防御战争。怎样才能使他摆脱这一庄严保证的约束呢？导演这出戏的人们便不得不把事情弄成这样：仿佛威廉是违心地顺从了德意志民族的不可抗拒的要求。他们立刻将此意暗示给了德国自由资产阶级以及他们那帮教授、资本家、市议员和新闻记者。这个在1846—1870年争取公民自由的斗争中表现得空前犹豫、无能和怯懦的资产阶级，看到要在欧洲舞台上扮演凶猛吼叫的德国爱国之狮的角色，当然是欣喜若狂。它再次要求它的公民独立自主的权利，摆出一副逼迫普鲁士政府的样子。逼迫政府干什么呢？逼迫政府接受政府自己的秘密计划。它深切忏悔不该那样长久地、几乎像信奉宗教一样地深信路易·波拿巴永无谬误，因此它大声疾呼要求肢解法兰西共和国。让我们略微听一听这些爱国勇士们所用的独特论据吧。

他们不敢公然说阿尔萨斯和洛林的居民渴望投入德国怀抱。恰恰相反。为了惩罚这些居民对法国的爱国情感，斯特拉斯堡（一个有一座居高临下的独立要塞的城市）被"德意志的"爆炸弹野蛮地滥轰了六天之久，城市被焚毁，大批赤手空拳的居民被杀害！当然啦！这两省的领土先前有个时候曾经隶属于早已寿终正寝的德意志帝国。因此，这块领土连同它所有的居民，看来应该当做德国不可剥夺的财产加以没收。如果依照古玩鉴赏家的想法恢复昔日欧洲的地图，那就千万不要忘记，先前勃兰登堡选帝侯曾以普鲁士领主身份做过波兰共和国的藩臣。

但是，更有心计的爱国者们要求占有阿尔萨斯和洛林德语区的理由是，此乃防止法国侵略的"物质保证"。因为这种卑鄙的口实曾把许多头脑迟钝的人弄得糊里糊涂，我们认为有责任比较详细地谈谈这一点。

毫无疑义，阿尔萨斯的一般地势（和莱茵河对岸相比而言），加上约在巴塞尔和盖默斯海姆之间的半路上有斯特拉斯堡这样一个筑垒大城市，这就使法国入侵南德意志十分容易，而从南德意志入侵法国就特别困难。同样毫无疑义，阿尔萨斯和洛林德语区并入德国，会大大加强南德意志的边防，因为那时南德意志将能够控制全部孚日山脉和作为北面关隘屏障的各个要塞。如果梅斯也被并入，当然，法国两个主要的对德作战基地一时就都失掉了，但是这并不能阻止它在南锡或凡尔登建立新的基地。德国有科布伦茨、美因茨、盖默斯海姆、拉施塔特和乌尔姆等，这些基地都是用于对法国作战的，并且在这次战争中都曾被充分地加以利用。如果德国连法国在这一地带仅有的两个还算是有价值的要塞——斯特拉斯堡和梅斯——都不肯给它留下，那还有什么公平可言？况且，斯特拉斯堡只有在南德意志成为与北德意志分离的势力时，才能使南德意志受到威胁。从 1792 年到 1795 年，南德意志一次也没有从这方面受到侵犯，因为普鲁士当时参加了反对法国革命的战争；但是，当普鲁士于 1795 年缔结了单独和约而把南方置之不顾的时候，南德意志立即受到以斯特拉斯堡为基地的侵犯，并且一直继续到 1809 年。实际上，**统一的**德国任何时候都能够使斯特拉斯堡以及驻在阿尔萨斯的任何法国军队无以为害，办法是：把自己的全部军队集中在萨尔路易和兰道之间——在这次战争中就是这样做的——并沿美因茨到梅斯的交通线进攻或应战。只要德国的大部军队驻扎在那里，那么从斯特拉斯堡向南德意志进犯的任何法国军队，都有被从侧翼包围和被切断交通线的危险。如果最近这次战争证明了什么东西的话，那就是证明了从德国向法国进攻较为容易。

但是，老实说，把军事上的考虑当成决定国界的原则，岂不完全是一件蠢事和时代错乱吗？如果按照这条规则行事，那么奥地利就仍然有权要求取得威尼斯，要求取得明乔河一线；而法国就仍然有权为保护巴黎而要求取得莱茵河一线，因为巴黎从东北受到进攻的危险，无疑比柏林从西南受到进攻的危险要大。如果国界按军事利益来决定，那么这种要求就会没完没了，因为任何一条军事分界线都必然有其缺点，都可能用再兼并一些邻近地区的办法加以改善；并且这种国界永远也无法最终地和公允地划定，因为每一次总是战胜者强迫战败者接受自己的条件，从而播下新战争的种子。

全部历史的教训就是这样。就各民族来说和就个人来说都是如此。为了剥夺对方的进攻能力，就必须剥夺对方的防御手段。不但要勒住对方的喉咙，而且要杀死对方。如果说过去有哪个战胜者曾经获取"物质保证"用以摧毁一个民族的力量的话，那就是拿破仑第一，他缔结了蒂尔西特和约，并利用这个和约来宰割普鲁士以及德国其余部分。然而，几年之后，他那赫赫威势就像一根腐烂的芦苇似的被德国人民摧毁了。普鲁士现在在它最狂妄的幻想中能够或者敢于向法国索取的"物质保证"，难道能够和拿破仑第一曾从德国本身索取过的相比吗？结果也会是同样悲惨的。历史将来给予报应的时候，决不会是看你从法国割去了多少平方英里的土地，而是看你在 19 世纪下半叶重新推行**掠夺政策**的这种罪恶有多大！

条顿族的爱国喉舌们会说：但是你们不应该把德国人同法国人混为一谈呀。**我们**所要的不是荣誉，而是安全。德国人本质上是爱好和平的民族。在他们清醒的监护下，甚至掠夺行为也从未来战争的原因变成了永久和平的保证。1792 年为了用刺刀镇压 18 世纪革命这一崇高目的而侵入法国的当然不是德国人呀！由于奴役意大利、压迫匈牙利和瓜分波兰而染污了双手的也不是德国人呀！在德国现行军事制度下，所有成年男子被分成现役常备军和归休常备军两部分，这两部分都必须绝对服从自己的天赐长上。这样的军事制度当然是维护和平的"物质保证"，并且是文明的最终目的！在德国，也如在任何其他地方一样，有权势者的走卒总是用虚伪的自我吹嘘毒化社会舆论。

这帮德国爱国志士一看到法国的梅斯和斯特拉斯堡这两个要塞就装出气愤的样子，但是对于俄国在华沙、莫德林、伊万城等处修筑庞大的防御工事体系，他们却不认为有什么不好。他们在波拿巴入侵带来的恐怖景象面前周身发抖，而他们对于受俄皇监护的耻辱却若无其事。

在 1865 年，路易·波拿巴和俾斯麦曾相互作出保证，同样，在 1870 年，哥尔查科夫也和俾斯麦相互作出保证。从前，路易·波拿巴曾自鸣得意地认为 1866 年的战争将使奥地利和普鲁士都精疲力竭，因而使他成为德国的最高主宰，同样，现在亚历山大也自鸣得意地认为 1870 年的战争将使德国和法国都精疲力竭，因而使他成为西欧大陆的最高主宰。当年第二帝国认为自己不能与北德意志联邦并存，如今专制的俄国也定会认为普鲁士领导的德意志帝国对它是一个威胁。这原是旧的政治制度的规律。在这个旧制度范围内，一国之所得即是他国之所失。沙皇能对欧洲发生极大的影响，是由于他对德国有传统的控制力。当俄国内部的那些火山似的社会力量有可能动摇专制制度最深固的根基时，难道沙皇能容许丧失他的这种国外威势吗？俄国的报纸已经用波拿巴的报纸在 1866 年战争结束后所用的口气说话了。难道条顿族的爱国志士真的以为他们迫使法国投入俄国的怀抱，就可以保证德国获得自由与和平①吗？如果德国在军事上的侥幸、胜利后的骄横以及王朝的阴谋驱使下要去宰割法国，那么它就只有两条路可走。它必须不顾一切后果，**公开**充当俄国扩张政策的工具②，或者是稍经喘息之后重新开始准备进行另一次"防御"战争，但不是进行那种新发明的"局部"战争，而是进行**种族战争**，即反对联合起来的斯拉夫语种族和罗曼语种族的战争③。

德国工人阶级坚决支持了它所无力阻止的这场战争，把这看做是争取德国独立、争取法国和全欧洲从第二帝国这个可恶的梦魇的羁绊下解放出来的战争。正是德国的产业工人和农业劳动者一起，撇下了半饥半饱的家庭而组成了英勇的军队的骨干。他们在国外战场上有许多人战

---

① 在 1870 年德文版中，在"自由与和平"的前面加有"独立"。——编者注
② 在 1870 年德文版中加有"这符合霍亨索伦王朝的传统"。——编者注
③ 在 1870 年德文版中加有"这就是昏聩的资产阶级爱国者为德国'保证'的和平前景"。——编者注

死，而回国后还要有许多人穷死饿死①。所以他们现在也要求得到"保证"——保证使他们付出的无数牺牲不致白费，使他们获得自由，使他们对波拿巴军队的胜利不会像 1815 年那样变成德国人民的失败。而他们所要求的第一个这样的保证，就是**给法国以光荣的和平**并**承认法兰西共和国**。

德国社会民主工党中央委员会在 9 月 5 日发表了一个宣言，坚决要求这些保证。宣言说：

> "我们抗议兼并阿尔萨斯和洛林。我们了解我们是代表德国工人阶级说话的。为了法国和德国的共同利益，为了和平和自由的利益，为了西方文明战胜东方野蛮的利益，德国工人决不能容忍兼并阿尔萨斯和洛林……我们将忠实地同我们的全世界工人同志们站在一起，为无产阶级共同的国际事业而奋斗！"②

遗憾的是，我们不能指望他们马上获得成功。既然法国工人在和平时期尚且不能制止住侵略者，那么德国工人在军事狂热时期又怎么会有更多的希望制止住胜利者呢？德国工人的宣言要求把路易·波拿巴当做普通罪犯引渡给法兰西共和国。他们的统治者却已在竭力设法重新把他扶上土伊勒里宫的宝座，认为他是能葬送法国的最佳人选。可是无论如何，历史会证明，德国工人决不是像德国资产阶级那样由柔软的材料制成的。他们一定会尽到自己的责任。

我们像他们一样为法国建立共和国而欢呼，但是同时我们感到不安，我们唯愿这种不安是无根据的。这个共和国并没有推翻王权，而只是占据了它空出来的位子③。它不是作为社会的胜利，而是作为民族的防御措施宣告成立的。它掌握在一个临时政府手中；组成这个政府的，

---

①　在 1870 年德文版中加有："而爱国主义的空谈家会安慰他们说，资本无祖国，而工资是由**非爱国主义的国际性**的供求规律来调节的。因此，难道工人阶级现在还不应该表示自己的态度，不再让资产阶级老爷们**用工人阶级的名义**来讲话？"——编者注

②　《社会民主工党委员会宣言。致全体德国工人！》，载于 1870 年 9 月 11 日《人民国家报》第 73 号。——编者注

③　在 1870 年德文版中是"它在德国刺刀之下空出来的位子"。——编者注

一部分人是声名狼藉的奥尔良党人，一部分人是资产阶级共和党人，而后者中间某些人的身上又在 1848 年六月起义时期留下了洗不掉的污点。这个政府的成员之间的职务分配情形是不妙的。奥尔良党人夺取了军队和警察这样一些重要据点，而自称共和党的人分到的则是那些说空话的部门。这个政府采取的最初几个步骤已经很清楚地表明，这个政府不只是从帝国那里继承了一大堆残砖断瓦，而且还继承了它对工人阶级的恐惧。如果说现在他们说了许多大话，以共和国的名义要求去做终归是不可能做到的事情，那么其目的不是为了组建"可能存在的"政府而掀起一场喧嚣吗？这个共和国在它的某些资产阶级管理者的眼中，不是仅仅应当成为奥尔良王朝复辟的跳板和桥梁吗？

由此可见，法国工人阶级正处于极困难的境地。在目前的危机中，当敌人几乎已经在敲巴黎城门的时候，一切推翻新政府的企图都将是绝望的蠢举。法国工人应该履行自己的公民职责①，但同时他们不应当为民族历史上的 1792 年所迷惑，就像法国农民曾经为民族历史上的第一帝国所欺骗那样。他们不应当重复过去，而应当建设未来。唯愿他们镇静而且坚决地利用共和国的自由所提供的机会，去加强他们自己阶级的组织。这将赋予他们以海格立斯般的新力量，去为法国的复兴和我们的共同事业即劳动解放的事业而斗争。共和国的命运要靠他们的力量和智慧来决定。

英国工人已经采取了一些步骤，以求用外部的有效压力来强迫他们的政府改变不愿承认法兰西共和国的态度。英国政府现在迟迟不决，大概是想以此为反雅各宾战争，为自己过去承认政变时所表现的不体面的草率态度弥补过失吧。此外，英国工人要求他们的政府用一切力量反对肢解法国，而这种肢解是一部分英国报刊公然无耻地要求的②。正是这部分报刊曾在整整 20 年内把路易·波拿巴崇奉为欧洲的救主，并且欢欣若狂地赞扬了美国奴隶主的叛乱。现在，它们也像那时一样，为奴隶

---

① 在 1870 年德文版中，在"职责"的后面加有"他们也正是这样做的"。——编者注

② 在 1870 年德文版中此句的结尾是"而英国部分报刊要求这种肢解的叫嚷并不低于德国的爱国者"。——编者注

主的利益卖力。

每一个国家的**国际工人协会**支部都应当号召工人阶级行动起来。如果工人们忘记自己的职责，如果他们采取消极态度，那么现在这场可怕的战争就只不过是将来的更可怕的国际战争的序幕，并且会在每一国家内使刀剑、土地和资本的主人又一次获得对工人的胜利。

共和国万岁！

总　委　员　会：

罗伯特·阿普尔加思	马丁·詹·布恩
弗雷德里克·布拉德尼克	凯希尔
约翰·黑尔斯	威·黑尔斯
乔治·哈里斯	弗里德里希·列斯纳
洛帕廷	本·鲁克拉夫特
乔治·米尔纳	托马斯·莫特斯赫德
查理·默里	乔治·奥哲尔
詹姆斯·帕涅尔	普芬德
吕尔	约瑟夫·谢泼德
考埃尔·斯特普尼	斯托尔
施穆茨	

通　讯　书　记：

欧仁·杜邦 …………………………………………	法国
卡尔·马克思 ………………………………………	德国和俄国
奥·赛拉叶 …………………………………………	比利时、荷兰和西班牙
海尔曼·荣克 ………………………………………	瑞士
乔万尼·波拉 ………………………………………	意大利
捷维·莫里斯 ………………………………………	匈牙利
安东尼·扎比茨基 …………………………………	波兰
詹姆斯·科恩 ………………………………………	丹麦
约·格·埃卡留斯 …………………………………	美国

　　　　　执行主席　　威廉·唐森

　　　　　财务委员　　约翰·韦斯顿

　　　　　总书记　　　约翰·格奥尔格·埃卡留斯

　　　　　　　　　　　　　　　　　　　　1870 年 9 月 9 日于伦敦西中央区

　　　　　　　　　　　　　　　　　　　　海–霍耳博恩街 256 号

卡·马克思写于 1870 年 9 月 6—9 日　　　　　原文是英文

1870 年 9 月 11—13 日用英文以传单　　　　中文根据《马克思恩格斯全集》
形式印发　　　　　　　　　　　　　　　英文版第 22 卷并参考《马克思恩
　　　　　　　　　　　　　　　　　　　格斯全集》德文版第 17 卷翻译

　　选自《马克思恩格斯文集》第 3 卷，北京：人民出版社 2009 年版，
第 120—130 页。

国际工人协会总委员会宣言

致协会欧洲和美国全体会员

一

1870 年 9 月 4 日，当巴黎工人宣告成立共和国而几乎立刻受到法兰西举国一致欢呼的时候，有一伙钻营禄位的律师——梯也尔是他们的政治家，特罗胥是他们的将军——占据了市政厅。那时他们的头脑里充满着这样一种迷信，即巴黎在一切历史危机时期负有代表全法国的使命，所以他们以为只要出示他们业已失效的巴黎议员证书，就足以使他们僭取到的法兰西统治者头衔合法化。在这伙人上台五天以后，我们在关于最近这场战争的第二篇宣言中已经向你们说明他们究竟是些什么人了①。但是，当时巴黎处在措手不及的混乱状态下，工人阶级的真正领袖们还关在波拿巴的监狱里，而普鲁士军队又已经向巴黎开来，所以巴黎容忍了这些人掌握政权，不过附有一个明确的条件，就是他们只能为国防的目的运用这个政权。然而要保卫巴黎，就不能不武装它的工人阶级，把他们组织成为一支有战斗力的军事力量，并且就在战争中锻炼他们的队伍。可是，武装巴黎无异是武装革命。巴黎战胜普鲁士侵略者，无异是法国工人战胜法国资本家及其国家寄生虫。国防政府在民族义务和阶级利益之间的这一冲突中，没有片刻的犹豫便把自己变成了卖国政府。

他们所采取的第一个步骤，就是派梯也尔遍访欧洲各国宫廷，以把共和国换成王国为条件，乞求调解。巴黎被围四个月以后，他们就认为开始谈论投降的适当时机已经到来了，那时特罗胥在一次有茹尔·法夫尔及其他同僚在场的场合，向聚会的巴黎区长们讲了如下一席话：

---

① 见《马克思恩格斯文集》第 3 卷，北京：人民出版社 2009 年版，第 127 页。——编者注

"我的同僚们在 9 月 4 日当晚向我提出的第一个问题就是：巴黎究竟有没有可能经受住普鲁士军队的围困？我当时毫不迟疑地作了否定的答复。现在在座的同僚中，有几位会证明我说的是实话，并且会同意我坚持这个看法。我那时对他们就是这样说的：在目前的情况下，巴黎想要经受住普鲁士军队的围困，那将是一件蠢举。当然，我当时加了一句：这可能是一件英勇的蠢举，但终究不过是蠢举而已……事变的发展〈由他自己策划的〉并没有推翻我的预见。"①

特罗胥的这篇美妙而简短的演讲词，后来由当时在场的一位区长科尔邦先生公布了。

可见，还在共和国宣告成立的当天晚上，特罗胥的同僚已经知道他的"计划"就是使巴黎投降。如果国防真的不仅仅是梯也尔和法夫尔之流图谋私人统治地位的幌子，那么 9 月 4 日一步登天的那些人在 9 月 5 日就应该引退，把特罗胥的"计划"告诉巴黎人民，让他们要么立即投降，要么自己掌握自己的命运。那些无耻的骗子并没有这样做，而是决定要让巴黎饱尝饥饿和残杀的痛苦，借以治好巴黎爱干英勇蠢举的毛病，同时用一些冠冕堂皇的宣言来欺蒙它，说特罗胥这个"巴黎总督是永远不会投降的"②，外交部长茹尔·法夫尔"决不会让出我们的一寸领土，决不会让出我们碉堡上的一块石头"。而这同一个茹尔·法夫尔在给甘必大的一封信中却承认说，他们"防御"的不是普鲁士的士兵，而是巴黎的工人。被特罗胥十分高明地委以巴黎军权的那些波拿巴匪徒们，在整个巴黎被围期间，在他们自己人相互的通信里，用粗鄙的语言对他们深知内幕的这种滑稽防御大加嘲笑（见公社《公报》上公布的巴黎卫戍军炮兵司令、荣誉军团大十字勋章获得者阿尔丰斯·西蒙·吉奥写给炮兵师将军苏桑的信）。到 1871 年 1 月 28 日，骗子们终于丢开了假面具。国防政府投降了，它视极度的自甘屈辱为真正的英雄行为，变成了由俾斯麦的俘虏组成的法国政府——这样一个屈辱的角色，甚至

---

① 引自《巴黎每日要闻》，载于 1871 年 3 月 19 日《费加罗报》第 74 号。——编者注
② 路·茹·特罗胥《告巴黎市民书。1871 年 1 月 6 日于巴黎》，载于 1871 年 1 月 7 日《法兰西共和国公报》第 7 号。——编者注

连路易·波拿巴在色当时都未敢承当。这批投降派在三月十八日事变以后仓皇逃往凡尔赛，把足以证明他们的卖国勾当的一些文件遗落在巴黎手中。正如公社在致外省的宣言中所指出的那样，为了销毁这些文件，

　　　　"这些人不惜把巴黎变为淹没在血海中的一堆瓦砾"①。

　　国防政府的一些主要成员之所以一心要造成这样的结局，还有一些极特殊的个人原因。

　　在停战协定签订以后不久，国民议会的一位巴黎议员米里哀尔先生（现在已经被茹尔·法夫尔专门下令枪毙了）公布过许多确凿的法律文件，证明茹尔·法夫尔在与一个逗留在阿尔及尔的酒徒的妻子姘居时，前后若干年间大胆地拼凑伪造了一套文据，以他的私生子女的名义谋得了一大笔遗产，因而变成了一个财主；后来在合法继承人提出诉讼时，只是由于波拿巴的法庭偏袒他，他才没有被揭穿。既然无论花多大力气进行诡辩也抹杀不了这些无可辩驳的法律文件，于是茹尔·法夫尔就生平第一次不开口，静待国内战争爆发，准备到那时候大骂巴黎人民是一帮擅敢反叛家庭、宗教、秩序和财产的逃犯。正是这个伪造文据犯在 9 月 4 日后刚一掌权，就出于同情而立即释放了皮克和塔伊费，这两个人是在帝国时代就在《旗帜报》丑闻中因伪造文件而被判了罪的。这两位先生中的一位，即塔伊费，竟敢在公社时期回到巴黎，公社立即又把他送回了监狱。而这个时候，茹尔·法夫尔却在国民议会讲坛上大声喊叫：巴黎正在释放一切囚犯！

　　厄内斯特·皮卡尔，国防政府中的这位约·密勒②，在帝国时代曾钻营内务大臣职位而没有成功，现在自封为共和国的财政部长。他是一个叫做阿尔图尔·皮卡尔的人的哥哥。那个阿尔图尔·皮卡尔曾因诈骗而被逐出巴黎交易所（见 1867 年 7 月 31 日巴黎警察局的报告），并且因在任动产信用公司的一个分公司（帕勒斯特罗街 5 号）经理时盗用

----

　　①　《宣言》，载于 1871 年 4 月 28 日《复仇者报》第 30 号。——编者注
　　②　在 1871 年和 1891 年的德文版中不是"约·密勒"，而是"卡尔·福格特"，在 1871 年法文版中是"福斯泰夫"。——编者注

30 万法郎被判有罪，犯罪事实是他自己供认的（见 1868 年 12 月 11 日警察局的报告）。厄内斯特·皮卡尔正是指派这个阿尔图尔·皮卡尔担任他主办的《自由选民》的主笔。财政部的这份报纸用官方谎言来误导一般的证券投机商，而阿尔图尔·皮卡尔则在财政部和交易所之间不断来来往往，利用法国军队的惨败发财。这一对宝贝兄弟的全部财务信件都落到公社手里了。

茹尔·费里在 9 月 4 日以前是个一文不名的律师，在围城期间以巴黎市长身份千方百计地利用饥馑搜刮了大笔钱财。他将来不得不交代他乱政失职之日，就是他受制裁之时。

这些人只能够在巴黎变成废墟时得到假释证①；他们正好是俾斯麦所需要的人。经过一番重新摆布，一向躲在幕后操纵政府的梯也尔现在成了政府的首脑，而假释犯们则成了部长。

梯也尔这个侏儒怪物，将近半个世纪以来一直受法国资产阶级的倾心崇拜，因为他是这个资产阶级的阶级腐败的最完备的思想代表。还在他成为国家要人以前，他作为一个历史学家就已经显露出说谎才能了。他的政治生涯的记录就是一部法国灾难史。1830 年以前，他和共和党人混在一起，在路易-菲力浦统治时代，他背弃了他的恩人拉菲特而谋得了首相的位置。为了献媚于国王，他煽起了平民暴动来反对僧侣，因而使圣日耳曼奥塞鲁瓦教堂和大主教的宅邸遭受了抢劫；并且在对付贝里公爵夫人这件事情上充当了密探大臣和监狱产婆的角色。特朗斯诺南街上屠杀共和党人的事件以及接着颁布的针对新闻出版和结社权利的可憎的九月法令，都是他的杰作。1840 年 3 月，他再度出任首相，以他的修建巴黎防御设施的计划 77 震惊了全法国。在共和党人指责这个计划是一个危害巴黎自由的恶毒阴谋时，他在众议院中答复道：

"什么话？你们竟以为一修建城防设施就会危害自由！首先，对任何一个

---

① 恩格斯在 1871 年德文版上加了一个注："在英国，普通刑事犯服过大部分刑期以后，常常发给假释证，犯人持着这种证件出狱居住，但应受警察监视。这种证件称为 tickets-of-leave [假释证]，持有假释证的人称为 ticket-of-leave men [假释犯]。"——编者注

可能存在的政府来说，你们如果假定它有朝一日会企图用炮轰首都的办法来保全自己，那你们就是在诽谤它……殊不知这样一个政府在胜利后将会比在胜利前更加百倍地不可能存在。"

是的，除了预先已将炮台交给普鲁士人的政府，再没有哪一个政府敢于从这些炮台轰击巴黎。1848 年 1 月，当炮弹国王在巴勒莫城动手的时候，早已没有官位的梯也尔又在众议院中发表了演说：

"诸位先生！你们都知道在巴勒莫发生的事情。一听说有一个大城市竟被连续轰击了 48 小时之久，你们大家都感到震惊〈纯系议会语言〉。是被谁轰击的呢？是被行使战争权利的外敌轰击的吗？不是的，诸位先生，是被它自己的政府轰击的。为什么？就是因为这个不幸的城市要求享有自己的权利。好啊，就是为了要求享有自己的权利，就遭受了 48 小时的轰击……请允许我向欧洲的舆论呼吁。挺身而出，从也许是欧洲最伟大的讲坛上，用愤怒的言辞〈不错，是用言辞〉来斥责这种行动，这就是对人类的一个贡献……当为自己的祖国效过劳〈这是梯也尔先生从来没有做过的〉的埃斯帕特罗摄政，想以炮轰巴塞罗那城来镇压那里的起义时，全世界各地都发出了共同的愤怒的呼声。"

过了一年半，梯也尔先生已经是法军炮击罗马的最狂热的辩护者之一了。其实，炮弹国王的过错看来只是在于他的轰击仅限于 48 小时而已。

二月革命前几天，因被基佐弄得长期没官做没财发而满腹忿懑的梯也尔，一嗅到人民风暴将临的气息，就用那曾使他获得"蝇子米拉波"绰号的假英雄腔调在众议院中声称：

"我属于革命党，不但属于法国的革命党，而且也属于全欧洲的革命党。我希望革命政府留在温和派的手中……但是，即令这个政府落到了激烈人物以至激进派的手中，我也决不因此放弃我的事业，我将永远属于革命党。"

二月革命爆发了。革命没有像这个小矮子所梦想的那样，把基佐内阁换成梯也尔内阁，而是以共和国代替了路易-菲力浦。在人民胜利的第一天，他小心翼翼地躲藏了起来，岂知工人们对他的鄙视已使他不会成为他们泄愤的对象了。虽然如此，尽管他有神奇的勇气，他还是继续避免在公共场所抛头露面，直到六月屠杀为他这种人的活动扫清道路的时候为止。那时，他就成了秩序党及其议会制共和国的首脑。这个议会制共和国是一种隐名的空位王朝，在这个空位王朝时期，统治阶级的所有争权夺利的派系暗中互相勾结起来压制人民，同时它们又因各自企图恢复自己的王朝而互相倾轧。梯也尔那时也如现在一样责备共和党人，说他们是巩固共和国的唯一障碍；他那时也如现在一样，对共和国说过刽子手对唐·卡洛斯说过的话："我要杀你，是为了你好。"现在也和那时一样，他在取得胜利以后的第二天就禁不住高呼：帝国大业已成。尽管梯也尔满口都是关于必不可少的自由的虚伪说教，而且他还对路易·波拿巴怀有私怨，因为路易·波拿巴愚弄过他并一脚踢开了议会制度——而这个小矮子心中明白，离开了议会那种人为的气氛他就变得一钱不值——尽管如此，第二帝国所干的一切可耻勾当都有他的参与：从法国军队占领罗马直到对普鲁士作战。他为对普战争煽风点火时拼命咒骂德国的统一——并不是把德国的统一看做掩盖普鲁士专制制度的假面具，而是看做对法国固有的保持德国分裂状态的权利的侵犯。他喜欢用他那侏儒之臂在欧洲面前挥舞拿破仑第一的宝剑——他在自己的历史著作中就一味替拿破仑第一擦皮靴——可是他的对外政策始终是把法国引到极端屈辱的地步，从 1840 年的伦敦公约到 1871 年的巴黎投降和目前这场内战都是如此。在这场内战中，他得到俾斯麦的特许，驱赶色当和梅斯的俘虏去攻打巴黎。[83] 虽然他有随机应变的本事，虽然他的主张反复无常，但是此人一生都极端墨守成规。不言而喻，现代社会深层次的暗潮流他永远闭眼不看，而表面上明摆着的最清楚不过的变化，也是这样一个把头脑的全部活力都用来耍嘴皮的人所深恶痛绝的。例如，他不倦地把一切偏离法国陈旧的保护关税制度的东西都指斥为渎犯神明。他在当路易-菲力浦的大臣时，曾经嘲骂铁路是荒诞的怪物；当他在路易·波拿巴时代处于反对派的地位时，他把任何改革法国陈腐的军事制度的尝试都斥为大逆不道。他在多年的政治生涯中，从来没有办过一件哪怕是极微小的稍有实际好处的事情。梯也尔始终不忘的，只是对财富的贪得无厌和对财富生产者的憎恨。他第一次当路易-菲力浦的内阁首相时，穷得和约伯一样，而到离职时已经成了百万富翁。在这同一个国王手下最后一次当首相时（自 1840 年 3 月 1 日），他曾在众议院中被人公开指责侵吞公款。对于这个指责，他就报以眼泪了事。眼泪这种东西，他也像茹尔·法夫尔和任何别的鳄鱼一样，随时都能拿得出来。在波尔多的时候①，他为了使法国避免即将来临的财政崩溃而采取的第一个措施，就是给自己规定了 300 万法郎的年俸；这就是他 1869 年在他的巴黎选民面前当做前景描绘出的那个"节俭共和国"的全部内容。他昔日在 1830 年的众议院中的同僚贝累先生（本人是一个资本家，然而也是巴黎公社的一个忠诚的委员），最近在一篇公开声明中对梯也尔说了如下一番话：

> "使劳动受资本的奴役，一向是你的政策的基础。从你看到劳动共和国在巴黎市政厅内宣告成立的那一天起，你就没有停止过向法国叫喊：这些人都是罪犯！"②

梯也尔是一个谋划政治小骗局的专家，一个背信弃义和卖身变节的老手，一个在议会党派斗争中施展细小权术、阴谋诡计和卑鄙伎俩的巨匠；在野时毫不迟疑地鼓吹革命，掌权时毫不迟疑地把革命投入血泊；他只有阶级偏见而没有思想，只有虚荣心而没有良心；他的政治生涯劣迹昭彰，他的私生活同样为人所不齿——甚至在现在，他处在法兰西之苏拉的位置上，仍难免要以其自吹自擂之可笑衬托出其所作所为之可恨。

不仅把巴黎而且把全法国都拱手交给普鲁士的巴黎投降一举，是历时很久的一连串通敌卖国阴谋勾当的总收场，这些阴谋勾当，正如特罗胥自己所说，是 9 月 4 日的窃国大盗们在窃得政权的当天就开始推行

---

① 在 1891 年德文版中是"1871 年在波尔多的时候"。——编者注

② 沙·贝累《致法兰西共和国政府首脑、公民梯也尔。1871 年 4 月 24 日》，载于 1871 年 4 月 28 日《口令报》第 64 号。——编者注

的。另一方面，这次投降又是他们在普鲁士支持下对共和国和巴黎发动内战的开端。陷阱在投降条件中就已经布设好了。那时候，三分之一以上的国土陷于敌人手中，首都和外省的联系已被切断，一切交通联络处于混乱状态。在这种情况下，要选出法国的真正代表是不可能的，除非有充分的时间进行准备。正因为这样，所以在投降书中就规定国民议会必须在一周之内选出；结果法国许多地区只是在选举前夕才得到要进行选举的消息。并且，投降书中的一项条款明确规定，选举这个国民议会唯一的目的就是为了决定和与战的问题，最后可能还要由它来签订和约。人民不能不感觉到：停战条款已经使战争根本不可能继续下去，而为了批准俾斯麦强加给法国的和约，法国最坏的人便是最佳人选。但这些预先采取的办法还不能使梯也尔放心，于是他在停战的秘密尚未晓示巴黎以前，就动身到各省去作竞选旅行，以便在那些地方把正统派复活起来。必须让这一派和奥尔良派一起替换当时已无法立足的波拿巴派。梯也尔对他们并不害怕。这个正统派在现代法兰西组阁是不可能的事，所以作为敌手也就微不足道；而它在行动时，用梯也尔自己的话（1833 年 1 月 5 日在众议院的演说）来说，

"一向只依靠三种资源：外敌入侵、内战和无政府状态"。

可见，充当反革命工具，还有哪个党派比这个党派更合适呢？正统派当真相信，他们期望已久的昔日的千年王国就要重现。真的，法国已沦于外敌的铁蹄之下，帝国被推翻了，波拿巴被俘虏了，而正统派则重新站起来了。显然，历史的车轮已经向后倒转，回到了 1816 年的"无双议院"①。在 1848—1851 年的共和国时期的国民议会中，代表正统派的是他们中一些颇有素养和富有议会斗争经验的人物；现在挤进来的都是这个党派的寻常庸碌之辈，即法国的所有布索那克。

当这个"乡绅议会"在波尔多刚刚开会的时候，梯也尔甚至没有让他们进行议会辩论就干脆告诉他们，必须立刻接受初步和约的条款，

---

① 在 1871 年和 1891 年的德文版中加有"（地方官和地主的议院）"。——编者注

因为只有这样，普鲁士才会准许他们发动反对共和国及其堡垒巴黎的战争。反革命势力实在不能再耽搁时间了。第二帝国已使国债增加了一倍多，使所有的大城市都背上了沉重的地方债务。战争极度地加重了债负，无情地耗尽了全国的财源。造成彻底崩溃的是，普鲁士的夏洛克手持票据勒索供养他在法国土地上的 50 万军队的粮饷，要求支付他的 50亿赔款，对其中留待以后分期交付的款额加收 5% 的利息。由谁来支付呢？只有用暴力推翻共和国，财富占有者才有希望把他们自己所发动的战争的费用转嫁到财富生产者的肩上。所以，法国的大破产就促使地产和资本的这班爱国的代理人，在外国侵略者的监视和卵翼下把对外战争变成一场国内战争———一场奴隶主叛乱。

有一个巨大的障碍阻挠这个阴谋的实现，这就是巴黎。解除巴黎的武装，是保证成功的首要条件。因此，梯也尔要求巴黎放下武器。接着就发生了一系列令巴黎人愤慨的事情："乡绅议会"进行疯狂的反共和国示威活动，而梯也尔本人对共和国的合法地位含糊其词；巴黎面临砍去头颅取消首都地位的威胁，奥尔良分子被任命为驻外使节；杜弗尔就商业票据超期和房租拖欠问题提出的法令给巴黎工商业带来破产；普耶—凯尔蒂埃要求不论任何出版物一律每本征税两生丁；布朗基和弗路朗斯被判死刑；共和派报纸被查禁；国民议会迁到凡尔赛；当初由八里桥伯爵宣布而在 9 月 4 日取消了的戒严又重新恢复；十二月分子维努瓦被任命为巴黎总督，帝国时期的宪兵瓦朗坦被任命为警察局长，耶稣会会士奥雷尔·德·帕拉丹将军被任命为巴黎国民自卫军总司令。

现在我们要向梯也尔先生和他手下的国防人士们提出一个问题。大家知道，梯也尔通过他的财政部长普耶凯尔蒂埃先生谈妥了一笔为数20 亿的借款。我们要问：

（1）据说在这笔生意中，安排了几亿佣金以饱梯也尔、茹尔·法夫尔、厄内斯特·皮卡尔、普耶凯尔蒂埃和茹尔·西蒙的私囊，此事是真是假？

（2）据说只有在"平定"巴黎以后才支付这笔借款，此话是虚是实？

无论如何，此事必为某种原因所迫，因为梯也尔和茹尔·法夫尔已用波尔多议会大多数的名义毫不羞愧地乞求普鲁士军队立即占领巴黎。但是，俾斯麦的算盘不是这样打的，他回到德国以后对法兰克福那些衷心叹服的庸人们公开发表的那一番嘲讽性的言论就表明了这一点。

二

武装的巴黎是实现反革命阴谋的唯一严重障碍。因此必须解除巴黎的武装。在这一点上，波尔多议会是很坦率的。如果乡绅议员们的狂暴鼓噪还令人听不出所以然，那么梯也尔把巴黎交给十二月分子维努瓦、波拿巴宪兵瓦朗坦和耶稣会会士奥雷尔·德·帕拉丹将军三人摆布，则已令人不能再有丝毫怀疑了。但是，阴谋分子们在狂傲地亮出解除巴黎武装这一真正目的的同时，却以一种极端露骨、极端卑劣的谎言作为要求巴黎放下武器的借口。梯也尔说，巴黎国民自卫军的大炮是属于国家的，必须交还给国家。事实是这样的：从投降的那一天起，巴黎就已严加戒备，因为在投降的时候，俾斯麦的俘虏们一方面签字画押把法国拱手交出，一方面却为自己保留了一支人数众多的警卫部队，目的毫不含糊，就是为了威胁巴黎。国民自卫军进行了改组，把最高指挥权交给了由国民自卫军全体官兵（某些旧波拿巴军队残部除外）共同选出的中央委员会。在普军开进巴黎的前夕，中央委员会设法把投降派故意遗弃在普军即将进驻的那些街区及其附近的大炮和机关枪运到了蒙马特尔、贝尔维尔和拉维莱特。这些武器是由国民自卫军筹款置备的。在1月28日的投降书中，正式承认这些武器是国民自卫军自有的财产，因而没有列入应该缴给胜利者的属于政府的武器总数之内。梯也尔实在找不出什么借口，哪怕是最蹩脚的借口来对巴黎开战，因此他只好采用明目张胆地撒谎的手段，说什么国民自卫军的大炮是国家的财产！

夺取大炮显然正是全面解除巴黎武装，因而也就是解除9月4日革命武装的开端。可是，这次革命已经成为法国的合法局面。这次革命所产生的共和国，已在投降书上由胜利者予以承认。在投降以后，它又取得了外国列强的承认；还以它的名义召集了国民议会。9月4日的巴黎工人革命，是波尔多国民议会及其行政当局的唯一合法根据。如果没有9月4日的革命，这个国民议会就得立即让位给1869年在法国人统治下而不是在普鲁士人统治下由普选产生的、后来被革命强迫解散的立法团。梯也尔和他的那帮假释犯们就不得不认降，以便求得一张由路易·波拿巴签发的护身证件，以免长途跋涉前往卡宴。握有全权可以同普鲁士媾和的国民议会，不过是这次革命中的一个插曲，而革命的真正体现者仍然是武装的巴黎。正是巴黎发动了这次革命，为这次革命忍受了五个月的围困和饥饿的灾难，并且不顾特罗胥的计划而以自己的持久抵抗使外省有可能进行顽强的自卫战争。而现在，这个巴黎或者是按照波尔多那帮叛逆奴隶主的羞辱性命令放下武器，承认9月4日的革命只不过意味着使政权从路易·波拿巴手里转到那些同他竞争的保皇党人手里；或者是必须挺身而出，以自我牺牲的精神来保卫法国。但是，如果不用革命手段消除那些产生了第二帝国并在帝国庇护下达到彻底腐朽地步的政治条件和社会条件，要拯救法国于危亡并使之获得新生是不可能的。受过五个月饥饿煎熬的巴黎，片刻都没有犹豫。它英勇无畏地决心冒一切风险抗击法国阴谋分子，尽管当时有普鲁士的大炮从它自己的炮台上威胁着它，也在所不辞。但是，中央委员会极不愿巴黎被推入一场内战，因此，不管国民议会如何挑衅，不管行政当局如何僭越权限，也不管军队在巴黎城内和巴黎周围的集结造成多大威胁，它仍然坚持采取纯粹防御的立场。

是梯也尔发动了内战：他派维努瓦率领一大群警察和几个战斗团去夜袭蒙马特尔，企图出其不意地夺走国民自卫军的大炮。大家知道，由于国民自卫军的抵抗和战斗团士兵对人民的同情，这个企图没有得逞。奥雷尔·德·帕拉丹事先已经印好了胜利公报，梯也尔也已经预备好了宣布他的政变措施的告示。现在这些只好都换成梯也尔的一项声明。声明说，他作出了宽容的决定：让国民自卫军保留他们的武器。他还说，相信国民自卫军会拿着这些武器团结在政府周围来反对叛乱分子。在30万国民自卫军中，只有300人响应了这个号召，团结在小矮子梯也尔的周围来反对他们自己。光荣的三月十八日工人革命完全掌握了巴黎。中央委员会就是革命的临时政府。欧洲一时似乎怀疑它新近在政治上和军事上经历的惊人巨变到底是真的，还是早已消逝的往事的梦幻。

从 3 月 18 日到凡尔赛军队进入巴黎，无产阶级的革命完全没有出现像"上等阶级"的革命，特别是反革命中极为常见的那种暴行，因而它的敌人除了抓住勒孔特和克莱芒·托马两将军的被杀和旺多姆广场事件，是找不到任何借口来表示愤慨的。

勒孔特将军是参加夜袭蒙马特尔的波拿巴军官之一，他曾四次命令第 81 战斗团开枪射击聚集在皮加尔广场上的手无寸铁的群众，而当士兵们拒绝执行他的命令时，他就百般辱骂他们。是他自己的士兵没有射击妇孺而把他枪毙了。士兵们在工人阶级的敌人的训练下所养成的根深蒂固的习性，自然不可能在他们转到工人方面来的一刹那间就改变。克莱芒·托马也是被这些士兵处死的。

克莱芒·托马"将军"过去是一个不得志的军需中士，在路易-菲力浦统治的后期进入共和派的《国民报》报馆，为这家非常好斗的报纸充当责任代理人（gérant responsable①）和决斗打手的双重角色。二月革命以后，《国民报》这派人掌握了政权，他们便让这位先前的军需中士摇身一变而成为将军。这是六月屠杀前夕的事情。他和茹尔·法夫尔一样，是这次事件的阴狠毒辣的策划人之一，也是这次屠杀的最卑鄙的刽子手之一。在此以后，他带着他的将军头衔隐没了很久，直到 1870 年 11 月 1 日才又出头露面。在这前一天，被执于市政厅中的国防政府曾向布朗基、弗路朗斯和其他工人代表庄严地允诺，把他们篡夺的政权转交给将由巴黎自由选出的公社。但是，国防政府并没有履行自己的诺言，却驱使特罗胥的布列塔尼兵——他们现在代替了波拿巴的科西嘉兵——去蹂躏巴黎。只有塔米西埃将军一人不愿以这种背信弃义的勾当来玷污自己的名誉，辞去了国民自卫军总司令的职务。代替他担任这个职务的克莱芒·托马便又当上了将军。他在任总司令的整个期间，不向普军作战，而向巴黎国民自卫军作战。他阻挠巴黎国民

---

① 在 1871 年和 1891 年的德文版中加有"其职务是代表报馆坐牢服刑"。——编者注

自卫军全面武装，挑动国民自卫军中的资产阶级营和工人营互相争斗，他清洗反对特罗胥"计划"的军官，而且偏偏把那些英勇善战、现在连最凶顽的敌人也为之震惊的无产阶级营诬蔑为怯阵而加以解散。克莱芒·托马感到十分得意的是，他又重新赢得了他在六月屠杀事件中享有的巴黎工人阶级大仇人的殊荣。就在 3 月 18 日的前几天，他向陆军部长勒夫洛呈递了他一手炮制的"彻底消灭巴黎暴民之 la fine fleur（精粹）"的计划①。在维努瓦吃了败仗以后，他却偏偏要到场充当业余密探。中央委员会和巴黎工人对克莱芒·托马和勒孔特两人被杀应负的责任，就像威尔士亲王夫人驾临伦敦时对被挤死者的命运应负的责任一样。

所谓在旺多姆广场上屠杀赤手空拳的公民，那是个神话。梯也尔先生和乡绅议员们在议会中决不提及此事，只让那些欧洲报界的走卒去传播。"秩序人物"，听到 3 月 18 日胜利的即巴黎的反动分子，消息时吓得全身发抖。在他们看来，这是人民报复的时刻终于到来的信号。从 1848 年六月事件到 1871 年 1 月 22 日惨遭他们杀害的那些死者的冤魂，都浮现在他们眼前。但他们受到的惩罚仅仅是这场惊吓。甚至警察也没有受到应有的处置——解除武装关起来，反而是巴黎为他们敞开城门，让他们安然撤往凡尔赛。不仅没有触动"秩序人物"一根毫毛，反而容忍他们集结起来并在巴黎的正中心悄悄地占据不止一个据点。中央委员会的这种宽容态度，武装工人的这种宽宏大量，与"秩序党"的作风差异太大了，以致"秩序党"竟误认为这只是工人自感软弱的表现。于是他们就产生了一个愚蠢的计划——试图在举行徒手的游行示威的幌子下做到维努瓦用大炮和机关枪所没有做到的事情。3 月 22 日，从富人区里吵吵闹闹地走出了一群派头十足的人物，队伍里全都是纨绔少，领头的是埃克朗、科特洛贡、昂利·德·佩恩之流这样一些著名的帝国猪仔。这一帮流氓胆怯地以和平示威游行做幌子，暗中携带杀人凶器，

---

① 克莱尔蒙-托内尔《1871 年 3 月 5 日的信》，载于 1871 年 4 月 19 日《复仇者报》第 21 号。——编者注

在街上列队行进，遇到单独值勤的国民自卫军巡逻兵和哨兵，就加以凌辱并缴械。他们走出和平街时高喊着"打倒中央委员会！打倒杀人犯！国民议会万岁！"企图冲过岗哨的警戒线，出其不意地占领设在旺多姆广场上的国民自卫军总部。国民自卫军在受到手枪射击后，按常规发出sommations（在法国相当于英国的骚扰取缔令），此措施无效，国民自卫军的将领①才下令开枪。一排枪就打得这群愚蠢的花花公子抱头鼠窜，而这些家伙本来以为只要一摆出他们的"派头"来，就会对巴黎革命产生出像约书亚的羊角声对耶利哥城墙所产生的那种影响。国民自卫军方面有两人被这些窜逃分子打死，有九人受重伤（其中一人是中央委员会委员②）。在这帮家伙这次建功立业的现场，到处都抛弃有手枪、匕首和手杖刀这类证明他们"徒手"举行"和平"示威游行的证物。当1849年6月13日国民自卫军为抗议法军穷凶极恶地袭击罗马而举行真正的和平示威游行时，当时的秩序党的将军尚加尔涅曾被国民议会特别是被梯也尔先生推崇为社会救主，因为他让自己的军队从四面八方冲击赤手空拳的群众，用枪击、刀斩和马踏来对付他们。巴黎当时宣布了戒严。杜弗尔急忙在国民议会通过了许多新的镇压法令。新的逮捕，新的流放，新的恐怖统治开始了。但是现在"下层等级"处理这样的事情却迥然不同。1871年的中央委员会干脆就没有去理会那些"和平示威"的英雄们，结果仅仅过了两天他们就又能够纠合在一起，在海军上将赛塞率领下来了一次**武装**示威。人所共知，那次示威以窜逃凡尔赛收场。当梯也尔通过偷袭蒙马特尔已经发动了内战的时候，中央委员会却不肯把这场内战打下去，因而犯了一个致命的错误，即没有立刻向当时毫无防御能力的凡尔赛进军，一举粉碎梯也尔和他的那帮乡绅议员们的阴谋。中央委员会没有这样做，反而容许秩序党在3月26日的公社选举中再次进行较量。这一天，"秩序人物"在巴黎各区政府同他们的过分宽宏的战胜者互道温和的和解之词，可他们内心里却咬牙切齿地发

---

① 茹·贝热瑞。——编者注
② 路·马尔儒纳尔。——编者注

誓，时机一到定要将对方消灭干净。

现在来看看这幅图画的背面吧。梯也尔在 4 月初第二次对巴黎开战。被送到凡尔赛去的第一批巴黎俘虏，受到了令人发指的残酷虐待，而厄内斯特·皮卡尔则两手插在裤袋里，在他们面前踱来踱去，恣意耍笑他们，梯也尔夫人和法夫尔夫人由她们的贞（？）女①们簇拥着，站在阳台上拍手喝采，欣赏凡尔赛匪徒的暴行。被俘的战斗团士兵都被冷酷地屠杀。我们英勇的朋友、铸工杜瓦尔将军没有经过任何审讯就被枪决了。加利费——这是个靠自己那位因在第二帝国闹宴上无耻卖弄色相而出名的妻子吃饭的人——在一篇公告中夸耀，他曾下令把被他的士兵突袭缴械的一小队国民自卫军连同队长和副队长一并杀害。维努瓦这个逃跑者，因发布把在公社战士当中抓到的战斗团士兵一律枪毙的通令，被梯也尔授予荣誉军团大十字勋章。宪兵德马雷也被授勋，因为他忘恩负义，像屠夫一样把高尚而豪爽的弗路朗斯，即在 1870 年 10 月 31 日救了国防政府头目们的命的那个弗路朗斯，剁成了碎块。梯也尔在国民议会扬扬自得地大谈这次屠杀事件的"令人兴奋的细节"。议会里的一个小矮子居然得以扮演跛帖木儿的角色，他因此而忘乎所以，对敢于向他这个卑劣渺小的人物造反的人，竟剥夺他们依文明战争原则所应享有的一切权利，救护站中立权也包括在内。再没有比伏尔泰所预见的这种得以暂时恣意发挥其老虎本能的猴子更加可恶的了②（见附录第 35 页③）。

4 月 7 日的公社法令宣布采取报复措施，声明公社有责任"保护巴黎不受凡尔赛匪帮的野蛮虐杀，要以眼还眼，以牙还牙"。在公社颁布了这个法令以后，梯也尔并未停止对被俘者的野蛮虐待，甚至在他的公报上这样侮辱他们说："正直人士还从未这样痛心地目睹过代表一种堕

---

① 在英语里，侍候女王、王后、"公主等尊贵妇女的女侍称做贞女"（maid of honour 或 lady of honour）。这里显然指的是梯也尔夫人和法夫尔夫人身边的女侍。——编者注

② 参看伏尔泰《老实人》第 22 章。——编者注

③ 见《马克思恩格斯文集》第 3 卷，北京：人民出版社 2009 年版，第 183—184 页。——编者注

落的民主制的如此堕落的面孔"——所谓正直人士就是像梯也尔和他的内阁里的假释犯那样的人。不过，枪杀俘虏还是暂时停止了一下。但是，当梯也尔和他的那些十二月将军们①发现公社的报复法令只不过是空洞的威胁，连在巴黎抓到的假扮国民自卫军的宪兵密探和身上搜出燃烧弹的警察都得到了饶恕，他们立刻就又开始大批枪杀俘虏，直到杀完为止。躲藏有国民自卫军的房屋，被宪兵团团围住，浇上煤油（此种办法在这场战争中首次使用），纵火焚烧；烧焦的尸体后来被特尔纳街区的印刷厂救护队运走了。4月25日，有四名国民自卫军在贝尔-埃皮纳向一队骑兵投降，后来被这队骑兵的队长（加利费的好部下）开枪一个个打倒在地。这四个受害者中有一个被认为已打死了的名叫舍弗尔的人，爬回到巴黎的前哨地点，向公社的一个委员会证实了此事。当托伦就这个委员会的报告向陆军部长勒夫洛提出质问时，乡绅议员们用叫喊声盖住他的发言，并且不让勒夫洛回答。对于他们"光荣的"军队说来，谈论它的行为就是对它的侮辱。梯也尔的公报宣布在穆兰-萨凯用刺刀杀死睡梦中的公社战士和在克拉马进行集体枪杀这种事件时所用的轻率口气，甚至使不那么容易激动的伦敦《泰晤士报》也为之震惊。但是今天要试图一一列举出那些在外国侵略者卵翼下轰击巴黎、发起奴隶主叛乱的人们刚刚才开始的暴行，那是可笑的。面对这一切惨象，梯也尔竟忘记了他曾用议会辞令表白他对自己侏儒之肩所负的重任感到诚惶诚恐，居然在自己的公报上扬扬得意地说 l'Assemblée siège paisiblement（议会一片和平气氛），他还不断地大摆筵席，时而同他的十二月将军们狂饮，时而同德国王公们欢宴，以此来证明他依然健啖如初，甚至勒孔特和克莱芒·托马两人的鬼魂也没有败坏他的胃口。

三

1871年3月18日清晨，巴黎被"公社万岁！"的雷鸣般的呼声惊醒了。公社，这个使资产阶级的头脑怎么也捉摸不透的怪物，究竟是什

---

① 指波拿巴派的将军们。——编者注

么呢？

中央委员会在它的 3 月 18 日宣言中写道：

"巴黎的无产者，目睹统治阶级的无能和叛卖，已经懂得：由他们自己亲手掌握公共事务的领导以挽救时局的时刻已经到来……他们已经懂得：夺取政府权力以掌握自己的命运，是他们无可推卸的职责和绝对权利。"①

但是，工人阶级不能简单地掌握现成的国家机器，并运用它来达到自己的目的。

中央集权的国家政权连同其遍布各地的机关，即常备军、警察局、官僚机构、教会和法院——这些机关是按照系统的和等级的分工原则建立的——起源于专制君主制时代，当时它充当了新兴资产阶级社会反对封建制度的有力武器。但是，领主权利、地方的特权、城市和行会的垄断以及地方的法规等这一切中世纪的垃圾还阻碍着它的发展。18 世纪法国革命的大扫帚，把所有这些过去时代的残余都扫除干净，这样就从社会基地上清除了那些妨碍建立现代国家大厦这个上层建筑的最后障碍。现代国家大厦是在第一帝国时期建立起来的，而第一帝国本身又是从半封建的旧欧洲反对现代法国的几次同盟战争中产生的。在以后各个时期的政治体制下，政府都被置于受议会控制，即受有产阶级直接控制的地位。它不但变成了巨额国债和苛捐重税的温床，不但由于拥有令人倾心的官职、金钱和权势而变成了统治阶级中各不相让的党派和冒险家们彼此争夺的对象，而且，它的政治性质也随着社会的经济变化而同时改变。现代工业的进步促使资本和劳动之间的阶级对立更为发展、扩大和深化。与此同步，国家政权在性质上也越来越变成了资本借以压迫劳动的全国政权，变成了为进行社会奴役而组织起来的社会力量，变成了阶级专制的机器。② 每经过一场标志着阶级斗争前进一步的革命以后，

---

① 1871 年 3 月 21 日《法兰西共和国公报》第 80 号。——编者注

② 在 1871 年德文版中是"越来越变成了压迫劳动的社会权力，变成了阶级统治的机器"；在 1891 年德文版中是"越来越变成了压迫工人阶级的社会权力，变成了阶级统治的机器"。——编者注

国家政权的纯粹压迫性质就暴露得更加突出。1830 年的革命使政权从地主手里转到了资本家手里，也就是从离工人阶级较远的敌人手里转到了工人阶级的更为直接的敌人手里。资产阶级共和党人以二月革命的名义夺取了国家政权，并且利用这个政权进行了六月屠杀，从而向工人阶级证明，"社会"共和国就是保证使他们遭受社会奴役的共和国；向资产阶级中的大批保皇派和地主阶级证明，他们尽可以放心地让资产阶级"共和党人"去操治理国家之心，得治理国家之利。但是，资产阶级共和党人在建树了他们唯一的六月勋业以后，不得不从"秩序党"的前列退居后列——"秩序党"是一个由占有者阶级的所有相互倾轧的党派构成的联盟，是在这些党派现在公开宣布的同生产者阶级的对抗中形成的。他们合股执政的最适当的形式就是由路易·波拿巴任总统的**议会制共和国**。他们这个议会制共和国是一个公开实行阶级恐怖和有意侮辱"群氓"的体制。如果说，像梯也尔所讲的那样，议会制共和国"使他们〈统治阶级的各个派别〉最不易分裂"①，那么，它在这个人数很少的阶级和这个阶级以外的整个社会机体之间却挖了一道鸿沟。在以往各种体制下，统治阶级内部的分裂还使国家政权受到制约，现在由于这个阶级的联合，这种制约已经消失了。由于存在着无产阶级起来造反的危险，联合起来的统治阶级已在残酷无情地大肆利用这个国家政权作为资本对劳动作战的全国性武器。但是，统治阶级对生产者大众不断进行的十字军征讨，使它不仅必须赋予行政机关以越来越大的镇压之权，同时还必须把它自己的议会制堡垒——国民议会——本身在行政机关面前的一切防御手段一个一个地加以剥夺。结果，这个体现于路易·波拿巴其人之身的行政机关把国民议会一脚踢开了。"秩序党"共和国的自然产物就是第二帝国。

这个以政变为出生证书、以普选为批准手续、以宝剑为权杖的第二帝国，声称它倚靠农民阶级，即倚靠没有直接卷入劳资斗争的广大生产者群众。它声称它通过打破议会制度并因而打破政府公开为有产阶级当

---

① 《梯也尔先生的计划》，载于 1871 年 3 月 29 日《形势报》第 163 号。——编者注

奴仆的局面而拯救了工人阶级。它声称它以支持有产阶级对工人阶级的经济统治而拯救了有产阶级。最后，它声称它通过为所有的人恢复了国家荣誉的幻觉，而把一切阶级联合了起来。事实上，帝国是在资产阶级已经丧失统治国家的能力而工人阶级又尚未获得这种能力时唯一可能的统治形式。全世界都欢迎这个帝国，认为它是社会救主。在它的统治下，资产阶级社会免除了各种政治牵挂，得到了甚至它自己也梦想不到的高度发展。工商业扩展到极大的规模；金融诈骗风行全世界；民众的贫困同无耻的骄奢淫逸形成鲜明对比。表面上高高凌驾于社会之上的国家政权，实际上正是这个社会最丑恶的东西，正是这个社会一切腐败事物的温床。它本身的腐朽性以及它所拯救了的那个社会的腐朽性，恰恰被一心想把这个统治制度的最高司令部从巴黎搬到柏林去的普鲁士的刺刀尽行戳穿了。帝国制度是国家政权的最低贱的形式，同时也是最后的形式。它是新兴资产阶级社会当做自己争取摆脱封建制度的解放手段而开始缔造的；而成熟了的资产阶级社会最后却把它变成了资本奴役劳动的工具。

帝国的直接对立物就是公社。巴黎无产阶级在宣布二月革命时所呼喊的"社会共和国"口号，的确是但也仅仅是表现出这样一种模糊的意向，即要求建立一个不但取代阶级统治的君主制形式、而且取代阶级统治本身的共和国。公社正是这个共和国的毫不含糊的形式。

既是旧政权中央政府所在地同时又是法国工人阶级社会大本营的巴黎，手执武器奋起反抗了梯也尔和乡绅议员们恢复并巩固帝国留给他们的这个旧政权的企图。巴黎所以能够反抗，只是由于被围困使它摆脱了军队并用主要由工人组成的国民自卫军来代替它。现在必须使这一事实成为制度，所以，公社的第一个法令就是废除常备军而代之以武装的人民。

公社是由巴黎各区通过普选选出的市政委员组成的。这些委员对选民负责，随时可以罢免。其中大多数自然都是工人或公认的工人阶级代表。公社是一个实干的而不是议会式的机构，它既是行政机关，同时也是立法机关。警察不再是中央政府的工具，他们立刻被免除了政治职能，而变为公社的承担责任的、随时可以罢免的工作人员。其他各行政部门的官员也是一样。从公社委员起，自上至下一切公职人员，都只能领取相当于**工人工资**的报酬。从前国家的高官显宦所享有的一切特权以及公务津贴，都随着这些人物本身的消失而消失了。社会公职已不再是中央政府走卒们的私有物。不仅城市的管理，而且连先前由国家行使的全部创议权也都转归公社。

公社在铲除了常备军和警察这两支旧政府手中的物质力量以后，便急切地着手摧毁作为压迫工具的精神力量，即"僧侣势力"，方法是宣布教会与国家分离，并剥夺一切教会所占有的财产。教士们要重新过私人的清修隐遁的生活，像他们的先驱者即使徒们那样靠信徒的施舍过活。一切教育机构对人民免费开放，完全不受教会和国家的干涉。这样，不但人人都能受教育，而且科学也摆脱了阶级偏见和政府权力的桎梏。

法官的虚假的独立性被取消，这种独立性只是他们用来掩盖自己向历届政府奴颜谄媚的假面具，而他们对于那些政府是依次宣誓尽忠，然后又依次背叛的。法官和审判官，也如其他一切公务人员一样，今后均由选举产生，对选民负责，并且可以罢免。

巴黎公社自然是要为法国一切大工业中心作榜样的。只要公社制度在巴黎以及次一级的各中心城市确立起来，那么，在外省，旧的集权政府就也得让位给生产者的自治政府。在公社没有来得及进一步加以发挥的全国组织纲要上说得十分清楚，公社将成为甚至最小村落的政治形式，常备军在农村地区也将由服役期限极短的国民军来代替。每一个地区的农村公社，通过设在中心城镇的代表会议来处理它们的共同事务；这些地区的各个代表会议又向设在巴黎的国民代表会议派出代表，每一个代表都可以随时罢免，并受到选民给予他的限权委托书（正式指令）的约束。仍须留待中央政府履行的为数不多但很重要的职能，则不会像有人故意胡说的那样加以废除，而是由公社的因而是严格承担责任的勤务员来行使。民族的统一不是要加以破坏，相反，要由公社在体制上、组织上加以保证，要通过这样的办法加以实现，即消灭以民族统一的体现者自居同时却脱离民族、凌驾于民族之上的国家政权，这个国家政权只不过是民族躯体上的寄生赘瘤。旧政权的纯属压迫性质的机关予以铲除，而旧政权的合理职能则从僭越和凌驾于社会之上的当局那里夺取过来，归还给社会的承担责任的勤务员。普选权不是为了每三年或六年决定一次由统治阶级中什么人在议会里当人民的假代表，而是为了服务于组织在公社里的人民，正如个人选择权服务于任何一个为自己企业招雇工人和管理人员的雇主一样。大家都很清楚，企业也像个人一样，在实际业务活动中一般都懂得在适当的位置上使用适当的人，万一有错立即纠正。另一方面，如果用等级授职制去代替普选制，那是最违背公社精神不过的。

　　一般说来，全新的历史创举都要遭到被误解的命运，即只要这种创举与旧的、甚至已经死亡的社会生活形式可能有某些相似之处，它就会被误认为是那些社会生活形式的翻版。所以，这个新的、摧毁了现代国家政权的公社，就恰恰被误认为是那最初产生于现代国家政权之先、尔后又成为现代国家政权基础的中世纪公社的再现。公社体制被误认为是企图把各大国的统一——这种统一虽然最初由政治暴力所造成，但现已成为社会生产的强大因素——化为孟德斯鸠和吉伦特派所梦想的那种许多小邦的联盟。公社与国家政权的对抗被误认为是反对过分集权这一古老斗争的被夸张了的形式。可能是特殊的历史条件①阻碍了像在法国出现过的那种资产阶级政权形式的典型发展，并使得像英国那样的情况能够存在：庞大的中央国家机构在城市里有腐败的教区委员会、钻营私利的市议员、凶暴的济贫法委员会委员为其补充，在乡村里有实际上是世袭的治安法官为其补充。公社体制会把靠社会供养而又阻碍社会自由发展的国家这个寄生赘瘤迄今所夺去的一切力量，归还给社会机体。仅此一举就会把法国的复兴推动起来。法国外省城市的资产阶级在路易-菲力浦时期控制着乡村，在路易-拿破仑时期，他们对乡村的控制为乡村对城市的虚假统治所取代。现在他们以为公社就是企图恢复他们过去的那种对乡村的控制。事实上，公社体制是把农村的生产者置于他们所在

---

① 在1871年和1891年的德文版此处有"在其他国家"。——编者注

地区中心城市的精神指导之下，使他们在中心城市有工人作为他们利益的天然代表者。公社的存在本身自然而然会带来地方自治，但这种地方自治已经不是用来牵制现在已被取代的国家政权的东西了。只有俾斯麦这个除了策划铁血阴谋之外，总是喜欢重操最适合于他的智力的旧业即给《喧声》杂志（柏林的《笨拙》杂志）撰稿的人，才会异想天开，以为巴黎公社要仿效普鲁士的市政体制。普鲁士的市政体制不过是1791年法国旧的市政组织的拙劣仿制品，它把城市管理机构降低为普鲁士国家警察机器上的辅助轮子。

公社实现了所有资产阶级革命都提出的廉价政府这一口号，因为它取消了两个最大的开支项目，即常备军①和国家官吏。公社的存在本身就意味着那至少在欧洲是阶级统治的真正赘瘤和不可或缺的外衣的君主制已不复存在。公社给共和国奠定了真正民主制度的基础。但是，无论廉价政府或"真正共和国"，都不是它的终极目标，而只是它的伴生物。

人们对公社有多种多样的解释，多种多样的人把公社看成自己利益的代表者，这证明公社完全是一个具有广泛代表性的政治形式，而一切旧有的政府形式都具有非常突出的压迫性。公社的真正秘密就在于：它实质上是工人阶级的政府②，是生产者阶级同占有者阶级斗争的产物，是终于发现的可以使劳动在经济上获得解放的政治形式。

如果没有最后这个条件，公社体制就没有存在的可能，就是欺人之谈。生产者的政治统治不能与他们永久不变的社会奴隶地位并存。所以，公社要成为铲除阶级赖以存在、因而也是阶级统治赖以存在的经济基础的杠杆。劳动一解放，每个人都变成工人，于是生产劳动就不再是一种阶级属性了。

说来也奇怪，虽然近60年来出现了大量的关于劳动解放③的高谈阔论和巨著，可是只要工人在什么地方决心由自己来做这件事，那些替以

---

① 在1871年和1891年的德文版中是"军队"。——编者注
② 在1871年和1891年的德文版中"工人阶级的政府"等字有着重号。——编者注
③ 在1891年的德文版中是"工人解放"。——编者注

资本和雇佣奴隶为两极的现代社会（地主现在只不过是资本家的驯顺伙伴）说话的喉舌，立刻就出来大唱辩护之歌，仿佛资本主义社会还处在童贞和白璧无瑕的状态，仿佛它的对立还没有发展，它的欺人假象还没有被戳穿，它的丑恶现实还没有被揭露！他们叫喊说，公社想要消灭构成全部文明的基础的所有制！是的，先生们，公社是想要消灭那种将多数人的劳动变为少数人的财富的阶级所有制。它是想要剥夺剥夺者。它是想要把现在主要用做奴役和剥削劳动的手段的生产资料，即土地和资本完全变成自由的和联合的劳动的工具，从而使个人所有制成为现实。但这是共产主义，"不可能的"共产主义啊！然而，统治阶级中那些有足够见识而领悟到现存制度已不可能继续存在下去的人们（这种人并不少），已在拼命地为实行合作生产而大声疾呼。如果合作生产不是一个幌子或一个骗局，如果它要去取代资本主义制度，如果联合起来的合作社按照共同的计划调节全国生产，从而控制全国生产，结束无时不在的无政府状态和周期性的动荡这样一些资本主义生产难以逃脱的劫难，那么，请问诸位先生，这不是共产主义，"可能的"共产主义，又是什么呢？

工人阶级并没有期望公社做出奇迹。他们不是要凭一纸人民法令去推行什么现成的乌托邦。他们知道，为了谋求自己的解放，并同时创造出现代社会在本身经济因素作用下不可遏止地向其趋归的那种更高形式，他们必须经过长期的斗争，必须经过一系列将把环境和人都加以改造的历史过程。工人阶级不是要实现什么理想，而只是要解放那些由旧的正在崩溃的资产阶级社会本身孕育着的新社会因素。工人阶级充分认识到自己的历史使命，满怀完成这种使命的英勇决心，所以他们能够笑对那些摇笔杆子的文明人中之文明人的粗野谩骂，笑对好心肠的资产阶级空论家的训诫，这些资产阶级空论家总是滔滔不绝地宣讲他们那一套无知的陈词滥调和顽固的宗派主义谬论，口气俨如发布永无谬误的神谕一般。

当巴黎公社把革命的领导权掌握在自己手中的时候，当普通工人第一次敢于侵犯他们的"天然尊长"①的执政特权，在空前艰难的条件下

---

① 在1871年和1891年的德文版中加有"即有产者"。——编者注

虚心、诚恳而卓有成效地进行他们的工作，而所得报酬最高额还不及科学界高级权威人士①所建议的伦敦国民教育局秘书最低薪额的五分之一的时候，旧世界一看到象征劳动共和国的红旗在市政厅上空飘扬，便怒火中烧，气得浑身颤抖。

然而这是使工人阶级作为唯一具有社会首创能力的阶级得到公开承认的第一次革命；甚至巴黎中等阶级的大多数，即店主、手工业者和商人——唯富有的资本家除外——也都承认工人阶级是这样一个阶级。公社拯救了这个中等阶级，因为公社采取英明措施把总是一再出现的中等阶级内部纠纷之源，即债权和债务问题解决了。正是中等阶级的这一部分人在 1848 年为镇压六月工人起义出过力之后，立即被制宪议会毫不客气地交给他们的债主们去任意宰割。但这还不是他们现在靠拢工人阶级的原因②。他们感觉到他们只能在公社和不管打着什么招牌的帝国之间进行抉择。帝国在经济上毁了他们，因为它大肆挥霍社会财富，怂恿大规模的金融诈骗，支持人为地加速资本的集中，从而使他们遭受剥夺。帝国在政治上压迫了他们，它的荒淫无度在道义上震惊了他们；帝国侮辱了他们的伏尔泰思想，因为它把教育他们子弟的事情交给无知兄弟会；帝国激怒了他们作为法兰西人的民族感情，因为它把他们一下子推入这样一场战争，这场战争制造了那么多毁灭性灾难，得到的结果只有一个——帝国灭亡。事实上，在波拿巴派和资本家这样一些高等流氓从巴黎逃跑以后，真正的中等阶级秩序党就以共和联盟的形式出现，站到了公社的旗帜下，并且反驳梯也尔的胡编乱造，保卫公社。至于这一大部分中等阶级的感激心情能否经得住目前的严峻考验，将来自有分晓。

公社对农民说，"公社的胜利是他们的唯一希望"，这是完全正确的。炮制于凡尔赛、由光荣的欧洲报界文丐一传再传的所有谎言中最惊人的就是：乡绅议员代表法国农民。试想一想，法国农民对于他们在

---

① 在德文各版中加有"（赫胥黎教授）"。——编者注
② 在 1871 年和 1891 年的德文版中是"唯一原因"。——编者注

1815 年以后不得不付予 10 亿赔偿金的人们竟产生了爱戴心情！在法国农民的心目中，大土地所有者存在本身就是对他们 1789 年的胜利果实的侵犯。1848 年，资产者们对农民的那块土地加上了每法郎 45 生丁的附加税，而那时候他们还是以革命的名义这样做的；现在他们则挑起了反对革命的国内战争，借以把他们约定要付给普鲁士人的 50 亿赔款的主要重担转嫁到农民身上。与此相反，公社在最初发表的一项公告里就已经宣布，战争的费用要让真正的战争发动者来偿付。公社能使农民免除血税，能给他们一个廉价政府，能把现今吸吮着他们鲜血的公证人、律师、法警和其他法庭吸血鬼，换成由他们自己选出并对他们负责的领工资的公社勤务员。公社能使他们免除乡警、宪兵和省长的残暴压迫，能用启发他们智慧的学校教师去代替麻痹他们头脑的教士。而法国农民首先是善于算账的人。他们会发现，教士的薪俸不由税吏们强制征收，而只由各教区的居民依其宗教情感自愿捐赠，那是极为合理的。这些都是公社的统治——也只有这种统治——使法国农民马上就能得到的巨大好处。所以这里用不着细讲那些只有公社才能够而且必须以有利于农民的方式加以解决的更复杂但极重要的问题，例如：农民那小片土地负担着压得他们喘不过气来的抵押债务，prolétariat foncier（农村无产阶级）因此而与日俱增，农民的土地恰恰由于现代农业的发展以及资本主义农场经营的竞争而以越来越快的速度被剥夺。

路易·波拿巴是被法国农民选为共和国总统的，第二帝国则是秩序党的作品。在 1849 年和 1850 年，法国农民就开始表明他们实际需要的是什么了。他们的表达方式就是：以自己的区长对抗政府的省长，以自己的学校教师对抗政府的教士，以自身对抗政府的宪兵。秩序党在 1850 年 1 月和 2 月所制定的一切法律，都是明目张胆压迫农民的措施。农民曾经是波拿巴派，因为在他们的眼中大革命及其带给农民的所有利益都体现在拿破仑的身上。这种在第二帝国时代迅速破灭的（而且就其本质而言对乡绅议员是不利的）错觉，这种过去时代的偏见，怎么能够抵得住公社对农民切身利益和迫切需要的重视所具有的号召力呢？

乡绅议员知道（并且实际上也最害怕这一点），如果公社治理下的巴黎同外省自由交往起来，那么不出三个月就会引起一场农民大起义，所以他们才急于对巴黎实行警察封锁，以阻止这种传染病的蔓延。

可见，公社是法国社会的一切健全成分的真正代表，因而也就是真正的国民政府，而另一方面，它作为工人的政府，作为劳动解放的勇敢斗士，同时又具有十足国际的性质。普鲁士军队使法国的两个省归属于德国，而就在这支军队的眼前，公社使全世界的工人都归属于法国。

第二帝国曾是集普天下坑蒙拐骗之大成的盛世。世界各国的坏蛋都响应了它的号召，赶来参加它的闹宴和对法国人民的掠夺。甚至此时此刻梯也尔也还是以瓦拉几亚的流氓加内斯科为右手，以俄国的暗探马尔科夫斯基为左手。公社则使一切外国人都能享有为不朽事业而牺牲的荣誉。资产阶级由于它自己的叛变而招致了对外战争的失败，又同外国侵略者勾结挑起了国内战争，它在这两次战争的间隙找到了机会来表现它的爱国热情，其表现方式就是派警察搜捕在法国的德国人。公社则委任了一个德国工人①担任自己的劳动部长。梯也尔、资产阶级、第二帝国都不断欺骗波兰人，口头上冠冕堂皇地对他们表示同情，实际上把他们出卖给俄国，替俄国干坏事。公社则请波兰的英雄儿子②荣任巴黎捍卫者的领导人。为了使公社所自觉地开辟的历史新纪元有一个鲜明的标志，公社一方面当着普鲁士胜利者的面，另一方面当着由波拿巴派将军们率领的波拿巴军队的面，推倒了象征战争光荣的庞然巨物——旺多姆圆柱。

公社的伟大社会措施就是它本身的存在和工作。它所采取的各项具体措施，只能显示出走向属于人民、由人民掌权的政府的趋势。这类措施是：不让面包工人做夜工；用严惩的办法禁止雇主们以各种借口对工人罚款以减低工资——雇主们在这样做的时候集立法者、审判官和法警于一身，而且以罚款饱私囊。另一个此类的措施是把一切已关闭的作坊或工厂——不论是资本家逃跑了还是自动停了工——都交给工人协作

---

① 莱·弗兰克尔。——编者注
② 雅·东布罗夫斯基和瓦·符卢勃列夫斯基。——编者注

社，同时给企业主保留获得补偿的权利。

公社的那些引人注目的明智而温和的财政措施，只能是与围城状态相适应的措施。鉴于各大金融公司和承包商们在欧斯曼庇护下掠夺了巴黎大量钱财，公社要是没收他们的财产，其理由要比路易·波拿巴没收奥尔良家族的财产充足万倍。霍亨索伦家族和英国的政治寡头们的财产中有很大一部分是靠掠夺教会得来的，而公社从没收教会财产上仅仅得到 8000 法郎，他们对此自然是大为震惊。

凡尔赛政府刚刚恢复了一点元气，便采取最残暴的手段对付公社。它在全法国压制言论自由，甚至禁止来自各大城市的代表举行集会；它在凡尔赛和法国其他地区设置暗探，远远超过第二帝国时代；它的宗教裁判官似的宪兵焚毁一切在巴黎出版的报纸，检查巴黎的一切来往信件；在国民议会中，谁如果斗胆要替巴黎说句话，立刻就会被呵斥住，这种情形甚至在 1816 年的"无双议院"里也未曾有过；凡尔赛方面从外部对巴黎进行着野蛮的战争，而且还想在巴黎内部进行收买和阴谋活动——在此种情况下，公社若是装做像在太平盛世一样，遵守自由主义那一套表面上温文尔雅的行为规范，岂不是可耻地背叛了自己的使命？如果公社政府和梯也尔政府是同一类政府的话，那么凡尔赛方面就没有理由查禁公社的报纸，而巴黎方面也就同样没有理由查禁秩序党的报纸了。

就在乡绅议员宣称法国得救的唯一办法是回到教会怀抱里去的时候，不信教的公社却揭露了毕克普斯女修道院和圣洛朗教堂的秘密，这实在是使这些议员恼火的事情。梯也尔将大把的大十字勋章随意掷给波拿巴派将军们以表彰他们打败仗、签降书和在威廉堡卷香烟的本事，公社却在自己的将军们稍有失职嫌疑时就予以撤职和逮捕，这对于梯也尔先生是一种讽刺。公社把一个只是因为无支付能力而在里昂被监禁过六天，后来用假名混进公社的委员①予以撤职和逮捕，这对于那位伪造文据犯茹尔·法夫尔——他当时还在做法国的外交部长，还在向俾斯麦出卖法国，

---

① 让·普里尔，教名布朗舍。——编者注

还在向比利时的那个模范政府发号施令——难道不像是有意打在他脸上的一记耳光吗？但是，公社可不像一切旧政府那样自诩决不会犯错误。它把自己的所言所行一律公布出来，把自己的一切缺点都让公众知道。

在任何一次革命中，除了真正代表革命的人物，总还要挤进来另外一种人。这种人当中有些是以前各次革命的忠诚的幸存者，他们对当前的运动并没有深刻的了解，但他们由于具有人人皆知的忠诚和勇敢精神或者纯粹是由于传统力量，还保留有对人民的影响；另外有些人则不过是空喊家，他们年复一年地用老一套的刻板语言大骂现政府，从而骗取了第一流革命家的名声。在 3 月 18 日以后，确实也出现了上面说的那样一些人，他们有时甚至扮演了显要的角色。他们极力阻碍工人阶级的真正运动，同以前这种人阻碍各次革命充分发展的情况完全一样。他们是一种无法避免的祸害；摆脱他们需要时间，但是公社却没有这样的时间。

公社简直是奇迹般地改变了巴黎的面貌！第二帝国的那个花花世界般的巴黎消失得无影无踪。巴黎不再是不列颠的大地主、爱尔兰的在外地主、美利坚的前奴隶主和暴发户、俄罗斯的前农奴主和瓦拉几亚的大贵族麕集的场所了。尸体认领处里不再有尸体了，夜间破门入盗事件不发生了，抢劫也几乎绝迹了。事实上自从 1848 年 2 月的日子以来，巴黎街道第一次变得平安无事，而且不再有任何类型的警察。有一个公社委员说：

> "我们再也听不到杀人、偷盗和人身袭击事件；看来真好像警察已经把他们所有的保守派朋友一起带到凡尔赛去了。"[①]

荡妇们已经跟在她们的庇护者——那些家庭、宗教、尤其是财产的卫士们的屁股后头跑掉了。没有了荡妇们，真正的巴黎妇女又出现在最前列，她们像古典古代的妇女那样具有英勇、高尚和献身的精神。努力劳动、用心思索、战斗不息、流血牺牲的巴黎——它在培育着一个新社

---

① 保·拉法格《巴黎访问记。4 月 7—18 日》，载于 1871 年 4 月 24 日《波尔多论坛报》。——编者注

会的同时几乎把大门外的食人者忘得一干二净——正放射着它的历史首创精神的炽烈的光芒！

　　与巴黎这个新世界相对峙的是凡尔赛的旧世界。看看这个旧世界吧——这是个由来自所有死亡了的旧体制的食尸鬼组成的议会。食尸鬼就是渴望撕食民族尸体的正统派和奥尔良派。还有一个尾巴，这就是陈腐的共和派。这些共和派以出席国民议会来表示他们对奴隶主叛乱的支持；他们把他们的议会制共和国得以维持下去的希望，寄托于那个充当着共和国首脑的老骗子的虚荣心；他们十分可笑地学着 1789 年的样子，在 Jeu de Paume① 举行他们的令人毛骨悚然的会议。这个代表法国一切死亡事物的议会，只是靠着路易·波拿巴的将军们的军刀的支持，才得以维持住生命的假象。巴黎全是真理；凡尔赛全是谎言，是出自梯也尔之口的谎言。

　　梯也尔对塞纳—瓦兹省的区长代表团说：

　　　"你们可以信赖我的话，我**从来**不食言。"②

　　他竟对这个议会说，"它是法国从未有过的最自由地选出的最开明的议会"③；他对他的杂牌军队说，他们是"世界的瑰宝，是法国从未有过的一支最优秀的军队"；他对外省说，传言他下令轰击巴黎纯属无稽之谈：

　　　"如果曾经打了几发炮弹，那也不是凡尔赛军队打的，而是一些叛乱者为了假装他们在作战才打的，可是实际上他们连头都不敢露出来。"④

　　后来他又对外省宣称：

---

　　① 恩格斯在 1871 年德文版上加了一个注：网球场，国民议会于 1789 年在这里通过了著名的决议。——编者注

　　② 阿·梯也尔《致市长、副市长、市参议员大会委员会的声明》，载于 1871 年 4 月 28 日《号召报》第 684 号。——编者注

　　③ 阿·梯也尔《1871 年 4 月 27 日在国民议会的演说》，载于 1871 年 4 月 29 日《号召报》第 685 号。——编者注

　　④ 《梯也尔先生的通告》，载于 1871 年 4 月 19 日《复仇者报》第 21 号。——编者注

"凡尔赛的炮兵不是轰击巴黎,而只是向它开了几炮。"①

他对巴黎大主教②说,硬说凡尔赛军队曾执行大批处决和进行报复(!),这全是胡扯。他对巴黎说,他只是想"把巴黎从可憎的暴君压迫下解放出来"③,说公社的巴黎实际上"不过是一小撮罪犯"。

梯也尔先生的巴黎并不是"群氓"的真正的巴黎,而是幽灵的巴黎,francs-fileurs 的巴黎,男女闲荡者的巴黎,富人的、资本家的、花花公子的、无所事事者的巴黎。这个巴黎目前正带着它的奴仆、骗子、文痞、荡妇麇集在凡尔赛、圣但尼、吕埃和圣日耳曼;这个巴黎认为内战不过是惬意的消遣,它从望远镜中观赏战斗的场面,计算放炮的次数,用自己的以及自己的娼妇们的名誉赌咒发誓说,这里上演的戏要比圣马丁门剧场中的精彩得多。被打死者真的死了,伤者的惨叫声也是实实在在的惨叫,而且这整个事件具有如此深刻的历史意义④。

这就是梯也尔先生的巴黎,正像逃到科布伦茨的那帮人是卡龙先生的法国一样。

四

奴隶主阴谋用普鲁士军队的占领来制服巴黎的第一次企图,因俾斯麦的拒绝而没有得逞。3 月 18 日第二次企图制服巴黎,结果是军队溃败和政府逃往凡尔赛,政府并命令全部行政机关也停止工作,随之出逃。梯也尔假装同巴黎议和,借以争取时间准备对巴黎作战。但是到哪里去搜罗军队呢?战斗团的残部人数很少,而且不可靠。梯也尔向外省发出紧急呼吁,要求派国民自卫军和志愿军前去增援凡尔赛,但是遭到断然拒绝。只有布列塔尼派去了一小撮朱安兵,他们作战时打着白旗,每人胸前佩戴着用白布做成的耶稣圣心,口里呼喊着 "Vive le Roi!"

---

① 《市镇通报……》,载于 1871 年 5 月 6 日《号召报》第 692 号。——编者注
② 若·达尔布瓦。——编者注
③ 阿·梯也尔《关于穆兰-萨凯的公报。1871 年 5 月 4 日于凡尔赛》,载于 1871 年 5 月 6 日《号召报》第 692 号。——编者注
④ 在 1871 年和 1891 年的德文版中是 "具有何等的世界历史意义啊!"——编者注

(国王万岁！)。这样，梯也尔就只好匆忙纠集一群杂牌队伍，其中有水兵、海军陆战队士兵、教皇的朱阿夫兵、瓦朗坦手下的宪兵以及皮埃特里手下的警察和密探。可是这支军队要不是补充了一批批的帝国被俘兵员，那就会毫无用处而令人觉得可笑。俾斯麦准予放回被俘兵员的人数，刚好既够打内战之用，又足以保持凡尔赛政府对普鲁士的屈从和依赖。真正打起来，凡尔赛的警察还得照应凡尔赛的军队，而在一切危险的地方，都是宪兵打头阵，拖着军队前进。陷落的炮台不是夺来的，而是买通的。公社战士的英雄气概向梯也尔表明，凭他自己的谋略和他所掌握的武装力量，巴黎的抵抗是无法击破的。

与此同时，他和外省的关系越来越紧张了。没有接到一份可以使梯也尔和他的乡绅议员们高兴的表示拥护的宣言。恰恰相反。来自四面八方的代表团和宣言，都是用很不尊敬的口气坚决要求同巴黎和解，而和解的基础是毫不含糊地承认共和国，确认公社规定的各项自由权利，解散任期已满的国民议会。代表团和宣言是如此之多，致使梯也尔的司法部长杜弗尔在 4 月 23 日给国家的检察官们的通令中命令他们把"呼吁和解"当做罪行查办！然而梯也尔看到进攻巴黎没有希望，于是决定改变策略，下令在 4 月 30 日按照他自己叫国民议会通过的新市镇法在全国进行市镇选举。一方面有他那些省长玩弄阴谋手段，另一方面有警察机关进行威胁恫吓，这使他满怀希望地认为：外省作出的裁决会赋予国民议会以前所未有的道义力量，并且他最终定会从外省取得征服巴黎的物质力量。

梯也尔一开始就竭力想在进行他的这场在他自己的公报中备受赞美的反对巴黎的强盗战争的同时，在他的部长们企图在全法国建立恐怖统治的同时，表演一出和解小戏。这出小戏要达到几个目的：蒙蔽外省视听，诱骗巴黎的中等阶级分子，而最主要的是使国民议会中的冒牌共和党人能够以对梯也尔的信任掩盖他们对巴黎的背叛。梯也尔在 3 月 21 日，即在他还没有军队的时候，对国民议会声明说：

"不管发生什么情况，我决不派军队到巴黎去。"

3 月 27 日，他又站起来说：

"我发现共和国已是既成事实，我坚决维护它。"①

实际上，他用共和国的名义镇压了里昂和马赛的革命，而他的乡绅议员们在凡尔赛只要一听到"共和国"这个词就要把它淹没在狂吼声中。他作出这番勋业之后，就把"既成事实"降低为假定事实。奥尔良王室子弟原是他为慎重起见从波尔多打发走的，现在他明目张胆地破坏法律，准许他们在德勒从事阴谋活动了。梯也尔在同巴黎和外省代表们无休止的会见当中所作出的让步——尽管谈话的口气和腔调总是随着时间和情况而变化——实际上从来没有超出这样一个承诺：将来的报复对象仅限于：

"那一小撮与杀害勒孔特和克莱芒·托马有关的罪犯"

而且还有一个不言而喻的前提，即巴黎和法国要无条件地承认梯也尔先生本人就是最好不过的共和国，就像他在 1830 年对待路易-菲力浦那样。然而，就连这种让步，他也竭力通过他的部长们在国民议会进行的官方解释而使之暧昧不明。不仅如此，他还让他的那位杜弗尔行动起来。杜弗尔，这个老牌奥尔良派律师，在历次戒严时期都充当最高法官；如今 1871 年梯也尔掌权时是如此，1839 年路易-菲力浦在位时和 1849 年路易·波拿巴任总统时也是如此。他在不担任部长职务时，曾以替巴黎资本家辩护而大发横财，以反对出自他自己之手的法律来捞取政治资本。现在他不仅赶快在国民议会通过一批镇压性的法律，以便在巴黎陷落后用来消灭法国共和制自由的最后残余，他还把对他说来太缓慢的军事法庭审判程序加以简化，并且新炮制出一部严酷的流放法，以此预示巴黎未来的命运。1848 年革命取消了对政治犯的死刑，而代之以流放。路易·波拿巴没有敢恢复，至少是不敢公开恢复断头机的统

---

① 《梯也尔先生的宣言》，载于 1871 年 4 月 1 日《爱尔兰人报》第 13 卷第 39 期。——编者注

治。乡绅议会甚至还不敢暗示巴黎人不是造反者而是杀人犯，所以它只得把将来对巴黎进行报复的手段局限于杜弗尔的新流放法。在此种情况下，如果梯也尔的和解滑稽剧不是按照他的意图引起乡绅议员们的一片怒吼声，他的这出滑稽剧就演不下去了。那些乡绅议员百思不得其解，他们既没有领会这套把戏，又不懂得玩弄这套把戏非用伪善、狡辩、拖延这样一些手法不可。

梯也尔鉴于 4 月 30 日的市镇选举在即，便于 4 月 27 日做了一次精彩的和解表演。他在国民议会讲坛上大讲假惺惺的漂亮话的时候，慷慨激昂地说道：

"只有巴黎的阴谋是反对共和国的阴谋，巴黎的阴谋迫使我们让法国人流血。我要再三重复说：让那些举起邪恶武器的人放下他们的武器吧，那我们就会立即通过和平协议停止惩罚，只有那一小撮罪犯另当别论。"

他对那些大喊大叫地打断他讲话的乡绅议员说：

"诸位先生，我恳求你们告诉我，难道我说的不对吗？难道你们听见我如实地说明罪犯不过是一小撮人，真的觉得遗憾吗？忍心杀害克莱芒·托马和勒孔特将军的人只是罕有的例外，这难道不是不幸中之万幸吗？"

然而，法国对于梯也尔这一番自以为像海上女妖歌声那样动听的议会讲话置若罔闻。在法国尚存的 35000 个市镇所选出的 70 万名市议员中，联合起来的正统派、奥尔良派和波拿巴派总共还占不到 8000 人。在后来的补充选举中他们更是受到绝对的敌视。这样，国民议会不但没有从外省方面得到它迫切需要的物质力量，而且连最后一点道义力量，即作为这个国家普选权体现者的资格也丧失了。而意味着它彻底失败的是，法国所有城市新选出的市议会给凡尔赛的这个篡权的国民议会以公开的威胁，即决定在波尔多召集一个与之针锋相对的国民议会。

对俾斯麦而言，期待已久的采取决定性行动的时刻已经到来。他向梯也尔发号施令，要他派全权代表到法兰克福去签订最后的和约。梯也尔卑躬屈膝地遵从自己主子的吩咐，急忙派出了自己的亲信茹尔·法夫尔并以普耶-凯尔蒂埃做他的助手。普耶-凯尔蒂埃是鲁昂"鼎鼎大名的"棉纺厂厂主，是第二帝国的狂热的甚至奴颜婢膝的拥护者，对他说来，第二帝国是无可挑剔的，只有一事例外，即帝国同英国签订过损害他这个企业家利益的商约。他在波尔多刚一当上梯也尔的财政部长，马上就抨击这个"邪恶的"条约，暗示这个条约很快就会被废除。他甚至厚颜无耻地试图——虽然未能做到（因为做此盘算时没有请示俾斯麦）——立即对阿尔萨斯实行旧的保护关税，据他说那里没有任何旧有的国际条约妨碍这样做。此人把搞反革命看做在鲁昂降低工资的手段，把割让法国两省看做在法国抬高他的货物价格的手段。**这种人**岂不是注定要被梯也尔挑选为茹尔·法夫尔的助手去完成他最后的卖国大业吗？

这绝妙的一对全权代表一到法兰克福，盛气凌人的俾斯麦立即粗暴地要他们二者择一："或者是恢复帝国，或者是无条件地接受我的媾和条件!"他的条件里有这样的内容：缩短战争赔款分期交付的期限，并由普鲁士军队继续占领巴黎各炮台，直到将来俾斯麦对法国形势感到满意时为止。这样一来，普鲁士就被承认为法国内政的最高主宰者。作为回报，俾斯麦愿释放被俘的波拿巴兵员去消灭巴黎，并调派威廉皇帝的军队直接援助他们。为了保证不食言，他把赔款第一期交付时间推到"平定"巴黎之后。梯也尔和他的全权代表们当然贪馋地急忙吞下了这一钓饵。5月10日，他们在和约上签了字；5月18日，他们就让凡尔赛国民议会批准了这个条约。

从缔结和约到被俘的波拿巴兵员返回这一段时间，梯也尔觉得更加需要把他的和解滑稽剧继续演下去，因为他的共和党走卒们极需要一个借口，以便装做看不见为血洗巴黎而进行的准备。直到5月8日，他还对一个主张和解的中等阶级代表团说：

"只要暴乱者决定投降，巴黎的城门就可以对一切人洞开一个星期，唯有杀害克莱芒·托马和勒孔特两将军的凶手除外。"

几天以后，当他为此诺言而遭到乡绅议员们激烈质问时，他避而不作任何解释，但意味深长地暗示说：

> "我对你们说，你们当中有些缺乏耐心的人，未免太性急了。这些人还得再忍耐一个星期。一个星期以后就不会再有什么危险，那时就会有与他们的勇气和能力相称的任务了。"

当麦克马洪刚刚有把握向梯也尔保证很快就进入巴黎时，梯也尔立即对国民议会宣称，他

> "将手持**法律**进入巴黎，要向那些牺牲了士兵生命和毁坏了公共纪念物的恶棍们彻底讨回这笔债"。

当决定的时刻临近时，他对国民议会说："我将毫不留情！"他对巴黎说，它末日将临；对自己的那些波拿巴强盗们说，政府准许他们任意向巴黎复仇。最后，在叛徒已于5月21日给杜埃将军打开了巴黎城门的情况下，梯也尔于5月22日向乡绅议员们揭开了他们先前无论如何也悟不出的他那出和解滑稽剧的"目的"：

> "几天前我对你们说过，我们正在接近**我们的目的**；今天我来告诉你们吧，**这个目的**已经达到。秩序、正义和文明终于获得胜利！"

确实如此。每当资产阶级秩序的奴隶和被压迫者起来反对主人的时候，这种秩序的文明和正义就显示出自己的凶残面目。那时，这种文明和正义就是赤裸裸的野蛮和无法无天的报复。占有者和生产者之间的阶级斗争中的每一次新危机，都越来越明显地证明这一事实。和1871年的无法形容的罪恶比起来，甚至资产阶级的1848年6月的暴行也要相形见绌。巴黎全体人民——男人、妇女和儿童——在凡尔赛军队开进城内以后还战斗了一个星期的那种自我牺牲的英雄气概，反映出他们事业的伟大，而士兵们穷凶极恶的暴行则反映出雇用他们作为保镖的那个文明所固有的精神。这种为处置自己在战事结束后的杀戮中留下的成堆尸体而感到困难的文明，真是光辉灿烂的文明啊！

要想找到可以同梯也尔和他那些嗜血豺狼的行为相比拟的东西，必

须回到苏拉和罗马前后三头执政的时代去。同样是冷酷无情地大批杀人；同样是不分男女老幼地屠杀；同样是拷打俘虏；同样是发布公敌名单，不过这一次被列为公敌的是整个一个阶级；同样是野蛮地追捕躲藏起来的领袖，使他们无一幸免；同样是纷纷告发政治仇敌和私敌；同样是不惜杀戮根本和斗争无关的人们。不同处只在于罗马人没有机关枪来大规模地处决公敌，他们没有"手持法律"，也没有口喊"文明"罢了。

看了这一切恐怖景象之后，现在再来看一看这种资产阶级文明由它自己的报刊所描绘的另一副更加丑恶的面貌吧。

伦敦的一家托利党报纸驻巴黎记者写道：

"远处还响着零星的枪声；濒临死亡的可怜的受伤者躺在拉雪兹神父墓地的墓石之间无人照管；6000个惊恐万状的暴乱者，在迷宫似的墓地地道中绝望地转来转去；沿街奔跑的不幸的人们，被机关枪大批地射杀。在这样的时候令人看了气愤的是，咖啡馆里挤满了爱好喝酒、打弹子、玩骨牌的人，荡妇们在林荫道上逛来逛去，纵酒狂欢的喧嚷声从豪华酒楼的雅座里传出来，打破深夜的寂静！"①

爱德华·埃尔韦先生在曾被公社查禁的一家凡尔赛报纸《巴黎报》上写道：

"巴黎居民〈！〉昨天表现他们的欢乐的方式有些太轻佻了，我们担心以后还会越来越糟。巴黎笼罩着节日的气氛，这实在不协调，令人难过；要是我们不想被叫做堕落时代的巴黎人，就必须消除这种现象。"②

接着，他引用了塔西佗的一段话：

"可是，在这场可怕的斗争的第二天早晨，甚至在斗争还没有完全结束的时候，堕落和腐败的罗马就又开始沉湎于毁坏其躯体、玷污其灵魂的酒色之中了。——alibi proelia et vulnera, alibi balneae popinaeque（这里是战斗和创伤，

---

① 1871年6月2日《旗帜报》第14613号刊登的《暴动之结局》，这段话转引自爱·埃尔韦发表在1871年5月31日《巴黎报》第138号的文章。——编者注
② 1871年5月31日《巴黎报》第138号。——编者注

那里是澡堂和酒楼)。"①

埃尔韦先生只是忘记说，他提到的"巴黎居民"仅仅是梯也尔的巴黎的居民，是从凡尔赛、圣但尼、吕埃和圣日耳曼蜂拥返回的那些francs-fileurs，也就是已经"没落"的**那个**巴黎。

这个建立在劳动奴役制上的罪恶的文明，每次血腥地战胜了为实现美好新社会而献身的斗士时，都要把牺牲者的呻吟淹没于在世界各地都可听到回音的大喊大叫的诽谤声中。工人们的平静的巴黎，公社的巴黎，突然被那帮"秩序"恶狗变成了地狱。这一惊人巨变在世界各国资产阶级看来证明了什么呢？竟然证明公社阴谋反对文明！为公社慷慨赴死的巴黎人，数目之多超过历史上的任何战斗。这证明什么呢？竟然证明公社不是人民自己当家作主，而是一小撮罪犯篡夺政权！巴黎妇女在街垒旁和刑场上都是视死如归。这证明什么呢？竟然证明公社恶魔把她们变成了麦格拉和赫加特！公社在处于绝对统治地位的两个月内表现得十分温和宽厚，而与此形成对照的是，它在保卫战中则表现得英勇无比。这证明什么呢？竟然证明两个月内公社只是在小心翼翼地用温和宽厚和人道精神的假面具掩盖其凶残的嗜血本性，好让这种嗜血本性在垂死挣扎时发泄出来！

工人的巴黎在英勇地自我牺牲时，也曾把一些房屋和纪念碑付之一炬。既然无产阶级的奴役者们对无产阶级刀砍斧劈，那他们就休想在得胜后回到他们的完好无损的住宅里去。凡尔赛政府叫喊道："这是纵火！"同时悄悄地示意它所有的、直至远在穷乡僻壤的走卒，要他们在各个地方把它的敌人都当做专事纵火的嫌疑犯加以搜捕。全世界的资产阶级看着战斗结束后的大屠杀感到开心，而对人们"亵渎"砖瓦和灰泥却万分愤怒！

有的政府正式准许自己的海军实行"杀、**烧**、毁"，这是不是准许纵火？英国军队随心所欲地火烧华盛顿的国会大厦和中国皇帝的夏宫，

---

① 塔西佗《历史》第3篇第83章。——编者注

这是不是纵火？普鲁士人不是为了军事上的理由，而只是为了报复泄愤，就用煤油烧毁了许多像沙托丹那样的城市和无数村庄，这是不是纵火？梯也尔炮轰巴黎达六个星期之久，借口是他只想把里面有人的房屋烧毁，这是不是纵火？在战争当中，火像任何其他武器一样，也是合法的武器。轰击敌人占据的房屋，是为了把这些房屋烧毁。防御者不得不撤离这些房屋时，他们自己就把这些房屋付之一炬，使敌人不能利用这些房屋来进攻。妨碍世界上任何正规军作战的一切房屋，都是不免要被烧毁的。可是，在被奴役者反对奴役者的战争中，在这场有史以来唯一合理的战争中，这个道理竟不适用！公社严格地把火用做防御的手段。它使用火是为了封锁欧斯曼特意为便于开炮而打通的那些又长又直的街道，使凡尔赛军队无法进入；它使用火是为了掩护自己撤退，而凡尔赛军队使用火炮却是为了进攻，他们用炮弹破坏的房屋并不比公社用火烧毁的少。究竟哪些房屋是防御者烧毁的，哪些是进攻者烧毁的，直到现在还有争论。况且防御者只是在凡尔赛军队已经开始大批杀害俘虏时，才使用火。再者，公社早就公开宣布过，公社一旦被逼到绝境，就会把自身埋葬在巴黎的废墟中，并把巴黎变成第二个莫斯科。国防政府也曾说过要这样做，为此，特罗胥还给它准备了煤油。但它这样说只是为了掩盖自己的叛变。公社知道，它的敌人毫不爱惜巴黎人民的生命，却十分爱惜他们自己在巴黎的住宅。而另一方面，梯也尔已经宣布说他将毫不留情地进行报复。当他这边刚一把军队准备好，同时普鲁士人那边刚一把各出口截断，他就立刻宣布说："我决不会手软！抵罪要彻底，审判要严厉！"如果说巴黎工人的行为是汪达尔行为的话，那么这是誓死防御的汪达尔行为，而不是在胜利后干出的汪达尔行为，如基督徒对待异教世界真正无价的古代艺术珍品所采取的那种行为。就是这后一种汪达尔行为，也有历史学家为之辩护，他们认为这是正在诞生的新社会与正在崩溃的旧社会之间所进行的伟大斗争中不可避免和较为次要的伴生现象。巴黎工人所做的更不是欧斯曼为了给游手好闲者的巴黎腾出地盘而把历史的巴黎夷为平地的那种汪达尔行为！

　　可是，公社处死了以巴黎大主教①为首的 64 个人质啊！资产阶级及其军队在 1848 年 6 月恢复了枪毙没有自卫能力的俘虏这一早已绝迹的战争惯例。自此以后在欧洲和印度，凡是镇压民众动乱的时候，就都不同程度地严格照此野蛮惯例行事了。这证明它真是"文明的一个进步"！另一方面，普鲁士人在法国曾恢复扣留人质的做法——硬要一些无辜的人用自己的性命去为别人的行为负责。既然，如我们所看到的，梯也尔从冲突一开始时就采取了枪杀公社方面被俘人员的人道做法，公社就不得不为保护这些被俘者的生命而采用了普鲁士人扣留人质的做法。这些人质中已经接连有人因凡尔赛方面不断枪杀俘虏而丧命。在麦克马洪的御用军为庆祝自己开进巴黎而进行了大屠杀以后，他们怎么还能再保住性命呢？难道连这一遏制资产阶级政府肆无忌惮的暴行的最后办法——扣留人质——也只应当是装装样子吗？杀死大主教达尔布瓦的真正元凶是梯也尔。公社曾再三提议以大主教，而且还加上许多个教士，来交换当时被梯也尔扣押的布朗基一人。梯也尔顽固地拒不接受。他知道，放走布朗基就是给公社一个首脑，而大主教则在成为死尸之后对他最有用。梯也尔仿效了卡芬雅克的先例。在 1848 年 6 月，卡芬雅克和他那些秩序人物不就是通过污蔑起义者是杀害大主教阿弗尔的凶手而掀起了一片义愤填膺的喧嚣吗？他们心里很清楚，大主教是被秩序党的士兵们枪杀的。当时在场的大主教的代理雅克美先生事后立刻向他们提交了证词。

　　秩序党在他们的血腥闹宴上总是少不得要对自己的受害者大肆诽谤一番。这一切诽谤只是证明：现代资产者已把自己看做旧封建主的合法继承人。旧封建主认为自己用任何武器镇压平民都是正当的，而平民拥有武器，不论什么样的武器，都是犯罪。

　　统治阶级利用外国侵略者支持的内战来镇压革命的阴谋，即我们所一步步追述的从 9 月 4 日这一天起直到麦克马洪的御用军进入圣克卢门为止的这场阴谋，以巴黎的大屠杀告终。俾斯麦满意地望着巴黎

----

　　① 若·达尔布瓦。——编者注

的废墟。当他还只是 1849 年普鲁士无双议院中一名普通的乡绅议员时就盼望着把大城市都加以消灭。现在他大概认为巴黎变为废墟就意味着他的这一愿望的初步实现。他满意地望着巴黎无产者的尸体。在他看来，这不但是革命被消灭，而且也是法国的灭亡，这个法国现在已经真正被砍掉了头颅，而且是由法国政府自己砍掉的。他和一切飞黄腾达的政治家一样，目光短浅，看到的只是这一巨大历史事件的外表。历史上何曾有过战胜者不仅为战败政府充当宪兵，而且还充当受雇杀手以求胜利完美无缺这种怪事？普鲁士和巴黎公社之间没有发生过战争。相反，公社接受了初步和约，普鲁士宣布了中立。因此普鲁士不是交战一方。它扮演了杀手的角色，而且是一个怯懦的杀手，因为这不会带来危险；它是一个受雇的杀手，因为事先商定了巴黎陷落后要付给它 5 亿行凶酬金。这样，上天为惩罚不信神的荒淫堕落的法国而授命虔诚的仁义道德的德国进行的那场战争，其真正的性质终于暴露无遗了！这种甚至在旧世界的法学家看来也是空前违反国际法的行为，并未能提醒欧洲的那些"文明"政府把纯系圣彼得堡内阁傀儡的罪恶的普鲁士政府宣布为各国之公敌，却只是促使它们去琢磨要不要把为数很少的逃出巴黎双重包围圈的受害者送交凡尔赛的刽子手！

在现代最惊心动魄的这场战争结束后胜败两军联合起来共同杀戮无产阶级这样一个史无前例的事件，并不是像俾斯麦所想的那样，证明正在崛起的新社会被彻底毁灭了，而是证明资产阶级旧社会已经完全腐朽了。旧社会还能创造的最高英雄伟绩不过是民族战争，而这种战争如今被证明不过是政府用来骗人的东西，意在延缓阶级斗争，一旦阶级斗争爆发成内战，这种骗人的东西也就会立刻被抛在一边。阶级的统治再也不能拿民族的军服来掩盖了；面对无产阶级，各民族政府乃是**一体**！

在 1871 年的圣灵降临节以后，法国工人和他们的劳动产品占有者之间，已经既不能有什么和平，也不能有什么停战了。雇佣军的铁腕可能暂时把这两个阶级都压服一下。但是，斗争定会一次又一次地爆发，规模也将越来越大，最终谁将取得胜利——是少数占有者还是绝大多数劳动者——那是非常清楚的。而法国工人阶级还只是整个现代无产阶级的先锋队。

欧洲各国政府在巴黎面前显示了阶级统治的国际性，可是它们却大骂国际工人协会，把这个与之对立的、反对全世界资本阴谋的国际劳动组织说成是所有这一切灾难的总根源。梯也尔指责这个组织是劳动的暴君，而自己却装成劳动的解放者。皮卡尔下令将法国的国际会员同国外的国际会员之间的一切联系切断；梯也尔的 1835 年的同谋者，那个已成为老古董的若贝尔伯爵声称，铲除国际是所有文明国家政府的大事。乡绅议员们对国际狂吼，全欧洲的报刊都随声附和。有一位同我们协会毫无关系的可敬的法国作家这样说：

> "国民自卫军中央委员会委员和大部分公社委员，都是国际工人协会的最积极、最有见识、最刚毅的人物……这些人都百分之百地正直、真挚、聪明、忠诚、纯洁、狂热——**正面**意义上的狂热。"①

在颇有几分警察头脑的资产阶级心目中，国际工人协会自然是以密谋方式活动的，其中央机构不时命令在各个国家制造事端。实际上，我们的协会只是文明世界各国最先进的工人之间的国际纽带。无论在何处，在何种形式或何种条件下，只要进行着阶级斗争，自然总是我们协会的会员站在最前列。产生这个协会的土壤就是现代社会本身。无论屠杀多少人，都不能把这个协会铲除。要铲除它，各国政府必须铲除资本对劳动的专横统治，即铲除它们自身的寄生虫生活的条件。

工人的巴黎及其公社将永远作为新社会的光辉先驱而为人所称颂。它的英烈们已永远铭记在工人阶级的伟大心坎里。那些扼杀它的刽子手们已经被历史永远钉在耻辱柱上，不论他们的教士们怎样祷告也不能把他们解脱。

总委员会：

马·詹·布恩　　　　　　　弗·布拉德尼克

---

① 让·罗比耐《有关法兰西和巴黎当前局势的政治笔记》1871 年伦敦版。——编者注

G. H. 巴特里	凯希尔
德拉埃	威廉·黑尔斯
阿·埃尔曼	科尔布
弗·列斯纳	罗赫纳
约·帕·麦克唐奈	乔治·米尔纳
托马斯·莫特斯赫德	查·米尔斯
查理·默里	普芬德
罗奇	罗沙
吕尔	萨德勒
奥·赛拉叶	考埃尔·斯特普尼
阿尔弗勒德·泰勒	威廉·唐森

通讯书记：

欧仁·杜邦 ………………………………………… 法国

卡尔·马克思 …………………………………… 德国和荷兰

弗·恩格斯 …………………………………… 比利时和西班牙

海尔曼·荣克 ………………………………………… 瑞士

P. 乔瓦基尼 ………………………………………… 意大利

捷维·莫里斯 ………………………………………… 匈牙利

安东尼·扎比茨基 ………………………………………… 波兰

詹姆斯·科恩 ………………………………………… 丹麦

约·格·埃卡留斯 ………………………………………… 美国

执行主席　海尔曼·荣克
财务委员　约翰·韦斯顿
财务书记　乔治·哈里斯
总书记　　约翰·黑尔斯

1871 年 5 月 30 日于伦敦西中央区
海–霍耳博恩街 256 号

附　录

一

　　"一队囚犯在乌里克大街停下，在人行道上脸朝马路站成四五排。将军加利费侯爵和他的参谋下了马，从左端开始巡视。将军慢慢地走动，审视着行列，时而在这里，时而在那里停下来，在某一个人的肩膀上拍一下，或是向某一个站在后排的人招招手要他出列。这样挑选出来的人，多半不再多问就被赶到马路中心去，那里很快就又形成了一个小队……很明显，这里出错的可能性很大。一个骑在马上的军官把一个男人和一个女人指给加利费将军，告诉他他们犯了什么罪。那个女人连忙从行列里冲出来，跪倒在地伸出双手，用痛切的言语申诉自己的无辜。将军停了一会，然后带着毫无表情的面孔和无动于衷的神情说道：'夫人，巴黎的所有戏院我都去过，你不必在此表演了（ce n'est pas la peine de jouer la comédie）'……在这一天，谁要是比自己的近邻显然长得高一些，穿得脏一些或者干净一些，年长一些或者是相貌丑一些，那可不是好事。特别是有一个人，我发现他大概就是因为有一个受过伤的鼻子而迅速摆脱了人世的烦恼……这样挑出了一百多人并且指定了行刑队，然后那队囚犯又继续前进，而挑出的人则被留在后面。过了几分钟，在我们后面开始听到断断续续的枪响，历时一刻钟以上。这是把那些被仓促定罪的不幸者处决了。"（《每日新闻》驻巴黎记者6月8日报道）

　　这位加利费，即"靠自己那位因在第二帝国闹宴上无耻卖弄色相而出名的妻子吃饭的人"，在战时曾有法国的"毕斯托军曹"之称。

　　"《时报》——一家立论谨慎而不求耸人听闻的报纸——登载过一条可怕的消息，说有些人被枪击并未当场毙命，在气绝身亡之前就被埋掉了。圣雅克-拉-布希埃尔附近的广场埋了很多人，有的埋得很浅。白天街上的嘈杂声使人们无所察觉，但是到夜深人静的时候，这一带的居民常被隐约传来的呻吟声惊醒，到早晨，他们看见地里伸出了一只握得紧紧的拳头。因此，当局下令把被掩埋的人挖出来……我丝毫也不怀疑，有许多受伤的人被活埋了。有一件事我可以证实。布吕内尔同他的情妇一起于上月 24 日在旺多姆广场的一座庭院中被枪杀，尸体在那里一直放到 27 日午后。掩埋队来抬走尸体的时候，发觉这个女人还活着，于是把她送到救护站。虽然她身中四颗子弹，可是现在她已经没有生命危险了。"（《旗帜晚报》驻巴黎记者 6 月 8 日报道）

二

6 月 13 日的《泰晤士报》登载了如下一封信：

致《泰晤士报》编辑

先生：

1871 年 6 月 6 日，茹尔·法夫尔先生向欧洲各大国发出了一个通告，呼吁它们清除国际工人协会。只需三言两语就足以说明这个文件的性质。

我们章程的前言中已经指出，国际是"1864 年 9 月 28 日在伦敦朗-爱克街圣马丁堂举行的公开大会上"① 成立的。茹尔·法夫尔出于他个人的目的，把国际成立日期提早到 1862 年以前。

为了解释我们的原则，他说他引证了"他们〈国际〉1869 年 3 月 25 日的传单"。可他实际上引证的是什么呢？是一个并非国际的团体的传单。这种伎俩，当他还是一个较为年轻的律师，替那家被卡贝控以诽谤罪的巴黎《国民报》作辩护时，就曾经采用过。当时他假装宣读从卡贝的小册子里摘出的一些话，实际上他读的是他自己加进去的东西。这一欺骗行为在法庭上被揭穿，要不是卡贝的宽容，茹尔·法夫尔就要受到开除出巴黎律师公会的惩罚。茹尔·法夫尔用来作为国际文件引证的一切文件，没有一件是属于国际的。例如，他说：

"如 1869 年 7 月在伦敦建立的总委员会所说，同盟宣布自己是无神论的团体。"

---

① 参看《马克思恩格斯全集》中文第 2 版第 21 卷第 17 页。——编者注

总委员会从未发表过这样一个文件。相反，它发表了一个将同盟即日内瓦的社会主义民主同盟最初的章程——也就是茹尔·法夫尔引证的那个章程——宣布为无效的文件①。

茹尔·法夫尔在他这个也装出一些反对帝国样子的通告中，从头到尾都只是重复帝国检察官那套警察式的奇谈怪论来反对国际，这些奇谈怪论甚至在帝国自己的法庭上就已被揭穿了。

大家知道，国际总委员会在关于最近这场战争的两篇宣言中（去年7月和9月发表的）②，谴责了普鲁士对法国的侵略计划。后来，茹尔·法夫尔的私人秘书雷特兰热尔先生曾向总委员会的一些委员请求——自然是徒劳的——由总委员会发动一次反对俾斯麦、支持国防政府的示威游行；同时特别请求他们不要提及共和国。鉴于茹尔·法夫尔预计前来伦敦，有人做了示威游行的准备工作，这当然是出于善意，然而却违背了总委员会的意愿。总委员会在它9月9日的宣言中就曾明确地警告过巴黎工人须防范茹尔·法夫尔和他的同僚。

如果国际也向欧洲各国内阁发出一个通告，谈一谈茹尔·法夫尔，请它们特别注意已故的米里哀尔先生在巴黎公布的文件③，那么茹尔·法夫尔将说些什么呢？

先生，我是您的顺从的仆人

国际工人协会总委员会书记　约翰　·黑尔斯

6月12日于伦敦西中央区

海-霍耳博恩街256号

在一篇题为《国际协会及其目的》的文章中，伦敦《旁观者》（6月24日）作为虔诚的告密者在玩弄其他许多类似的把戏之余，也把上

---

① 指马克思起草的通告信《国际工人协会和社会主义民主同盟》。——编者注

② 见《马克思恩格斯文集》第3卷，北京：人民出版社2009年版，第113—119、120—130页。——编者注

③ 见《马克思恩格斯文集》第3卷，北京：人民出版社2009年版，第133—134页。——编者注

述"同盟"的文件作为国际的文件加以引证，引证得甚至比茹尔 · 法夫尔还更完整。而且此事发生于上述的反驳信在《泰晤士报》上发表11 天以后。我们对此并不感到惊奇。弗里德里希大帝常说：所有耶稣会会士中最坏的是新教徒里的那些耶稣会会士。

卡·马克思写于 1871 年 4 月中旬—5 月底

1871 年 6 月中以小册子形式在伦敦出版

原文是英文

中文根据《马克思恩格斯全集》历史考证版第 1 部分第 22 卷并参考《马克思恩格斯全集》德文版第 17 卷翻译

　　选自《马克思恩格斯文集》第 3 卷，北京：人民出版社 2009 年版，第 131—186 页。

第五部分　附　录

附录 I 《法兰西内战》初稿（摘录）

公　　社

公社的产生和中央委员会

色当事件之后，在里昂，然后在马赛、图卢兹等地曾相继宣告成立公社。甘必大用尽了全力加以镇压。

10 月初巴黎的种种运动，目的都在于建立公社，借以防御外敌入侵和完成九月四日起义的任务。10 月 31 日的运动没有建成公社，原因只在于布朗基、弗路朗斯和当时运动的其他领袖们相信了这样一些言而有信的人，这些人当时曾信誓旦旦地答应引退下台，让位给由巴黎各区自由选举出来的公社。10 月 31 日的运动之所以失败，还因为它的领袖们救了这些人的命，而这些人却迫不及待地要杀害他们的救命恩人。运动的领袖们允许特罗胥和费里逃脱以后就遭到特罗胥的布列塔尼兵的突袭。应当记住，在 10 月 31 日，自封的"国防政府"只是在人民的容忍之下存在着。那时它甚至还未经过一次笑剧般的全民投票。在这种情况下，当然最省事的莫过于歪曲运动的性质，诬蔑它是和普鲁士人串通的阴谋，并且乘他们中间唯一不愿食言的人①去职的机会，任命克莱芒·托马为国民自卫军总司令以加强特罗胥的布列塔尼兵——这些布列塔尼兵替国防政府干的事同科西嘉兵替路易·波拿巴干的事一样；对这些制造恐慌局面的老手们说来，最容易做到的莫过于利用中等阶级对已操主动权的工人营的那种惧怕心理，利用爱国情绪，在各工人营之间散布猜

---

① 弗·塔米西埃。——编者注

忌与不和，制造一个盲目行动和致命误会的局面，这是他们为保住他们篡夺的政权所一贯使用的手法。既然他们在9月4日以猝不及防的手段窃得了政权，现在他们就能够通过一次像反动恐怖时期那样的真正波拿巴式的全民投票，使这个政权得到伪造的民意批准。

如果1870年11月初在巴黎胜利建成公社（当时，法国各大城市已开始组建，全国各地势将纷纷仿效），那不仅会把卫国事业从卖国贼手里夺取过来，赋予它以激情，就像目前巴黎的英勇战斗所表现的那样，而且会完全改变战争的性质。它会转变成共和主义法国高举世纪的社会革命旗帜，反抗普鲁士这个侵略和反革命的旗手的战争。结果就可能像电流似的激发起新旧世界的生产者群众，而不致使得一个腐朽不堪的阴谋老手①被派到欧洲的所有宫廷去乞求。由于10月31日的公社**受骗流产**，茹尔·法夫尔一伙人才得以促成法国向普鲁士投降，并且发动了目前这场内战。

但是，有一点很清楚：9月4日的革命不仅意味着由于篡位者②在色当投降，帝位出缺，共和国得以恢复，不仅由于巴黎进行了长期抵抗——虽然是在其敌人领导下战斗——而从外国侵略者手中争得这个共和国，而且，这一革命在工人阶级中正逐步深入人心。共和国不再是一个过去事物的名称。它孕育着一个新的世界。它的真正倾向虽被一帮狡猾的律师和花言巧语之徒用欺骗、谎言、庸俗的歪曲在世人的眼前加以遮盖，但是却一次又一次地在巴黎（以及法国南部）工人阶级时伏时起的运动中表现出来，他们的口号永远是一致的——**公社！**

公社——这是反对帝国及其存在条件的革命的积极形式，最初在法国南部的一些城市曾试图建立；巴黎被围期间，在时伏时起的运动中也曾一再宣布成立公社，但都被国防政府的阴谋诡计和"投降计划"主角特罗胥的布列塔尼兵破坏而流产了；最后公社终于在3月26日胜利

---

① 阿·梯也尔。——编者注
② 拿破仑第三。——编者注

建成，但它不是在这一天突然产生的。它是工人革命的既定不移的目标。巴黎的投降、波尔多的公开的反共和国阴谋、由夜袭蒙马特尔所开始的政变，都促使巴黎的全部有生命力的力量团结到它的周围，使"国防人士"无法再把它仅仅看做巴黎工人阶级中最自觉最革命部分的孤军奋战。

国防政府只是作为在初遭意外情况下的权宜之计，出于战争的需要才被容忍存在的。巴黎人民对于第二帝国这个谎言帝国的真正答复是——公社。

因此也可以说，全部巴黎的有生命力的力量——除了波拿巴体制的台柱及其御用反对派、大资本家、金融经纪人、骗子手、懒汉以及老朽的国家寄生虫以外——掀起的反对国防政府的起义，虽然是在3月18日对阴谋家们首次告捷的，但起义并不是从这一天，而是从1月28日，即投降的那一天开始的。国民自卫军——即巴黎的全部男性武装居民——自己组织了起来，并且从那一天起就在实际上统治着巴黎，独立于靠俾斯麦的恩典成立的投降派的僭权政府之外。他们拒绝交出他们的武器和大炮，这些武器和大炮是他们的财产，而且正因为是他们的财产，投降时才留在他们手中。这些武器之所以没有落到俾斯麦手里，并不是由于茹尔·法夫尔的宽宏大量，而是由于武装的巴黎为了保持这些武器会不惜与茹尔·法夫尔和俾斯麦一战。鉴于外敌当头、和谈正在进行，巴黎不愿使局势复杂化。它恐怕发生内战。它恪守纯粹防御的立场，满足于巴黎实际上的自治。但是，它在镇静地、坚定地进行着组织工作，准备抵抗。（投降派甚至在投降条款里也毫不含糊地表明，他们想借法国投降普鲁士之机同时达到控制巴黎的目的。他们向普鲁士坚持要求的唯一让步——即使他们不作为一项让步向俾斯麦乞求，俾斯麦也会作为一项条件加在他们头上——就是派4万名士兵来镇压巴黎。巴黎有30万国民自卫军，守卫巴黎、应付外敌和维护内部秩序绰有余裕，在这种情况下，还要求派这4万名士兵，就不可能有其他目的了，而且这点也是公开承认的。）巴黎用一个非常简单的办法，以现行军事组织为基础建立了一套政治联合组织。这个政治联合组织是全体国民自卫军通过每一个连的**代表**彼此联结起来的联盟；连代表们委派营代表，营代表们再委派总代表即军团首长，由他们来代表 1 个区，和其他 19 个区的代表进行合作。由国民自卫军大多数战斗营选出的这 20 位代表组成**中央委员会**，正是它在 3 月 18 日掀起了本世纪最伟大的革命，并且在巴黎目前的光荣斗争中仍在坚守它的岗位。从来还没有过进行得这样认真仔细的选举，也从来没有过这样充分地代表着选举他们的群众的代表。局外人提出反对意见，说这些代表都是些无名之士——诚然，他们只为工人阶级所熟悉，但不是老奸巨猾的家伙，也不是因过去的种种劣迹、因孜孜钻营名利地位而出名的人物——对于这种反对意见，他们骄傲地回答道："当年十二使徒就是这样"；他们也用自己的行动作了回答。

公社的性质

以其无处不在的复杂的军事、官僚、宗教和司法机构像蟒蛇似的把活生生的市民社会从四面八方缠绕起来（网罗起来）的中央集权国家机器，最初是在专制君主制时代创造出来的，当时它是作为新兴的现代社会在争取摆脱封建制度束缚的斗争中的一个武器。中世纪贵族的、城市的和教会的领主特权都转变为一个统一的国家政权的特权；这个统一的国家政权以领薪的国家公职人员代替封建显贵，把掌握在中世纪地主的门客仆从手中和市民团体手中的武器转交给一支常备军队，以实行系统分工和等级分工的国家政权的计划调节代替中世纪的互相冲突的势力所造成的错综复杂的（光怪陆离的）无政府状态。以建立民族统一（创立民族国家）为任务的第一次法国革命，必须消除一切地方的、区域的、城镇的、外省的独立性。因此，这次革命不得不继续进行专制君主制度已经开始的工作，也就是使国家政权更集中更有组织，并扩大国家政权的范围和特权，增加它的机构，提高它对现实社会的独立性，加强它对现实社会的超自然控制，这种控制实际上取代了中世纪的超自然苍天及天上圣徒的作用。由各社会集团的彼此关系产生出来的各个细小的个别的利益，同社会本身相分离并以国家利益的形式固定下来，成为独立于社会而且与社会对立的利益，这种国家利益由担任严格规定的、等级分明的职务的国务祭司们管理。

市民社会身上的这个冒充为其完美反映的寄生赘瘤，在第一个波拿巴的统治下得到了充分的发展。复辟王朝和七月王朝除了使这个寄生赘瘤有更大程度的分工之外，并未增添什么新东西；这种分工是随着市民社会内部分工创造出新利益集团，从而为国家活动创造出新对象而扩大的。法国的议会制共和国和整个欧洲大陆上的各国政府，在它们与1848年革命作斗争中，由于要对人民运动采取各种镇压措施，不得不加强政府权力的行动工具和集中程度。由此可见，所有的革命只是使国家机器更加完善，而没有甩掉这个令人窒息的梦魇。轮流争夺霸权的统治阶级中的各集团各党派，都把占据（控制）（夺得）和操纵这个庞大的政府机器看做胜利者的主要战果。这个政府机器集中力量建立庞大的常备军，制造大批的国家寄生虫和巨额的国债。在专制君主制时代，它是现代社会反封建的斗争工具，这一斗争到法国革命时达到了顶点；在第一个波拿巴时代，它不仅被用来压制革命，取消人民的一切自由权利，它还是法兰西革命的一种工具，借以打出国门，为法国的利益在大陆上建立一些大体与法国相仿的国家来代替封建王朝。在复辟王朝和七月王朝统治时期，它不仅成为资产阶级的暴力阶级统治的手段，而且还成为在直接经济剥削之外对人民进行第二重剥削的手段，因为它保证资产阶级的家族在国家事务管理中取得所有肥缺。在1848年革命斗争时期，它终于充当了扑灭革命、扼杀人民群众的一切解放要求的工具。但是，这种国家寄生物只是在第二帝国时期才得到它最后的发展。有着常备军、无所不管的官僚机构、从事愚民勾当的教会、唯命是从的司法体系的政府权力，已完全脱离社会，甚至一个以一伙饿鬼般的亡命徒作后盾的、平庸到可笑地步的冒险分子，都可以来运用它。它已经无须再使用旧欧洲为反对1789年革命建立的现代世界而结成武装同盟这样的借口了。它不再是一个从属于议会内阁或立法议会的阶级统治工具。国家政权的最后、最高的表现就是第二帝国：它甚至于践踏统治阶级的利益；它用它自己挑选的立法团和由它自己出钱供养的参议院来代替统治阶级摆样子的议会；它的无限权势得到普选的批准；它被公认为维护"秩序"亦即维护地主和资本家对生产者的统治的必要条件；它用昔日的破旧面具掩盖今天贪污腐化之盛行，掩盖最腐朽的寄生集团——金融骗子们的得逞；它放纵过去的一切反动势力，形成一个万恶之渊薮。表面看来，这是这个政府权力对社会的最后胜利；实际上，这是这个社会里一切腐败成分的大泛滥。在不明真相的人看来，这好像只是行政权力战胜了立法权力，好像只是以凌驾于社会之上的权力自居的阶级统治形式最终击败了以社会自身的权力自居的阶级统治形式。但是，事实上，这只是那个阶级统治的最后的、堕落的、唯一可能的形式，它既给统治阶级用这种统治形式加以束缚的工人阶级带来屈辱，也给统治阶级本身带来屈辱。

出9月4日只是击败那个扼杀共和国的邪恶冒险分子而使共和国重新恢复。**公社**才是**帝国本身**的真正对立物，也就是国家政权即集权化行政权力的对立物，第二帝国只不过是这种权力的最完备的表现形式。事实上，这个国家政权是资产阶级创造的，最初作为破坏封建制度的手段，后来作为压制生产者即工人阶级的解放要求的手段。历次的反动和革命所起的作用都只是把这一组织起来的权力——组织起来奴役劳动的暴力——从这一手中转到另一手中，从统治阶级的这一集团转到另一集团。这个组织起来的权力一直是统治阶级进行奴役和牟利的手段。它在每一次新变动中都吸吮了新的力量。它充当了镇压每一次人民起义的工具；在工人阶级进行了战斗，并被迫把它从他们的压迫者的这一集团转交给另一集团之后，它又被用去压制工人阶级。因此，这次革命的对象不是哪一种国家政权形式——正统的、立宪的、共和的或帝制的，而是**国家**本身这个社会的超自然怪胎。这次革命是人民为着自己的利益而重新掌握自己的社会生活的行动。它不是为了把国家政权从统治阶级这一集团转给另一集团而进行的革命，它是为了粉碎这个阶级统治的凶恶机器本身而进行的革命。它不是阶级统治的行政权形式和议会形式之间所进行的无谓的斗争，而是同时对这两种形式进行的反抗，这两种形式是互为补充的，议会形式只是行政权用以骗人的附属物而已。第二帝国是这种国家僭权的最后形式。公社是它的绝对否定，因此，公社也是 19 世纪社会革命的开端。因此，无论公社在巴黎的命运怎样，它必然将**遍立于全世界**。公社立刻被欧美工人阶级当做求解放的法宝来欢迎。相形之下，普鲁士征服者的光荣和陈年业绩只不过像往事的幻影而已。

只有工人阶级才能以"公社"这个字眼来表达，并以战斗的巴黎公社来开创这一新的憧憬。就连第二帝国所体现的国家政权的最后表现形式，虽然对统治阶级的自尊心有所损伤，虽然将他们的妄图实行议会自治的希望一笔勾销，但仍然只是他们的阶级统治的最后的可能形式。它虽然使统治阶级在政治上遭到剥夺，但它却使他们制度中经济方面和社会方面的一切恶行丑事得以大肆泛滥。中等资产阶级和小资产阶级，由于他们生存的经济条件而不可能发动一场新的革命；他们只能或者跟着统治阶级走，或者做工人阶级的追随者。农民被动地充当了第二帝国的经济基础，充当了与社会分离而独立于社会之上的**国家**的那最后一次胜利的经济基础。无产者对全社会负有消灭一切阶级和阶级统治的新的社会使命，只有在这一使命激励下的无产者才能够把国家这个阶级统治的工具，也就是把集权化的、组织起来的、窃据社会主人地位而不是为社会做公仆的政府权力打碎。第二帝国就是在统治阶级依靠农民的被动的支持同无产者进行的主动的斗争中产生的。它是取代了中世纪教会的国家发展到登峰造极的最后形式，同时又是其最淫贱的形式。第二帝国在反对无产者的斗争中诞生。摧毁它的也正是无产者，但无产者摧毁它，并不是把它当做集权化政府权力的某一种特殊形式，而是把它当做这种权力的最强的、被故意弄得似乎独立于社会之上的表现，因而也是这种权力的最淫贱的实体。这个实体从头到脚污点累累，其集中表现是：在国内腐败透顶，在国外极端无能。

议会制在法国已经完结。它的最后的和全盛的时期是从 1848 年 5 月到政变为止的议会制共和国。扼杀了它的那个帝国，正是它自身的产物。第二帝国时期虽设有立法团和参议院——普鲁士和奥地利这两个军事君主国也如法炮制——但那只是滑稽剧而已，只是专制制度的最劣等的附属品。在法国，议会制那时已经死亡，工人革命当然不是要把它从死亡中唤醒。

但是，阶级统治的这一种形式被破坏，其后果就是行政权即国家政府机器成了革命所要打击的最大的、唯一的对象。

————————

公社——这是社会把国家政权重新收回，把它从统治社会、压制社会的力量变成社会本身的充满生气的力量；这是人民群众把国家政权重新收回，他们组成自己的力量去代替压迫他们的有组织的力量；这是人民群众获得社会解放的政治形式，这种政治形式代替了被人民群众的敌人用来压迫他们的假托的社会力量（即被人民群众的压迫者所篡夺的力量）（原为人民群众自己的力量，但被组织起来反对和打击他们）。这种形式很简单，像一切伟大事物一样。在过去的所有革命中，一切历史发展所需的时间总是虚掷了；而且就在人民胜利之日，人民刚放下胜利的武器，这些武器就被转用来反对人民自己。这回一反过去革命的惯例，首先就以国民自卫军代替了军队。

"9月4日以来，共和国第一次摆脱它的敌人的政府而得到解放……为本城建立了保卫公民不受政权（政府）侵犯的国民军，来代替保卫政府反对公民的常备军。"（3月22日中央委员会公告）

（人民只要在全国范围内组织这种国民军，就足以根除常备军；这是一切社会进步在经济方面的第一个必要条件，它一下子既消除这样一个捐税与国债之源，也消除这样一个一直存在着的危险，即阶级统治——不论是通常的阶级统治还是一个自称拯救所有阶级的冒险家的统治——僭取政府权力。）同时它也是抵御外国侵略的最可靠的保障，并在事实上使所有其他国家都不可能维持耗资巨大的军事机器；它使农民免除血税，使农民不再成为所有国税和国债的不竭泉源。仅就这一点来说，公社就是**农民的向往**，是农民解放之先声。同时废除"独立的警察"，以公社的勤务员代替这些恶棍。普选权在此以前一直被滥用，或者被当做议会批准神圣国家政权的工具，或者被当做统治阶级手中的玩物，只是让人民每隔几年行使一次，来选举议会制下的阶级统治的工具；而现在，普选权已被应用于它的真正目的：由各公社选举它们的行政的和创制法律的公职人员。从前有一种错觉，以为行政和政治管理是神秘的事情，是高不可攀的职务，只能委托给一个受过训练的特殊阶层，即国家寄生虫、俸高禄厚的势利小人和领干薪的人，这些人身居高位，收罗人民群众中的知识分子，把他们放到等级制国家的低级位置上去反对人民群众自己。现在错觉已经消除。彻底清除了国家等级制，以随时可以罢免的勤务员来代替骑在人民头上作威作福的老爷们，以真正的责任制来代替虚伪的责任制，因为这些勤务员总是在公众监督之下进行工作的。他们所得的报酬只相当于一个熟练工人的收入，每月 12 英镑，最高薪金每年也不超过 240 英镑；按照一位科学界大权威赫胥黎教授的标准，这样的薪金只略高于伦敦国民教育局秘书工资的五分之一。借口国家机密和国家权利玩弄的一整套骗局被公社一扫而尽；公社主要是由普通工人组成，他们组织着巴黎的防务，对波拿巴的御用军队作战，保证这座庞大城市的粮食供应，担负着原先由政府、警察局和省政府分担的全部职务，在最困难、最复杂的情况下，公开地、朴实地做他们的工作，而且所得报酬就像弥尔顿写《失乐园》一样只是几个英镑；他们光明正大地进行工作，不自以为是，不埋头在文牍主义的办公室里，不以承认错误为耻而勇于改正。公社一举而把所有的公职——军事、行政、政治的职务变成**真正工人的职务**，使它们不再归一个受过训练的特殊阶层所私有（在内战和革命的混乱局面中维持秩序）（采取措施以求全面的振兴）。不论公社的各项具体措施多么可贵，公社的最伟大的措施还是它本身的组织，这个组织是在同时面临外国敌人和阶级敌人威胁的情况下未经准备就成立的，公社以它的存在表现了它的活力，以它的行动证实了它的论点。它的出现就是对征服法国的胜利者的一个胜利，陷于敌人之手的巴黎英勇地一跃而重新取得了欧洲的领导地位，但这个领导地位并不是依靠野蛮的暴力取得的，而是由于巴黎走在社会运动的最前列，体现了世界各国工人阶级的愿望。

如果所有大城市都按照巴黎的榜样组成公社，那么，任何政府都无法以猝不及防的反动袭击来镇压这个运动。甚至通过这一初步行动，就可以赢得培育实力的时间，使运动胜利得到保证。全法国都将组织起独立工作的、自治的公社；国民军将代替常备军；国家寄生虫大军将被搬掉；教师将代替各级僧侣；国家法官将换成公社的机构；国民代表的选举将不再是总揽一切大权的政府玩弄手腕的事情，而是组织起来的各公社的意志的自觉表现；国家的职能将只限于几项符合于普遍性、全国性目的的职能。

这就是**公社——社会解放的政治形式**，把劳动从垄断着劳动者自己所创造的或是自然所赐予的劳动资料的那批人僭取的权力（奴役）下解放出来的政治形式。正如国家机器与议会制只是统治阶级进行统治的有组织的总机构，只是旧秩序在政治上的保障、形式和表现，而不是统治阶级的真正生命，公社也不是工人阶级的社会运动，从而也不是全人类复兴的运动，而只是有组织的行动手段。公社并不取消阶级斗争，工人阶级正是通过阶级斗争致力于消灭一切阶级，从而消灭一切阶级统治（因为公社并不代表一种特殊利益；它代表着"劳动"的解放，而劳动是个人生活和社会生活的基本的、自然的条件，唯有靠僭权、欺骗、权术才能被少数人从自己身上转嫁到多数人身上)，但是，公社提供合理的环境，使阶级斗争能够以最合理、最人道的方式经历它的几个不同阶段。公社可能引起激烈的反动和同样激烈的革命。**劳动的解放**——公社的伟大目标——是这样开始实现的：一方面取缔国家寄生虫的非生产性活动和胡作非为，从根源上杜绝把巨量国民产品浪费于供养国家这个魔怪，另一方面，公社的工作人员执行实际的行政管理职务，不论是地方的还是全国的，只领取工人的工资。由此可见，公社一开始就厉行节约，既进行政治变革，又实行经济改革。

如果公社的组织在全国范围内牢固地建立起来，它还可能要经受的灾难，就是奴隶主们的一些分散零星的暴动，这些暴动尽管暂时会阻挠和平进步的事业，但只会增强社会革命的武装力量，从而加速运动的发展。

工人阶级知道，他们必须经历阶级斗争的几个不同阶段。他们知道，以自由的联合的劳动条件去代替劳动受奴役的经济条件，只能随着时间的推进而逐步完成（这是经济改造）；他们不仅需要改变分配，而且需要一种新的生产组织，或者毋宁说是使目前（现代工业所造成的）有组织的劳动中存在着的各种生产社会形式摆脱掉（解除掉）奴役的锁链和它们的目前的阶级性质，还需要在全国范围内和国际范围内进行协调的合作。他们知道，这一革新的事业将不断地受到各种既得利益和阶级自私心理的抗拒，因而被延缓、被阻挠。他们知道，目前"资本和地产的自然规律的自发作用"只有经过新条件的漫长发展过程才能被"自由的联合的劳动的社会经济规律的自发作用"所代替，正如过去"奴隶制经济规律的自发作用"和"农奴制经济规律的自发作用"之被代替一样。但是，工人阶级同时也知道，通过公社的政治组织形式，可以立即向前大步迈进，他们知道，为了他们自己和为了人类开始这一运动的时刻已经到来了。

农　　民

（**战争赔款**）。还在公社成立之前，中央委员会就通过它的《公报》宣布："**大部分的战争赔款应该由战争的祸首们交付**"。① 这是"秩序人物"最害怕的"反文明大阴谋"。这是最实际的问题。如果公社得胜，战争的祸首们就必须交付这笔赔款；如果凡尔赛得胜，那么，已经付出鲜血、遭受摧残破坏、承担捐税的生产者群众就还得支付这笔赔款，而财阀们甚至还要通过经手这笔生意牟利。由谁来清偿战争费用，这将取决于内战。在这个极其重要的问题上，公社不仅代表着工人阶级和小资产阶级的利益，实际上也代表着除了**资产阶级**（富有的资本家）（富有的地主，以及他们的国家寄生虫）以外的全体中等阶级的利益。首先它代表的是**法国农民**的利益。如果梯也尔和

---

① 引自一篇反映国民自卫军中央委员会在交付赔款问题上的立场的文章；载于1871年3月21日《法兰西共和国公报》第80号。——编者注

他的"乡绅议员"们得胜的话,大部分的战争捐税就会转嫁到农民的肩上。可是有人竟糊涂到这个地步,居然跟着"乡绅议员"们叫喊什么他们——大土地占有者——代表农民,而农民当然心地质朴,迫不及待地要为那些已经强迫他们付出了 10 亿革命赔偿金的好"地主们"再交纳几十亿战争赔款。

正是这些人对农民增收了 45 生丁的附加税,蓄意以此损害二月共和国的威信;不过,当时他们是以革命的名义,以革命创造的"临时政府"的名义这样做的。现在,他们是以自己的名义进行反对公社共和国的内战,以便把战争赔款从他们自己的肩头上转嫁到农民的肩头上去!农民当然会为此而高兴!

公社要废除征兵制,秩序党则要把这种血税牢缚于农民之身。秩序党要派税吏死死抓住农民,向他们索取寄生的、靡费的国家机器的费用,公社则要给他们一个廉价政府。秩序党要让城市的高利贷者继续敲骨吸髓地压榨他们,公社则要把他们从抓住他们那小块土地的典押债魔的手中解放出来。公社要用领取相当于工人工资的、而不是靠农民劳动以自肥的公社勤务员来代替吞噬着农民的主要收入的、寄生的司法人员——公证人、法警等等。公社要捣毁这一整张缠绕在法国农民身上、上面伏着吸吮农民血汗的资产阶级蜘蛛——法官和区长——的司法蜘蛛网!秩序党要使他们继续处在宪兵统治之下,公社则要恢复他们的独立的社会生活和政治生活!公社要让他们在教师的教导下学到知识,秩序党则要强使他们接受僧侣的愚民统治!但是,法国农民首先是善于算账的人!他们会发现,神职人员的薪俸不再由税吏向他们强制征收,而是由他们依自己的宗教情感"自愿捐赠",那是极为合理的!

路易·波拿巴是被法国农民选为共和国总统的,帝国则是(在制宪议会和立法议会下的共和国的隐名统治时期)由秩序党创立的!在 1849 年和 1850 年,法国农民就开始以自己的行动表明他们实际需要的是什么了:他们以自己的区长对抗政府的省长,以自己的学校教师对抗政府的教士,以自身对抗政府的宪兵!秩序党在 1849 年,特别是在

1850 年 1 月和 2 月制定的各项反动法律，其核心是专门针对法国农民的！如果说，法国农民之所以选举路易·波拿巴为共和国总统是因为他们习惯于把自己从第一次革命获得的全部利益错误地归之于第一个拿破仑的话，那么，政变之后，法国一些省的农民的武装起义和宪兵对他们的搜捕则证明：这种错觉正在迅速地破灭！帝国是建立在人为促成的错觉和传统的偏见基础之上的，而公社则将建立在农民的切身利益和他们的实际需要基础之上。

法国农民的仇恨正在集中到"乡绅议员"、城堡领主、榨取 10 亿赔偿金的那些人以及以土地占有者面目出现的城市资本家身上。这些人对农民的侵夺在第二帝国时期进展得空前迅速，这种情况一部分是国家的人为措施所促成的，一部分是现代农业发展本身的自然结果。"乡绅议员"们知道，就法兰西的公社共和国只要统治三个月，可能成为农民和农业无产阶级起来向他们造反的信号。因此他们疯狂地仇恨公社！农民的解放对他们来说甚至比城市无产阶级的解放更加可怕！农民很快就会欣然接受城市无产阶级为他们自己的领导者和老大哥！当然，在法国，像在绝大多数的欧洲大陆国家一样，在城市生产者和农村生产者之间、在工业无产阶级和农民之间是存在着深刻的矛盾的。大规模的有组织的劳动，生产资料的集中，这是无产阶级追求的希望，也是无产阶级运动的物质基础，尽管目前劳动的组织是专制式的，生产资料不仅作为生产手段，而且作为剥削和奴役生产者的手段集中在垄断者的手中。无产阶级要做的事就是改变这种有组织的劳动和这些集中的劳动资料目前所具有的资本主义性质，把它们从阶级统治和阶级剥削的手段变为自由的联合劳动的形式和社会的生产资料。另一方面，农民的劳动则是孤立的，他们的生产资料是零星分散的。在这些经济差异的基础上，作为上层建筑，形成了大量互不相同的社会政治观点。但是这种农民所有权早已越过自己发展的正常阶段。那时它还是现实的，还是一种符合于社会经济需要、使农村生产者本身处于正常生活条件中的生产方式和财产形式。现在，它已经进入了自己的没落时期。一方面，从它里面已经成长起来了一支巨大的、与城市雇佣工人利益完全一致的 prolétariat foncier（农村无产阶级）。由于农艺学的新发展，这种生产方式本身已经老朽过时。最后，农民所有权本身也变得徒有其名，他们自己劳动的果实被夺走，留给他们的不过是所有权的幻觉。大农场主的竞争、血税、国家捐税、城市典当主的高利盘剥以及压在他们身上的司法制度的大量的小额勒索，这一切使得他们沦落到印度农民的地位；同时，他们随时遭到剥夺——甚至他们名义上的所有权也被剥夺，从而沦为农村无产者。因此，把农民同无产阶级分开的已经不是农民的实际利益，而是他们的错觉偏见。如果说，公社像我们已经指出的那样，是唯一在目前经济条件下就能立即给农民带来莫大好处的政权的话，那么，也只有公社这种政府形式才能够保证改变他们目前的经济状况；能够一方面拯救他们免于地主的剥夺，另一方面使他们不至于为了所有权的名义而遭受压榨、苦役和贫困的煎熬；能够把他们名义上的土地所有权变成他们对自己劳动果实的实际所有权；能够使他们既享受产生于社会需要、而目前则作为一种敌对因素不断侵犯着他们利益的现代农艺学之利，又无损他们作为真正独立生产者的地位。他们既然能立即受惠于公社共和国，必将很快地对它产生信任。

共和联盟（共和同盟）

无秩序党在第二帝国的弊政下，达到了它统治的顶点，这个党在它的随从仆役、喽罗门客、国家寄生虫、暗探爪牙、"荡妇"，以及一大群作为**高等流氓**之补充的下等**流氓**（普通刑事犯）跟随下，离开了巴黎（演出了一幕"出巴黎记①"）。但是，中等阶级里面的真正有生命力的力量，由于工人的革命而得以摆脱他们的伪代表，在法国历次革命的历史中第一次和这个无秩序党分道扬镳，显出他们的真正本色。这就是"共和自由同盟"，它在巴黎和外省之间起着中介作用，拒绝承认凡尔

---

① 这里显然是套用了《旧约全书·出埃及记》的标题。——编者注

赛，并在公社的旗帜下前进。

代表着社会中一切不靠他人劳动生活的
阶级的公社革命

我们已经看到：巴黎的无产者为维护法国农民而战，凡尔赛为反对法国农民而战；"乡绅议员"最害怕的是农民听到巴黎的声音，不能再靠封锁把两者隔离开来；归根到底，他们对巴黎作战是企图使农民继续做他们的奴隶，把农民照旧当做他们的"可以任意勒索租税的"对象。

在历史上破天荒第一次，小资产阶级和中等资产阶级公开地团结在工人革命旗帜下，他们宣布这场革命是拯救他们自己和拯救法国的唯一手段！他们和工人一起构成国民自卫军的主体，他们和工人在公社里一起开会，他们在共和联盟里为工人做中介人！

公社实施的主要措施是为着拯救巴黎的中等阶级即债务阶级而反对债权阶级！在六月起义（1848年）中，这个中等阶级曾集结在资本家阶级及其将军、国家寄生虫的旗帜下反对无产阶级。他们随即在1848年9月19日由于"友好协议"被否决而受到了惩罚。对六月起义的胜利立即显示出它同时也是债权人即富有的资本家对债务人即中等阶级的胜利。债权人冷酷地索取他们该得的那"一磅肉"①。1849年6月13日，这个中等阶级的国民自卫军被解除了武装，并遭到资产阶级军队的杀戮！在帝国时期，由于国家资财被挥霍浪费，富有的资本家借以自肥，这个中等阶级遭受着证券投机商、铁路大王、动产信用公司之类诈骗公司的劫掠，遭受着资本家的联合组织（股份公司）的剥夺。如果说，这个阶级在政治地位上受着贬抑，在经济利益上受着打击，那么，它在精神上则被帝国的奢靡腐败之风所激怒。战争中的丑闻丑事使他们感到忍无可忍，激发了他们作为法国人的情感。在法国经受着这场战争带来的种种灾难，经受着民族崩溃的危机

---

① 莎士比亚《威尼斯商人》第4幕第1场。——编者注

和经济破产的情况下，这个中等阶级感到：唯一能够救亡济危的是工人阶级的宏伟的志向和巨人般的力量，而不是妄想当法国奴隶主的那个腐败的阶级！

他们感到：只有工人阶级能够把他们从僧侣统治下解放出来，把科学从阶级统治的工具变为人民的力量，把科学家本人从阶级偏见的兜售者、追逐名利的国家寄生虫、资本的同盟者，变成自由的思想家！只有在劳动共和国里面，科学才能起它的真正的作用。

共和国只有公开宣布为社会共和国才可能存在

正像第二帝国粉碎了操于国家宪兵和教士之手的"普选"是不受任何控制的这样一种幻想一样，这次内战粉碎了关于"共和国"的最后幻想。法国所有的有生命力的力量都承认：在法国和在欧洲，共和国只有作为"社会共和国"才有可能存在；这种共和国应该剥夺资本家和地主阶级手中的国家机器，而代之以公社；公社公开宣布"社会解放"是共和国的伟大目标，从而以公社的组织来保证这种社会改造。另外那种共和国只能是一切保皇派——正统派、奥尔良派、波拿巴派——联合起来进行的**隐名**恐怖统治，其最终目标是跨入某种形式的帝国；这是阶级的**隐名**恐怖统治，在完成其肮脏使命之后，必将开成一朵帝国之花！

乡绅议会里面的职业共和党人是这样一些人，尽管他们经过了1848—1851年的试验，经过了镇压巴黎的内战，还是真心相信阶级专制的**共和形式**是一种可能的、持久的形式；其实，秩序党之需要这种形式，只是把它当做一种玩弄阴谋的形式，用来反对共和、重建唯一适合于这个党的阶级专制形式——君主制度，或更确切地说，帝国制度。在1848年，这些甘愿受骗的笨蛋被推到前台，直到他们通过镇压六月起义为所有那些妄想当法国奴隶主的集团铺平了建立隐名统治的道路为止。1871年，在凡尔赛，他们从一开始就被推到后边，在那里为梯也尔的统治充当"共和主义的"装饰品，并以他们的在场使波拿巴的将

军们反巴黎的战争合法化！这些可怜虫陷于自我嘲讽而不自觉，还在
Salle des Paume（网球场）里举行他们党的会议，来表明与他们的1789
年前辈相比，他们已堕落到怎样的地步！他们试图通过他们的舍耳歇之
流哄诱巴黎把武器交给梯也尔，试图借助赛塞手下的"秩序"国民自
卫军来迫使巴黎解除武装！我们不去谈像路易·勃朗之类的所谓巴黎的
社会主义议员。他们驯顺地忍受杜弗尔这种人和乡绅议员们的侮辱，迷
恋梯也尔的"合法"权利，而且竟在匪徒面前哀鸣诉苦，脸面丢尽！

工人和孔德

如果说工人的发展现在已经越过了社会主义宗派纷争的时期，那么
不应忘记，工人从来也不曾被孔德派操纵过。这个宗派所给予**国际**的，
不过是大约六七个人的一个**支部**，这个支部的纲领被总委员会拒绝。巴
黎工人知道：孔德在政治方面是帝国制度（个人**独裁**）的代言人；在
政治经济学方面是资本家统治的代言人；在人类活动的所有范围内，甚
至在科学范围内是等级制度的代言人。巴黎工人还知道：他是一部新的
教义问答①的作者，这部新的教义问答用新的教皇和新的圣徒代替了旧
教皇和旧圣徒。

如果说，孔德的信徒在英国比在法国更受欢迎，那倒不是由于他们
鼓吹了他们的宗派教义，而是由于他们个人的优秀品质，还由于他们接
受了那些不是由他们创造的工人阶级的阶级斗争的形式，例如英国的工
联和罢工。顺便提一下，这些斗争形式是被他们在巴黎的同宗道友们斥
为异端的。

公社（社会措施）

巴黎工人发动了目前这次革命，并且以英勇的自我牺牲精神承受着

---

① 奥·孔德《实证哲学教程》1830—1842年巴黎版第1—6卷。——编者注

这场战斗带来的主要打击——这并不是新鲜事。这是历次法国革命的突出特点！这只是往事的重复！革命以人民群众的**名义**，并且是公开**为着**人民群众即生产者群众的**利益**而进行，这是这次革命和以前历次革命相同之点。这次革命的新的特点在于人民在首次起义之后没有解除自己的武装，没有把他们的权力拱手交给统治阶级的共和主义骗子们；这次革命的新的特点还在于人民组成了**公社**，从而把他们这次革命的真正领导权握在自己手中，同时找到了在革命胜利时把这一权力保持在人民自己手中的办法，即用他们自己的政府机器去代替统治阶级的国家机器、政府机器。这就是他们的滔天大罪！工人们竟敢侵犯"一万个上层人"的统治特权，竟敢宣布他们决心破坏这种运用社会的有组织的国家力量来谋取私利的阶级专制的经济基础！使欧洲的以及美国的体面阶级狂怒的正是这一点；这也说明他们为什么大叫这是亵渎神灵，说明他们为什么要疯狂号召屠杀人民，要从他们的议会讲坛和他们的仆从报社发出粗野的叫骂和诽谤！

公社的最伟大的措施就是它本身的存在，它在闻所未闻的困难情况下工作着、行动着！巴黎公社升起的红旗实际上只是标志着巴黎的工人政府的建立！工人们已经清楚地、有意识地宣告他们的目的是解放劳动和改造社会！但是他们的共和国的真正"社会"性质仅仅在于工人管理巴黎公社这一点！至于他们的各项措施，由于实际情况所决定，不得不主要限于巴黎的军事防卫和粮食供应！

工人阶级的一些以保护人自居的朋友们，一方面甚至对很少的几项他们认为是"社会主义的"措施——其实这些措施除了倾向之外根本没有什么社会主义的东西——也很难掩饰他们的厌恶；另一方面他们又表示满意，并企图用他们的重大发现来诱导"士绅们"同情巴黎公社。他们的大发现是：工人们毕竟是有理智的人，他们无论何时执掌政权，一定会坚决背弃社会主义事业的！事实上，工人们并不想在巴黎成立什么**法伦斯泰尔**，也不想成立什么**伊加利亚**。真是当代的聪明人！这些对于工人阶级的真正理想和真正运动一窍不通的好心的保护人忘记了一点。所有的社会主义宗派的创始人都属于那样一个时期，那时工人阶级自己一方面还没有在资本主义社会本身的发展进程中得到足够的锻炼并被充分地组织起来，因此还没有作为历史动力登上世界舞台；另一方面，他们取得解放的物质条件在旧世界内部也还没有完全成熟。工人阶级的贫困状态是存在着的，但是他们开展自己的运动的条件则尚未具备。各乌托邦宗派的创始人虽然在批判现存社会时明确地描述了社会运动的目的——消除雇佣劳动制度和这一制度下的阶级统治的一切经济条件，但是他们既不能在社会本身中找到改造社会的物质条件，也不能从工人阶级身上发现运动的有组织的力量和对运动的认识。他们企图用新社会的幻想图景和方案来弥补运动所缺乏的历史条件，并且认为宣传这些空想的图景和方案是真正的救世之道。从工人阶级运动成为现实运动的时刻起，各种幻想的乌托邦消逝了——这不是因为工人阶级放弃了这些乌托邦主义者所追求的目的，而是因为他们找到了实现这一目的的现实手段——取代乌托邦的，是对运动的历史条件的真正理解以及工人阶级战斗组织的力量的日益积聚。但是，乌托邦主义者所宣布的运动的两个最终目的，也是巴黎革命和国际所宣布的最终目的。只是手段不同，运动的现实条件也不再为乌托邦寓言的云雾所掩盖。因此，无产阶级的这些以保护人自居的朋友们之百般曲解这次革命所响亮地宣布的社会主义趋向，只不过是受自己无知的欺骗而已。如果这些人认为工人运动的先知们所创造的那些乌托邦寓言仍然是"社会革命"，也就是说，如果他们认为社会革命仍然是"乌托邦式的"，那么过错并不在巴黎无产阶级身上。

————

3 月 20 日中央委员会的《公报》：

"首都的无产者，目睹执政（统治）阶级的无能和叛卖，已经懂得（compris）：**由他们自己亲手掌握公共事务**（国家事务）**的领导**（管理）**以挽救时局**的时刻已经到来。"

他们指出"资产阶级的政治无能和精神衰朽"是"法国不幸"的根源并加以痛斥。

"工人们生产一切然而享受不到任何东西，他们目睹用自己的劳动与血汗创造出来的产品堆积如山，而自己却受着贫困的折磨……**难道永远不许他们致力于自己的解放事业吗**？……无产阶级眼看着自身的权利经常受到威胁，自己的正当企望一概被否认，祖国山河破碎，自己的一切希望归于毁灭，他们已经懂得：夺取政权（en s'emparant du pouvoir）以掌握自己的命运、保证自己的胜利，是他们无可推卸的职责和绝对的权利。"①

这里说得很清楚：工人阶级的政府所以必要，首先是为了拯救法国，为了使法国免于统治阶级将带给它的毁灭和腐化；夺去这些阶级（已经丧失了治理法国能力的阶级）的政权是**拯救民族的必要条件**。

但是，这里同样也说得很明白：工人阶级的政府只有致力于**工人阶级自身的解放**才能拯救法国，完成民族事业，因为工人阶级解放的条件同时也就是法国复兴的条件。

工人阶级的政府被宣布为劳动对劳动资料垄断者、对资本的战争。

资产阶级的**沙文主义**只不过是最大的虚荣，它给资产阶级的种种横蛮要求罩上一件民族的外衣。沙文主义是借助常备军来使国际斗争永久化的手段，是用挑拨本国的生产者反对另一国生产者弟兄的办法以压服本国生产者的手段，是阻挠工人阶级的国际合作的手段，而这种合作是工人阶级解放的首要条件。这种沙文主义（它早已成为一句空话）的真正性质已经暴露无遗，它表现于色当之后的防御战争——沙文主义的资产阶级到处使这场防御战争陷于瘫痪；表现于法国的投降；表现于梯也尔这位沙文主义最高祭司在俾斯麦的恩准下进行的国内战争！它还表现于反德同盟的鬼祟的警察伎俩以及投降之后巴黎城内对外国人的搜捕。沙文主义的资产阶级希望，巴黎人民（和全体法国人民）会被民族仇恨的情绪所愚弄，会在蓄意对外国人的迫害中忘记自己的真正愿望，忘记内奸！

这种精心制造的运动不是被革命的巴黎一口气就吹得无影无踪（烟消云散）了吗？巴黎响亮地宣布了它的国际倾向——因为生产者的事业

---

① 1871年3月21日《法兰西共和国公报》第80号。——编者注

到处是一样的，他们的敌人不论属何国籍（不论穿着什么样的民族服装）也到处是一样的——它把允许外国人加入公社当做一条原则加以宣布，它甚至把一位外国工人①（国际会员）选入执行委员会，它下令拆除法国沙文主义的象征——旺多姆圆柱！

当资产阶级沙文主义者已肢解了法国并在外国侵略者的指令下行事的时候，巴黎的工人却通过打击本国的阶级统治者而打败了外敌；通过取得世界各国工人之先锋的地位而消除了国界！

资产阶级的纯正的爱国主义，对各类"国有"财产的实际所有者说来是很自然的，但是，由于他们的金融、商业和工业活动已带有世界的性质，这种爱国主义现在已只剩下一个骗人的幌子。在类似的条件下，这种爱国主义在所有国家也会像在法国一样被戳穿。

乡绅的地方分权和公社

有人说，巴黎以及其他法国城市都是处在农民统治的压迫下，巴黎现在的斗争是为了从农民的统治下解放出来！从来也没有比这更愚蠢的谎言！

作为中央所在地和中央集权政府机器根据地的巴黎，使农民受着宪兵、税吏、省长、僧侣和土地巨头的统治，也就是使农民受着农民敌人的专制统治，使农民失去一切生机（使他们丧失活力）。它压制农业地区的一切独立生活机能。另一方面，以巴黎为大本营的中央集权的国家机器既然使外省的全部权势都这样归之于政府、土地巨头、宪兵和僧侣，这些人就利用这种权势为政府和政府所代表的阶级服务，不去反对政府、寄生虫、资本家、懒虫们的那个充当着世界妓院的巴黎，而去反对工人和思想家的巴黎。这样，由于存在着以巴黎为基地的政府集权，农民就受着政府和资本家的巴黎的压制，而工人的巴黎则受着落入农民敌人之手的外省权力的压制。

---

① 莱·弗兰克尔。——编者注

凡尔赛的《通报》（3 月 29 日）宣称：

"巴黎不能是一个**自由的城市**，因为它是**首都**。"

这倒是实话。巴黎这个统治阶级及其政府的首都，不能是一个"自由的城市"；各省因为有着这样一个巴黎作首都，也不能"自由"。只有有了**巴黎公社**，各省才能自由。**秩序党**之所以如此疯狂地痛恨巴黎，与其说是因为巴黎宣布自己摆脱秩序党及其政府的统治，倒不如说是因为巴黎这样做就是发出了农民以及各省摆脱秩序党统治的信号。

4 月 1 日公社《公报》：

"三月十八日革命不是以保证巴黎获得一个民选的、但仍处在**一个十分集中的全国政权的专制控制**下的公社代表机构作为唯一的目的。**它要为法国所有的市镇争得和确保独立**，也要为所有更高的地方单位——省、大行政区——争得和确保独立，这些地方单位将为了它们的共同利益联合在一个真正的民族公约之下；它要保障共和国，并使之长存……巴黎**放弃了它的表面上大权独揽的地位**——这种大权独揽的地位对巴黎说来等于是自我损害——而没有放弃那种使它的宣传工作在法国和欧洲屡获胜利的道义力量和思想影响。"[①]

"这一次，巴黎再度为全法国而工作和忍受苦难；它为法国在思想、道德、行政、经济诸方面的复兴，为法国的光荣和繁荣而战斗、牺牲。"（**用气球发出去的巴黎公社的纲领**）[②]

梯也尔先生在巡视各省的时候，安排了选举事宜，首先是安排他自己在各地的选举。但是有一个困难。外省的波拿巴派当时已不中用。（而且，他不需要他们，他们也不需要他。）很多奥尔良派的老角色都已经融入波拿巴派了。因此必须求援于乡居的正统派地主。他们一直不问政治，正是易受愚弄之辈。他们使凡尔赛议会具有了明显的特色，具有了类似路易十八的"无双议院"的性质，具有了"乡绅"议会的性

[①] 1871 年 4 月 1 日《法兰西共和国公报》第 91 号社论。——编者注
[②] 1871 年 4 月 19 日巴黎公社宣言《告法国人民书》，载于 1871 年 4 月 21 日《每日新闻》第 7793 号。——编者注

质。他们十分自负，当然以为随着波拿巴的第二帝国的崩溃，有了外国侵略者的庇护，像 1814 年和 1815 年那样，他们的时机终于又到来了。可是，他们仍然只是受人愚弄。随他们怎样行动，他们也只能像 1848—1851 年一样，作为秩序党的一分子以及它的"隐名"恐怖主义的工具而行动。他们本派情绪的宣泄只不过给他们那种结伙行为增添喜剧性而已。因此，他们只好容忍贝里公爵夫人的监狱产婆当他们的总统，容忍国防政府中的假共和主义者当他们的部长。他们的任务一旦完成，就会被一脚踢开。但是——这是历史的恶作剧——由于各种情况的这种奇异配合，他们不得不向巴黎进攻，惩罚它背叛"统一而不可分的共和国"（这是路易·勃朗的说法①，梯也尔称之为法兰西的统一）；可是他们自己干的头一件好事恰恰就是背叛统一，因为他们声称要"砍去巴黎的头颅和取消它的首都地位"，要把议会设在一个外省城市里。其实，他们真正希望的是：恢复中央集权制国家机器出现以前的情况，多少摆脱这个国家机器的省长和部长的约束，而代之以封建领主在本省和本地的权势。他们所要的是在法国实行反动的**地方分权**。而巴黎所要的却是：以法国社会本身通过公社组织而取得的政治统一去代替曾起过反封建作用的中央集权制，这种中央集权制现在已经仅仅表现为一个人为机体的统一，而这个人为机体依靠宪兵和红黑军队而存在，压制着现实社会的生活，像梦魇一样压在社会头上，用孤立巴黎、排斥外省的办法给予巴黎一个"表面上大权独揽"的地位。巴黎就是要用前述的政治统一去代替这个存在于法国社会之外的中央集权的法国。

因此，真正主张破坏法国统一的是乡绅们，他们反对统一的国家机器，因为统一的国家机器损害了他们在地方上的权势（领主权利），因为统一的国家机器是和封建制度相对抗的。

巴黎所要的则是破坏那种人为的中央集权制，因为它是和法国真正的有生命力的统一相对抗的，因为它无非是阶级统治的一种手段而已。

———————————

① 路易·勃朗《给〈世纪报〉编辑的信。1871 年 4 月 20 日》，载于 1871 年 4 月 26 日《每日新闻》第 7797 号。——编者注

孔德派的观点

对现存经济制度完全无知的人，当然更不能理解工人为什么要否定这种制度。他们当然不能理解，工人阶级企图实现的社会变革正是目前制度本身的必然的、历史的、不可避免的产物。他们以遗憾的口吻谈论消灭“财产”的威胁，因为在他们看来，他们的财产的现今的阶级形式——一种过渡性的历史形式——**就是**财产本身，因而消灭这种财产形式就是消灭财产。正像他们现在为资本统治和雇佣劳动制度的“永恒性”进行辩护一样，如果他们生在封建时代或奴隶制度时代，他们也会把封建制度和奴隶制度当做符合事物本性的制度、当做自发地成长起来的自然产物而加以保卫；他们也会猛烈抨击这些制度的种种“弊端”，但同时他们会由于自己极端无知而用什么这些制度是“永恒的”，是可通过“道德节制”（“限制”）加以纠正的说教，来反驳这些制度将被消灭的预言。

他们对巴黎工人阶级的目的理解的正确程度和俾斯麦先生一样，俾斯麦曾宣称：公社所要建立的是普鲁士式的市政体制。

可怜的人们！他们甚至不知道，财产的任何一种**社会形式**都有各自的“道德”与之相适应，而那种使财产成为劳动之属性的社会财产形式，决不会制造个人的“道德限制”，而会将个人的“道德”从阶级束缚下解放出来。

人民革命的气息使巴黎发生了多大的变化啊！二月革命曾被称做痛恨道德堕落的革命。人民宣布那次革命时高呼：“打倒大窃贼！打倒杀人犯！”这是人民的情感。至于资产阶级，他们却要求给贪污腐败以更广阔的舞台！在路易·波拿巴（小拿破仑）的统治时期，他们的这种要求得到了满足。巴黎这个巨大的城市，这个具有历史首创精神的城市，被弄成了世界上所有懒虫和骗子手的安乐窝，弄成了一个世界妓院！在“上等人”出走以后，工人阶级的巴黎才重新展现，工人阶级的巴黎是英勇的，富有自我牺牲的精神，对自己的艰巨任务满怀热情！尸体认领处里一具尸体也没有，街道上平安无事。巴黎界内从来没有这样平静过。荡妇看不到了，看到的是巴黎的英勇妇女！刚劲的、严肃的、战斗着、劳动着、思想着的巴黎！胸怀广阔的巴黎！同敌人的野蛮暴行相对照，巴黎只不过使敌俘无力伤人而已……

"巴黎所决不愿再容忍的，是荡妇和轻薄少年的存在。它决心驱逐或改造曾经把这座巨大城市抓在手里作为自己私产加以利用的这批无用处、无信仰、自私自利的败类。第二帝国的任何头面人物都将无权说这样的话：巴黎的最好的街区其乐融融，但是其他街区里贫民太多。"①

（4月23日《真理报》）：

"巴黎的个人犯罪案件惊人地减少了。小偷和荡妇没有了，暗杀和路劫没有了；所有的保守分子都逃到凡尔赛去了！"

"自从公民自己行使警察职能以来，即使是在最地僻人稀的街区也没有接到一次夜间抢劫事件的报案。"

卡·马克思写于1871年4月中—5月上半月	原文是英文
第一次用英文和俄文发表于《马克思恩格斯文库》1934年莫斯科版第3（8）卷版	中文根据《马克思恩格斯全集》历史考证版第1部分第22卷并参考《马克思恩格斯全集》德文第17卷翻译

---

①　1871年4月23日《观察家报》第4170号。——编者注

附录 Ⅱ 《法兰西内战》二稿（摘录）

（6）公社

在色当事件之后，里昂、马赛和图卢兹的工人，都曾宣告成立公社。甘必大用尽全力加以摧毁。在巴黎被围期间，工人们不断地发难举事，但一次又一次地为特罗胥的布列塔尼兵——路易·波拿巴的科西嘉兵的优秀继承者——以莫须有的理由所镇压。工人们发难举事就是企图以公社代替骗子手的政府。当时默默地酝酿着的公社，正是九月四日革命的真正秘密之所在。因此，3 月 18 日清晨，在反革命被击败以后，睡意朦胧的欧洲从普鲁士帝国的迷梦中惊醒时听到的是巴黎雷鸣般的呼声："公社万岁！"

公社，这个使资产阶级的头脑怎么也捉摸不透的怪物，究竟是什么呢？

按最简单的理解，这是工人阶级在他们的社会堡垒——巴黎和其他工业中心——里执掌政权的形式。

中央委员会在它的 3 月 20 日公告中说：

> "首都的无产者，目睹统治阶级的无能和叛卖，已经懂得：由他们自己亲手掌握公共事务的领导以挽救时局的时刻已经到来……他们已经懂得：夺取政权〈国家权力〉以掌握自己的命运，是他们无可推卸的职责和绝对的权利。"①

但是，无产阶级不能像统治阶级及其互相倾轧的各党各派在历次胜

---

① 1871 年 3 月 21 日《法兰西共和国公报》第 80 号。——编者注

利的时刻所做的那样，简单地掌握现存的国家机体并运用这个现成的工具来达到自己的目的。掌握政权的第一个条件是改造传统的国家工作机器，把它作为阶级统治的工具加以摧毁。这个庞大的政府机器，像蟒蛇似的用常备军、等级制的官僚、俯首帖耳的警察、僧侣、奴颜婢膝的法官把现实社会机体从四面八方缠绕起来。它最初是在专制君主制时代创造出来的，当时它充当了新兴资产阶级社会在争取摆脱封建制度束缚的斗争中的武器。以给现代资产阶级社会提供自由发展的充分余地为任务的第一次法国革命，必须把地方的、区域的、城镇的、外省的一切封建制度堡垒扫除净尽，为中央集权的国家政权这一上层建筑准备社会基地。这种中央集权的国家政权有着按照系统的和等级的分工原则建立的分支庞杂、遍布各地的机关。

但是，工人阶级不能简单地掌握现成的国家机器，并运用它来达到自己的目的。奴役他们的政治工具不能当成解放他们的政治工具来使用。

现代资产阶级国家体现在议会和政府这两大机构上。在1848—1851年秩序党共和国时期，议会的大权独揽产生了它自身的否定——第二帝国，而把议会纯粹当做嘲弄对象的帝国制度，是目前大陆上多数军事大国盛行的制度。乍看起来，这种政府机构的僭权专政仿佛是对社会本身的专政，它同样地凌驾于一切阶级之上，同样地给一切阶级以屈辱，但实际上，它现在已经成了——至少在欧洲大陆上是如此——占有者阶级能继续统治生产者阶级的唯一可能的国家形式。所有已经不复存在的法国议会所留下来的、还栖息在凡尔赛的那一群幽灵，他们所掌握的实际力量，除第二帝国下形成的政府机器外，什么也没有。

像蟒蛇似的用官僚、警察、常备军、僧侣、法官把社会机体从四面八方缠绕起来的庞大的寄生政府，诞生于专制君主制时代。那时需要中央集权的国家政权来充当新兴资产阶级社会在争取摆脱封建制度束缚的斗争中的有力武器。以扫除领主的、地方的、城镇的、外省的特权这些中世纪垃圾为任务的18世纪法国革命，不能不同时从社会基地上清除那些妨碍着中央集权的国家政权充分发展的最后障碍，这种国家政权有着按照系统的和等级的分工原则建立的遍布各地的机关。这样的国家政权是在第一帝国时期产生的，而第一帝国本身又是从半封建的旧欧洲反对现代法国的几次同盟战争中产生的。在以后的复辟时期、七月王朝、秩序党共和国时期的各种议会制度下，这个拥有令人倾心的官职、金钱和权势的国家机器的最高管理权，不仅变成了统治阶级中互相倾轧的各党各派争夺的对象，而且，随着现代社会经济发展使得工人阶级队伍更加扩大、苦难更加深重、抵抗更加有组织、求解放的趋势更加强烈，一句话，随着现代阶级斗争——劳动与资本的斗争——采取更鲜明具体的形式，国家政权的面貌和性质也发生了显著的变化。它一直是一种维护秩序，即维护现存社会秩序从而也就是维护占有者阶级对生产者阶级的压迫和剥削的权力。但是，只要这种秩序还被人当做不容异议、无可争辩的必然现象，国家政权就能够摆出一副不偏不倚的样子。这个政权把群众现在所处的屈从地位作为不容变更的常规，作为群众默默忍受而他们的"天然尊长"则放心加以利用的社会事实维持下去。随着社会本身进入一个新阶段，即阶级斗争阶段，它的有组织的社会力量的性质，即国家政权的性质，也不能不跟着改变（也经历一次显著的改变），并且它作为阶级专制工具的性质，作为用暴力长久保持财富占有者对财富生产者的社会奴役、资本对劳动的经济统治的政治机器的性质也越来越发展起来。每一次新的人民革命总是使国家机器管理权从统治阶级的一个集团手中转到另一个集团手中，在每次这样的革命之后，国家政权的压迫性质就更充分地表现出来，并且更无情地被运用，因为大革命所许下的、在形式上已作出保证的那些诺言只有使用暴力才能打破。此外，后来陆续发生的革命所带来的变化，只是给予资本势力日益增长这个社会事实以政治上的肯定，因而越来越直接地把国家政权本身交给工人阶级的直接的敌人。就是这样，七月革命把政权从地主手里夺来转交给大制造商（大资本家），二月革命又把政权转交给联合在一起的统治阶级各党派，这些党派是为了共同对抗工人阶级、为了维护本阶级的统治秩序而联合成为"秩序党"的。在议会制共和国时期，国家政权最后变成了占有者阶级用来反对从事生产的人民群众的公开的战争工具。但是作为公开的内战工具，它只能在有内战的时候使用；因此，议会制共和国的生存条件就是延续已经公开宣布了的内战状态，这就恰恰否定了"秩序"，而内战恰恰是以"秩序"的名义进行的。这只可能是一种一时的、例外的情况。它不可能成为社会的正常的政治形式，甚至于对大部分资产阶级说来也是不能忍受的。因此，当人民抵抗的一切因素都被消除以后，议会制共和国只能在第二帝国面前消逝（让位给第二帝国）。

帝国声称它依靠构成全国多数的生产者——即依靠似乎是置身在资本和劳动的阶级斗争之外的（对相互对抗的两大社会力量都采取冷漠和敌视态度的）农民；它把国家政权当做凌驾于统治阶级和被统治阶级之上的一种力量来使用；它强使两个阶级暂时休战（使政治的因而也就是革命的阶级斗争形式沉寂下去）；它通过摧毁议会权力亦即摧毁占有者阶级的直接政治权力而剥去了国家政权的直接的阶级专制形式。这样一个帝国是唯一能够使旧的社会秩序苟延一时的国家形式。因此，全世界都欢迎这个帝国，认为它是"秩序的救主"，世界各国想当奴隶主的人们20年来一直赞美它。在它的统治下——这时正好加利福尼亚、澳大利亚使世界市场发生了变化，美国有了惊人的发展——开始了工业空前活跃的时期，证券投机、金融诈骗、股份公司冒险行为盛极一时，而所有这一切通过对中等阶级的剥夺，导致资本的迅速集中，并使资本家阶级和工人阶级之间的鸿沟日益扩大。资本主义制度的内在趋势获得了充分发展的余地，于是资本主义制度的一切丑恶事物就毫无阻碍地泛滥起来。这同时也是穷奢极欲、粉饰太平的闹宴，是"上等阶级"的一切下流欲望的渊薮。政府权力的这种最后形式同时也是它的最淫贱的形式，是一帮冒险家对国家资源的无耻掠夺，是制造大宗国债的温床，是对变节卖身的赞美，是一种虚饰矫作的扭曲的生活。这一从头到脚披着华美外衣的政府权力已陷入污泥。这个国家机器本身的彻底的腐朽性以及在它统治下兴旺发达的整个社会机体的糜烂状态，被普鲁士的刺刀尽行揭穿，而普鲁士本身还一心想要把这个充满金钱、血水、污泥的制度在欧洲的司令部从巴黎搬到柏林去呢。

　　巴黎工人阶级所必须打倒的就是国家政权的这种最后的和最淫贱的形式，它的最高级的也是最低劣的现实，而且也只有这个阶级能够使社会摆脱它。至于议会制度，它早已被它自己的胜利和帝国葬送了。工人阶级必须做的只是不让它复活。

　　工人必须打碎的不是旧社会政府权力的一个不太完备的形式，而是具有最后的、最完备的形式的政府权力本身，就是**帝国**。**公社**是**帝国**的直接对立物。

　　用最简单的概念来说，公社意味着在旧政府机器的中心所在地——巴黎和法国其他大城市——初步破坏这个机器，代之以真正的自治，这种自治在工人阶级的社会堡垒——巴黎和其他大城市中就是工人阶级的政府。由于被围，巴黎摆脱了军队，而代之以主要由巴黎工人组成的国民自卫军。只是由于这一情况，3月18日的起义才成为可能。必须使这件事实成为一种制度；必须以各大城市的国民自卫军，即武装起来反对政府僭权的人民来代替保护政府反对人民的常备军。公社必须由各区全民投票选出的市政委员组成（因为巴黎是公社的首倡者和楷模，我们应引为范例），这些市政委员对选民负责，随时可以罢免。其中大多数自然会是工人，或者是公认的工人阶级代表。它不应当是议会式的，而应当是同时兼管行政和立法的工作机关。警察不再是中央政府的工具，而应成为公社的勤务员，像其他所有行政部门的公职人员一样由公社任命，而且随时可以罢免；一切公职人员像公社委员一样，其工作报酬只能相当于工人的工资。法官也应该由选举产生，可以罢免，并且对选民负责。一切有关社会生活事务的创议权都由公社掌握。总之，一切社会公职，甚至原应属于中央政府的为数不多的几项职能，都要由公社的勤务员执行，从而也就处在公社的监督之下。硬说中央的职能——不是指政府统治人民的权威，而是指由于国家的一般的共同的需要而必须执行的职能——将不可能存在，是极其荒谬的。这些职能会存在；不过，行使这些职能的人已经不能够像在旧的政府机器里面那样使自己凌驾于现实社会之上了，因为这些职能应由**公社的勤务员**执行，因而总是处于切实的监督之下。社会公职不会再是中央政府赏赐给它的爪牙的私有财产。随着常备军和政府警察的废除，物质的压迫力量即被摧毁。宣布一切教会不得占有财产；从一切公立学校中取消宗教教育（同时实施免费教育），使其成为私人生活范围之内的事，靠信徒的施舍维持；使一切教育机构不受政府的监护和奴役——随着这一切的实现，精神的压迫力量即被摧毁，科学不仅成为人人有份的东西，而且也摆脱掉政府压制和阶级偏见的桎梏。市税由公社规定和征收，用于全国性的公共需要的税款由公社的公职人员征收，并由公社自己支付于各项公共需要（用于各项公共需要的开支由公社自己监督）。

这样，政府的压迫力量和统治社会的权威就随着它的纯粹压迫性机构的废除而被摧毁，而政府应执行的合理职能，则不是由凌驾于社会之上的机构，而是由社会本身的承担责任的勤务员来执行。

卡·马克思写于 1871 年 5 月　　　　　　　原文是英文

第一次用英文和俄文发表于《马
克思恩格斯文库》1934 年莫斯科
版第 3（8）卷

中文根据《马克思恩格斯全集》
历史考证版第 1 部分第 22 卷并
参考《马克思恩格斯全集》德文
版第 17 卷翻译

附录Ⅲ 马克思关于巴黎公社报刊消息摘录（节选）

参见：3月19、22、24及29日《每日新闻》和《派尔—麦尔新闻》

3月18日《每日新闻》

内务部长**皮卡尔**正忙着改组市镇参议会。卡季米尔·佩里埃被委派为塞纳省省长。**瓦伦顿将军充任新的警察局长**。《时报》认为，对瓦伦顿将军的任命是一个警告性的措施，表示政府并不认为巴黎的局势正常。"毫无疑问"，该报补充说："蒙马特尔的大炮①不可能永远留在高地上的。"（巴黎。3月16日。）（巴黎的选举是3月8日进行的。）"那些喽啰（国民自卫军）变得自由放荡并且拒不受命了。"

（巴黎3月16日通讯）瓦伦顿"首先忙着建立充分可靠的警察队伍"。"蒙马特尔的叛乱者……当人们好奇地来瞧他们时……便成了伟大的英雄。""战争的儿戏，士兵的儿戏。""全然不像是真事。"为了证明国民自卫军徒有其名，正在宣扬说，**梯也尔**政府"已经奖给法国军队不下三千六百五十八枚荣誉军团大十字勋章"。"**政府计划对'所有期刊不分性质每份征收印花税两生丁'②。**"

巴黎。3月17日（电）。"政府官员全部……回到了巴黎……梯也尔给他自己规定了三百万法郎的年俸，他的总部在凡尔赛……商人们当

---

① 安置在蒙马特尔高地上的大炮，是掌握在国民自卫军手里的。梯也尔为了解除巴黎工人的武装，一直阴谋夺取这些大炮。最后终于在3月18日向蒙马特尔进攻，挑起了法兰西内战。——译者

② 生丁是法国货币单位，一生丁等于百分之一法郎。——译者

中的骚动……**迅速改变票据法的请愿书**。"

3 月 18 日 《形势报》

蒙马特尔的大炮 "保卫得比任何时候都好……（国民自卫军）中央委员会是全能的，只有它在发号施令，由于它的威信的增长，市政官员的威信已经丧失得一干二净了。"《**辩论报**》"除了由于政府坚持**把议会迁往凡尔赛**并对报刊采取反对措施而引起的不信任情绪外，在蒙马特尔还传说维努亚将军决定**将蒙马特尔加以封锁**。不管这一传说多么荒诞，人们还是很相信它，因此下定决心不把大炮交出去，等等"。"在这以后……关于奥雷尔·德·帕拉丹的问题……成为争执的焦点。国民自卫军要求把选举权扩大到选举自己的总司令，拒绝接受政府委派的**帕拉丹**……使谈判陷于破裂的……原则性问题，等等。……加里波第……被一致拥戴为国民自卫军总司令……这一点他们丝毫也不让步。"

"革命营垒的滑稽可笑的军队继续在蒙马特尔扎营，守卫着从法国炮兵那里夺来的大炮。难道政府不认为这个蛊惑人心的嘉年华会①在大斋期拖得太久了一些吗？结束这场不祥的滑稽剧，比查封几种并不著名的报刊，**比在戒严状态解除以前**禁止发行新报刊，岂不更有益吗？我们希望巴黎军队的指挥官赶紧……恢复秩序。"（3 月 16 日《**自由报**》）

"昨天（16 或 17 日）清晨，一长列炮兵辎重车奉命驶往蒙马特尔高地，以便装载并运走轰动一时的蒙马特尔高地库房里的弹药。根据指示，视志愿兵的行动如何，这一措施要么一举成功，要么就见机收兵。看来，夜里并没有解决问题；总共只商谈了几分钟车队就回来了。国民自卫军实际上是守卫着自己的大炮的，不过这一切并未引起任何吵闹。"（《**高卢人报**》）

国民议会。3 月 11 日（波尔多）。**议长**："我们下次会议定于 3 月

---

① 法、意等国人民的民间节日。——译者

20 日星期一在凡尔赛举行。"

根据议会 **3 月 10 日通过的法令**（杜弗尔提出的），**票据应于 16 日开始支付**。（巴黎 3 月 16 日电）。（"大家都认为这一法令通过得过于仓促。"）

巴黎。3 月 16 日（电）："**卢森堡公园**……停止开放了。在公园里配置了第一一五常备团。另外三个团占据着邻近天文台的街心花园。"

3 月 11 日。"今天，到处张贴着以一些**国民自卫军委员**的名义发布的**红色公告'告士兵书'**。"（3 月 10 日在沃克萨尔举行的会议上通过）。书中宣称："在巴黎已经有**三十万国民自卫军**，此刻却还在往巴黎派遣军队，并竭力对这些军队隐瞒着巴黎居民的情绪。那些使战争失败，使法国分裂，把我们所有的金币都付了出去的人们，企图用挑起内战的办法来逃脱他们应负的责任。他们指望你们会成为他们密谋罪行的驯服工具。""巴黎人民要求什么呢？他们要求保留自己的武器，要求自己选举自己的领导人并在他们失去信任的时候撤换他们，要求把军队遣散回家。"

巴黎。3 月 11 日。"**《人民呼声报》**对维努亚将军封闭该报（同时还封闭了其他五家报纸）提出了抗议（载《号召报》）。维努亚援引前皇后颁布的巴黎戒严令。9 月 4 日已经使这一法令失去效力，议会也刚刚才通过了废除帝制的决议。"

马尔斯教场和特洛卡德罗广场由尚济军团和炮兵占据着，等等。

3 月 18 日《自由报》

巴黎。3 月 18 日。"十分安宁的气氛仍然笼罩着市郊街区。""由于任命**瓦伦顿将军为警察局长**，不信任的情绪增长了。人们不能饶恕他……转向**市镇近卫军**①的行为……把对瓦伦顿的任命同对……**埃斯皮纳斯**的任命（12 月间）作一番比较。"在首都贴出了判处**弗路朗斯和布**

---

① 市镇近卫军，是 1830 年七月王朝政府为镇压革命运动在巴黎建立的军事警察，曾多次镇压巴黎的起义。——译者

朗基死刑的告示。

布朗基说:"在帝国时代取得了廉价声望的一伙人,9 月 4 日窃取了政权……1848 年共和国的刽子手占多数……还有帝国的缔造者……为了不至于导致国家分裂,每个人都竭尽全力从事救亡事业……而这些人,把自己的朋友们安插在所有那些没有保留波拿巴分子的职位上之后,便泰然无事了……当敌人还包围着巴黎的时候……政府却以假情报,以虚伪的诺言来搪塞人们希望说明事态真相的要求。敌人在继续修筑炮垒,等等……而巴黎却有三十万公民露宿首都街头,没有武器,没有工作,而且很快就将没有面包。危险已经是不可避免的了……况且本应以公社来代替那个用突然篡夺的方式而产生的政府……由此便出现了10 月 31 日的运动。"①

3 月 18 日《国民报》

一百个营的营长3 月 17 日的声明(3 月 16 日在孚日街角保马尔舍街心花园的毕朗咖啡馆里一致通过)。他们"充满坚定的决心,将用一切可能的手段反击胆敢对共和国采取的侵犯行为,而且将用同样手段反击敢于解除国民自卫军武装的任何企图,国民自卫军是社会协定、社会秩序和公共自由的天然捍卫者"。"目前(《国民报》说),有一支由三万人组成的军队,根据维努亚的特别命令在萨托利扎营。"

3 月 19 日和20 日《形势报》

(二日合刊)

巴黎电讯。3 月 16 日。奥雷尔·德·帕拉丹穿着便服去察看了蒙马特尔的大炮。

巴黎。3 月 17 日。昨天晚上(3 月 16 日),当政府派炮兵去夺取孚日广场上那些看来好像没人守卫的大炮时,一切本来都安安静静。但当

---

① 1870 年 10 月 31 日巴黎工人和部分国民自卫军发动起义,占领了市政厅,并成立了以布朗基为首的公安委员会。国防政府被迫答应辞职,并确定 11 月 1 日举行公社选举;但事后违背诺言,派军队夺回市政厅,残酷地镇压了起义。——译者

炮兵带着骒马在广场上刚一露面，集合的鼓声立刻响了起来，军官便带着自己的人退出了。

《形势报》引用《泰晤士报》的话，该报将反政府派贬为三十苏①（国民自卫军的津贴）。"取消这种津贴民众就会变得理智起来，至于叛乱者和二流子——这一丘之貉，饥饿很快就会逼他们屈服。"

《世纪报》谈到皮卡尔："当法令（关于封闭六家报纸的）刚一签字，这位部长就躲藏起来，让一位报纸的编辑出面讲话，这位编辑就急忙谴责政府这一决定……报道说巴黎是平静的，说被封报纸的攻讦并无恶意等等。"（**3月14日《自由选民报》**）

3月19日《费加罗报》

"梯也尔想干脆建立一种同帝国军队类似的军队，但自卫军除外。"

"国民自卫军以全体战斗营的联盟作为（国民自卫军）新的联合组织，各战斗营是通过**每个连的代表**相互联结起来的，连代表们选出**营代表**，营代表们再选出**总代表、团长**等，由他们代表整个区，并和其他十九个区的十九位代表进行合作……这二十位由国民自卫军多数营选出来的代表的使命是……选出一位**将军**。"

退职区长**科尔崩**谈**特罗胥**在比桑瓦耳战役后第一天所做的演说："我的同僚们在9月4日当晚向我提出的第一个问题是——将军说道——巴黎有没有丝毫可能抵住普鲁士军队的围困？**我当时毫不迟疑地做了否定的答复**。现在在座的同僚中有几位会证明我说的是实话，并且**我一直是坚持这个看法**。我那时对他们就是这样说的：在目前的情况下，巴黎要想抵挡住普鲁士军队的围困，那**简直是一件蠢举**。当然，我当时加了一句，这可能是一件英勇的蠢举，但终究不过是蠢举而已……我但愿这个蠢举会因某种奇迹而取得幸运的结局，**可是我不指望它**……区长先生们，这就是我曾对他们讲过的话，他们当时刚经过人民投票而

---

① 苏是法国货币单位，一苏等于二十分之一法郎。三十苏是当时国民自卫军的津贴费。公社革命前，国民自卫军在巴黎备受歧视，被资产阶级称做"三十苏"。——译者

成为我的同事……事变的发展并**没有推翻我的预言**。"

　　3 月 20 日 《*每日新闻*》

　　社论："法国目前的政府（梯也尔等）是尽可能地共和化了的。""**贱民**——他们现在威胁着巴黎和法国的安全。""**恶棍**。""武装的、叛乱的贱民……得以……建立一个政府，这个政府的建立将意味着敲诈和掠夺的合法化。""这个可悲的罪行（勒康特和克列芒·托马将军）……是新的恐怖统治的预兆。""奥雷尔·德·帕拉丹……勇敢的将军。""叛变者，他们的游手好闲和不学无术使法纪遭到破坏。""蒙马特尔的贱民并没有为自己赢得特殊的英雄主义的荣誉。""如果这是法国的意志，内阁也将要求建立共和国；但为什么在这样的情况下混乱不堪呢?""联盟委员会利用**民愤**掌握了政权，**这种民愤是用讲道理的办法平息不了的**。"（说得好，廉价文丐!）"因此，除了采取更严厉的强制手段外，什么办法也没有了；而**奥雷尔**（德·帕拉丹）将军不是那种食言之人……敌人已经在巴黎城内了，必须用**积极的行动**反击他才行。"

　　巴黎记者。**星期六**（**3 月 18 日**）**夜晚**。"议会……定于星期一（3月 20 日）在凡尔赛开会，政府只有在……它能够确立巴黎的秩序以后，才能出头露面。""政府……已经决定用武力夺取蒙马特尔和那儿的二百至三百门大炮与多管炮，这些炮是根据那个擅自组成的委员会的命令被扣留在那里的……完全由那些谁也不知晓的人组成。他们长时间地管辖着首都的这些地区……上星期日（3 月 12 日）颁布的关于封闭叛乱报纸和任何其他期刊未经许可不得发行的**命令**，已经谁都不理睬了……新的叛乱报刊未经任何许可天天发行。"一清早（18 日）墙壁上张贴着**梯也尔的公告**，其中宣称："政府已决定采取行动。擅自企图建立政府的罪犯必须依法究办，被夺去的大炮必须交还军械库。"到傍晚，还是那个梯也尔，却又和他的九位同僚向"**国民自卫军**"提出一份呼吁书："政府**并不**准备进行一次**政变**。共和国政府除了共和国的安全外，没有也不可能有其他目的。""它之所以采取行动，只是为了'维护秩序'

221

和取缔'叛乱委员会'，因为这个委员会的成员**几乎全部都是居民不熟悉的人**，他们只不过是**共产主义学说**的代表，他们将使巴黎遭到**掠夺**，使法国遭到灭亡，等等。"**深夜**，由**厄内斯特·皮卡尔和奥雷尔**签署的致国民自卫军的第三份呼吁书宣称："一些被引入迷途的人们……顽强**抵抗国民自卫军和军队**……**政府决定让你们保持你们的武器**。坚决地紧握着武器，以便建立法纪，**拯救共和国，使它免于陷入无政府状态**!"**早上9时我（记者）**正在蒙马特尔近郊，这儿聚集着许多人，"他们要我们把自己的大炮交出去，可我们决心要用大炮来保卫他们显然想加以摧毁的共和国。"

凌晨3时左右（3月18日），常备军和机动近卫军突然包围了蒙马特尔高地，一次冲击就夺得了大炮，之所以这样容易，是由于他们的攻击是完全出其不意的。但是，听到迅速发出的警报而拿起武器的群众，立刻大批地到来，来自伯利维尔①的人特别多，于是重新又占领了阵地。一队警察被解除武装，群众又夺回了自己的大炮。战斗中有十五人死亡。

凌晨3时，蒙马特尔高地被**维努亚将军**的部队包围，他们占领了通往那里的一切要道，并在各个据点上配置了大炮和多管炮。5时，**费德尔贝军队**的一个团——昨天才开到巴黎的第八十八常备团——登上了索尔费里诺塔，出其不意地袭击了为数不多的二十几个国民自卫军，一下子就夺得了高地和大炮。**大约一小时之后**，又有国民自卫军往这里开来，其数量虽然还不足以收回失去的高地，但同政府军对射的勇气却绰绰有余。有几个局外人被打死。国民自卫军夺回了自己全部的大炮，还夺取了被常备军拖到蒙马特尔斜坡上的几门大炮和多管炮。常备团中有一些人同国民自卫军举行联欢。民众中响起了"军队万岁!"的呼声。士兵中有几名挎着沙斯波步枪的警察受到粗暴的对待。指挥军队的将军中有一位叫**勒康特**的当了俘虏，被带到了红宫花园。一部分忠诚的军队

---

① 当时，蒙马特尔和伯利维尔都是起义的国民自卫军的基地，那儿放着他们的大炮，有大量的工人武装。后面谈到的"蒙马特尔的叛乱者"、"伯利维尔人"等，都是指他们。——译者

被打得溃不成军，被迫与那些忠诚的国民自卫军①一同撤走。叛乱者占领着城市中一个又一个的据点。他们从蒙马特尔下来，占领了叶甫根尼亲王的兵营，并在巴士底狱的圆柱上升起了红旗。半个巴黎落到了他们手里。

此刻（晚上 **10** 时），起义者在修筑街垒。在上罗舍阿尔街修筑的街垒形状极其森严。

另一记者（巴黎。3 月 18 日夜）："维努亚亲自率领一支相当大的部队，在寂静的夜里前往蒙马特尔，企图对那里守卫大炮的国民自卫军进行突然袭击……黎明时，他的部队占领了克里希街心花园和通往蒙马特尔高地的所有街口。但当他下令开火时，所有常备军士兵都把枪托高举到空中，和起义者携起手来。""打倒维努亚！"一部分**巴黎近卫军**短时间态度还坚定，还击向他们开火的叛乱者……一切战斗很快都停止了……维努亚很有秩序地撤走了。

巴黎电讯。**3 月 18** 日。不久前向自己的选民发表了和解宣言的巴黎的十七位代表，**3 月 17 日**举行会议，发出了新的和解呼吁，坚决主张国民自卫军把自己的大炮交给当局。**舍耳歇**为此发表了特别有力的演说。**几乎所有的巴黎报纸**都反对国民自卫军的联合委员会，等等。

胜利以后，蒙马特尔和伯利维尔人们当中的共同意见是：议会必须立刻解散，另选一个以巴黎为所在地的议会。

3 月 18 日下午 **4** 时左右，勒康特和克列芒·托马被枪决……维努亚将军的参谋部同所有的常备军与宪兵队撤到了塞纳河左岸。目前还没有关于扰乱治安和侵犯私有财产的消息。

3 月 21 日 《旗帜报》

社论："伯利维尔的叛乱分子……巴黎的被围……使他们摆脱了不愉快的必需的劳动……他们由政府支付津贴，却什么活也不干；他们由政府提供武器，却顽固地拒绝用这些武器来反对社会秩序的敌

---

① 指效忠于梯也尔政府的资产阶级国民自卫军营队。——译者

人；他们依靠国家来养活……他们那廉价的爱国主义…… 用领得的三十苏喝酒、吸烟……他们决不会急于抛弃这些福利……当战争结束时，这些人不甘愿放弃自己**舒适的环境**……放弃自己惬意的安闲生活而回到沉重的劳动和贫困中去……以前，国民自卫军乃是巴黎居民中循规蹈矩的人……在围城时期他们招募了巴黎的败类。……**奥冒尔·德·帕拉丹卸职了**，一个更有声望的继任者①也仍然得不到国民自卫军的承认；**茹尔·费里的辞职，维努亚的退却**，立刻明显地表明：政府被吓倒了……红色共和国处于**强盗、流氓以及巴黎的蛊惑家**的统治之下……让步将意味着灭亡……最坏的一种共产主义，最最无情的残酷……巴黎的恶棍……"

巴黎记者。3 月 19 日晚。"大约二十名**最下等的流氓**成了巴黎的绝对主人。在没有得到里昂和马赛的支援以前，他们……暂时还十分仁慈地**在推迟对城市的抢劫**……（18 日）他们占据了旺多姆广场的全部公共建筑……今天早上……**赫赫有名的中央委员会占领了市政厅**……旧市场被一道街垒围了起来……**直到今天早上，杜弗尔、茹尔·法夫尔、皮卡尔、西蒙、海军上将波都奥和勒夫洛将军还留在巴黎……"他们向国民自卫军发表了呼吁书，然后便前往凡尔赛。**呼吁书中写道："这个（中央）委员会的成员是些什么人呢？在巴黎谁也不知道他们；他们的名字对全世界来说都是陌生的……他们是什么人，是共产党人，波拿巴分子，还是普鲁士人？"稍晚一些时候，起义者占领了财政部、内务部、国家印刷局和爱丽舍宫。**委员会由二十名成员组成。**委员会 3 月 19 日的公告："戒严状态已解除。兹号召巴黎人民各归本区进行公社选举。"委员会 **"致巴黎的国民自卫军"**书："你们曾责成我们组织巴黎的防御，保卫你们的权利……此刻我们的当选证书已告期满；我们将它交还给你们，我们不愿意占据那些刚刚被民愤推翻的人的位置。" 勒康特将军被第八十八……**常备团的**

---

① 指朗格鲁瓦。梯也尔政府起初任何帕拉丹，以后又任命朗格鲁瓦为国民自卫军总司令，都遭到国民自卫军的拒绝。——译者

一些士兵杀害了，他们喊道："你曾经叫我们射击民众；现在轮到你了!"……**最令人吃惊的是巴黎十二万分的宁静**——天气非常好，在爱丽舍广场、瑞华利大街和罗亚尔宫，挤满了平常在星期日醉心于假日休息的人们。甚至在刺刀林立的街区，也觉察不到任何紧张气氛……我不愿看到巴黎被（普鲁士人）占领，但如果能看到**这些伯莉维尔的先生们肯定会挨上的一顿揍**，也算是一种补偿……**尚济将军**还在叛乱者的手中。

巴黎电讯。3 月 19 日。中央委员会指派了各区的临时委员，并且占领了政府各部和各个电报分局……**巴黎的区长和议员**向政府派遣了一个代表团，要求免去维努亚、帕拉丹、瓦伦顿、茹尔·费里的职务。费里卸任了。**朗格鲁瓦**被任命去接替帕拉丹。他来到中央委员会，勃留涅问他是否承认委员会。这个，不，不。他辞了职。

巴黎。3 月 20 日。传说国民自卫军准备向凡尔赛进军。

路易·勃朗、台耳歇、佩拉、亚当、弗洛凯、别尔纳尔、朗格鲁瓦、洛克罗、法尔西、布里桑、格雷波、米里哀尔发表宣言。要求："选举国民自卫军的全部领导人"和"建立由全体公民选举产生的市镇参议会"，并选举十九个区的正副区长。

3 月 21 日 《钟报》

《费加罗报》昨日被封，不准复刊。

中央委员会的公告（3 月 19 日）："它（委员会）并不是一个来历不明的组织，因为它是国民自卫军二百一十五个营的自由意志的体现……在国民自卫军这方面，既没有过火行为，也没有镇压措施……然而，挑衅事件却层出不穷……政府一直企图用最卑鄙的手段来犯下最可怕的罪行——**挑起内战**。政府诽谤巴黎，并煽动外省反对巴黎。政府唆使我们的士兵弟兄来反对我们……还想硬派给我们一位总司令。在我们阻止政府把大炮交给普鲁士人之后，政府企图用夜袭的方法来夺取我们的大炮。"政府想要取消巴黎首都的称号……"我们从来没有签署过判处死刑的命令；国民自卫军从来没有参与过任何惩罚犯罪者的事件"。①

委员会3月19日发布通告，**规定在3月22日进行市镇选举**。通告还说："我们现在宣布，我们坚持必须尊重（和平的）先决条件，以便同时确保全法兰西共和国的安宁与普遍和平。"

《公报》的代表们给各省的呼吁书，呼吁书发往各大城市，也发往农村："因此，外省赶快以首都作榜样，按共和的形式组织起来，让外省尽快地通过代表和首都取得联系吧！"

所有的**政治犯都被释放了**。

《公报》附刊中另一通告："只有两个人以一种我们现在看来是犯罪的行动引起了民愤，并在民众的怒火中遭到了惩罚。为了说明真相，国民自卫军联合委员会声明：国民自卫军没有参与这两项处决事件。"

4时左右，有几个营在弗路朗斯的率领下向土伊勒里前进。

市政厅升起了红旗。

国民自卫军侵入《高卢人报》报馆。

3月22日 《小报》

海军上将赛塞被任命为塞纳省国民自卫军总司令。

（在凡尔赛）继续流传着一种谣言，说有五万巴黎人携带不计其数的大炮与多管炮正向议会进军。

议会（3月22日）根据皮卡尔的建议，通过了一项宣布塞纳—瓦兹省**戒严**的法令——这项法令甚至给予普通士兵以审判权。

（委员会的）《公报》中的一段话（3月20日）："首都的无产者，目睹统治阶级的失职和叛卖行为，已经了解到：由他们自己亲手掌握公共事务的管理权以挽救时局的时刻已经到来……工人们生产一切然而享受不到任何东西，他们目睹用自己的劳动与血汗创造出来的产品堆积如山，而自己却受着贫困的折磨，难道他们应该永无止境地遭受凌辱吗？

---

① 指勒康特和克列芒·托马事件。前者是被他自己的士兵打死的；后者是在国民自卫军中央委员会不知道的情况下，被起义士兵枪决的。但凡尔赛却借题发挥，诬蔑国民自卫军在巴黎进行屠杀。——译者

难道他们永远不许致力于自己的解放事业而不受到同声诅咒吗？……它（资产阶级）在政治上的庸碌无能以及精神和道德上的腐朽颓废，使法国陷入社会崩溃和灾难……如果去年9月4日以后统治阶级能为人民的意愿和需求打开方便之门……如果统治阶级不是宁肯亡国也要反对共和政体在欧洲真正得胜，我们也不会落到像今天这样的地步，也会免于崩溃。无产阶级眼看着自己的权利经常受到威胁，自己的正当愿望一概被否认，祖国山河破碎，自己的一切希望归于毁灭，他们已经了解到：夺取政权以掌握自己的命运，保证他们的胜利，是他们必须立即履行的职责和绝对权利。前进的激流经过瞬间的中断，又重新开始它一往直前的行程，无产阶级不怕任何困难，一定要实现自己的解放。"

商业票据的支付期限推迟一月。在房客没有找到新居之前，房东和旅店老板不得强迫搬家。

据《**公报**》报道，**勒康特**在比加尔广场曾四次下令攻击一群手无寸铁的妇孺。

克列芒·托马被捕时，正穿着便服在取走蒙马特尔街垒的分布图。勒康特是被他的士兵们枪决的，克列芒·托马是被国民自卫军战士枪决的。

3月21日《每日新闻》

社论："虚假的英勇……矫揉造作的感情……令人作呕的戏剧表演。""空空洞洞的自我吹嘘，既无信心又无战斗热情……如同六月的叛乱①者那样……他们对突然停发工资和终止安闲生活感到怨恨……如果立法者既对恢复……帝制缺乏统一的意见，又没有作为一个公民对维护共和国所应有的忠诚，却指望德国人返回来绥靖巴黎，等等。"

巴黎记者。3月20日。在场的委员会成员曾经制止把将军们枪决。……从来没有任何法令像3月10日的杜弗尔法那样产生过如此有

---

① 指1848年巴黎工人的六月起义。——译者

害的影响，这一法令是不顾巴黎商人的强烈呼吁而颁布的，它引起了真正的混乱。小业主们说："我们全都是完蛋的人了。"这就伤透了千万个国民自卫军士兵的心。……普鲁士人重新进入圣但尼，等等。

3月23日《每日新闻》

法兰西银行被迫付出了一百万法郎，得到了一些国家债券作为抵偿。公社选举延至3月23日举行。

社论：无产阶级统治着巴黎，而农民阶级则统治着凡尔赛……由于担心共和政体受到背叛而产生的强烈恐惧，是局势紧张的基本原因……起义者要求：用全民投票选举巴黎公社委员会；改编国民自卫军，由民众选举国民自卫军的军官；废除警察局长这个职务，警察由公社当局管辖；取消巴黎军队……双方都不愿发出内战的信号。

凡尔赛。3月20日。国民议会通过一项市镇紧急法案；同时（以紧急提案通过）废除杜弗尔法。

3月21日。国民议会。不顾皮卡尔的反对，根据"地主议员"**德·加斯朗德**的建议通过一项紧急法案，决定恢复所有波拿巴时代的立法议团。**拉斯特里**宣读的呼吁书"**致公民们和士兵们**"被一致通过。佩拉要求加上："**法兰西万岁！共和国万岁！**"（"地主议员"一阵强烈的反对声。）**梯也尔：**这可能是一个很合法的提议，等等。（地主议员的异议。）**茹尔·法夫尔**大声疾呼，**反对共和国高于普选权**的说法。他向"地主议员"的多数献媚，说他后悔为国民自卫军保留了武器，这些武器普鲁士人原本威胁着要从他们那里夺去的。当时普鲁士人曾经通过外交途径询问他：如果巴黎的起义取得胜利，是否给他们以镇压起义的权利。梯也尔说得比法夫尔更带和解的精神，最后并肯定地宣称："无论如何，他不会派遣武装力量去攻击巴黎。"

巴黎通讯。3月21日。巴黎周围的炮台掌握在起义者手中。（委员会。）**里昂**接踵而起，宣布自己为自由城市并反对"地主"……第八十一团的士兵曾坚持要枪决勒康特和克列芒·托马……不管是杜弗尔还是皮卡尔，他们最好的主顾①都属于那些坚决反对由于巴黎被围而遭受任何损失的人……

巴黎 3 月 21 日电。大约四千名"非武装的"反动分子从中心地区的街道通过，人数愈来愈多，高呼：**"法兰西万岁！国民议会万岁！"** **"打倒委员会！"** 他们行进着，还没有走到交易所大厦时，守卫在那里的第十一营的营长曾下令鸣枪致敬，以表示对示威游行的同情。位于银行街的第二区区公署还仍然在合法的市政府的手中……任命海军上将赛塞为国民自卫军总司令的决定……获得批准……他将同区长们一致行动。

3 月 21 日。区长们拒绝参加公社选举。**3 月 22 日**。委员会宣称：他们不参加，选举也要进行。对在昨天发表意见反对选举的报纸提出**"警告"**。预先告诫它们。

(委员会的) 《公报》："议会只是为了一种特殊目的而选举出来的——在投降的前夕，当领土还被敌人占领着的时候……被占各省的议员不可能被自由地选举出来。"除此之外，"他们是在反动势力的控制下选举出来的。""让他们安静地来解决……和与战的问题，然后就解散。"

柏林。**3 月 22 日**。《省报》说："我们当然不会去干预巴黎和法国之间的内部争端。"法国俘房暂停遣返。

凡尔赛。3 月 21 日。康罗贝尔对梯也尔郑重表示愿意效劳，梯也尔以适当的方式接受了。

3 月 23 日 《每日电讯》

巴黎。**3 月 21 日**。今天巴黎高贵人物举行了第一次示威游行。在**"法国国旗"**上……写着"秩序人物"。整个是一群绅士。他们缓慢地沿着**意大利街心花园**向上走，通过**圣但尼门**，来到**维维恩街**，在 3 点钟的时候成队进入了**交易所广场**。在广场及其周围至少有两千人——高贵

---

① 杜弗尔和皮卡尔都是律师出身。——译者

人物！（临时拼凑起来的政府举行秘密会议的地方是**旺多姆广场**。）秩序人物冲向交易所的"栏杆"。这时交易所的经纪人和商人也加入了游行队伍，使人群扩大到三千人。人群穿过"胜利女神街"，两点半钟时，前锋进入**德鲁奥大街**，站岗的哨兵撤往第九区区公署。第九区区公署位于德鲁奥大街离街心花园不远的地方，它的正对面就是宪兵队，这两座大厦控制着通往蒙马特尔的要道。在这里也有许多人加入秩序党的队伍。自卫军和秩序人物举行了联欢。秩序人物佩着**蓝色条带**作为**秩序的象征**。这种情形令人毫不怀疑他们是有组织的；因为甚至当我们沿着**拉菲埃特街**往下走的时候，也不时有人出来分发蓝色条带。人群走到**和平街**的时候，已经扩大到五千人。有很多荣誉军团勋章获得者和高贵的商人。群众涌到了**旺多姆广场**。在 3 时 40 分的时候，守卫和平街的哨兵奔至旺多姆广场。整个运动好像是突如其来的，对它事先毫无防备——国民自卫军驱散着人群，于下午 5 时占领了他们先前的全部前哨岗位。当秩序人物突然出现在国民自卫军司令部前面时，他们把整个广场都塞满了。"打倒中央委员会!"这是"秩序人物"举行的第一次示威游行，明天——**3 月 22 日**——还要举行。

《每日电讯》上一位廉价文丐的话："巴黎高贵人物的示威游行……所有参加游行的人，乃是**被全世界称为绅士**的人，也就是头戴大礼帽，身穿细呢绒的人。"

另一位廉价文丐谈到中央委员会的成员时说：他们乃是"憔悴的人，面带一种由于不得不忍受巴黎的饥馑而为巴黎工人所特有的沮丧神情"。（大意如此）

3 月 25 日《号召报》

凡尔赛。国民议会 **3 月 23 日**的会议以及当天晚上的会议。进行调停的区长们（在 3 月 26 日的选举即将到来之际）专门带着建议书从巴黎赶来，由其中一位兼议会成员的区长负责在讲坛上宣读。当区长们进入会场的时候，左派议员高呼："**共和国万岁**"，区长们报以同样的呼声。这引起了卡斯特兰、巴兹和布菲的愤慨；德—洛尔惹里尔先生戴上了帽子，所有出席会议的乡下佬都用不满的怨言**"守秩序，守秩序！"**来抵制**"共和国万岁！"**的呼声。人们要求主席宣布闭会。唯命是从的**格雷维**便宣布议事日程讨论完毕，在左派的反对和抗议声中溜走了。议事日程并没有讨论完毕，因为区长们的建议书甚至还没有在讲坛上读完。巴黎的议员们说，要在晚上开会时提出辞职。休会时进行了讨论和谈判。梯也尔出面调处。复会时，格雷维提出道歉，等等。半小时后，议员们聚精会神地听取了区长们的建议书，为它通过了一项紧急议案，并立即交付主席团进行实质上的审查。

当刚刚响起"共和国万岁！"的呼声时，**德一卡斯特兰**就说："我们不能忍受这个。"坐在右边席位上的许多议员都离开自己的座位往讲坛走去，向主席提出了强烈的质问。

巴黎的区长们建议：（一）要求国民议会同首都的区长们保持经常的联系；（二）要求国民议会同意授权区长在必要时采取为维护社会治安所必需的措施；（三）要求规定在本月 28 日选举国民自卫军总司令；（四）要求最好在 4 月 3 日以前举行巴黎市镇参议会的选举；（五）至于市镇选举法，要求把当选条件中的定居年限缩减为六个月，要求正副区长均由选举产生。

就在**当晚的会议**上，茹尔·法夫尔的一位叫图尔凯的喽啰提出了一项质问，问**普鲁士**军队司令给**中央委员会**的电报意味着什么。法夫尔先对普鲁士讲了一通庸俗的恭维话，说**"请普鲁士人不要怀疑他的诚意"**；然后又一次用毛奇①的火和剑来威吓巴黎。"这是巴黎的一次罪恶的叛乱……**应当永远受到诅咒**，它使国家遭受灾难。"虔诚的茹尔·法夫尔呵，请祈祷俾斯麦保佑我们吧！

凡尔赛。3 月 24 日。支付期限推迟一月。

中央委员会规定于 3 月 26 日（星期日）举行选举。

地主是这样一帮人，"他们总是以内战作为获取权力的手段，他们

---

① 毛奇（1800—1891 年），普鲁士陆军元帅，曾指挥对丹麦、奥地利和法国的战争。——译者

过去有过两次朱安暴乱①，他们招募了孔德军②和沙列特的农民，他们回到法国全靠上帝和普鲁士国王的保佑"。

在凡尔赛的火车站上有特派的警务专员检查来到的旅客是否带有报纸。如果在旅客身上发现有不合乎议会多数派心意的报纸，这些报纸就要被没收。在巴黎，委员会却允许在自己的公告旁边张贴凡尔赛政府的公告。

3 月 23 日。赛塞以临时总司令的身份通知普鲁士人说，塞纳省的议员和选出来的区长已经从**国民议会的政府**那儿争取到：（一）完全承认市镇自由；（二）选举国民自卫军的全部军官，包括总司令在内；（三）修正关于支付期限的法令；（四）制订一项房租法草案，该草案应有利于其房租未超出一千二百法郎的房客。

3 月 22 日。在选举委员会的公告里有这样一段话："9 月 4 日以来，共和国第一次从**它的敌人的政府**下解放出来……在城里建立了**保卫公民不受当局侵犯的国民军，来代替保卫当局反对公民的常备军**。"

法夫尔。茹尔·法夫尔刚一执政，就迫不及待地释放了在**《旗帜报》**事件中因盗窃和伪造文据而被判刑的**皮克和泰费尔**——根据中央委员会的命令，泰费尔被重新逮捕并拘禁起来。

旺多姆广场的冲突。3 月 22 日。《公报》：从中午起就集合在**新歌剧院**广场上的示威人群，于 1 时 30 分进入和平街。走在最前列的是些特别激昂的人，其中有**德·埃克朗、德·科特洛贡、昂利·德·佩恩**这些被帝国豢养起来的老狗。示威人群走到**圣奥古斯汀新街**时，包围了两名掉队的国民自卫军哨兵，对他们进行侮辱并解除了他们的武装。他们奔回了旺多姆广场。接着便立刻有一些国民自卫军拿起自己的武器，以战斗队形开赴新小田街。他们受命不得开枪。人群的最前列有八百至一

---

① 十八世纪末法国资产阶级革命时发生的一次保皇反革命暴乱，因其叛变首领的外号叫"朱安"，故称为"朱寅暴乱"。（巴黎公社时期，把在布列塔尼招募来的，怀有保皇情绪的凡尔赛部队叫做"朱安兵"。）——译者

② 孔德（1736—1818 年），十八世纪末法国资产阶级革命时的一个反革命将军，领导一支由外籍侨民组成的军队，称为"孔德军"。——译者

千人，他们在"**打倒杀人犯，打倒委员会！**"的叫喊下很快就和国民自卫军迎面相遇。他们对国民自卫军进行了粗野的谩骂，把他们喊做"**杀人犯，胆小鬼，强盗**"。**示威者疯狂地抓住国民自卫军的枪支，还抽取一位军官身上的马刀。**叫喊声愈来愈厉害。简直是真正的暴动。响起了**手枪的枪声**，子弹打中了**公民马尔儒纳尔**的大腿，他是广场**参谋部**的中尉，**中央委员会委员**。广场警卫司令贝热瑞将军一开始就赶到了人群的前面，要求骚动者离开。鼓声差不多接连响了五分钟。要求散去的命令重复了十次。而人群却报以叫嚣和詈骂。两名国民自卫军已经重伤倒下。但他们的战友还仍然犹豫不决，向天空开枪。**骚动者企图冲破自卫军的警戒线并解除他们的武装。**枪声响起来了，骚动者立刻狼狈逃散。贝热瑞将军马上命令停止射击。有人从几所房子里向国民自卫军开枪，打死了两名国民自卫军——瓦兰和弗朗斯瓦，还打伤八人。在人群前列的**维康特·德一莫利奈**（被他自己的人）从背后击毙。在死者身上发现一把用链条系在腰带上的**匕首**。在和平街上拾到许多手枪和手杖刀，这些东西都被送往广场参谋部了。

3 月 25 日《每日新闻》

社论："法兰西在自己的历史上还从来没有堕落到像目前这样的地步，目前，我们都看见了：通过选举产生的代表国家的政府，为了镇压叛乱，正谄媚地求助于她最凶恶的敌人；而叛乱者本身为了达到他们自己的目的，也在千方百计地力求同这个敌人友好往来。""**野蛮的流氓**"，"**社会的渣滓**"，"**射击手无寸铁的公民**"，"在星期三大屠杀事件①中犯罪的**胆小鬼**"，"**德·沙列特将军**……受命扩充他的西部志愿军团"。

"**丰·史洛特盖依姆将军**"的声明引起了一种谣传，说……俾斯麦在暗中鼓动这些骚动。""毋庸怀疑，在选择为达到这一目的（镇压叛乱）所需要的镇压手段时，即便是我们当中最人道的人，也不会那么本

---

① 即 3 月 22 日旺多姆广场事件。——译者

分的。"

巴黎。**3 月 24 日电**。对叛乱者的抵抗正在扩展。在仍然还**忠诚的各区里有几个顽强的营被解除了武装**；有很多国民自卫军轻易地听任被解除武装。《公报》（仅系该报收到的一封信）对它提出的大部分战争赔款应由战争祸首们缴付的建议的出发点，作了说明。法国富有业主的财产价值一千七百亿法郎，应当征收这笔财产的百分之三或百分之四。……**茹尔·法夫尔**在凡尔赛宣称，他非常吃惊，他完全不知道德意志第三军团司令和叛乱者之间的书信往来这件事。

巴黎。**3 月 23 日**。黎舍留街、街心花园、蒙马特尔街等等……之间的全部地区，都被这几个区的反动的国民自卫军所占领。"综合技术学校"的学生们已投效设在交易所广场的反动的临时司令部去充当副官。

国民自卫军总司令海军上将赛塞、朗格鲁瓦、舍耳歇已经着手调动和集中"秩序党"的各个营。他们的司令部暂时设在交易所广场。里昂宣布成立公社。马赛也宣布了。

4 月 1 日《爱尔兰人报》

"几页罪恶的报纸，费加罗报和高卢人报"。"什么叫生产者？微不足道的人。他应当是怎样的？应当拥有一切。什么是工人？微不足道的人。他应当是怎样的？应当拥有一切。"

3 月 25 日。赛塞把他的帅旗从交易所广场挪到铁路西车站之后，发布了一项将忠诚的国民自卫军各营遣散回家的命令，同时他自己也放弃了指挥权，离开了巴黎。——**前任宪兵团长瓦伦顿**。

巴黎。**3 月 26 日**。中央委员会把权力移交给新选出来的区长，等等。选举已于 26 日（星期日）举行。多数报纸附和《辩论报》，该报宣称将不参加非法规定的选举。在城市各忠诚的区里，参加投票的人比预料的要多。赛塞说，镇压起义需要三十万人。除了第一、二、七区外，委员会在各区都取得了胜利。起义部队的纪律非常好。麦克马洪已经投效梯也尔。卡特利诺将军号召他指挥的文德人①到朗布伊去找他。

凡尔赛。3 月 27 日。梯也尔："有人指责我在谋求建立君主制，我正式否认。**当我就职时，共和国已是一个既成事实。**在上帝和人面前，我宣布我决不出卖它，等等。"

里昂。3 月 27 日。公社遭到失败。

凡尔赛政府决定进攻巴黎。

在"秩序党"控制下的第一、二、十六区的区公署被几个红色营在强大的炮兵支援下包围起来；区公署的警卫部队接到通知：或者让出建筑物，或者同意让选举在规定日期进行——二者任择其一。"秩序党"选取了后者。在城里的巴黎议员和区长们在一个由中央委员会委员签署的文件上签了名，在这个文件上，他们承认当前的选举是合法的，号召全体公民参加投票；中央委员会也发出了类似的号召。在五十万选民中足有一半人没有去投票。选举是根据 1849 年的选举法进行的，八分之一的在册选民票数即应认为是足够的多数。因此，当选者是巴黎合法的代表。**从多数红色党人的外貌上可以看出他们的贫困和营养不良。**

旺多姆广场的冲突。在"非武装"示威游行曾经经过的街道上，遗弃着许多手杖刀和手枪。先响起手枪的枪声，然后起义者才奉命向人群开枪。《公报》补充说，谢里敦将军从和平街一座房屋的窗口目睹了整个事件的过程，证明示威游行的人是进攻者。

3 月 22 日。晚上（示威游行之后）在第一、二、十六区敲起了**集合鼓**，接着在 23 日**早上**，街心花园、黎舍留街、蒙马特尔街和市场街之间的全部地区便被公社的敌对者所占领。交易所广场的**区公署**成了这帮人的总部。在离这儿不远的地方，敌对双方的前哨面对面地站着岗……议会的拥护者方面没有炮兵……要在没有炮兵的情况下和敌对者战斗，简直是发疯。被巴黎的区长们任命为国民自卫军总司令的赛塞，

---

①　文德，法国省名，该省从十九世纪末法国资产阶级革命时起，多年来一直是反革命盘踞的地方。——译者

起初企图组织"忠诚分子"把中央委员会从市政厅赶出去，但后来却下令遣散了全部国民自卫军，接着自己也于星期六离开巴黎到凡尔赛去了。他的那一伙人听从了他；"红色"营却没有听从。

选举进行得很公正，很有秩序。在帝国时代的警察跋扈时期，选举时从来也没有出现过这样安宁的景象。凡尔赛一片混乱。对凡尔赛的进攻预料将安排在星期四（**3月23日**），因为公社的领袖们曾经声明过，如果议会采取任何敌对行动，他们就将向凡尔赛进军。议会没有采取这样的行动。相反，议会以紧急程序通过了一项在巴黎举行公社选举的动议，等等。议会以这些让步承认了它的无力。

保皇派在凡尔赛的阴谋。波拿巴的将军们和奥马尔公爵。法夫尔企图罢免梯也尔。法夫尔甚至公开承认他曾经接到俾斯麦的信，信中宣称，如果到上个星期日（3月26日）秩序还没有恢复，德国军队就要占领巴黎。**红色党人**毫不费力就看穿了这个小把戏。尚济的被释同赛塞的撤退几乎是同时发生的。保皇派报纸曾一致**判处这位将军的死刑**。他们原想把这项仁慈的行动加在"红色党人"的头上。"他曾三度被判处死刑，这一回他真的要被枪决了。"**红色党人**对待自己的俘虏，并不比**英国的大臣们对待自己的爱尔兰受难者**更坏。选举延期是因为希望在这个问题上同政府达成协议，虽然明知道这种延期是危险的，它只会给保皇派反动分子以采取行动的时间——选举秩序确保了不受威胁的最充分的自由。

在九十名公社委员会委员中有七十二名红色党人当选……弃权者不能认为就是公社的反对者，因为**他们绝大部分**［？——**俄文版编者**］**是在保守的各区登记的。3月28日宣布公社成立。**就职时的热烈情况。他们希望建立一个能够充分地保障人民权利的共和国。

公社纲领：希望在法国各中心城市（各省省会）建立自由的公社。省的公社应由本省人民选举，并代表拥有立法全权的议院。它应当管理本地区的财政和军事组织，并且拥有为此目的而征税和借款的全权，恰似美国各州的立法机关。**全国性**的事务应由通过全民选举产生的国民议会处理。

3 月 27 日 《旗帜报》

巴黎。3 月 26 日。只要政府仍然坚持共和政纲，在凡尔赛的拥有一百二十名成员的左派共和党就决定支持政府。尚济于昨晚到达。

社论："锻工阿西"。"什么时候法国才会出现一位勇敢的统治者，有才略，足能担当起救国事业，用'成排的霰弹'把共和国消灭。"

巴黎通讯。3 月 25 日。"贱种"（叛乱者）。谈到"尚未完成的事业"。

凡尔赛。3 月 25 日。里昂，圣太田等地已恢复秩序。

3 月 25 日。马赛成立公社。

另一篇社论："社会主义把它自己全部真正的生命力，全部对居民的真正的影响都给予了法国的共和主义……那些随时准备战斗……准备厮杀……准备为共和国而死的群众，共和党的普通党员，几乎全都是社会主义者。"**石工工会理事会**的通告……以其最有害的形式表现出来的社会主义。**"共产主义和屠杀之间的关系。"**"法国工人是彻头彻尾的无神论者，决不承认死后有天堂，因此，热衷于在现世攫取一个天堂。"

3 月 27 日 《每日新闻》

社论：法国有两个民族——由神甫们领导的农民和由政客与新闻记者领导的工人。"梯也尔……选好了他的外交使节……其目的在于让奥尔良主义的传统复活。……**国际协会**会员不仅力求建立一个共和国，而且要建立一个社会主义共和国，他们正寻找机会暗中煽动劳工斗争，看来，或者不如说是懒惰斗争，因为这种斗争归根结底就是要反对资本。"

巴黎通讯。3 月 25 日。同海军上将赛塞的和平谈判达成了下列协定：被占的各个区公署归还给各个区；区长返职；做好立即进行公社选举的准备工作；然后，中央委员会和赛塞引退。当然，这全都是谎话。第二天早晨（25 日），**"公报"**把问题解决了，它规定在 26 日进行选举。关于这一点，在谈判中双方的意见是有分歧的。区长和巴黎议员不得不让步。

3月25日。凡尔赛。国民议会。"波拿巴王朝的法官们复职了，他们参加过1852年的混合委员会，由于给路易—拿破仑·波拿巴的黑名单上的共和党人制造流放凯恩①的法律根据，成为政变中无耻的工具，他们是被克莱米约革职的。""**茹尔·法夫尔**作了最卑鄙的……煽动内战的尝试；他醉心于一个任何时候都不会忘记的意愿……由普鲁士人占领巴黎以恢复秩序。"

巴黎。3月26日。公社的**公报**使贱民激动起来，它用最大号的铅字刊印的长篇论文，令人确信议会已经任命奥马尔公爵为王国的全权代理人。

3 月 28 日《小报》

委员会不仅释放了尚济将军，而且还释放了**德—朗古里安**将军。

3 月 28 日《每日新闻》

3月26日。巴黎记者。"革命可能是正义的，但仍然是非法的；反过来讲，革命可能是合法的，但仍然是非正义的。当政变合法化了，它是否就能成为正义的呢？而9月4日的革命是否因为是非法的，就是非正义的呢？……让他们不要胡说在这个国家中的非法可耻吧！在这个国家里，各党派都是非法成立的，都是采用非法手段爬上权位的——只有一个党派例外，这就是那些顽固的、迂腐的王朝正统主义者，他们属于毫无希望的少数。""最妙的是（在里昂的）一位将军不得不在自己的信末，在'国民议会'这几个字之前写上'**共和国万岁**'几个字——皮卡尔曾向国民议会援引过这位将军的呼吁书。三天以前，议会却故意从自己的'致公民和军队'的呼吁书里删去了'共和国万岁'这几个字。"关于一些资产阶级人物在选举日同红色党人联欢和友好的情形："这些拥挤在区公署院子里的绅士们，同叛乱的国民自卫军互相握手言欢；只不过他们私下却在谈'镇压手段'，'力量'和'霰弹'。有一位

---

① 凯恩，在南美洲，当时是苦役和流放的地方。——译者

胖胖的资产阶级人士当着我的面，带着凶狠的面孔和激动的姿势谈出了自己的希望和信心，说他……现在自愿与之联欢的'这伙流氓'过几天就要**成批地**被宰杀和被放逐到凯恩去受熬煎了。"要是议会有力量组织集体枪杀的话，倒真能在巴黎**富有的资产阶级**的热烈赞许下去进行。虽然在市政厅的上空飘着红旗，但是那里的人们比起在旺多姆圆柱的庇护下生活的诚实而温和的人们来，却要仁慈得多。**昨天的逃窜者，今天想用甜言蜜语把市政厅中的人们稳住，以待聚集在凡尔赛的地主议员们和波拿巴的将军们有足够力量对他们开火。**

3 月 28 日 《旗帜报》

"无能的外行"（统治着巴黎）。**"残忍的小丑"。**"法国已经堕落到像个早期基督教的温驯的殉道者……注定要被野兽吃掉的。"

3 月 30 日 《每日新闻》

巴黎的政府需要"钱"，并采用各种方法来证明这一点。但是根据不列颠廉价文丐的意见，"廉价的"政府是没有存在的权利的。

巴黎电讯。3 月 29 日。中央委员会烧毁了警察部门的全部文件……小业主们不满意调整房租的杜弗尔法……"邮政局长**拉姆朋**正式拒绝把职务移交给委员会派来的新局长"。3 月 28 日。土鲁斯、里昂、马赛、圣太田的秩序已经恢复①。德—沙列特带着八千名布列塔尼人到了凡尔赛。

3 月 28 日。巴黎记者。"中央委员会的委员们是非常能干的人……他们的实际知识远在一般水平之上，他们在政治问题上有着渊博的学识……他们的组织非常健全……把**市政厅**的这些人当做渺小人物来对待是错误的，这些人是强有力的……是严肃而聪明的……他们决不让那些连为什么投票也不知道的愚昧的农民来管理法国。"

---

①　土鲁斯、里昂、马赛、圣太田于 1871 年 3 月 22 至 28 日曾先后建立公社，但均遭到失败。——译者

凡尔赛。3 月 28 日议会。弗洛凯："他们是些笨蛋"，"凡尔赛距巴黎总共才五里格①，可在思想意识上它距巴黎却有一千里格。"

一位 1849 年的老议员**弗列诺**：倒希望从皮卡尔那里知道，是否已经采取或者将要采取有效措施，以**阻止国际协会**同巴黎取得联系。**皮卡尔**回避答复这个问题，说答复这个问题还太早，因为目前需要的不是空言，而是行动。

杜弗尔提出了自己关于巴黎房租支付问题的法案。法案仅仅给债务人一个选择的可能：或者立即偿还（房主不担负战争带来的损失），或者去法院作贫困登记。（最近六个月的房租）

秩序党的许多报纸，不久前还参加了决定不给非法的市镇选举以支持的庄严的联盟和协定，现在宣称，市镇选举乃是**既成事实**，凡尔赛政府应该同巴黎达成协议。这样的报纸有《世纪报》、《时报》、《国家未来报》。

社论："议会中的多数议员，在那正为所有党派互相和解培育中间土壤的唯一的政府组织形式面前，竟成了自私可耻的恐惧心理的俘虏，他们……坚持要把政府迁离由自然和历史所形成的领土、政治、文化和社会的统一的中心，从而使法国**失去精神上的首脑**。他们把巴黎看做敌人，而不是看做国家生活的真正的象征和最高的体现，因此，他们已经丧失了享受国民代表称号的权利。而且，从他们批准**和平条件**②的时刻起，保留他们的代表权已成为违反宪法的篡夺。"

3 月 30 日《号召报》

梯也尔从来没有做过好事，从来只会造成灾难。

一些不是卖国就是无能的将军们使国民自卫军蒙受嫌疑，或者使其远离战斗。尽管如此，国民自卫军在比桑瓦耳还是显示了它的能力。国

---

① 里格，长度单位，随时代与国家不同，所代表的长度也不同，一般大约相当于四至五公里。——译者

② 国民议会 3 月 1 日以 546 票对 107 票通过接受赔款五十亿法郎和割让亚尔萨斯—洛林的和平条件。——译者

民自卫军的大炮之所以归它所有，是由于它有双重的权利：第一，大炮是国民自卫军**买的**；第二，和约规定把大炮**留给法国的唯一原因就在于大炮是属于国民自卫军所有的**。维努亚在比加尔广场还没有开枪就吃了败仗。同帝国的将军、议员一起被打败的梯也尔逃往了凡尔赛。凡尔赛被军队塞得满满的：在萨托利军营集中了十万人，选出了总司令**杜—巴拉侬**；**沙列特的布列塔尼人**和瓦伦顿的市镇近卫军同比埃特里的市警合并。

　　3月30日。公社宣言："今天，那些你们甚至不屑追击的罪犯，竟滥用你们的宽大胸怀，就在巴黎城的大门口筑起了一个进行保皇阴谋的巢穴。他们制造内战；他们使用一切腐败的手法；他们愿与任何人结伙共谋；他们甚至无耻到乞求外国的援助。"

　　3月29日的公社会议：中央委员会已经移交出自己的全部权力，它声明，今后它和运动前一样，仅仅是**国民自卫军家庭委员会**。

　　3月28日。凡尔赛。梯也尔给各省省长和专区区长的通告："人数远远超过坏工人的善良工人们应当了解：如果面包又一次从嘴边飞掉了，那他们应该责怪那些搞**国际**的能手，那些人自封为劳动的解放者而实际是劳动的暴君。"

　　前任巴黎市长茹尔·费里于3月28日（星期二）向市税稽征所的官员发出通令，禁止继续为巴黎课征任何市税。

　　牛瘟猖獗到不得不取消诺曼底的一切集市，常年这个时期都是在这些集市上进行家畜买卖的。目前，巴黎的食用牛都是从葡萄牙运来的。

3月31日《每日新闻》

　　巴黎电讯。3月30日。拉拇朋前往凡尔赛（因为公社占领了邮政局）。政府禁止往巴黎运粮食。公社禁止从巴黎的别尔斯大酒库往外运酒。在巴黎的人谁都不应当听从凡尔赛的命令。**中央委员会应当以国民自卫军委员会的资格继续自己的活动。四月份以前的最近三个季度的房租全部免缴**。凡已付出这三个季度中任何一个季度的房租的人，有权把这笔付款转作今后的预付房租。此项法令也适用于有家具设备的公寓。

房主限令房客搬家的任何通知，在未来的三个月内无效。禁止在巴黎的屋墙上张贴凡尔赛发出的公告。

《费加罗报》（曾被允许复刊）又被没收，并且遭到永远禁止。

巴黎公社仍旧认为自己可以在**国家**问题上制定法律。

梯也尔禁止往巴黎运马匹。在法院里，无论是检察还是审判，再也没有开庭。再也没有法官了。

在帕西、特恩和巴提诺尔，正继续在加紧进行解除忠诚的国民自卫军的武装。投票反对公社的每个区都交出了自己的沙斯波步枪。

公社委员每月领取三百法郎的薪金①；这个数目曾被费里规定为巴黎正副区长在封锁时期的临时薪金。

公社执行委员会的任期规定为一个月，并随时可以撤换。

巴黎通讯。3 月 29 日。法国的城市有一天会一同站起来，坚持自己在国家的代议机关里占据领导地位。在财政方面，公社处于绝望的境地。瓦尔兰在第一次会议上就对公社谈过这个问题。公社对待男人相当严厉，在很多场合下剥夺了他们的自由，并要求他们遵守最严格的纪律；对解放妇女则非常关怀，公社取消了警察部门中负责监督妇女操行的科室。

杜弗尔关于房租的法案：建议授权仲裁法庭不仅可以将偿付期限延长两年，而且，**如果租赁者是纯粹的商业经营者**，还可以减少租金整整四分之一。最温和的报纸也对此加以谴责。这个法案实际上给一般住家的房客并没有带来什么好处，因为按照习惯法，如果债务的无法偿还是由**不可抗力**造成的，普通法院就可以免除它。**除去商人之外**，许多人在围城时期丧失了赖以支付房租的收入。

3 月 21 日《形势报》

那些当时曾把普鲁士人引到巴黎大门口来的 9 月 4 日的人们，现在

---

① 在《法兰西内战》及其他有关巴黎公社的书籍中，提到公社规定其公务人员（包括公社委员）的薪金不得超过六千法郎，指的是年薪，是公社于 4 月 1 日的会议上决定的。在这以前，还通过了一个关于公社委员薪金数额的决议；当时，瓦莱斯、弗兰克尔等主张公社委员薪金每月三百法郎，不过，最后通过的决议是每天 15 法郎。——译者

又在这儿挽留普鲁士人。

梯也尔每次出任大臣总是推动士兵去屠杀人民……他杀父乱伦，侵吞公款，抄袭剽窃，叛卖暗算，野心勃勃，毫无才能。

杜弗尔是个极端顽固的坏蛋。**皮卡尔**曾希望充任路易·波拿巴的大臣。

俾斯麦于返回柏林时，曾在**法兰克福**说："国民议会倒是宁愿看到普鲁士人占领巴黎，解除国民自卫军的武装并镇压那些流氓；然而，普鲁士政府曾决定，在出征的主要目的达到以后，不多牺牲一个士兵，因此，普鲁士政府不能为国民议会效劳。"这就说明梯也尔和茹尔·法夫尔（在议会多数派意见的支持下）曾经竭力要求占领巴黎并屠杀巴黎居民。谁都不能责怪巴黎人不承认这些人组织的政府，既然这些人曾竭力请求德意志帝国的首相来屠杀他们。

3月28日《形势报》

丰·史洛特盖依姆3月11日的信[①]。中央委员会3月22日的答复"宣称：在巴黎进行的……实质上是一种带有市镇性质的革命，其目的绝不是要反对德国军队。我们没有权力来讨论波尔多议会通过的和平的先决条件。"3月22日的事件是被**茹尔·法夫尔**这个文契伪造犯，这个卑鄙的阴谋家所挑起的，他（21日或23日）一登上凡尔赛议会的讲坛，"就谩骂那些把他从卑微中选拔出来的人民，并煽动外省反对巴黎"。

3月24日**白天**。秩序人物企图反抗。

3月25日：赛塞的戏唱完了。

凡尔赛。**3月27日**。**奥马尔公爵**在凡尔赛。

------

① 信中说："只要巴黎不抱敌对态度，德国军队将采取消极态度。"［见利沙加勒著《1871年公社史》第126页（三联书店1962年版）。］关于信的日期，《形势报》可能有误。因为巴黎公社革命是在3月18日发生的，史洛特盖依姆不可能在3月11日向中央委员会写这封信。根据《1871年公社史》的德文版编者注（同上，第126页），应当是3月21日的信。——译者

4 月 1 日《每日新闻》

社论：富裕阶级正在离开巴黎……从选举以来已有十五万人逃跑了。**撤退**……巴黎公社正一步一步地把自己宣称为法国政府。**就城市而论**，公社已经保证了自己政治职能的发挥。《世纪报》发出绝望的嚎叫！

巴黎 3 月 31 日电。公社向五家保险公司强制借款；**废除征兵制（3月 29 日）**。公社声明：公社委员不得兼为议会议员。**声明说，外国人可以成为公社委员，对弗兰克尔的选举有效**。派去支援赛塞的多管炮掌握在公社手中。《立宪主义者报》被没收（3 月 31 日）。

巴黎通讯。3 月 30 日（凡尔赛的）《通报》说，巴黎不能成为一个**自由的城市**，因为它是**首都**。巴黎拒绝作政府的首都，因为政府的现存形式是由"地主们"强加的。**3 月 29 日关于房租的法令**。当铺中的典当物品暂停出售。（3 月 29 日）有人说我们的二十九名新的执政者全非知名人物，对这种异议，执政者的机关报回答说："当年十二使徒①就是这样。"

4 月 1 日《小报》

赌博被禁止。

4 月 3 日《旗帜晚报》

巴黎电讯。4 月 2 日。在紧靠巴黎的库尔贝伏瓦和涅伊之间发生战斗。国民自卫军被击溃，涅伊桥被"梯也尔的"士兵占领。（**勃留阿将军**）从巴黎出击并一度占领库尔贝伏瓦、布多和涅伊桥的几千名国民自卫军被击溃。许多人被俘。许多起义者被作为"叛逆"当场枪决。凡尔赛军队首先开火。

3 月 31 日通讯。第三十一团在巴黎前线投降了。**4 月 1 日**。罗什弗尔

---

① 指耶稣派出去传教的十二个门徒。——译者

说："我们应当在全法国进行市镇参议会的选举，然后再进行普选。"**公社的《公报》(4月1日)**："三月十八日的革命不是以保证巴黎获得一个民选的、但仍处在**一个十分集中的全国政权的专制控制**下的公社代表机构作为唯一的目的。它要为法国所有的市镇争得和确保独立，也要为所有更高的地方单位——省、大行政区——争得和确保独立，这些地方单位将为了它们的共同利益联合在一个真正的民族公约之下；它要保障共和国，并使之长存……巴黎放弃了它的**表面上大权独揽**的地位——这种大权独揽事实上是巴黎滥用权力——但它并没有放弃它的道义力量和思想影响，这种道义力量和思想影响已使它的宣传工作在法国和欧洲屡获胜利。"**中央委员会**（旧的）搬出市政厅，迁到**沙托—德奥办公**。

4月2日。公社职员的最高固定薪金为六千法郎。银行已经预支给中央委员会三百万法郎。凡尔赛的军队已经占领圣克鲁和塞纳河沿线。

4月3日《每日电讯》

社论。"这些叛徒"，"半文盲的流氓"，"市政厅的海盗"，"杀人犯"，"流刑犯""竟用法令来摧残私有权"①。"公社的军队……邦巴司特司·弗里奥索从未指挥过比这更不伦不类的队伍！"

4月1日。秩序党的支持者占优势，他们控制着奥特伊桥，**加利费**将军带着他的非洲雇佣军——一些朱阿夫轻骑兵等——驻扎在那里。

4月4日《每日电讯》

巴黎。4月3日（电）。第八十常备团的二十五名士兵被第七十五团的士兵作为"叛逆"枪毙。贝热瑞和弗路朗斯在场。他们本来相信蒙瓦列连的炮台司令曾经答应不开枪。这是蒙瓦列连炮台开枪造成的②。执行

---

① 公社4月2日通过一项接管梯也尔和凡尔赛政府其他五个成员的财产的法令。——译者
② 当时蒙瓦列连炮台由凡尔赛军队占领，炮台司令曾和国民自卫军约定在巴黎和凡尔赛的战斗中守中立。可是4月3日当巴黎向凡尔赛进军时，炮台突然向公社军队射击，这种完全出乎意外的射击引起了军队的混乱。当时贝热瑞在场（弗路朗斯后来也赶到了），他极力阻止军队逃散，但效果不大。这次战斗使许多士兵被俘并被凡尔赛军队当地枪毙。——译者

委员会控诉梯也尔、法夫尔、皮卡尔、杜弗尔和波都奥发动了法国内战，在没有把他们交付审判以前，暂由国家扣押其财产。

巴黎。**4 月 3 日**。宣布政教分离的法令，取消宗教预算，并宣布全部教会产业为国家所有。

公社在自己的公告中说：凡尔赛政府已向我们进攻。它不可能指靠军队，所以派遣了**沙列特的教皇的朱阿夫兵、特罗胥的布列塔尼兵和瓦伦顿的宪兵**去炮击涅伊。**麦克马洪**在凡尔赛被任命为总司令。

4 月 4 日《泰晤士报》

社论：**4 月 2 日**（星期日）在巴黎附近的战斗。4 月 3 日的大会战。

4 月 2 日凡尔赛政府派去一个师，主要由**宪兵队、海军陆战队、林警队和警察组成**。在首次战斗中，凡尔赛部队以四比一的优势兵力将混乱逃窜的敌人赶过了涅伊桥；起义者由于装备恶劣，又遭遇到在兵力上占压倒优势的敌人，被迫在极度混乱中后退。他们在**自己桥头的防御阵地上坚守了很久**，和敌人进行着猛烈的对射。一些被俘的起义者惨遭枪杀。

从夜晚直到黎明，起义者集结了十万人，他们从**克里希和涅伊**，从**普恩—迪尤—茹尔和沙齐昂**分成三路纵队前进，开始向凡尔赛进军。他们的右翼在接近蒙瓦列连时遭受重大伤亡，立即瓦解溃散；但在东南面，起义者的中路和左翼……却将敌人逼向麦顿——贝热瑞 10 点钟的时候曾在麦顿请求增援。在古斯达夫·弗路朗斯指挥下前往支援贝热瑞的三万配有炮兵的军队，在遭到政府军的打击后已混乱地退往巴黎。

"最地道的巴黎流氓"，"反对文明的阴谋"，"伯利维尔的社会渣滓"。"富豪，资本家，浪荡汉——这就是巴黎。"

4 月 4 日《每日新闻》

巴黎通讯。4 月 2 日（星期日晚）。凡尔赛的常备军充满动摇情绪。凡尔赛战役主要是由宪兵队和炮兵进行的。涅伊战役实际上是在晚上12 点半钟结束的。公社的军队占据着沙齐昂。

4 月 4 日《形势报》

阿尔图尔·皮卡尔是厄内斯特①的兄弟（警察局长办公室 1867 年 7 月 31 日的一份报告上，指出他是交易所的骗子手）（在股票控机中有诈骗行为）（被交易所除名）。（茹尔·法夫尔、奥迪朗·巴罗、厄内斯特·皮卡尔等人曾提名他为塞纳—瓦兹省最近一届立法团的议员候选人。）阿尔图尔·皮卡尔曾经盗用过三十万法郎公款（在帕勒斯特罗街五号总行的一个分行②经理任上；这个职务是他的哥哥替他张罗的）。皮卡尔马上被逮捕。他供认了全部罪行，刚不久被关入警察局。（**摘要**。**警视官**。**布德维尔**，1868 年 12 月 11 日。）阿尔图尔·皮卡尔是他哥哥主办的《**自由选民报**》的编辑，"该报的专长在于天天诋毁共和党人为强盗、土匪、均产者"。

4 月 5 日《形势报》

3 月 31 日（公社的）《公报》。**选举委员会的报告**："因为公社的旗帜就是**世界共和国**的旗帜，等等……外国人能成为公社之一员……因此，弗兰克尔……"并对未获得八分之一选票——1849 年的法律要求的——的当选加以确认，因为"11 月 3 日**皇帝的全民投票**③"（用伪造的办法）人为地夸大了投票人数，"围城时期有死亡，投降以后有居民离开了巴黎，围城时期在巴黎有相当多的外国侨民等等"。公社同意这些结论。

巴黎。**4 月 4 日电**。将近早晨 4 点钟时，**弗路朗斯和杜瓦尔**在朗浦安—德—库尔贝伏瓦会师。但部队已向前开去。两个纵队竭力越过了战线，向着凡尔赛推进。

弗洛凯和洛克罗放弃了自己的议员权利，声称他们的职位在自己的

---

① 即厄内斯特·皮卡尔。——译者
② 指 1852 年由贝列拉兄弟创立的法国大股份银行的一家分行。——译者
③ 1852 年 11 月路易—拿破仑·波拿巴强迫全民投票赞同上院所提出的恢复帝制的决议。——译者

同胞当中。

虐待俘虏首屈一指的是宪兵队。

4 月 5 日《回声报》

凡尔赛。4 月 4 日电。吉斯达夫·弗路朗斯被打死。晚上：沙齐昂多面堡今天早晨被占领。包括昂利将军在内的二千名俘虏被解至凡尔赛。**杜瓦尔将军在多面堡内被枪杀了。**水兵和士兵继续大批地转向**国民自卫军。**

4 月 5 日《每日电讯》

凡尔赛。4 月 4 日电。叛乱者在蒙瓦列连附近和麦顿高地被击溃。**从共产主义者队伍中俘获的每个穿着常备军军服的士兵都立即遭到毫不留情的枪杀。**政府军对待投敌者和叛乱者极端残暴。

巴黎。4 月 4 日。一些外国人和居民急着从首都逃走。

今天黎明时，凡尔赛军队袭击了沙齐昂多面堡，共产主义者一枪不发像**朋友**一样让他们接近，可他们却对共产主义者进行了残暴的屠杀①。

4 月 3 日。杜瓦尔和弗路朗斯在朗浦安—德—库尔贝伏瓦附近会师。他们刚一到达，就遭到了蒙瓦列连的猛烈射击。

社论：看来，梯也尔的确扭断了反革命的脖子。"星期一的胜利是以弗路朗斯的死来**完成**的。""梯也尔星期一向议会报告了这些**令人兴奋**的细节。""弗路朗斯的尸体停在凡尔赛，这一下**我们可以确信**，他的不安静的精神终于安静了。""印刷工人贝热瑞的战略。""对于这些自由之子，除了蔑视之外还能有什么感触呢？""这不是历史，这是狂史②。"

---

① 当时凡尔赛军队曾多次驱使士兵倒持步枪，装着和平的样子，向国民自卫军接近，然后背信弃义地突然开火；公社为此曾专门发表过声明。——译者

② "狂史"，英文原文为 Hysteria，这个词一般音译为"歇斯底里"。但原文在这里故意用了两个谐音词；History（历史）和 Hysteria，故译作"历史"和"狂史"。——译者

"公社的崩溃"，"苦艾酒和席间谈话"——在这样的标题下刊载着**4月3日的巴黎通讯**。"士兵们以为蒙瓦列连炮台在共产主义者手中；参谋部的军官们以为反正已经同炮台司令达成了不开枪放国民自卫军过去的协议。他们却被残酷地欺骗了。"

4月5日《旗帜报》

社论："弗路朗斯和其他人不一样，他不是一个**普通的暴乱者**。""革命的暴行。"

巴黎。4月4日电。在城外，公社军队还坚守着旺夫、伊西和克拉马尔，他们在这里整天都遭受着猛烈的冲击。战斗还在继续进行。在协议有效期间，弗路朗斯上校和他的加里波第义勇队的副官**在沙齐昂遭到突然袭击**；当时弗路朗斯曾以手枪还击，但立即被砍裂了头颅；尸体被运到凡尔赛去了。他的死**为法国带来的是百分之百的好处**。

社论：弗路朗斯和贝热瑞成了相信蒙瓦列连人的牺牲者……"自从2月中旬以来，梯也尔一直是保守派与保皇派议会的首脑。如果他能把公社镇压下去，他所借助的必然是保守派和保皇派的军队。"

4月2日（《复仇者报》）。"今天早晨，沙列特的朱安人，卡特利诺的文德人以及特罗胥的布列塔尼人，在瓦伦顿的宪兵队的支援下，对和平的涅伊村发射了大量的霰弹和炮弹，从而发动了同我们的国民自卫军之间的国内战争。"

4月5日《每日新闻》

社论："维努亚将军带着两个步兵旅，**加利费将军**，即那个以服饰号称帝国化装舞会上的奇观之一的迷人的侯爵夫人的姘头，则率领着一个骑兵旅和一个炮兵营，开始进攻库尔贝伏瓦。"（**这是第一次会战**）"国民自卫军的难以理解的胆怯。"

4月6日《每日电讯》

巴黎电讯。4月5日。公社在致居民书中控诉保皇党人作战如同野人；他们枪毙俘虏，杀害伤员，炮轰野战医院，他们的军队把枪托举到空中，然后阴险地突然开火。十七岁到三十五岁的未婚男子被强迫服役。**巴黎大主教**被捕，控以叛国罪（逮捕目的是作为人质①）。公社威胁说，如果凡尔赛政府继续枪杀俘虏的话，就要处决他。对其他重要人物的逮捕也将用于同一目的。**马德兰教堂的主持**已经被捕。战斗继续进行；在麦奥门附近逮捕了两名穿着国民自卫军炮兵制服的军官，后来查明，他们是企图搭乘救护车混入城内的宪兵队的军官。群众要求把他们立刻处死。国民自卫军没有同意，结果把他们押到旺多姆广场的总部去了。

《辩论报》、《立宪主义者报》、《自由报》被查禁。预料《夜晚报》也将遭到同样的命运。

4 月 4 日。米里哀尔的声明：“让法国了解，巴黎并非在叛乱，而是……在进行合法的防御……当政府命令前帝国士兵组成的御用军队在参议院前议员统率下向巴黎进攻的时候，巴黎人民并没有任何进攻的意图，并没有制造任何骚乱。”

社论：“国民自卫军只能令人蔑视，他们……等等。”

凡尔赛记者。4 月 3 日。（关于 4 月 2 日的战斗。）进攻是根据维努亚的建议进行的。**维努亚就地处决了二十五名常备军士兵（俘虏）。**俘获的**国民自卫军被送往凡尔赛——这是一群样子丑恶的甚至在苦役场里也难得看到的人**。要是没有强力的宪兵护送队，他们早被撕成碎片了。人们用最肮脏的话来骂他们，呵斥他们，把他们叫做“杀人犯”。

4 月 5 日 《每日新闻》

凡尔赛电。4 月 4 日。梯也尔在他的公告中谈到俘虏：“正直人士的忧伤的目光，还从来没有看到过一种无耻民主制度下的如此无耻的

---

① 为了制止凡尔赛滥杀俘虏，公社曾公布“人质法”。但“人质法”实际上没有真正执行。凡尔赛在看出公社没有决心执行“人质法”后，又恢复对俘虏的残酷屠杀。“巴黎大主教”，指达尔布瓦，当时公社曾以他和其他几个人作为人质，希望交换被梯也尔囚禁的布朗基。但梯也尔不同意，认为放回布朗基，等于给公杜派去了一个军团。——译者

面孔。"

马赛。**4月4日**。起义者被击溃。

巴黎。**4月4日**。沙列特指挥的朱阿夫人打着白旗作战，他们每个人的胸前佩着一个用白布做的耶稣圣心，上面写着："住手！耶稣的心就是真理。"他们喊着："国王万岁！"……**克吕泽烈**被任命为军事部门的首脑。

巴黎记者。**4月3日**。最保守的报纸认为，巴黎国民自卫军在可悲的内战中表现出来的奋不顾身的英勇精神，说明**特罗胥将军过去没有很好地利用他们去反对普鲁士人**。

4月7日《每日新闻》

巴黎。**4月6日电**。《公报》上（公社的）法令："鉴于凡尔赛政府公开蹂躏人道的法律和战争的法律，它犯下了连入侵法国的外敌都干不出来的骇人暴行……特此决定：第一条、凡是与凡尔赛政府狼狈为奸的人，立即逮捕和监禁；第二条、在二十四小时内成立陪审委员会来调查所控的罪行；第三条、陪审委员会在四十八小时内作出结论；第四条、根据陪审委员会判决而被扣押的所有被告将被认为是巴黎人民的人质；第五条、每杀害一名战俘或一名巴黎公社合法政府的拥护者，立即处决大量人质当中的三名人质，处决的人质将用抽签的办法来选定；第六条、应将每个战俘送交陪审委员会，由它决定是立即释放还是作为人质扣押。"（《巴黎公社》）

逮捕天天都在进行。现在看守所里已经有五百名在押犯人，有很多僧侣界的人士和耶稣会士学院的全部上层分子。圣奥古斯汀教堂的主持今日被捕。

公社的自卫军自从丢掉了政府军会同他们友好的幻想以后，更加警惕和谨慎了。凡尔赛军队中不愿同巴黎作战的那部分军队被派往南方去了。法国银行又预付了五十万。耶稣会士企图走私运出巴黎的四十万法郎被没收。

凡尔赛。**4月4日**。**杜瓦尔将军被俘**并被立即处决。维努亚反对对

251

叛乱的军官或常备军士兵表示任何怜恤。

4月5日。公社公告："凡尔赛匪徒每天都在屠杀和枪决我们的俘虏，每时每刻我们都听到新的屠杀消息……人民，甚至当他们愤怒的时候，仍像憎恶内战一样地憎恶流血，但是他们有责任保护自己不受敌人的野蛮虐杀，因此，无论代价多大，都要以眼还眼，以牙还牙。"

巴黎电。4月5日。食品价格开始上涨。《泰晤士报》说："局势像1793年，但缺少当年的勇气。"

社论：四天的战斗。

巴黎通讯。4月5日。《巴黎报》和《国家报》被迫停刊……**看来，弗路朗斯把他的总部设在距麦顿不远的一所房子里**。宪兵队从可靠的密探那儿得知这件事，便出动一连人去捉拿他，死的活的都行。他们进了这所房子，只有一个宪兵走在前面，他闯进了一间屋，看见弗路朗斯和他的副官正准备从窗户逃出去。弗路朗斯急速回身向不速之客开枪，但没有打中。宪兵挥刀一砍，把他的头颅几乎砍成两半。

不能设想还有什么事比他们对待巴黎俘虏（对待被押往凡尔赛的将近一千名的国民自卫军俘虏）更惨无人道了。他们往俘虏脸上吐唾沫，扯去俘虏的军帽，咒骂俘虏，往俘虏身上倾泻只要能够想得出来的一切**最粗野的诟骂**。皮卡尔双手插在裤袋里，在各队列间踱来踱去地取笑。在官邸的阳台上，则站着**梯也尔夫人**和与她同伙的一大群容光焕发，兴高采烈的贵夫人……风头人物是昂利，他走在俘虏队伍的最前头，那样漂亮，那样坚毅，那样自然，那样满不在乎地对待自己已经注定的命运……缺德的坏蛋们对他大加侮辱……俘虏们被领到皇宫对面兵营的天井里，**他们在那里由比埃特里的警察队进行仔细的搜查。这个警察队是皮卡尔在凡尔赛招募的**。伯利维尔人被如此残暴地虐待，以至引起了对警察的反抗行为。维努亚将军在卓越的参谋部的军官们的簇拥下，急速来到凡尔赛。

4月7日《泰晤士报》

社论："巴黎是一个悲惨的地狱。"

巴黎电。**4 月 6 日**。应当任命维努亚为荣誉军团大十字勋章大法官……议会的军队把起义者从涅伊桥附近的阵地中驱逐了出去。

萨尔塞在《高卢人报》上谈到俘虏："这些可怜的生物，其中大部分看来确乎是呆子。他们与其说是**野兽**，不如说是**牲口、羔羊**。"

4 月 8 日《每日新闻》

巴黎电。**4 月 7 日**。各主要教堂的主持被逮捕；今天逮捕了圣苏尔皮司教堂、圣塞维林教堂、诺特尔—达姆—德—洛列特教堂的主持，因为他们企图从公社的手中拯救教堂的财产。所有不愿服役的国民自卫军将被停发薪饷、解除武装，并将丧失公民权利。

4 月 6 日。加利费跨过涅伊桥追击国民自卫军的一些队伍，这些队伍是在互有胜负的战斗之后仍然潜伏在库尔贝伏瓦的。今天圣洛兰教堂被国民自卫军抢劫一空。在凡尔赛有一千八百名俘虏，包括五十九名军官。已经成立战地军事法庭。

在凡尔赛议会里，杜弗尔提出了简化战地军事法庭手续的法案。大多数人投票赞成这一紧急法案。但是，甚至《夜晚报》也谴责这个法案。五百名俘虏被押送到贝尔—依尔，五百名送洛里昂，五百名送布勒斯特。

巴黎。**4 月 7 日**。巴黎人获得一些胜利（夺回了沙齐昂高地等）。

4 月 8 日《旗帜报》

巴黎。**4 月 6 日**。今天是交战的第五天；公社的军队处处被击退。

4 月 10 日《小报》

（即：巴黎 4 月 9 日）

4 月 8 日。今天战斗继续进行，空前残酷。

巴黎。**4 月 6 日**。取消将军衔。第十二军团团长**雅罗斯拉夫·东布罗夫斯基**公民被任命为巴黎卫戍司令，接替贝热瑞。

4 月 10 日《旗帜报》

社论："血与火的酒宴。""难以名状的一群卑鄙的亡命之徒，目前在市政厅里横行霸道。"

电讯。议会。(凡尔赛) 4 月 8 日。杜弗尔要求颁布新的出版法（加上杜弗尔记"陪审团"）……《世纪报》抗议公社禁止**最近筹划的在交易所举行的拥护和解的大会**。……凡尔赛军队昨晚 7 点钟左右攻占了涅伊桥附近的街垒。4 月 8 日：配置在涅伊桥上的蒙瓦列连和凡尔赛的炮群正炮轰麦奥门，并向大军路一带射击。委员会正往麦奥门派遣援兵。**军事代表**①："无论已婚还是未婚……十七至十九岁的男子根据自愿原则……在国民自卫军中……服……兵役，二十至四十岁的男子则系义务。"凡尔赛政府看来准备对巴黎进行正规包围。**昂利将军从凡尔赛逃跑了。**

4 月 10 日 《每日新闻》

巴黎。4 月 9 日。诺特尔—达姆教堂被抢劫一空。

议会（凡尔赛，4 月 9 日）以二百八十五票对二百七十五票议决市长应当由每个公社②选举产生。但是梯也尔毅然决然地以辞职相威胁，强迫议会通过一项修正案：在人口超过二万人的公社里，授权行政当局委派市长。

凡尔赛。4 月 8 日。凡尔赛的军队通过对涅伊桥的占领取得了相当巨大的优势（**4 月 7 日**），现在已经能够调派任意数量的军队到塞纳河左岸去了；但他们还没有占领麦奥门，而且在任何地方也都还没有越过巴黎的防御工事。凡尔赛军伤亡颇大。

德—加利费将军（侯爵）（4 月 6 日）在留厄伊附近"用突然袭击的方法抓住了"国民自卫军的一名大尉、一名中尉和一名士兵，他就地枪毙了他们，并且立即发表了一项声明以颂扬自己的功绩。

4 月 10 日 《号召报》

议会。4 月 8 日。杜弗尔埋怨说，在各省的报纸都有"过激言论"

---

① 指公社军事代表克吕泽烈。——译者
② 这里系指十八世纪末法国大革命以来法国的一般地方自治与行政单位，不是"巴黎公社"意义上的"公社"。——译者

的情况下，政府还仍然是赤手空拳。

4月9日。今天应当进行二十八名公社委员的选举。

每天晚上左派都在网球厅举行会议。（从凡尔赛押出的）俘虏大约有一千四百名，每五名锁在一起。动员了四百五十名警备队员来押送。**孔博**做了俘虏，有一个伍长在后面用脚踢他。根据**维努亚**的命令，**杜瓦尔**（表现得非常英勇）被枪毙了……一千一百名起义者被安置在萨托利军营的楼房中。俘虏们被关在黑屋子里，捆绑着……一天一块面包。

"对巴黎作战的市警每天领十个法郎。"

公社委托自己的一名委员普罗托保护公民的人身自由。一百五十多人被释放。有很多是在国防政府时期毫无根据地被逮捕，**且未经审理的人**。有些未经审理的人被囚禁**已经一年**（在波拿巴时期）。

4月11日《号召报》

4月9—10日。东布罗夫斯基冒着蒙瓦列连炮台的炮火夺取了**昂涅尔**和布瓦一科隆布。

帝国的将军们炮轰着连普鲁士人也饶过了的凯旋门。

4月11日《每日新闻》

巴黎。**4月10日电**。政府军没有可能保持住前进阵地，在炮轰桥梁和麦奥门之后被迫退却……公社忙着建筑防御工事。

凡尔赛。**4月10日**。一万名突围出来的起义者的队伍占据着沙齐昂地区的房屋和战壕。

4月9日。茹尔·法夫尔从卢昂返回后与梯也尔共进午餐：**盛宴**①（大使、部长、将军）。在奥特伊和普恩—迪尤—茹尔附近又有一次突围。公社占据着塞纳河沿岸的布伦和其他一些村庄。《**高卢人报**》断定被捕的神甫有三百人。

---

① 梯也尔为庆贺法夫尔从卢昂（与普鲁士人勾结）归来，在路易十四的皇宫里举行盛宴。——译者

4 月 11 日 《小报》

住宅搜查和逮捕各式各样，例如对**监狱总督察拉丰**私邸的搜查。这家伙跑掉了。从他那里运走了整车的文件和诸如此类的东西。对银行家列依德的搜查也是这样的；西部铁路公司（三名）经理之一的托马森被逮捕，因为他同梯也尔等人有可疑的关系。

4 月 12 日 《每日新闻》

《世纪报》和《时报》关闭了。

4 月 11 日电。最近九天来一直延续的战斗，经过一段时间的静寂，又重新开始了夜战。

凡尔赛。**4 月 11 日**。法夫尔在讲台上用悲喜交集的腔调并带解释地读完了巴斯噶尔·格鲁赛致德意志将军的紧急公函，公函探询凡尔赛政府是否已经给了第一次五亿法郎的付款，并探问何时把所有权属于巴黎公社的炮台交给巴黎公社。

《高卢人报》嘲笑法夫尔的戏剧性的姿态，说他胜过了弗雷德里克·勒美特尔①。

4 月 12 日 《复仇者报》

巴黎捍卫着公社，从而证明了：如果临时政府不诽谤巴黎，不叛变它，不出卖它，而是去武装它的话，它是能够拯救民族的。仍然有无数的炸弹和榴弹落在埃土阿尔街区。

1840 年。在众议院，防御工事法②。

梯也尔说："什么话？你们竟以为一加强城防就会危害自由和秩序吗！**这样的设想是不顾一切现实**。你们首先就是存心毁谤，竟以为有某一个政府为了保持政权而敢于在某个时候轰击巴黎。什么话？一个政府

---

① 法国著名的喜剧演员。——译者
② 指梯也尔于 1840 年在众议院提出的加强巴黎防务的法案，企图借此加强政府对巴黎人民控制；当时这一法案遭到民主派的反对。——译者

用炸弹炸开残废军人院或名人纪念堂的穹顶，纵火烧掉你们家庭的住宅以后，还能站在你们面前请求你们批准它的存在么！**这样一个政府在胜利后将会比在胜利前更难立足一百倍**。"

《**真理报**》："我们不仅要建立共和国，而且要建立一套共和国的机构，从基础开始，直到社会大厦的顶端。"

这些公民（**路易·勃朗、布里桑、亚当、梯拉尔、法尔西、佩拉、艾德加尔·基奈、朗格鲁瓦、多里安**）谈到起义的事，并谈到梯也尔发表的温和谈话。

4 月 12 日 《旗帜报》

社论：不久前还在讥讽巴黎缺乏勇气的那些社会人士，现在不得不为巴黎的勇敢精神和……不顾死活的顽强精神感到惋惜……如果炮击巴黎已经成了凡尔赛军队的习惯，那么，遭受炮击也已成了巴黎人的家常便饭；因为"普鲁士人炮击巴黎几乎是开玩笑，而法国人炮击巴黎却是严酷的现实"。

4 月 12 日 《形势报》

在凡尔赛几乎有一百名波拿巴将军。差不多所有的高级军官都回到了法国，并且得到了与各自的军衔相应的委任。

巴黎。4 月 11 日。共和同盟发表了旨在停止自相残杀的战争的宣言。要求：解散巴黎军队，代之以国民自卫军；由公民选举巴黎的全部官员；最后，要求为公民着想完全停战。他们去见梯也尔，遭到了拒绝，于是就前往其他城市。

国民自卫军和政府军勇敢厮杀的战场，正如特罗胥所说的，是他没能用这些军队来有效地抵抗住普鲁士人的地方。特罗胥连一次也没敢到普鲁士的枪弹所及的地方去过。巴黎的炮台，特别是蒙瓦列连炮台，对于抗击普鲁士人没有任何意义，因为它们的炮火不能控制首都周围的高地，而在这些高地上当时才正需要建立炮台；当然，如果用它们来对付巴黎，那又是另外一回事了。由此可见，梯也尔建筑炮台的目的就是为了便于炮击巴黎，而不是为了保卫巴黎防御敌人。这就是说，目前的战争便是在路易-菲力浦时期策划的梯也尔计划的实现。

9月4日人物在梯也尔和茹尔·法夫尔的那些**贵妇人**的殷勤招待下耽于谯饮……这些**青春已过的悍妇**……在庆祝法夫尔从卢昂归来！

议会非法攫取了谁也不曾授予他们的最高政权的委任状；相反，他们当选所根据的协议曾经明确地否认他们的这种权力。他们把按照法律规定不能赋予梯也尔的权力赋予了他。

9月4日《真理报》。"我们在围城时期曾经说过，要不是仅仅由于屈服于平民或者与平民相同的国民自卫军的一致要求，将军们是宁愿出卖国防的；如果不是完全如此，至少事实上如此。这些善于谄媚的军官们全都是波拿巴分子、奥尔良派或正统派，他们完全了解，尽管他们的使命在于拯救巴黎，但是巴黎的胜利会同时成为他们所憎恶的共和国的胜利。正因为如此，他们在围城时期仗才打得这样坏；正因为如此，他们才绝对不让国民自卫军参加战斗……特罗胥真正的敌人绝对不是普鲁士人，他的真正的敌人是共和国。特罗胥的目的一直是让巴黎投降……目前的内战不过是被称做特罗胥计划的那个阴谋的继续。这是**官僚、寄生虫**，总而言之，是一切为反对法国民主力量而联合起来的帝制迷恋者的斗争任务，这个……民主力量的中心和策源地可以说是巴黎……维努亚、茹尔·法夫尔、皮卡尔，所有这些人的幸福和前途都必须依靠反动力量的胜利……巴黎憎恶9月4日人物，因为他们剥削它，使它遭受饥荒，出卖它……一个方面是诚实的劳动者，一个方面是那些律师，那些雇佣的刽子手、那些贵族……"

4月13日《形势报》

巴黎电。4月12日。今天麦奥门遭到不停的炮击——逃跑者的部分财产将被没收……一些缺乏信心并缺乏勇气的人，他们以圆滑周到代替信心，以蛮横无耻代替勇敢。

4月13日《号召报》

"决不应当把巴黎的运动同蒙马特尔遭到的突袭混为一谈，后者只不过是这一运动的导因和起点；这一运动是普遍的，是深入巴黎人心的；甚至那些由于某种原因而置身局外的大多数人，也不否认这一运动的社会合法性。这一番话是谁说的呢？是不是像茹尔·法夫尔所说的那样，'是公社的人'呢？完全不是，**这是工商会代表说的**。这是代表七八千名工商业者发言的那些人……他们去到凡尔赛讲了这番话。"

"这些明达的外省人。""他们在凡尔赛的大街上怂恿人群对战败者横加侮辱"……既可笑，又可耻。

"商场和集市检查员**卢森·杜布瓦**已经在警察局里被拘禁了两天……他被控隐瞒了商店里的一部分面粉储存。"

外省处于嫌疑犯处治法①的打击下。逮捕更加频繁。

巴黎大主教（**达尔布瓦**）写给梯也尔的信（**日期注明：马扎斯**②，4月8日），还有**德盖里**（马德兰教堂的主持）写的同样内容的信（日期注明：康塞尔热里，4月7日）。在信上签名的并非两位行动自由的教士，而是两位在拘禁中的神职人员，他们担心自己会成为德盖里所说的"**可怕的报复**"的对象。（此人在信上说："这些处决③激起了巴黎的强烈愤怒，可能导致可怕的报复。"）"已经这样决定，今后再有一人被处死，这里就从拘禁的许多人质中处死二人。请你考虑，我以教士身份向您提出的要求是多么迫切，多么绝对地必要。"

《**号召报**》指出：有一件事值得注意，这就是：除去神甫之外，商人、共济会会员、记者、区长、议员、所有的公民团体，都以调停人的态度要求停止流血战争。**工商会的代表团**曾经两次去凡尔赛，**共济会**的代表团和**共和联盟**的代表团正从那里返回。神甫们却留在巴黎。正因为这样，所以我们担心"拘禁的许多人质中的两人④"的干涉，可别引起这样的想法，即他们竭力要阻止流的血是他们自己的血。共和国将听任

---

① 指1858年2月19日立法团通过的"嫌疑犯处治法"。根据这项法令，政府和国王有权把敌视第二帝国的嫌疑犯驱逐出境或流放到法国和阿尔及利亚任何地方。——译者
② 马扎斯，巴黎的监狱，当时达尔布瓦作为人质被关在这里。——译者
③ 指凡尔赛屠杀俘虏。——译者
④ "拘禁的许多人质中的两人"这几个字是《号召报》故意从德盖里给梯也尔的信中引出来的（见上页），指的就是达尔布瓦和德盖里他们自己。——译者

帝国的将军们"以过分的残暴行动增加自相残杀的战争恐怖"（最后几个字摘自大主教的信）。

巴黎妇女的勇敢精神！

4月13日《每日新闻》

巴黎电。4月12日。昨天夜里巴黎极其紧张，因为凡尔赛的军队在城西和城南同时进行了夜袭。政府军刚领到三十门新的大口径炮，昨天晚上便开始试验它们。但没有成功。今天继续进行试验。（**罗什弗尔**今天在另一篇论文里揭露**费里克斯·皮阿和他的同伙**，说他们是令人憎恶的暴君，或者说得更恰当些，是**明显的笨蛋**。）今天炮击的主要目标是麦奥门，是蒙瓦列连的大炮轰击的。

许多炮弹落在凯旋门周围。

天主教徒**卡特利诺**将军在贡比涅组成布列塔尼人军团。

圣但尼通讯。4月11日。最精锐的（政府的）军队是**宪兵队**，其中大多数是**科西嘉人**。

凡尔赛。4月11日通讯。巴黎的战争。在巴黎，没有任何迹象表明距离马德兰两英里的地方曾发生过激烈的战斗。咖啡馆里顾客和平常一样多，大多数剧院也打开了。《**高卢人报**》（在昨天的报上）所描绘的恐怖和暴力的绝对统治的图画……是纯粹的**臆造**……常备军的指挥人员受到了那些极其无礼的忠告的影响。高级军官和其他目击者津津有味地叙述并非逃跑的战俘遭到冷酷枪杀的**最残暴的细节**。

一位访问过巴黎的英国人："谈到我对公社的总的印象，我敢说，我同那些用阴沉的色调来描绘国民自卫军，并断言他们似乎仅仅代表巴黎一小部分人的记者们的意见完全不同。据我看，争执主要发生在巴黎和农民之间，现在在巴黎的人绝大多数都是衷心同情公社的。在他们的营垒周围集结了各阶层的人，其中有**很多资产阶级**，他们希望自卫军胜利，并且诅咒'那些普鲁士人'，国民自卫军的士兵决不是一群粗鲁汉；相反，他们那仪态端庄的外貌很快就吸引了我，他们的军官也属于普通那种有着良好教养的法国军官的类型；而国民自卫军的团队在外表上，据我看同样也在战斗素质上，无论如何也不逊于机动近卫军，甚至不逊于常备军。还可以补充一点，**从我一到巴黎的时候起，我没有看见一个醉汉**，无论是在市政厅还是在其他任何地方，我都受到了最有礼貌的接待。因此我想，每一个没有偏见的英国人，只要来到这里，看一看这些人的孜孜不倦的工作热情、自我牺牲精神、爱国主义精神，**并把它同帝国以及议会的因循拖延、假公济私比较一下**，最后就会像这里所有的人一样，高呼：'公社万岁！巴黎万岁！'。"

4月14日《形势报》

公社《公报》："通过搜查为这一情报的正确性提供了证据，这些证据是：凡尔赛政府的命令和由它拨出的款子、不久前关于加速制造改良断头台的建议、计划、工人、工具，最后还有物证；当这些物证——也包括一些普通的工具——全部汇齐时，分委员会进行了讨论，并作出决议：两架死刑机应在广场当众焚毁，与此同时，应事先在击鼓声中宣读关于这件事的通告。这就是张贴的那张通告的原文：'公民们！第十一区分委员会得悉，由被推翻的可恨的政府付款订制的新式断头台（更轻便，动作更快的断头台）目前正在制造，兹下令没收这些君主制度下实行奴役的工具，并决定永远消灭它们。据此，为了肃清本区这些东西和确立新的自由，决定在区公署广场将断头台焚毁，执行时间是1871年4月6日10时。'——**分委员会委员等**，1871年4月5日。"

"**议会在平静地开着会**"（梯也尔给省长们的通知）。议会也很**轻松**……**这些既不甘心死亡，又不能获得胜利的下等斯巴达人**，他们以可耻的投降把巴黎出卖给敌人还不够吗？难道他们发誓还要以内战来完成这个投降么？……残忍的**特里布累**穿着菲力浦·艾加里特的红色的仆人制服①。

"**梯也尔和9月4日人物，与其说是被政治热情，不如说是被贪婪**

---

① 特里布累，法国国王弗兰西斯十二宫廷中的丑角，这里指的是梯也尔。菲力浦·艾加里特（1747—1793年），奥尔良公爵，奥尔良系的代表人物。——译者

欲望弄得头昏目眩……他们竟采取了最卑鄙的诬蔑手段，说凡尔赛军队似乎仅仅是在同逃跑的流刑犯打交道。巴黎竟有二十万流刑犯……拙劣的玩笑"……

正当巴黎革命爆发的时候，普野·克尔蒂约正准备签订一笔**借款合同**；如果利用一种甚至路特·希尔德的商行①也无法反对的办法，这些先生和夫人们便有可能在十年内获得三亿二千七百一十三万五千法郎的纯利……合同已经签订；分配数额也已经确定；要获取它只剩下一件事——解除蒙马特尔的大炮……**梯也尔、茹尔·法夫尔、普野·克尔蒂约、皮卡尔和西蒙的太太们懂得数字的意义**……在这种利益的诱惑下，梯也尔夫人的沙龙就变成了女人们的卖淫窟。女人们在这里不顾羞耻，为了夺取使这帮窃贼接近金库的每一寸土地，她们都要拥抱那些从战地归来的将军们；有一个人……从一位唐小姐的嘴里听到了她内心的呼声："坏蛋们，签字的事已经全都准备好了！"

《社会报》："弗路朗斯被打死！公社军队被击败！利息提高了。""我们的胜利就是他们的失败，这一点，交易所所有的掮客都是了解的。劳动将会夺去目前为他们所窃据的地位。"

《复仇者报》：梯也尔。（1）是谁在 1830 年为了变成最好的共和国的拥护者而抛弃了《国民报》派的共和国？②梯也尔。（2）是谁为了取得自己的恩人**拉斐特**的大臣位置，而将自己的恩人出卖？梯也尔。（3）是谁为了保持自己大臣的职位，而把自己的朋友与合作者加莱尔投入监狱？梯也尔。（4）是谁当上了大臣以后，伪造他自己在作为共和党人时所编写的革命历史？梯也尔。（5）是谁提出的取缔报刊的九月法令？梯也尔。（6）是谁提出的反对出版自由的 3 月 31 日法令？梯也尔。（7）是谁在 1840 年把法国的剑插入鞘内，以便在 1871 年再把它

---

① 路特·希尔德——银行家家族，起源于迈尔·安塞姆·路特·希尔德（1743—1812年），在法兰克福（德国）所开设的一个兑换所，是一个分支很多的财政寡头族系。以后在各国都设立了路特·希尔德银行，彼此之间互有联系，在许多资本主义国家里控制了很多企业、铁路、保险公司。——译者

② 指梯也尔在 1830 年的七月革命后，盗窃人民的胜利果实，庇护路易-菲力浦登上王位。梯也尔本人在七月革命前是《国民报》派的共和党人。——译者

抽出来？梯也尔。（8）是谁为了普鲁士国王的利益，在巴黎周围建筑一些孤立的炮台？梯也尔。（9）是谁给特朗斯诺楠街大屠杀用的子弹签付了支票，给布赞苏阿制造断头台签付了支票？梯也尔。（10）是谁充当了正统派的监狱产婆①和准正统派的教父②？梯也尔。（11）谁是那出卖了四名拉罗舍尔军士的犹大的兄弟和顾问？梯也尔。（12）③ 是谁像塔尔图夫④一样，为了同……结婚而向母亲献殷勤？梯也尔。（14）**是谁从厄克斯启程时还是一个像约伯⑤一样的乞丐，而在两度参加内阁之后，变成了双倍百万富翁？**梯也尔。（15）是谁在等着改换朝代时向王国宫廷效忠，向共和国效忠，向帝国效忠，然后又向共和国宣誓效忠呢？梯也尔。（16）是谁曾经当过民族历史学家，当过**灰色大礼服**⑥**的洗涤工**，还当过普瓦梯埃街的⑦清道夫？梯也尔。（17）是谁编写了二十页书维护专制政治，而不曾编写一页书维护自由？梯也尔。（18）**是谁曾经投票赞同罗马战争，赞同墨西哥战争**⑧**，赞同一切战争？**梯也尔。（19）**是谁为了维护莱茵河的疆界**和为了同普鲁士人作战，**比谁都更加竭力地叫喊反对普鲁士的统一？**梯也尔。（20）是谁曾经竭力赞扬腐朽的**帝国军事制度**，赞扬那**庞大的军队和庞大的预算？**梯也尔。（21）是谁在法国还并没有准备的时候，就曾经投票赞同为这次对德战争征兵和筹款？梯也尔。（22）是谁阻挠人民及时地按照丹敦的办法⑨，以

---

①　1832年，按照梯也尔的命令逮捕了正统派的王位觊觎者尚博尔伯爵的母亲贝里公爵夫人，将其置于严密监视之下，并进行侮辱性的身体检查，目的在于宣扬其私婚，从而破坏其政治声誉。——译者

②　1831年巴黎的反正统派捣毁了准正统派的克连大主教宫廷，梯也尔为了打击自己的政敌，采取不干预的态度，劝告军队不要去阻止人群的行动。——译者

③　法文版这一条为（13），没有（12）；俄文版把这一条译为（12）但无（13）。——译者

④　法国作家莫里哀喜剧"伪君子"的主人公，一个虚伪的教士。——译者

⑤　圣经故事中一个清贫如洗的圣徒。——译者

⑥　"灰色大礼服"，指拿破仑第一；梯也尔在其历史著作中曾替拿破仑抹粉。——译者

⑦　指秩序党的领导机构"普瓦梯埃街总会"而言。——译者

⑧　均为法国的对外侵略战争。——译者

⑨　丹敦，18世纪末法国资产阶级革命的领导人之一，在组织反抗外国干涉时（1792年）曾发动广大农民起来战斗，给敌人以致命的打击。丹敦后来堕落成为革命的敌人，被革命法庭处死。——译者

全民武装的方式进行这场战争？梯也尔。（23）**是谁为了以皇帝来取代共和国而向各国国王求援**？梯也尔。（24）是谁同文契伪造犯①狼狈为奸地签订了使法国招致灭亡的和约，卖国可耻的和约？梯也尔。（25）是谁抱着恢复帝制的目的在担任共和国的总统？梯也尔。（26）最后，是谁基于自己的公德和私德——背誓和乱伦，基于自己对《贱民》的仁爱和对马扎斯监狱的憎恶，而当了二十六次人民代表？是谁充当着私人财产、宗教和家庭的救星，充当着**国父**……和**自己的妻父的角色**？**梯也尔**。

4 月 14 日 《旗帜报》

社论：看来，梯也尔不能充分了解"**快打猛打**"这一著名的简短箴言所包含的丰富的智慧！……他应该意识到，自从他让蒙瓦列连的炮弹落入市区内的时候起，他就成了全部仇恨的对象，随之而来的必然是坚决的政策……用茹尔·法夫尔的话来说，他已经做得足够受到历史的诅咒了，如果历史是由伯利维尔人来诠释的话。

4 月 14 日 《号召报》

巴黎。4 月 14 日。毁除旺多姆广场的圆柱②的法令，因为该柱"纪念野蛮行为，象征粗暴武力和虚假荣誉，推崇军国主义，**否定国际权利**"等等。

4 月 13 日。帝国时期的最高（秘密）警察局办公室长官**德鲁维尔**被捕。

4 月 12 日。**法令**："所有关于付款期限的诉讼……缓期进行。……《公报》公布了关于付款期限的法令。"

4 月 15 日 《旗帜报》

德国人炮击巴黎的威胁，使新的共和国政府的成员和法国各党派的

---

① 指法夫尔，当时他是梯也尔政府的外交部长。——译者

② 旺多姆圆柱，为纪念拿破仑（第一）侵略战争的胜利于 1806 至 1811 年建立的，1871 年被巴黎公社拆除。——译者

报纸有理由对"**外国蛮夷**"进行最愤慨、最有力的"揭露"，说这些外国蛮夷除去关心达到他们自己的目的之外，不承认其他任何法律。此外，德国人的威胁还**在所有的中立国家里引起了普遍的谴责**。当然，英国的议员首领（格林）是例外。当德国人在等待了几个月之后终于炮击巴黎的时候，**茹尔·法夫尔神圣的愤慨**，等等。上星期巴黎不断遭到炮击，其破坏性比德国人的炮击更加巨大无比。在哀泣巴黎的神圣不可侵犯之后，却至少十次地炮击了这个城市……用冰雹似的炮弹轰击大军路和瓦格兰大街，炸毁路灯杆，杀伤在场的和平的群众和妇孺，却不能获得任何战略上的优势。炮击激怒了**秩序党**，因为**巴黎的西部**遭到了炮击，而巴黎的无产阶级区却在大炮的火力范围之外……很明显，公社的军队至少不逊于常备军，常备军攻入巴黎市区的几次尝试是如此的毫无成效和软弱无力。**公社已经把所有能够搞到手的属于政府的白银都送往了造币厂**，等等。

4 月 16 日 《号召报》

梯也尔承认了巴黎的"市政权利"（**对共和联合同盟的回答**），与此同时，他却迫使议会拒绝把这一权利给予其他任何城市。巴黎，作为一种例外，分为八十个街区或地段，其中每一街区不管有三千人还是三万人，可以**通过个别投票的办法**分别选派**一名**参议员。

《**公报**》开始公布关于公社会议情况的报告（4 月 15 日）。

巴黎。4 月 14 日。卡季米尔·布伊被任命为一个调查团的主席，调查 9 月 4 日独裁政权所干的勾当。

4 月 17 日 《旗帜报》

（在这一期的第 3 页上还刊载着托伦事件。）①

国民议会。4 月 14 日以绝大多数票通过了**市镇法**；同时并通过了

---

① 大概指托伦参加凡尔赛的国民议会。托伦本来是国际的会员，右派蒲鲁东主义者；在参加凡尔赛的议会后，于 4 月 25 日被国际开除。——译者

关于出版过失的法案，等等。

4 月 16—17 日 《形势报》

公民贝雷（代表公社）同法兰西银行签订了一个协议。根据这项协议规定的条件，公社承认银行的私人企业性质，并且负责保护银行不受侵犯，保护的办法是：或者把该企业的职工组织成国民自卫军的一个营，或者——如果需要的话——由公社调出一些军队合并于该营。至于银行方面，则应根据公民贝雷的字据，把属于巴黎市所有而寄存于银行的款项提供公社；如果这笔款项已经用完，银行应当垫款给公社，这项垫款以转给银行的市有财产权作为保证。

4 月 17 日 《号召报》

共和联合同盟所进行的坚定不懈的尝试，没有成功……**洛克罗做了凡尔赛的俘虏**……

只有凡尔赛报刊上虚伪的捏造和诽谤能传到各省，并在那儿起统治作用……各省感到愤懑，因为有一个由两万名坏蛋组成的匪帮用打劫行凶的行为对首都进行造谣中伤……**同盟（共和联合）**认为自己的首要义务是传播正确的消息和恢复外省和巴黎之间的正常关系。

4 月 16 日进行了（公社）"顾问"的补充选举。很多人弃权。（**杜邦在第十七区当选**）

（议会的）十五人委员会①和凡尔赛报刊在他们的官方和半官方的言论中，都一致否认"妄加在凡尔赛军队身上的草率处决和大量屠杀的捏造"。那么，**处决杜瓦尔和国民自卫军士兵**是根据维努亚和加利费的命令吗？

《真理报》援引梯也尔在 **1848 年 1 月**发表的一次演说中的一段话：

---

① 凡尔赛国民议会配合梯也尔反对革命巴黎的组织，1871 年 3 月 20 日建立，参加委员会的主要是保皇派。——译者

"诸位先生！你们都知道在**巴勒摩**发生的事情①。当你们听说有一个大城市竟被连续轰击了四十八小时之久，你们大家都感到震惊。究竟是谁轰击的呢？是行使战争权利的外敌轰击的吗？不是的，诸位先生，**是被它自己的政府轰击的**。究竟是为什么呢？就是因为这个不幸的城市**要求享受它的权利**。好吧，**就是为了要求享受它的权利**，它竟得到了四十八小时的轰击。请允许我向欧洲的舆论呼吁。从这个也许是欧洲最伟大的讲坛上，**用愤怒的言词来斥责这种行动，这将是对人类的一种贡献**！"（见**4月19日**《复仇者报》引文的结尾等。）

在同一期的《号召报》上还刊载着地主们②在**1871年4月14日**制订的市镇法。

付款期限委员会向公社提出建议：**第一条**，今天以前签订的各种付款期限已经临近的债务，如**凭票即付的票据**、**借据**、**清账发票**、**支票**、**债务契约**等，从本年7月15日起在两年内偿付，这些债务不计利息；**第二条**，债款总额均分为八份，从上述日期起，**每三个月偿付一份**；**第四条和第五条**，债权人只能根据法律惯例对"引起纠纷的**那部分债务**"提出诉讼。

4月18日《每日新闻》

巴黎电。4月17日。公社任命了一个调查团，调查在巴黎的那些由于厂主不在，或由于厂主拒绝在目前情况下开工，因而关闭的作坊和工厂的数目。调查团应提出一份报告，说明在什么条件下这些作坊和工厂才能转交给工人合作团体，以便合作团体为他们自己的利益开工；还要说明工人可以给被征用的业主提供什么样的补偿。

公社有三千八百万法郎的现金。在市政厅里发现了大批未出售的巴黎市公债券。这是最近一次由巴黎市签署发行的公债券的剩余。这些公债券是完全合法的，因此法国银行就把它们从公社那里买了去——围

---

①　指1848年那不勒斯国王斐迪南二世的军队炮击巴勒摩城，以镇压当地人民的起义。——译者

②　指凡尔赛国民议会中的地主议员。——译者

城的形势在粮食问题上能够感觉出来。物价上涨得很快……巴黎行将由于饥饿而崩溃。

社论："巴黎的红色党人无忧无虑……那些由二流子们组成的团队，他们领取工资，穿着制服，依靠非法政权赏给他们的几生丁法郎享受闲散生活，绝不会仅仅由于厌倦而放弃这种差事。"

4月19日《复仇者报》

（参看4月17日《号召报》）"诸位先生，五十年前，当奥地利人行使战争权利，为了避免长期围困而想炮轰里尔城的时候，后来，当英国人也是行使战争权利而炮轰哥本哈根的时候，最近，当为自己祖国效过劳的**埃斯帕特罗摄政王，想以炮轰巴塞罗那城来镇压那里的起义时，**全世界各地都发出了共同的愤怒的呼声。"

梯也尔在他的**4月16日**的通告里说："如果曾经打了几发炮弹，那也不是凡尔赛军队打的，而是一些叛乱者为了假装他们在作战才打的，可是实际上他们连头都不敢露出来。"

"公社…命令区长，在发放七十五生丁的补助金时，对国民自卫军的**正式配偶和所谓非正式配偶、母亲和寡妇不得有任何区别**。"

《**真理报**》评论说："不难揣测，那些奉命镇压巴黎并使它屈服的人是些什么样的人。他们在围城时期便是这样的人，现在，当他们由被围者变成围困者的时候，也还是这样的人。**和从前一样，造谣是他们钟爱的武器**。就像不久以前他们报道那些由于巴黎实际上处于封锁状态而不可能进行核实的胜利消息一样，现在他们又在发表最虚假的消息了。这样做还不够，他们还取缔、没收首都的报纸，拦截通讯；于是，外省便只能得到茹尔·法夫尔先生、皮卡尔先生一伙人愿意发给他们的那些消息，根本不可能核对那些话是否确实……此外，官方报刊还硬说凡尔赛军队坚持严格的防御立场。'如果曾经打了几发炮弹'（**等等，见上**）。让这个诚实的政府不要生气，我们邀请他的成员来爱丽舍广场或者特恩街区待上几个小时，他们可以亲自证明，炮击、用爆炸的榴弹来杀害路人，并不都是公社军队干的事。"

《口令报》："凡尔赛政府丧尽天良地用炮弹摧毁你们的壁炉，冷酷无情地撕碎你们的沙发，但它却把出售 [拍卖？——俄文版编者] **这些东西①说成是骇人听闻的事**。这在逻辑上是说不过去的，是不公正的……这样一来，凯旋门的浮雕有了八十处弹痕。加里列街已经无法居住，四邻的房屋的屋顶都被炸塌了——这还不是凡尔赛军队在炮击巴黎。那么是怎么回事呢？其是活见鬼。也许这是公社自己的军队干的，他们毁坏纪念碑的目的在于给人们造成一种想法：梯也尔先生善于炮击把他选举出来的首都，等等。"……**炸弹**……《觉醒报》报道："炮弹、霰弹、炸弹，轰穿了墙壁，揭开了屋顶，炸通了天花板，妇女和儿童被杀死，小店铺里的商人和工作台旁的工人被炸成碎块；而这一切都是为了凡尔赛乡下佬议会的最大荣誉，为了那被巧妙地装扮成小小的行政权力的中央集权思想的胜利。"

《民论报》："在涅伊发生的事件②是骇人听闻的：这是我们时代的耻辱。"

关于调查被业主抛弃的工厂，并将其让与工人合作团体的法案交付表决，并获得通过。

《自由报》（后方英雄们在圣热尔明③出版的报纸）说："鉴于在议会里上演的悲剧日益频繁，可以指望，尽管议会并不了解自己的使命，但它每日亲身的痛苦经历，也一定会向它指出它必然无疑地应当解散的时刻。这个议会是如此昏头昏脑，它不去考虑通过辞职使自己的错误得到宽恕，**反而抓住那篡夺得来的权力不放，并且巧妙地加以组织，以便再犯新的、更要严重一千倍的错误**。"

4月19日《旗帜报》

巴黎。4月18日电。第三十六团在达孚团长的指挥下拿下了倍根

---

① 指公社征用凡尔赛政府成员的财产。——译者
② 大概指凡尔赛军炮击涅伊的和平居民。——译者
③ 圣热尔明，巴黎附近的一个区，当时未受到战争的侵扰，成为巴黎资产阶级的后方。——译者

堡。红色党人在昂涅尔附近遭到失败。红色党人在塞纳河右岸从涅伊直到圣但尼,现在连一寸土地也没有了⋯⋯帕西、特洛卡德罗、特恩、勒瓦鲁阿和克里希遭到猛烈炮击。**显而易见,末日已经临近了**。

巴黎。**4 月 17 日**。昨天投票选举公社缺额委员的结果,是这个机构在十三个区里的一次挫折。仅仅在四个区里有几名候选人从有选举权的选民中获得了八分之一的起码票数。在所有其他的区里,按照规定当选的候选人连一名也没有。

社论:给麦克马洪元帅不断派去的援兵已开始影响战斗的进程。

4 月 19 日 《每日新闻》

巴黎。**4 月 17 日通讯**。"巴黎的犯罪案件惊人地减少。"

4 月 20 日 《口令报》

《口令报》动员人们无论如何也要去投票。但放弃投票的人仍然占大多数。

昨天警务专员逮捕了《日蚀周刊》(非政治性刊物)**的编辑波洛**。

宪兵们对公社军队使用了普鲁士人的办法,只要他们能够把巴黎人包围在任何一所房子里,他们就把房屋浇上煤油,放火烧掉。有几具被烧焦了的国民自卫军战士的尸体被运到了特恩街区的印刷厂救护站。

几天来,食品价格已经大大地上涨了。

"侏儒"(梯也尔)**对铁路的奇怪的憎恶是人所共知的**。他在七月王朝时期曾把铁路建筑污蔑为空想的怪物!

奥尔良王朝的公爵们在凡尔赛。

在最近几天里,将要公布**厄内斯特·皮卡尔同他的交易所经纪人的通信**。这些通信可以加上标题:"**不是提高民族尊严,而是贬低民族尊严并从中抽取十万息金的艺术**。"

医学院的教授们离职而去;讲课停止了。教育委员会采取了设立自由大学的措施。

4 月 20 日《每日新闻》

巴黎通讯。**4 月 18 日**。私人房屋遭到掠夺，报纸也遭到查封；不过，运走和拍卖家具的事还没发生。

4 月 16 日投票情况：

第二区：在册选民——22858 人。（3 月 26 日）投票——11143 人。（4 月 16 日）投票——3498 人。赛拉叶——3141 票。

第十七区：在册选民——26574 人。（3 月 26 日）投票——11329 人。（4 月 16 日）投票——4848 人。杜邦——3450 票。

凡尔赛。4 月 17 日。梯也尔**恢复了比埃特里的警察队**，并完全像埃斯皮纳斯和莫尔尼担任内务大臣时期当时皇帝的做法那样来使用警察队，对此，1852 年的失宠人物，不管是奥尔良派还是共和派，连一句反对的话也没有……**皮卡尔最近的一项法令撕毁了第一次革命时期的"嫌疑犯"法**。宪兵们奉命搜查开往巴黎或凡尔赛方面的每一次列车，并且逮捕所有"他们认为"外表可疑的人，没收这些人的公民证，而且在警察局长（他可能还要请示皮卡尔）没有下令释放以前，不得把他们放走。公民证制度的卑鄙龌龊恢复到和从前完全一样了。妇女们旅行或散步没有同伴在一起，会遭受到比监禁还更坏的侮辱。

巴黎。4 月 19 日电。《民论报》、《公益报》、《夜晚报》、《钟报》被查封。（托伦）"鉴于作为工人阶级的代表选入国民议会的托伦先生已经最可耻地背叛了自己的事业，巴黎的国际（联合）委员会开除了他，并提请在伦敦的总委员会同意（批准）这个决定。"——新的炮击——为了审理各种破坏社会治安的犯罪事件，成立了巴黎**战地军事法庭。乌尔巴赫被捕**——《高卢人报》承认，起义者的防御计划是**相当完备的**，他们的领导者表现得机智而勇敢。

圣但尼。4 月 17 日。同丰·帕普将军（在圣但尼的普鲁士指挥官）的会见。俾斯麦没有对梯也尔发出要求他最迟在 23 日前平定巴黎的骚乱，否则允许普鲁士人进行干涉的任何最后通牒。当普鲁士占领着法国这样大一部分土地的时候，进行干涉对普鲁士是没有任何好处的。这将使差不多已经消失了的对胜利者的仇恨重新强烈起来。普鲁士政府为了帮助秩序党消灭骚乱，除了不进行积极的和直接的干涉以外，准备采取任何措施。条约规定了普鲁士在停战期间和停战以后占领区的范围，极细致地划出了双方军队都无权进入的中立区。从城垣到普鲁士的阵地前沿也是这样的中立区，虽然德国将军有权让他的士兵占领它直到城墙边沿。当麦克马洪将来被允许通过这个地区去包围城市时，要得到普鲁士明确的许可和放行，不过，既然这样的许可永远也不会给与公社的士兵，因此，可以说普鲁士是积极地帮助凡尔赛镇压起义。

据丰·帕普的意见，从麦克马洪目前进军的速度看米，至少在三周内他不能进攻城垣或炮台。丰·帕普说，（到 4 月 15 日晚上为止）凡尔赛能够指望的只有五万人。麦克马洪就只能用这点兵力来保卫凡尔赛；其余的士兵是不能信赖的。料想不到，回家途中的亚尔萨斯和洛林的士兵，竟那样轻蔑地谈到整个的军队，特别是谈到军官。他们的伙伴——来自其他各省的士兵——都发誓既不为凡尔赛作战，也不为巴黎作战。他们被派往南方或哈佛尔去进行改编。从全国各地和从比利时、德意志、瑞士来到凡尔赛的士兵，只有很少人留下来参加麦克马洪的军队；可是麦克马洪至少需要十二万人。**普鲁士政府方面曾经提出一项派军队去支援凡尔赛的明确的建议，在那以后，又曾经建议切断铁路交通和封锁巴黎**，但梯也尔回答得非常含糊，以致再没有第三个建议提出……虽然德国保持中立，置身局外，但它时刻都准备参与维护秩序的事业。

4 月 21 日《回声报》

凡尔赛。4 月 21 日。政府军在涅伊获胜。夺取了街垒和大炮。

4 月 21 日《每日新闻》

4 月 20 日。昂涅尔被东布罗夫斯基占领。《公益报》不顾禁令，今天又出版了。

4 月 20 日。圣但尼。普鲁士军队有准备撤走的迹象。炮台将移交给合法政府，以便普鲁士人有可能撤退到兰斯。**康罗贝尔**已经来到并去拜访了梯也尔。**杜克罗**有希望从瑟堡带来八千人。从瑞士开来了一支七千人的队伍（克林夏将军）。

公社宣布，法院进行一切判决必须用公社的名义。

4月19日。公社宣言："巴黎要求的是什么呢？要求承认并巩固共和国，要求在法国所有的村镇实行公社的完全自治……这种自治应平等地给予一切公社……公社固有的权利是……决定公社的收入和支出预算，改进和变更捐税，管理地方服务事业，组织审判法庭、对内政务和国民教育；管理公社的……财产；通过选举或竞选，选择能负责的、并受经常监督的可以撤换的公社法官和各级官吏……保障集会和出版的权利……组织城市的防御力量和国民自卫军，国民自卫军自己选举领导人并单独负责维护城市秩序。不言而喻，如果中央政府和联合公社代表机关在一些重大问题上已经实现和采用上述原则，巴黎公社将不再要求任何更多的地方保证，等等……巴黎并不想把自己的意志和领导权'强加给全国其他各地'。……帝国、君主政体和议会制政府直到如今还强加在我们头上的统一不是别的，而是专制的、不合理的、横暴和令人难以忍受的集权。巴黎所希望的政治统一是各地主动倡议的自愿的联合……结束……政权和教权制度，结束军阀跋扈、官僚政治、商业垄断特权，它们使无产阶级遭受奴役，使国家遭受灾难和覆灭……巴黎拿起武器，只是出于它对自由的忠实；为了整个法国的光荣，应当停止这场流血冲突。法国自己应当庄严地宣布它不可动摇的意志，以此来解除凡尔赛的武装……我们的责任是斗争并取得胜利。"

4月18日。共和同盟发表如下声明："梯也尔对我们的代表作出的声明既没有为我们保证维持共和国，也没有保证确立公社自由，实际上对我们所要求的，什么也没有保证。""……解决当前冲突的唯一可能的办法应当是和解……我们决定，目前先去同法国各外省城市的市镇参议会建立联系，使他们了解巴黎的合法要求……里昂，这已经建立了自己的公社的城市，和里尔、马康，以及那些懂得巴黎的事业就是法国所有公社的事业的其他城市，已经比我们先发出呼吁。他们的干预起着提醒作用，如果误解这种提醒，对国民议会来说是不明智的。议会最后总会了解，法国所有的大城市已经决定不顾一切地拥护共和政体，它们**坚定不移的原则是让国家获得最充分的公社自由**。"

凡尔赛。4 月 20 日。勃留涅建议委派一个由二十五名成员组成的委员会来起草关于和解的呼吁书。他劝说议会作出愿意同巴黎进行谈判的表示。他的提案由于预先对表决已有布置因而遭到否决。

社论："凡尔赛已经准备了二千万英镑……用以支付普鲁士驻防军的撤退费……梯也尔并不十分急于要他们撤走。如果麦克马洪有足够的军队来保住炮台和交通线，那么，掌握了目前在德国人手里的这些炮台和交通线，将会给他带来莫大的好处……然而……他能够支配的力量……是不足以完成这个任务的。""至于对巴黎的西北方、西方和南方同时进攻……无论是现在或者是德国人撤走以后，都是同样可以进行的……因为丰·帕普表示，他准备让麦克马洪沿着城垣和德国前哨线之间的中立地带进攻。"

4 月 20 日《每日新闻》

摘自李特列的一封信："这个可怕的自相残杀的战争是国民议会干出来的。本来只要肯定宣布成立共和国就可以了，不要只是暂时同意它，而后又提出无数保留条件来刁难它，而应当立刻将议会迁回巴黎，并承认巴黎的市政权利；本应当向没有遭受敌人侵扰的外省发出呼吁，呼吁**制定一项关于付款期限和房屋纠纷这些困难问题的统一的法律**，号召分担在漫长的围城时期落在巴黎身上的负担。用这些简单的办法本来足以避免现在的冲突……议会却不这样做，反而利用一切机会公开宣泄它对巴黎和共和国的憎恶。议会不让加里波第发言，用粗暴的吼叫来压倒维克多·雨果的讲话；议会通过它的御用发言人的嘴告诉大家，它的意图是要**剥夺**巴黎的**首都称号**。当会场上有人提出异议时说：'这么做，你们是想发动内战哪？'议会这样回答：'如果内战开始，如果巴黎起义，我们就消灭它。'这对议会来说还嫌不够；而巴黎行动却是明智的，它没有表示。但是，如同在（1848 年）6 月一样，必须挑动起义①，以便有一个扼杀共和国的借口。此外，还不能用宣布建立君主政体作为挑动起义的导火线，因为这一行动会把法国每一个城市都挑动起来。那么，政府是怎么干的呢？它任命**维努亚**为巴黎总督——**维努亚**是 12 月 2 日的**刽子手**；它任命**瓦伦顿**为警察局长，并以改编国民自卫军为名……任命**奥雷尔·德·帕拉丹**为国民自卫军总司令。既然巴黎被解除了武装，既然巴黎被维努亚、瓦伦顿、帕拉丹之流缚住了手足，共和国也就被葬送了。巴黎人已了解到这点。面临着不战而降和冒险投入一场结果难料的可怕斗争的抉择，他们宁愿战斗；而我不得不为此对他们表示钦佩。……如果公社垮台，共和国就要被葬送，在对君主制已经毫无感情的法国重新又恢复君主制，就将成为我们国家的结局。"

4 月 23 日《口令报》

蒙瓦列连刚刚得到了四十门口径为三十毫米的大炮，准备用来摧毁**涅伊、昂涅尔**和被地主议员称做**暴动**巴黎的整个南部。

"普鲁士如此欣然地让梯也尔得到八万军队，以后又增加到十五万，而不是条约规定的四万……法国的涸竭、毁灭——这就是德国人所希望的。（否则普鲁士只要直率地拒绝第二炮手的请求，就能迫使他立即同巴黎达成协议以恢复秩序。）内战会把一个新生的强大的机体陷于涸竭。"内战需要金钱！只要想一想，每延迟一天，我们就要为占领军付出十二万法郎的费用，而从停战以来，这个零星的数目正不断增加到五十亿法郎的总额②，快要把我们的口袋倒空了。

巴黎。4 月 19 日。那些**得票未达法定多数**的人，仍被公社宣布为当选。

4 月 22 日《先锋报》

凡尔赛。4 月 19 日。在波尔多发生的运动是一桩引起普遍不安的

---

① 指 1848 年巴黎无产阶级的 6 月起义，这次起义是由于政府公布解散国立工厂的法令而挑起的。——译者

② 指战争赔款。根据 1871 年 2 月 26 日梯也尔和俾斯麦在凡尔赛签订的预备和约，规定和平的条件是赔款五十亿法郎并割让亚尔萨斯—洛林。——译者

事件。会下人们认为这是市镇法的内容引起的。一群人沿街高呼:"打倒梯也尔! 公社万岁!"一批批非武装的群众集合在市政厅前。真正的人民的集合……没有任何强力……每天都要送来许多各个市镇参议会拥护和平解决冲突的请愿书。

机械工人工会的号召:召集机械工人于星期日——1871 年 4 月 23 日——开会。预定议案:社会解放,协会草案,保卫共和国和公社。

公社法令。成立巴黎公社民间和军队航空家协会(由杜尔诺夫大尉领导)。

巴黎。4 月 20 日。执行委员会:第一条、取消夜班工作。第二条、废除前帝国警察局设立的职业介绍人。这项工作由各区公署设置的面包工人登记处代替,中央登记处设于商业部之下。

4 月 22 日《形势报》

4 月 15 日。别雷尔兄弟私邸中的财产被征用,该私邸在圣—奥诺莱郊区街。

4 月 22 日《每日新闻》

巴黎。4 月 21 日。战争继续进行,互有胜负。昂涅尔成了双方都守不住的地方……选出了新的委员会:**弗兰克尔**(劳动和交换),**克吕泽烈**(军事),**茹尔德**(财政),**维阿尔**(粮食),**巴斯卡尔·格鲁塞**(对外联络),**普罗托**(司法),**安得里约**(社会服务),**瓦扬**(教育),**拉乌尔·里果**(公安)。

以这种形式组成的政府将按照下列规定进行工作:"(1)行政权仍旧暂时托付给**九个委员会中各委员会的一名代表**,这些代表所管理的事务由公社分配。(2)代表将由公社根据多数票任命。(3)代表每天集会,并根据多数票通过他们有关各部门的决议。(4)代表们每天在秘密会议上就他们所采取的和已经执行的措施向公社提出报告,由公社批准这些措施。"

公社下令关闭所有在半夜里营业的咖啡馆……《公益报》终于完

全被禁止了。该报今天不再出版。

《人民呼声报》猛烈地抨击克吕泽烈，甚至谴责他胆怯。

凡尔赛。4 月 20 日。梯也尔为军界举行盛宴，庆祝**杜克罗将军**从瑟堡带回一万五千名由德国归来的前麦茨卫成部队士兵。

在议会里大约有一百个席位空缺……所有前国防政府成员的住宅里的财产已被征用。

4 月 22 日 《爱尔兰人报》

巴黎。4 月 16 日。巴黎被要求在二十四小时内投降。从巴黎逃跑的居民空前增多。

4 月 12 日。凯旋门被破坏。

4 月 23 日 《观察家报》

《号召报》上这样描写《**真正危险的阶级**》：圣热尔明—昂—莱的和平居民此刻很开心。一些大胆的人在自己的阳台上架起了望远镜；大家都等着轮流观看巴黎附近发生的战斗……内战不过是一桩惬意的消遣。巴黎人和凡尔赛人，不过是演戏演得比平常稍微认真的演员而已……圣热尔明此刻住的是同法兰西民族没有真正关系的人。这儿新来的居民是那些被事变吓跑了的男男女女的"**后方英雄**"和**巴黎林荫道上的人物**。城市、不是**别墅式**的"**英国咖啡馆**"，就是豪华的淫窟。这两种店铺的常客是没有国籍的，他们是一个特殊的变种——**特殊帝国制度的产物**，因为他们生活唯一的内容就是享乐！……要想恢复拿破仑时代的快乐生活究竟该怎么办呢？去观看打仗和去数大炮的炮声吧，最近在沙特列上演了一场战争剧；不过，这次表演的技巧非常非常的好。倒下的人真正死掉了，伤员的号泣也是最真实的。并且，所有这一切是如此富有历史意义。这些女士和先生们这样好奇地注视着这场表演是有道理的，因为这场殊死的战斗所反对的正是他们。**巴黎再也不愿容忍的，正是妓女和那些摩登纨绔子弟的存在**。巴黎决定，或者径直把他们赶走，或者改造这些无用的、怀疑主义和利己主义的家伙，这类人曾经控制过这个巨大的城市，把它当成自己的私人财产来利用。无论帝国的哪位头面人物（也就是说，无论帝国的哪位妓女），也将无权再说："在巴黎最好的街区里非常愉快宜人，但在其他街区里却贫民太多。"

4 月 24 日《每日新闻》

社论："日子一天一天地过去，巴黎起义的完全绝望的性质越来越明显了。"

巴黎。4 月 22 日（通讯）。"那些仍然同梯也尔一起指望凡尔赛军队轻而易举地取得胜利的人，必须具有极大的信念。胜利每延迟一天，对公社来说就是胜利。"

凡尔赛。4 月 22 日通讯。"对起义者来说，危险不是在他们的正面，而是在他们的两侧。目前正流传着一种谣言，说圣但尼正由普鲁士人进行肃清，而由政府军队进行占领。报道毫无根据，不过，也许在麦克马洪还没有把他的军队充分组织起来之前，便已经发生军事行动，或者丰·帕普将军将允许他渡过横贯市区的塞纳河而直扑圣—乌昂。在那里，紧靠村落有一座多面堡，可是直到现在德国人还不允许任何一方占领它。麦克马洪无疑将得到此项许可，从而在圣—乌昂站住脚；这样，就将从右面威胁克里希。"

巴黎。4 月 23 日（电）。为了不让形迹可疑的外国人进入巴黎，凡尔赛政府的宪兵队遵照皮卡尔的命令并在普鲁士人的同意下，在圣但尼仔细地搜查经由北方铁路开往巴黎的每一次列车。被召集起来改组医学院的医科学生拒绝同公社讨论问题，在"共和国万岁"的呼声中散去……在陆军部里发现了一些有关巴黎被围的非常有趣的文件……公社采纳了德勒克吕兹的建议：军事工作要根据多数代表的决定进行指导，而不是只根据克吕泽烈一个人的决定。

哈佛尔。4 月 23 日。哈佛尔市镇参议会今天派遣了三名参议员前往巴黎和凡尔赛，其使命是进行斡旋调停，以便在维持共和、赋予全法国以市镇选举权的基础上结束内战。

4 月 23 日和 24 日《形势报》

在公民库尔伯主持下的巴黎艺术家会议。这些人希望不要拆除旺多姆圆柱。（完全自由的讨论。）（公民的会议。）其实，公社议决的只是拆去上面波拿巴的雕像，而在它的底座上将建立自由雕像。（在巴黎大约有三千名艺术家。）

"全世界所有的大城市都对我们的城市感到羡慕，它是艺术的化身，它领导着我们的工人进行自觉的劳动，并为巴黎创造了无可争辩、无与伦比的声誉。"（肮脏的《夜晚报》自己说的。）

宣布妇女与男子平等，并有选举权和被选举权（艺术家俱乐部）。

社论：正着手出售圆柱；凯旋门行将倒塌。

4 月 25 日《形势报》

挑拨者和煽动者是这样一些人，他们起初为了获得政权不怕激起群众的愤慨，以后为了巩固自己的政权，又毫不犹豫地屠杀自己的兄弟。

前第八军团的军官**德尔佩克**在《法兰西回声报》上发表的声明是以大司铎的声明为根据的，**雅克美**说："我，下面署名的巴黎大主教的副手，有幸伴随他去完成他所从事的和平与仁慈的使命"等等。（1848年6月26目的声明。）但是，巴黎大主教是6月25日被卡芬雅克的军队杀死的，而不是被起义者杀死的①。

《立宪主义者报》和《国家报》决定拆卸自己的机器，把排字盘包装起来，以便迁往外省并在那里设馆。根据公安委员会的命令全部物资被扣压并被查封。

4 月 24 日《口令报》

凡尔赛。4 月 22 日。麦克马洪在朗布伊主持了一次大型的军事会

---

① 1848年6月起义时，卡芬雅克自己的士兵杀死了大主教阿弗尔，而卡芬雅克却将这事推到起义者的头上。马克思摘这一段的目的是准备揭露梯也尔也在仿效卡芬雅克，拒不同意用布朗基交换大主教达尔布瓦。（参见《马克思恩格斯选集》，人民出版社1972年版，第2卷，第397页。）——译者

议，所有聚集在凡尔赛的将军都出席了会议，以便商讨消灭巴黎的问题。黩武主义者从来没有举行过这样众多的将军们的会议。所有当时根据甘必大的命令在外省临时拼凑来的将军们以及所有在色当投降的将军们，同 3 月 19 日夜从巴黎逃跑出来的将军们汇合在一起了。这是一个挂着密密的带穗肩章的基督教徒大会。复活了的色当英雄们否认甘必大的将军是他们的同僚；对此，甘必大的将军们不无理由地回答说，当色当的将军们还在德国卷纸烟时，他们六个月来却一直参加战斗，他们在很大程度上已是真正的军团指挥官了。

在凡尔赛有三种军队：（1）国民自卫军或机动近卫军——是市警和宪兵改装的……军官是间谍化装的。

（2）色当的军队——是在迈回法国领土后被强迫开往凡尔赛的。

（3）外省的军队——全由那些寻求补助金和津贴的军官组成，连一个士兵也没有。

这三种如此奇怪的军队互相仇视，军官之间常常发生决斗。

里昂的代表昨天早晨受到皮卡尔的接见，随后又受到梯也尔的接见。他们离开时，对政府的意图不大满意，因为政府要**"不惜一切战争到底"**。

两天来，守卫通往巴黎的公路的宪兵队，一直在拦截和没收运往首都的食物和商品。

运输情况——从外省和从市郊——今天十分令人满意。

前帝国近卫军的三万名士兵被绰号叫做"既未死，也未胜"的**杜克罗**①加以改编后，此刻正经过**蒙莫朗西**和**哥罗列**去包抄**圣但尼**，并将在德–法勃里斯将军的同意下，从东面用强力牵制敌人。（据说，他们好像是由**康罗贝尔**指挥的。）

在**凡尔赛**，孱弱的**尚加尔涅**根据行政首脑②——他在 1848 和 1851 年的老同谋者——的命令，刚不久获得了荣誉军团大十字勋章。**维努亚**

---

① 1870 年普法战争时，杜克罗曾表示："或死或胜，不然誓不回见巴黎。" ——译者
② 指梯也尔。——译者

集十二月政变①参加者、屠杀杜瓦尔将军的刽子手和荣誉军团勋章大法官的职能于一身，受托执行这项命令。瞧他们弄到何等地步了。

凡尔赛。4 月 22 日。大批地提高荣誉军团勋章的等级，并以新的军官勋章授予**来因军队**，这是根据**勒夫洛**将军的建议，其目的在于清除这支军队同**巴黎、北方和卢瓦尔军队**之间在奖赏方面存在的巨大的悬殊现象。尚加尔涅、布尔巴基、西赛和比桑等将军获得了大十字勋章。

在议会里有一百二十个席位空缺。

4 月 25 日《每日新闻》

社论：涅伊停战。最近几个星期不断的炮击，使巴黎郊区居民住房所受的破坏，比参加这次炮战的士兵所受的损失要大得多。财产的损失很大，而私人所受的损害同军队的损失根本无法相比，等等。公社的不和在报刊上被公开宣扬着……中央委员会和克吕泽烈公开地敌对。

巴黎。4 月 23 日通讯。停战被拖延，旨在于不承认"叛乱者"有作为交战一方的权利。不过逐渐地，只需再过些时间，叛乱者就将不再是叛乱者，而将取得交战一方的地位……实际上，叛乱者已经不是叛乱者了，他们有自己的政权和自己的领土，在这个领土的疆界内他们是主人，他们的政权是合法的，就像在最后一个帝国垮台以后最近的政府在全法国拥有的政权一样地合法……镇压它（公社）的行为，将会使凡尔赛政府自己毁掉。

圣热尔明—昂—莱。4 月 23 日。（凡尔赛人）对间谍的恐惧比巴黎人厉害得多；每一个从这里进出或从凡尔赛进出的人，都必须交验公民证或某种其他的证明书。警务专员们进行住宅搜查……梯也尔毫不犹豫就签署了一项明知不正确的通报，说军队绝没有枪毙俘虏……政府的租赁法和期票法使巴黎大多数奉公守法的小业主陷于破产……在旺多姆广场事件后的第一个星期六，当时公社正痛苦地经受着那天流血事件造成

---

① 即 1851 年 12 月 2 日的路易·波拿巴政变。——译者

的后果，当时第一、二、八、九区的**区公署**，以及银行、交易所、大奥特伊和圣拉扎尔车站全都在好心人的手中，当时墙壁上张贴着海军上将赛塞的声明，说他要仿效他儿子的榜样，为了"荣誉和祖国"而牺牲他的生命，而巴黎的区长们也正和议员们一起一再向凡尔赛请求援助——在这样的时候，政府却没能集台一万名可靠的军队，而在5点钟的时候，赛塞便溜走了……属于秩序党的自卫军也走散的走散，回家的回家了，等等。

4月25日《口令报》

共济会代表团，其中有两名工商会的成员，（**4月23日或24日！**）在凡尔赛受到梯也尔的接见。代表团的使命首先是要求停战，使涅伊、特恩和萨勃龙维尔被驱入地下室的不幸的居民能转移到安全的避难处所；其次，是建议在无条件承认巴黎的市镇选举权的基础上达成一项协议。

关于第一点，梯也尔声明说，按照战争法律他不同意目前停战；但他准备命令凡尔赛军队第一军团司令拉德米罗将军，如果对方派军使来到他那儿，可以为遭受炮击的村庄的撤退提供必要的在严格限定的时间内的停战。

梯也尔对凡尔赛议会通过的市镇法没有在巴黎引起丝毫热忱表示非常惊讶……他总是重复说："这是法国任何立法会议在任何时候在组织市政府方面所能通过的最自由的法律。""那么，**1791年的市镇法呢**？""怎么，你想叫我们回到我们祖先的狂妄的道路上去吗？"他宣称，只要普鲁士人一把炮台留下来，他就打算炮击巴黎，以便"恢复合法政权"。

共济会会员全体大会定于今天两点钟听取代表们的报告。

里昂代表在同梯也尔重新会见之后，离开了凡尔赛，梯也尔无论如何也不放弃他那荒谬的顽固立场。"如果这样——代表们离开他时说——过几天您将获悉：里昂宣布成立自己的公社。我们带给我们的同胞的这个答复，会把他们所有的人都激动起来。"

国民议会里反对加里波第的喧嚷。

"我们是信守诺言的人。"（法夫尔及其同伙在议会里说。）

4 月 24 日 《波尔多论坛报》

（报上载有巴黎公社的纲领。）（4 月 19 日颁布。）

地主议会的阴谋。议会在波尔多的最初的日子里就是一个狂暴的会议，吵吵嚷嚷，粗鲁无礼，例如侮辱加里波第，谩骂波尔多的国民自卫军，等等。

在**凡尔赛**，野心家们为了谋求王位，正在搜集情报和网罗**阴谋家**。当权者乃是**梯也尔和茹尔·法夫尔。梯也尔**以法兰西共和国地地道道的大使的身份去请求欧洲各国国王的接见，但却毫无所获。他是由**二十几个农业省选举出来的。梯也尔 3 月 10 日的声明具有共和精神。但他和地主议员之间有秘密协定。**他在当权以后，在履行 3 月 10 日的诺言方面一开始做了些什么事呢？**首先，任命德·奥雷尔、瓦伦顿、维努亚担任各种职务，这些职务使他们有可能扼死巴黎**——假如巴黎对政府的这种或那种措施哪怕有一点点微小的反抗企图的话。**首都曾发生剧烈的骚动，这是由于滥用职权而引起的，滥用职权的牺牲者是巴黎人；也是由于投降行为而引起的，它同样使巴黎人蒙受了显然不应由他们蒙受的耻辱。**这些任命是往伤口上浇油①……当局的意图就是要解除巴黎国民自卫军的武装，然后对各省的自卫军如法炮制……在这个罪恶的意图下隐藏着一个阴谋计划……正当这些事件在巴黎发生并在各省也有所反映时，**奥尔良家族的公爵们在凡尔赛安家了**——尽管关于他们当选的合法性问题在不愿火上浇油的借口下一再被拒绝讨论。他们的职业是策划阴谋，就像梯也尔的职业是说谎一样……后来，梯也尔又接见了帝国的将军和元帅。所有这些人都希望共和国崩溃，因为在他们看来，共和国有一个巨大缺点，就是它给予它的仆人们的报酬不够慷慨。他们投靠每一

---

① 显然这是手稿中的笔误；从意思上看应当是"火上浇油"或"伤口上浇醋"。——俄文版编者

个有某种成功的可能的王位觊觎者。……政府力求只委任保皇派担任**各个公职和各种驻外使节**。这就是政府全部关注的中心，要是没有特殊的目的，他们是不会这样着急的……当议会正大肆胡作非为，而政府也企图对共和国加以控制时，正统派和奥尔良派①的报纸转载了一份文件，报道说**波旁分子和菲力浦-艾加里特的后裔**②**的合流差不多已是既成事实**。幼系堂兄弟在信里签署了一份国王诏书，这封信已经被发表……这就暴露了一桩阴谋：政府不仅知道他的存在，而且还在庇护他。梯也尔一定会支持多数派，那么，如果法国不反抗，阴谋就会立刻得逞，复辟就会轻而易举，毫无阻碍地实现。否则梯也尔就将同多数派作斗争，就将被卸去自己的全权。由于**奥马尔公爵**是议员，因此全部问题只在于批准他的当选并把他扶上王位。

基佐令人厌烦地、无休止地控诉巴黎。

玛利亚·阿美利亚曾把基佐称为"抓住政权这块岩石死不放松的螃蟹"。

当色当失败的消息传来时，民众一跃而起，宣布成立共和国；当时任何人也没有提出抗议来反对这种自由的、自发的和一致的行动。代表们现在有没有权利来废除那最高政权的体现者亲自建立并要求保持的东西呢？

卡雷昂-拉图尔（在议会里）要求……不强迫（他，正统派）议会对政体的最后确定通过决议。

裙带风。资产阶级让自己的子弟、亲属等担任"**总税务官**"。奥尔良家族的进款也属于这种不劳而获的收入。曼涅先生把奥尔良家族的一个富有的牧师职位给了自己的儿子，这位曼涅先生每年要花掉不下于五十至六十万法郎的帝国预算，这笔钱是他以全能部长的资格，以秘密会

---

① 菲力浦-艾加里特的后裔，即奥尔良系。当时的保皇党人分为三派："正统派"，拥护1792年被推翻的波旁王朝的后裔（波旁）；"奥尔良派"，拥护1848年被推翻的奥尔良王朝的后裔（奥尔良系）；"波拿巴派"，拥护路易-波拿巴的后裔。——译者

② 菲力浦-艾加里特的后裔，即奥尔良系。当时的保皇党人分为三派："正统派"，拥护1792年被推翻的波旁王朝的后裔（波旁系）；"奥尔良派"，拥护1848年被推翻的奥尔良王朝的后裔（奥尔良系）；"波拿巴派"，拥护路易-波拿巴的后裔。——译者

议成员的资格拨在他自己名下，并拨在他的各级亲属名下的。阿尔弗列德·曼涅9月4日退隐了。新部长**普野·克尔蒂约**赶快奖给了自己的女婿**罗什·朗贝尔**五至六万法郎——卢瓦雷省总税务官的职务通过这样或那样的方式是有这笔收入的。

拉法格的信。自从没有警察以来，像施了魔法一样，无论是盗窃还是杀人事件再也没有听到了，这使得一位爱国志士说：所有的"**保守分子都逃到凡尔赛去了**"。**娼妓是公社极端憎恨的敌人。**这些女人需要反革命来恢复她们光荣的职业。**普鲁士人是她们的安慰者。**她们到普鲁士军队占领的圣但尼和其他地方进行访问，以便当自己的情人不在的时候得到安慰……

你们怎么在处理共和国所有的职务、职位和官衔！你们把它们全都分给了人所共知的共和国的敌人。这些职务是那令人羡慕而又冷酷无情的资产阶级的当然世袭的财富，资产阶级有享用它们的特权；只要这些职务中最微不足道的一个被给予了不属于它本阶级的任何一个人，它就认为是盗劫。

4月25日《波尔多论坛报》

反抗压迫，是自由和现代文明的主要基础，它在公社里有自己的历史根源和自己的传统。

在（路易）波拿巴时期："由于所有的市长都掌握在省长手里，而所有的公社都掌握在市长手里，因而这个机器（也就是'官方的候选人'）发挥了非常完善的作用。"

梯也尔论正统派："他们善于经常采用并到处都能为此找到证据的有三种手段：**外敌入侵，国内战争和无政府状态**……采用这三种手段的政府永远也不会成为法国的政府。"（《**总汇通报**》。**1833年1月5日众议院会议。**）

在议会4月20日的会议上激起了对让·**勃留涅**的极大愤怒，因为他宣读了一项旨在同巴黎和解的建议。（建议议会同巴黎进行谈判，并为此指派一个由二十五人组成的代表团，暂时停止军事行动。）议会首先就这个问题是否值得讨论进行表决，从而葬送了这个建议。

梯也尔——蝇子米拉波①。梯也尔总是拿普鲁士人的干涉来威胁巴黎人。

嗜血成性的侏儒。

4 月 26 日《口令报》

关于涅伊的协议应于 24 日实现。梯也尔把它改到 25 日（从晚 9 时到次日下午 5 时），因而有很多居民遭到猛烈的炮击，等等。

皮阿恢复了他在公社里的职位。**康诺和德维延**在凡尔赛。**八里桥**也在。**德·法伊。康罗贝尔。**

杜弗尔的通告（给各总检察官）。凡尔赛。**1871 年 4 月 23 日**。"他们（作家）已在全法国逐渐成为**独裁政权**的厚颜无耻的捍卫者，这个政权是**被外国人和遭受惩罚的罪犯专横地获取去的**……是的，巴黎在公社的名义下为了实行这种卑鄙的破坏行为而组织起来的物质力量，为自己找到了捍卫者……这不是哪一个政府的敌人，而是整个人类社会的敌人；你们应当毫不犹豫地惩罚他们。当他们表面上十分温和，实际上十分危险，花言巧语地正在变为连他们自己都不相信的调解使者的时候，当他们还在把由普选产生的议会和所谓巴黎公社相提并论的时候，当他们还在责难议会，说它没有把市政权利赐给巴黎的时候，你们决不能就此罢休，等等。"

从前天起，普鲁士人开始阻挠往巴黎运输粮食，等等。在**圣但尼**，由宪兵和市警担任警察的勤务。外国人和普通过路人一样地受到盘诘，等等。

4 月 26 日《每日新闻》

路易·勃朗 4 月 23 日的信。（一切属于大家）（统一而不可分的共

---

① 梯也尔的绰号。米拉波伯爵，18 世纪末法国资产阶级革命时自称为第三等级的代表，但后来却与王室勾结，暗中接受王室的津贴，出卖制宪议会的消息，并为路易十六策划逃亡。——译者

和国）。

巴黎通讯。**4 月 24 日**。巴黎目前完全被包围了。普鲁士人已把沙伦顿炮台交给法国军队，而从凡尔赛来的军队已接近圣但尼。（国民自卫军）**中央委员会和公社之间的斗争**。（皮阿从 3 月 26 日开始便在公社）。

（杜弗尔想用对外省报纸进行法律起诉的办法来压制巴黎。报纸因鼓吹"和解"而要受审讯，实属奇闻。）

巴黎。**4 月 25 日电**。拉乌尔·里果提出辞呈（辞去公安部长①的职务）。由**库尔奈**接替。（但里果仍然是**公安委员会的委员**。）

4 月 27 日 《口令报》

《口令报》（在凡尔赛）被逃亡者维努亚查禁。

里昂代表的呼吁书（4 月 24 日）**经格雷波提交议会**。

普鲁士人已经两天没有让供应巴黎的食品从圣但尼运出，从昨天早晨起又开始自由放行。

宪兵（现在武装起来的）不仅在圣但尼，而且在恩基安监视着从那个方面连接凡尔赛同巴黎的所有的道路。

4 月 28 日 《口令报》

又有四名国民自卫军（在他们被俘以后）没有经过任何手续就被凡尔赛**枪毙**。

拉乌尔·里果被任命为公社的检察长。

凡尔赛的报纸正式报道**奥马尔公爵和德·茹安维尔**亲王在瓦兹省阿郎松附近国民议会议员奥迪弗列·帕斯基耶先生的城堡里住下了……驱逐令禁止奥尔良家族在法国居留……（内战的挑拨者）。这样一来，特朗斯诺楠爸爸②岂不**背信了！维努亚枪毙了杜瓦尔，瓦伦顿逮捕了洛克**

---

① 指公社的公安代表。——译者
② 指梯也尔。他于 1834 年镇压共和党起义时曾对特朗斯诺楠街居民进行血腥屠杀。——译者

罗，接着**杜弗尔**又在他的通告里声明，在凡尔赛和巴黎之间进行调解的任何企图均应视为犯罪行为。

在普鲁士人临近时从巴黎逃走的**房东们**，现在要求偿付他们应得的房租！

共济会员昨天在市政厅前举行示威游行，并在前面打着**红旗**通过市内各个街区。

约二十名凡尔赛第三十五团的士兵，其中有两名下级军官，昨天早晨通过特思门进入巴黎。

还有**三十名徒步的猎骑兵**也进入巴黎。

4月24日。贝雷。（反对梯也尔的）公开声明："使劳动受资本的奴役，一向是你的政策的基础。从你看到劳动共和国在巴黎市政厅内宣告成立的那一天起，你就没有停止过向法国叫喊：'这些人都是罪犯'……""你为了把任命大城市市长的行政权力保留在自己的手里，强迫议会取消了它的决议，就在那一天，你便已铸成了自己的谬想和错误。""你的人？他们是帝国的人。""哥萨克帝国或者共和帝国。"

4月28日《每日新闻》

巴黎电。4月27日。巴斯噶尔-格鲁赛关于保护外国人免受各种征收的命令，等等。"**在巴黎从来没有任何政府对外国人这样……礼遇。**"在没有发布下一个命令之前，任何商品不许从巴黎输出。这是对阻拦装载家畜的车辆进入巴黎和中断奶、鱼供应的报复。巴黎的炮台（伊西等）遭到凡尔赛人的炮击。

4月29日《口令报》

关于布朗基的问题。他被藏得这样秘密，以致没有一个人知道他究竟被关在哪个监狱里。梯也尔不愿通知他的姊姊他在什么地方。这是违反刑事法典的——为此，梯也尔简直该蹲监狱。而这些狗却疯狂地反对公社的**人质法**！简直好像你们倒想怂恿公社来实行这个法令！

4 月 27 日。公社派遣了几名委员到比塞特尔去调查国民自卫军第一八五补充营的士兵的情况。他们当中有一位还活着，但受伤很重。他是和他的三位同伴受到猎骑兵的突然袭击的。他们投降了。士兵们没有伤害他们。但当他们已经成为俘虏时，来了一位猎骑兵大尉用手枪射杀他们。

4 月 30 日。全法国的市镇选举。

纳尔蓬公社。

二十万工人已经当了一个多月巴黎的主人。他们有武器、大炮、军队——也有贫穷。他们不仅没有抢劫一座私宅，没有让一个富翁成为他们报复的牺牲者，没有做过一件残暴的事，而且——这是千真万确的——在由他们单独负责保护的公园里，他们没有折断一根树枝，没有摘过一朵花……农民们则曾把自己的敌人活活地烧死……

《科伦日报》肯定俾斯麦已经断然拒绝遣返法国俘虏。（对梯也尔正式请求的答复）。

梯也尔对凡尔赛的议员们说，他将不再接见任何一个受托进行调解的外省代表团。

有十四辆牛奶车被普鲁士人，或凡尔赛人，扣留在蓬图阿兹车站。

政府的力量与其说在凡尔赛，不如说在**留厄伊，或者甚至在圣热尔明**。聚集在这些地方的最显要的波拿巴分子把凡尔赛的乡下佬看做是瞎眼的，但却是为他们事业的成功所必不可少的工具。拉德米罗、加利费、康罗贝尔、维努亚、杜克罗、莫杜依、八里桥、热罗姆·达维德、舍夫罗、鲁艾、康堤、德-班维尔、卡桑尼亚克、瓦伦顿，这些将军们所盼望的只有一件事，这就是那些支持梯也尔的乡下佬能够给他们以足够的军事力量和行政权力，以便把那些乡下佬赶出去。

！！！打死弗路朗斯的宪兵大尉立即被奖以勋章。

凡尔赛议会。**4 月 26 日**。

路易·勃朗反对杜弗尔的通令。但他只是谦恭地请求**杜弗尔**解释一

下 "他的通令的全部意义"。"侏儒"① 刚一走下讲台，一个地主（德-拉姆朋伯爵）就对他提出一个问题，问他怎样看待巴黎的国民自卫军委员会，"他是否在袒护公社"。路易·勃朗（在讲台脚下）："我认为，公社破坏了我所拥护的法制。（一阵'台上去，台上去！'的嘈杂声打断了他。）我谴责公社的行动。（一阵质问，等等）不过，我认为也需要告诉你们，在巴黎有许多有思想的、诚实的居民，他们要求秩序，要求自由。你们正是应当同这些居民达成协议。这就是我要说的。"（行了！回到议程上来吧！）杜弗尔在热烈的掌声中厚颜无耻地对他的通令进行辩解。杜弗尔说，外省的市镇参议会都根据巴黎的口号行动。例如，奥士的市镇参议会就一致要求他立即提出停战，并要求 2 月 8 日选出的议会自行解散（交出权力），因为它的任期已满。

随后他选读了一段《国防报》（里摩日市的报纸）："外省拒绝派遣被要求的志愿战斗营，以此表示它们的不满。"路易·勃朗提出了一个愚蠢的问题：那些没有任何犯罪动机而只是要求和解的人，是否也应当受到惩罚。

4 月 29 日《每日新闻》

巴黎电。4 月 28 日。战斗和炮击仍继续进行。

公社要求铁路公司在二十四小时的限期内付给二百万法郎。此外，还要求公司今后定期交纳税款，税款从 3 月 18 日算起。

要求和解。甚至巴斯噶尔·格鲁赛。公社和中央委员会之间的分裂更加严重。梯也尔受权宣布各省一律处于戒严状态。马延省的总检察官写信给杜弗尔，说他要 "辞职……当此内战之际，行政当局命令我卷入党派斗争，对那些我的良心认为完全无辜的公民仅为他们呼出'和解'这一字眼而予以迫害，因此，我无法给这样一个行政当局效力。"

巴黎。4 月 28 日通讯。国民自卫军第八营刚发表了一项声明，他

---

① "侏儒" ——根据上下文，这里是指路易·勃朗（不是指梯也尔）；路易·勃朗也是个著名的矮子。——译者

们在声明中明确地表示赞助和解同盟，拒绝作战。

4 月 29 日《形势报》

巴斯噶尔·格鲁赛关闭了他的《自由人报》。

巴黎的《公报》。每天都在发现新的文件，证明确实存在着一些国防负责人的叛变行为，更为卑鄙的是这些显要人物甚至在他们的通信中也以此作为谈笑资料。

巴黎（1870 年 12 月 12 日）。（巴黎卫戍部队炮兵总司令，荣誉军团大十字勋章获得者**阿尔丰斯·吉奥**写给炮兵师将军**苏桑**的信。）谈的是关于**苏桑**推荐给**吉奥**的某个爱茨尔或爱塞尔①的事。"请坦率地告诉我，您有什么要求，我一定照办。我可以把他带到我的参谋部去，不过由于那儿无事可做，他将无聊得难受，要不然把他派到蒙瓦列连炮台去，那儿比巴黎安全得多（这是为他的父母着想），而且他在那儿还可**以假装发炮，因为他可以按照诺艾尔的办法，把炮往空中打。**不言而喻，一切请直言。"（这位**诺艾尔**当时是炮兵校级军官，1870 年 12 月 12 日是蒙瓦列连的炮台司令。）（这份材料［信及其他］是由中央委员会公布的。）**和平同盟的建议**（**舍耳歇**提出的）。

4 月 30 日和 5 月 1 日《形势报》

国民自卫军第八营 4 月 25 日提出的纲领。
带着虚荣而傲慢的笑容。

备 考

梯也尔 1 月 17 日在立法议会上的发言里谈到他的朋友**尚加尔涅**：

"在情绪异常的时候，我们会担心，政治渗入了军队可别降低了战斗意志……其实有什么要紧！一个坚毅而又干练的将军带领着军队，不

---

① 苏桑向吉奥推荐一个叫爱茨尔的人，但吉奥没有在援军中找到这个爱茨尔，只找到一个爱塞尔。（参看沙利加勒著《1871 年公社史》，三联书店 1962 年版，第 42 页。）——译者

断鼓舞**军队的战斗意志**，也就压倒了**政治激情**。这件事有一天将要载入史册，并将使他得到荣誉。"**梯也尔、尚加尔涅、奥迪朗–巴罗仅仅在1851年2月才脱离政府**。梯也尔这样讲指的是尚加尔涅的事。关于波拿巴和奥尔良家族之间的竞争的问题。在萨托利阅兵①中的涅马也尔。自由联盟②当中的走狗们在1869年为巴黎要求一个通过选举产生的市镇参议会。早先的通过选举产生的市镇参议会，正是被1848年的共和国以政府任命的行政委员会代替了。**1851年6月19日茹尔·法夫尔**在讲台上声明："对我来讲，这一点是非常明确的，那就是在像巴黎这样的城市里，这样巨大的市政权力应当属于**一个由内务部长直接领导的代理人**。这究竟因为什么呢？诸位先生，不仅因为依我看来**恢复巴黎的公社在政治上是不明智的**，而且**因为中央政府的存在和活动乃是公民的经常的保证**。从我自己这方面来讲，我不怕我在这里作的声明会被利用来反对我；**因为我认为，如果一个人在今天还企图恢复一个独立的市政单位，一个不受政府管辖的巴黎的公社，那么，这个人是没有从历史上学会任何东西；我认为，这样的人只是一个希望置自己的祖国于风暴中的政治家。"**

杜弗尔：奥迪朗·巴罗内阁（1848年12月26日）采取的第一个措施是不顾1831年法令的正式规定，任命对常备军拥有最高指挥权的尚加尔涅将军兼任国民自卫军的司令。规定截然划分军权和民政权的**关于国民自卫军的法律第六十七条，于1849年7月7日被取消了**；根据蒙塔朗贝尔的建议，议会授权政府可以把同属一个区的各省国民自卫军的指挥权集中在军区司令手里。

共和国的处境（1848年等）：就像刽子手对唐·卡洛斯③所说的："**我要杀你，是为了你好。**"

1849年6月2日杜弗尔（在奥迪朗·巴罗的内阁里）接受了**内务**

---

① 指1850年10月10日拿破仑第三在萨托利举行的军事检阅。——译者

② 1863年立法团选举时，在共同反对帝国的基础上形成的资产阶级共和派、奥尔良派和部分正统派的联盟。——译者

③ 唐·卡洛斯是西班牙国王菲力浦二世的儿子；因被取消继承王位的资格而怀恨菲力浦二世，后以谋叛父王的罪名被处死。"我要杀你，是为了你好。"一句来自席勒的悲剧《唐·卡洛斯》。——译者

部长的职务。**自由联盟**（1869 年）正如 1847 年一样①，进行了改组。卡芬雅克将军在拼命地把自己提为总统候选人。他被迫于 **10 月 29 日**取消了戒严令。由于普瓦梯埃街总会②要求以几个职位作保证，因而他便招来两名**路易–菲力浦**的大臣——**杜弗尔和维维延**——参加内阁，这样他便嘲笑了二月革命。卡芬雅克和马拉需要议会里保皇派的支持，答应给他们肯定的保证，因而才进行了内阁的改组。《**国民报**》派把职位交给了前"**第三党**"。杜弗尔被招来主持内务部，这个杜弗尔曾因拒绝参加在桑特举行的宴会——他认为要在那儿为路易–菲力浦干杯才是适宜的——而被《**国民报**》百般嘲弄过。法国到处是选举的经纪人和极口称赞将军③的崇高美德的小册子；而对其他候选人却大肆诋毁和糟蹋，特别是对**路易·波拿巴**——尽管过了几个月杜弗尔又将成为他手下的忠诚的部长④。反对卡芬雅克的宣传品被千方百计地查禁，它们的散发者遭到逮捕。杜弗尔还拖延邮政马车的开行，以便易于分发有利于卡芬雅克候选的公报。**选举前的恫吓和行贿**，规模之大是前所未闻的。

杜弗尔是 1849 年的戒严部长。他早在 **1839 年 5 月 13 日**那个不幸的日子⑤之后的第二天，便已经当上大臣了，也就是说，他曾在共和党最后一次武装起义失败之后，作过当时七月政府的残酷无情的镇压大臣。1839 年 5 月 13 日的大臣是有资格作 1849 年 6 月 13 日的部长的。

（关于意大利的辩论⑥）

在 1848 年 2 月革命期间（路易–菲力浦时期）。梯也尔：我"**不但**

---

① 这里指的是两个"自由联盟"。参阅《法兰西内战》，人民出版社 1970 年版，注释 105。——译者

② 指秩序党。——译者

③ 指卡芬雅克。1848 年 12 月，卡芬雅克和路易·波拿巴同为总统候选人；其他还有洛林、拉马丁等。——译者

④ 杜弗尔当时利用内务部长的职权全力支持卡芬雅克竞选总统，但后来卡芬雅克失败后，他又进了波拿巴的内阁。——译者

⑤ 指 1839 年 5 月布朗基"四季社"起义的失败。——译者

⑥ 大概是指在议院讨论当时意大利的革命。（后来，1849 年 4 月，法国军队被派去镇压了这次革命。）——译者

属于**法国的革命党，而且**也属于**全欧洲的革命党。**我希望革命政府留在温和派的手中……但是，即令这个政府转到了热烈人物以至激进派的手中，我也决不因此放弃我所拥护的事业。**我将永远属于革命党"**。

麦茨的投降

塔米济埃10月31日呈请辞职①，于是（在**11月1日**的反革命运动时）便任命了**克列芒·托马**。当时他便下令逮捕国民自卫军中所有的革命军官，并解除他们的职务。（他这是借口伯利维尔人的胆怯行为。拉姆普瑞艾尔。）在1月22日的事件②中（在市政厅广场）（布列塔尼人曾枪杀国民自卫军）。（这是蒙特列土③的后果）。（报上半官方地谈到投降与停战协定），（停战协定是1月28日签订的）。（市政厅广场上的示威游行）④，（人们被打死和打伤）。作为总司令的克列芒·托马在这次事件中起了巨大的作用。（在围城时期他只是从事瓦解国民自卫军的工作。他压根没有同普鲁士人作过战。**12月2日**。**香宾附近的战斗**⑤。特罗胥迫使国民自卫军扮演了一个可笑的角色。托马在幕后指使特罗胥，而特罗胥就发表演说，劝说自卫军战士拒绝，等等。）

————

3月10日。以国民自卫军委员们的名义发布并于今天张贴给士兵看的告士兵的红色公告：

————

① 指1870年10月31日，塔米济埃拒绝背信弃义地去进攻曾经释放过他们的巴黎无产阶级的国民自卫军，因而辞去了国民自卫军总司令的职务。——译者

② 蒙特列土，指蒙特列土战役，又叫布桑瓦耳战役，发生在1871年1月19日，即巴黎被围后的第四个月。这是特罗胥为了摧残和瓦解国民自卫军的力量，使军民相信巴黎不可继续防守而组织的最后一次突围。这次突围没有足够的准备，在出击部队之间没有取得行动的统一，缺乏必需的后备力量，因而遭到失败。突围失败后，巴黎工人和国民自卫军于1月22日发起示威游行，要求解散政府，成立公社。国防政府派遣别动队大批逮捕和枪杀参加游行的群众，在血腥镇压了这次革命运动之后，政府立即准备巴黎投降，于1月28日和普鲁士人签订了停战协定。——译者

③ 同上。

④ 同上。

⑤ 1851年12月2日路易·波拿巴发动政变时，曾用军队镇压了香宾省的一次起义。——译者

"在巴黎已经有三十万国民自卫军，此刻却还在往巴黎派遣军队，并竭力对这些军队隐瞒着巴黎居民的情绪。那些使战争失败，使法国分裂，把我们所有的金币都付了出去的人们，**企图**用挑起内战的办法来**逃脱他们应负的责任**。他们指望你们会成为他们密谋罪行的驯服工具。巴黎人民要求什么呢？他们要求保留自己的武器，要求自己选举自己的领导人，并在他们失去信任的时候撤换他们。他们要求把军队遣散回家。"

————————

3月17日。一百名营长的声明（3月16日一致通过）：他们"充满坚定的决心，将用一切可能的手段反击胆敢对共和国采取的侵犯行为，而且将用同样的手段反击**敢于解除国民自卫军武装的任何企图**，国民自卫军是社会协定、社会秩序和公共自由的天然捍卫者。"

————————

3月18日。企图用突然夜袭的办法占领蒙马特尔。

3月19日。中央委员会（二十位委员）（在市政厅）的公告。"**戒严状态已经解除**。兹号召巴黎居民各归本区进行公社选举。"中央委员会致国民自卫军："你们曾责成我们组织巴黎的防御，保卫你们的权利……此刻，我们的当选证书已告期满；我们将它交还给你们，我们不愿意占据那些被民愤刚推翻的人的位置。"

3月20日。议会根据皮卡尔的建议，**通过一项宣布塞纳—瓦兹省戒严的法令**——法令将审判权授予士兵自己。

3月21日。**尚济和朗古里安将军被释**。起义者要求：用全民投票选举巴黎公社委员会；改组国民自卫军，民选国民自卫军的军官；撤销警察局长的职位，将警察管理权移交给公社当局。

双方（！）都不愿发出内战的信号！

3月21日。议会通过一项紧急法案，决定恢复所有波拿巴时期的立法议团。在通过"致公民们和士兵们"的宣言时，佩拉要求加上："法兰西万岁！共和国万岁！"。地主们一阵强烈的反对声。**梯也尔**："这可能是一个很合法的提议，等等。"（**地主议员的异议**。）**茹尔·法夫尔**大声疾呼，反对**共和国高于普选权**的说法。他向"地主议员"

的多数献媚，等等。**梯也尔**："无论如何，我决不派军队去攻击巴黎。"

3 月 21 日。委员会的《公报》：

"议会只是在投降前夕，在领土被敌人占领着的时候，为了一种特殊目的而选举出来的。被占各省不可能自由地被选举出来。"此外，"他们是在反动势力控制下选举出来的。"

3 月 22 日。康罗贝尔向梯也尔郑重表示愿意效劳，梯也尔以适当的方式接受了。

3 月 23 日。凡尔赛。国民议会。巴黎的区长们（调解代表团）。当他们高呼"共和国万岁！"时的一幕丑剧。议会有意要从它致军队和公民的宣言里删去"共和国万岁！"这几个字。在同一次会议上，法夫尔在发言中说，他不知道"**普鲁士军队司令给中央委员会的电报意味着什么。**"他向普鲁士献媚，"**请普鲁士不要怀疑他的诚意**"；他用俾斯麦的火和剑来威胁巴黎；"罪恶的、应当永远受到诅咒的巴黎叛乱"。

3 月 22 日。中央委员会的宣言："9 月 4 日以来，共和国第一次从它的敌人的政府下解放出来……在本城建立了保卫公民不受当局侵犯的国民军，来代替保卫当局反对公民的常备军。"

凡尔赛政府为了镇压起义，正求助于法国最凶恶的敌人。

中央委员会在它的官方报纸上声明："大部分战争赔款应当由战争祸首们偿付。"

3 月 27 日。（凡尔赛）。梯也尔："当我就职时，共和国已是一个既成事实。"（以后共和国又将重新变成一个**假定**事实。）

政府在 3 月 27 日得到里昂公社失败的消息后，便决定进攻巴黎。

共和党人。巴黎 3 月 26 日。只要政府仍然坚持共和政纲，在凡尔赛的拥有一百二十名成员的左派共和党决定支持政府。巴黎的区长和议员企图阻挠 3 月 26 日的选举；但他们被迫让步。凡尔赛。4 月 9 日。左派每天晚上都在网球厅举行会议。

3 月 25 日。凡尔赛议会。波拿巴王朝的法官们复职了！（在此以前，还通过了恢复**波拿巴时期的立法议团**的紧急议案）他们参加过 1852 年的混合委员会，由于给路易·波拿巴的黑名单上的共和党人制造流放凯恩的法律根据，成为政变中无耻的工具，他们是被克莱米约革职的。茹尔·法夫尔作了最卑鄙的煽动内战的尝试；他醉心于一个任何时候都不会忘记的意愿——由普鲁士人占领巴黎以恢复秩序。

3 月 27 日。奥马尔公爵在凡尔赛。

3 月底至 4 月初。秩序党的"撤退"——从选举以来已有十五万人逃走了。

有人说我们新的二十九名执政者全非知名人物，对这种异议，执政者回答说："**当年十二使徒就是这样。**"

杜弗尔 1871 年 4 月 23 日（关于和解）的通令

4 月 27 日。议会："反对共和国的阴谋只有一个，这就是巴黎的阴谋，这个阴谋迫使我们去杀害法国人。"

"我要再三重复说……让那些举起渎神武器的人放下他们的武器吧，那我们就会立即停止惩罚来缔结和约，只有那些罪犯需另当别论，幸好他们只是一小撮。"（右派各坐席上一阵骚动。）……**梯也尔**："诸位先生，我恳求你们告诉我，难道我说的不对吗？难道你们听见我如实地说明罪犯不过是一小撮人，真的觉得可惜吗？……忍心杀害克列芒·托马和勒康特两将军的人只是罕有的例外，这难道不是不幸中之万幸吗？"

5 月 18 日议会。法兰克福条约，**1871 年 5 月 10 日**。议会于 5 月 18 日通过，**投票 588 张**：赞成票——490，反对票——98。

5 月 22 日。"几天前我对你们说过，我们正在接近我们的目的。今天我来告诉你们吧，这个目的已经达到了。"（5 月 21 日杜埃将军由圣克鲁门攻入城内。）

5 月 16 日。梯也尔的住宅被破坏。

5 月 11 日的会议。

3 月 21 日。"无论如何，我决不派军队到巴黎去。"茹尔·法夫尔同时却以俾斯麦的火和剑来威胁"罪恶的、应当永远受到诅咒的巴黎叛乱"。

3 月 27 日。"当我就职时，共和国已是一个既成事实"，继续谈到和平等等；但是就在同一天，当获得里昂公社失败的消息后，便决定采取行动。

毕克普斯修道院的秘密（5 月 5 日《口令报》）。

毕克普斯修道院，圣—安图昂郊区。在那里进行的搜查揭露了一桩残暴的罪行。在一个数平方英尺的密室里，发现了三个修女，她们在那儿已经被囚禁了九年。由于长期囚禁的结果，她们已变成了呆子。其中最大的有七十三岁，她现在已被安置在列伊兵营里，受着国民自卫军的保护；其余两人，一名大约四十岁，另一个大约三十岁，已托与私人照顾。在修道院里进行挖掘时，挖出了埋在土里的一些骨骸和儿童的骨骸。

这个毕克普斯修遭院拥有极大的财产——最老的那个修女曾被关在一个狭小的笼子里……她挨饿，遭受鞭打，只不过因为她希望离开修道院回到亲属那里去。同神父拉法哀尔的恋爱关系。她曾被允许出去，但刚一出去就被抓住关起来了……在两个比动物园里关豹子的还更狭窄、更矮小的笼子里。笼子里有一床破烂的褥垫，不幸的人们便在这个褥垫上度过了九年。

位于庭院深处的一个小花房里放着**刑具**（和在西班牙以及罗马的地下刑讯室里发现的刑具类似）……毕克普斯女修道院和正好位于街对面的男修道院由一条地下通路连接着。在女修道院院长那里发现的堕胎条款，是游方的神父布司凯编写的。

在圣—劳伦教堂的地下室里，一个二十余立方米的空间堆满了人的骸骨，稍往里发现的一些骸骨还是新近的。

附录Ⅳ　研究文献精选

一　考茨基：《论〈法兰西内战〉与无产阶级专政》（节选）①

民主构成了建设社会主义生产方式的必不可缺的基础。只有在民主的影响下，无产阶级才能达到它实现社会主义所需要的成熟程度。民主毕竟将提供用以测量无产阶级成熟程度的最可靠的标尺。在无产阶级业已取得政权而还没有在经济上实现社会主义的时候，在准备社会主义和已经实现社会主义这两个阶段——这两个阶段都需要民主——之间，总还有一个第三阶段，即过渡阶段。据说，在这个中间阶段里，民主不但是不必要的，而且是有害的。

这种看法并不是新的。我们早已知道的是魏特林的看法。但是这种看法现在却以马克思的话为依据。马克思在 1875 年 5 月写的批判哥达纲领的信件（翻印于《新时代》第 9 卷第 1 期，第 502 页起）里说：

> "在资本主义社会和共产主义社会之间，有一个从前者变为后者的革命转变时期。同时与这个时期相适应的，还有一个政治过渡时期，这个时期的国家不能是别的任何东西，只能是无产阶级的革命专政。"

可惜，马克思没有更详细地指出他是怎样设想这个专政的，按字义

---

① 〔德〕考茨基：《无产阶级专政》，何疆、王禹译，北京：生活·读书·新知三联书店 1963 年版，第五部分"专政"。

来讲，专政就是取消民主。但是，当然按字义来讲，专政还意味着不受任何法律约束的个人独裁。个人独裁和专政之间的不同在于：个人独裁不被视为经常的国家制度，而被视为是暂时的应急办法。

"无产阶级专政"这个词——也就是说不是个人专政，而是一个阶级的专政——就已经排除了这一点：即马克思在这里说的专政是指这个词在字义上的意义而言的。

他在这里所说的不是一种政体，而是指一种在无产阶级夺得政权的任何地方都必然要出现的状态。马克思认为，英国和美国可以和平地，也即用民主方法实现过渡，单这一点就可以证明，他在这里所指的不是政体。

民主也许还不足以保证和平过渡。但是，没有民主，就肯定不可能有和平过渡。

然而为了了解马克思关于无产阶级专政的想法如何，我们根本不需要猜谜语。如果说马克思在1875年没有进一步阐明他所说的无产阶级专政是指什么而言，那么他这样做也许是因为他在几年之前在他论述《法兰西内战》的著作中已经对此加以阐明。那本书里说：

> "公社在实质上是工人阶级的政府。是生产者阶级对占有者阶级进行斗争的结果，是一种终于被发现了可以使劳动在经济上获得解放的政治形式。"

由此可见，正如恩格斯在马克思这本书第三版的导言中所明确指出的那样，巴黎公社"就是无产阶级专政"。

但是这个专政并不同时就是废除民主，而是以普选制为基础的最广泛地应用民主。这个政府的权力应该服从普选制。

> "公社是由巴黎各区按普选制选出的城市代表所组成的。……普选制应该为组织在公社里的人民服务，正如个人选举权为任何别的雇主服务那样，为他们去找到工人等等。"

马克思在这本书里一再谈到全体人民的普遍选举权，而不谈一个特殊的特权阶级的选举权。在马克思看来，无产阶级专政是一种在无产阶级占压倒多数的情况下从纯粹民主中必然产生出来的状态。

因此那些赞成专政反对民主的人是不能依据马克思的话的。当然，这并不因此就足以证明他们是错误的。不过他们必须寻求其他的证明理由。

在探讨这个问题时，必须防止把这种作为状态的专政同那种作为政体的专政两者混淆起来。只有后者的倾向才是我们队伍中争论的问题。作为政体的专政，同剥夺反动派权利的含义相同。反动派被剥夺了选举权、新闻出版自由和结社自由。问题在于：胜利的无产阶级是否需要这些措施，社会主义是否借助于这些措施才能最好的实现，或者甚至只有通过这些措施才能实现。

在这方面，首先必须指出，当我们把专政作为政体来谈论时，我们就不能谈论一个阶级的专政，因为，正如我们已经指出的，一个阶级只能实现统治，不能实行治理。如果有人不想把专政理解为一种单纯的统治状态，而理解为一种特定的政体，那么他就只能说个人的专政或一个组织的专政，也就是说，不能说无产阶级的专政，而只能说无产阶级政党的专政。但是一旦无产阶级本身分成不同的政党，那问题就立即复杂化起来。于是，这些政党中间的一个政党专政就决不再是无产阶级专政，而是无产阶级的一部分对另一部分的专政。如果社会主义诸政党由于它们对非无产阶级阶层的态度不同而分裂，如果比方说以政党通过城市无产阶级和农民的联盟而取得政权的话，那么情况就更加复杂了。于是无产阶级专政不仅变成无产阶级对无产阶级的专政，而且还变成无产阶级和农民一起对无产阶级的专政。于是无产阶级专政就具备了十分奇特的形式。

为什么无产阶级的统治应该采取而且必须采取同民主不能相容的形式呢？谁要是依据马克思关于无产阶级专政的说法，他就不应该忘记，在这里所涉及的不是一种在特殊情况下可能出现的状态，而是一种在任何情况下都必然出现的状态。

人们也许可以推断，通常只有在无产阶级构成居民大多数或者至少受到大多数居民支持的地方，无产阶级才会取得政权。无产阶级在其斗争中的武器，除了它的经济必要性之外，就是它的群众性。只有在无产阶级受到群众的，也即大多数居民的支持的地方，无产阶级才能战胜统治阶级的权力手段，马克思和恩格斯都作过这样的推断。因此，他们在共产党宣言里宣称：

> "迄今所发生过的一切运动都是少数人的运动而且都是为少数人谋利益的运动。无产阶级的运动是绝大多数人为绝大多数人谋利益的独立自主的运动。"

这一点也适用于巴黎公社。新的革命政权的第一件事就是举行有普遍选举权的公民投票。这次在最充分自由之下举行的投票的结果是：几乎巴黎各区都以强大的多数支持公社。65 名革命者当选，而反动派只有 21 名当选，其中有 15 名露骨的反动分子，6 名甘必大派激进共和主义者。65 名革命者中间有法国各个社会主义派别的代表。虽然他们互相斗争得很剧烈，但是他们没有一派对其他派实行专政。

一个在群众中扎根很深的政权，没有丝毫理由去损害民主。有人用暴力行动来压制民主的时候，这个政权就不能永远避免使用暴力，暴力只能用暴力来回答。

但是这个知道自己受到群众支持的政权使用暴力，不是为了放弃民主，而是为了保卫民主。如果这个政权想要消除它的最可靠的基础，要消除伟大道义权威的深刻泉源——普选制，它就简直是自杀了。

由此可见。作为废除民主的专政，只有在下列的非常情况下才能加以考虑：即如果各种有利条件的特殊巧合允许一个无产阶级政党取得政权，尽管大多数居民不赞成或者坚决反对这个政党。

在几十年来一直受到政治上的训练并且其政党具有固定存在形式的民族里，这种偶然的胜利是不大可能的。这种胜利本身就已经表明了很落后的情况。如果在这种情况下举行普选时出现了反对社会主义政府的结果，那么这个政府应该按照我们一向所要求于任何政府的那样，服从人民的裁决，同时抱着坚定的意志要在民主的基础上继续为争取政权而斗争呢，还是应该为了保持自己的政权地位而扼杀民主呢？

一个专政在违反大多数人民意志的情况下靠什么来继续执政呢？

这个专政有两条道路可以考虑：耶稣教团的道路或拿破仑主义的道路。

我们已经提到了巴拉圭的耶稣教团国家。耶稣教团教士们赖以维持在巴拉圭的专政的手段，就是他们比起那些由他们组织起来的，缺了他们就无依无靠的原始居民来具有精神文明上的巨大优越性。

在一个欧洲国家里，一个社会主义政党能争取到这种优越性吗？这是完全可能的。无产阶级在其阶级斗争中诚然在理解水平上发展得超过其他劳动阶级——小资产阶级和小农，但是其他劳动阶级在政治兴趣和理解方面并不是没有提高。这些不同阶级之间的差距，决不会是无法克服的。

但是，除了体力劳动的阶级之外，还有一个知识分子阶层正在成长，他们的人数愈来愈多，对于生产过程来说他们愈来愈成为不可缺少的了，他们的职业在于获得知识，运用智力和发展智力。

这个阶层处于无产阶级和资本家阶级之间的中间地位，他们并不直接对资本主义感兴趣，然而却又对无产阶级抱不信任态度，只要他们还认为无产阶级没有成熟到足以把命运掌握在自己手里。甚至在这个受过教育的阶级中那些极热烈主张无产阶级解放的成员，譬如像空想社会主义者们，在阶级斗争的初期还对工人运动抱过反对态度。只有当无产阶级在阶级斗争中表现得愈来愈成熟时，这种情况才有所改变。那些赞成社会主义的知识分子对无产阶级所寄予的信任，是决不能同 1914 年 8 月 4 日以来自由党人和中央党人——甚至德国诸政府本身——对参加政府的社会党人所寄予的信任相混淆的。前一种信任是出于这样一种信念：即无产阶级已经获得了解放自己的力量和能力。后一种信任却出于这样一种信念：即有关的社会党人已经不再认真对待无产阶级的解放斗争了。

完全排除知识分子甚至反对知识分子，就无法建立社会主义的生产。在大多数居民对无产阶级政党抱不信任态度或者反对态度的情况下，知识分子群众尤其会抱这种态度。在这种情况下，胜利的无产阶级政党在知识方面不仅不会大大优越于其余的居民，甚至会在这方面落后于它的对手，即使在社会事务方面，无产阶级政党的理论观点一般说来应该是更高明一些的。

由此可见巴拉圭道路在欧洲是行不通的。于是，只剩下另一条道路了，这条道路是拿破仑一世在 1799 年雾月十八日以及他的侄子拿破仑三世在 1852 年 12 月 2 日所采取的，这就是借助于足以胜过无组织的人民群众的一种中央集权组织的优势并且借助于军事威力的优势来进行统治的道路；这种军事威力的优势之所以产生，是因为政府的武装力量所面对着的仅仅是一批没有武装或者对武装斗争感到厌倦的人民群众。

能在这种基础上来建设社会主义生产方式吗？这种生产方式意味着由社会来组织生产。它要求全体人民群众实行经济自治。国家通过一种官僚制度或者通过人民中某一个阶层的专政来组织生产，这并不意味着社会主义。社会主义需要对广大人民群众进行组织上的训练，社会主义要以无数个经济性的政治性的自由组织为其前提并且需要最充分的组织自由。社会主义的劳动组织不应该是一种兵营组织。

少数派的专政，如果想要给人民以最充分的组织自由，就会因而损坏自己的权力。如果相反地，这个专政企图用束缚这种自由来保持统治，那么它就会阻碍朝向社会主义的发展，而不是促进这种发展。

少数派的专政总认为一支忠诚的军队是它的最有力的支柱，但是它愈是用武力来代替多数，它就愈来愈迫使反动派用诉诸刺刀和拳头的办法而不是用选票的办法来寻求出路，因为选票对他们说来已不起作用了；这样，内战就成为政治矛盾和社会矛盾的转化形式。在人们对政治和社会情况不是完全冷漠或完全灰心的地方，少数派的专政就会经常受到猛烈的暴动或者长年游击战争的威胁，这种暴动和游击战争很容易发展成为有更广大群众参加的连续不断的武装起义；要扑灭这种起义，就必须调动专政的全部军事力量。这样，专政就陷入内战而不再能自拔，并且经常面临着一种被这种内战推翻的危险。

但是对于建设社会主义社会来说，再没有比内战更大的阻碍了。在目前这种有广泛的地理分工的时期，任何地方的大工业企业都十分依赖交通的安全和契约的安全。一次对外战争就足以极严重地打乱社会主义建设，即使敌人并没有浸入国境。在目前俄国革命中，俄国各派社会主义者都强调和平对于社会重建的必要性，这是正确的。对于社会经济来说，内战的危害性比对外战争的危害性还大得多，内战是在国家镜内进行的，它对国家所起的摧毁作用和瘫痪作用同敌国侵入同样严重，内战在这方面甚至还残酷得多。

在国与国之间的战争中，所牵扯到的通常是这个政府或那个政府的取得权力或丧失权力的问题，而不是国家的整个生存问题。但是在战后，不同的交战国的政府和人民都愿意和应该和平相处，即使不会总是友好相处。

内战中的各方之间的相互关系就完全不同了，他们进行战争并不是为了从对方夺取一些让步然后和对方和平相处。内战中的情况也不像在民主国家，在民主国家里，让少数派受到保护，因此，处于少数派地位并且不得不放弃执政地位的任何政党，决不是因此就必须放弃它的政治活动或者哪怕只是限制它的政治活动，而且处于反动派地位的任何政党都一直保留着那种争取成为多数派并从而取得政权的权力。

在内战中，任何一方都为自己的生存而战斗，失败的一方面临完全毁灭的威胁。由于意识到这一点，就使内战很容易非常残酷。一个仅仅依靠军事力量才能取得政权的少数派尤其倾向于以最血腥的手段来镇压反对者并且用最凶残的屠杀来惩罚反对者，如果这个少数派在叛乱中受到了威胁并且终于能够把叛乱镇压下去的话，巴黎 1848 年 6 月以及 1871 年 5 月的流血周就以惊人的明确性说明了这一点。

无论是长期内战的局面，还是这种局面在专政之下的另一种表现形式——群众陷于完全冷漠和灰心丧气的状态，都会使社会主义生产体制的建设实际上几乎成为不可能。然而那种必然会引起内战和冷漠状态的少数派专政竟然成了实现从资本主义到社会主义过渡的完美手段！

有些人把内战同社会革命混淆起来，认为内战是社会革命的形式，并且倾向于用下列理由来替那种在内战中不可避免的暴力行动辩解；即没有暴力行动就不可能有革命。据说在任何革命中过去总是如此，而且今后将永远如此。

而恰恰我们社会民主党人并不抱这种看法；即凡是过去一直是如此的情况今后也就必然永远如此。我们根据迄今所发生的资产阶级革命的实例而形成了我们所想象的革命图景。无产阶级革命将在与资本主义革命的条件完全不同的条件下实现。

资产阶级革命是在专制制度压迫着一切自由运动的国家里爆发的，专制制度依靠一支脱离人民的军队的支持；在这种国家里，没有新闻出版自由、集会自由、结社自由，没有普选制，也不存在真正的人民代表机构。在这种国家里，反政府的斗争必然采取内战的形式，今天的无产阶级，至少在西欧，将在下列这样的国家里取得政权：在这些国家里，几十年以来，民主——即使不是"纯粹的"民主，但毕竟是一定程度的民主——已经扎下深根，而军队也不像从前那样完全脱离人民。在这种条件下，在那里构成人民大多数的无产阶级究竟将如何实现其夺取政权，这还需要等等再看，我们无论如何也决不需要推断，法国大革命的过程会在西欧重演。如果今天的俄国显得同1793年的法国很相似的话，那么这仅仅证明俄国是何等的接近资产阶级革命的阶段。

必须把社会革命、政治革命和内战区别开。

社会革命是一种由于新的生产方式的建立而引起的整个社会结构的深刻变化。这是一个长期的过程，它可以持续达几十年之久，而且无法划定这个过程结束的确切界限。实现这个过程的形式愈和平，它也就实现得愈成功。内战和对外战争都是这个过程的死敌。社会革命的序幕通常是政治革命，也即国内阶级力量对比关系的突然变化；一个迄今一直被排除在政权之外的阶级借此而夺得了政府机器。政治革命是一种能迅速实现和迅速结束的突然行动。它的形式要看发生政治革命的那个国家的形式而定。民主——不仅形式上，而且实际上在劳动群众的力量中扎了根的——越是居统治地位，政治革命成为和平革命的可能性就越大。相反的，如果迄今居统治地位的制度愈是不依靠人民的大多数，而只代表仅仅军事权力手段才保持其统治地位的少数派，那么政治革命采取内战形式的可能性也就愈大。

然而，即使在后一种情况下，拥护社会革命的人也有迫切厉害的关系要使内战仅仅成为暂时的、迅速进行的一段插曲；要使内战只是有助于实现民主和巩固民主；要使社会革命受民主影响的支配，也就是说，在当时，社会革命不能超越人民群众大多数所愿意达到的程度，因为社会革命如果超越这个程度，就不能获得那种赖以形成持久局面的必要条件，无论那些要远见的英明人士认为立即实现社会革命的最终目的的是何等称心如意。

然而，巴黎无产阶级和小资产阶级的恐怖统治——也即少数派的专政，难道在法国大革命中没有产生那种具有历史重大意义的巨大作用吗？

这是肯定的，但是这些作用是什么性质的呢？那种专政是欧洲的结盟君主们对革命的法兰西所进行的战争产儿。胜利的出击这种进攻，就是恐怖统治的历史功绩。这个专政从而就又一次明确地证明了这一条老真理；即专政比民主更能进行战争。但是它决没有证明，专政是无产阶级根据无产阶级观点来实现社会改造和保持政权的方法。

在威力方面，1793 年的恐怖统治是无比强大的，虽然如此，巴黎无产阶级依然未能因此保持住政权。专政变成了无产阶级和小资产阶级政策的各个派别之间互相进行斗争的一种方法，而且专政终于还变成了结束无产阶级和小资产阶级的一切政策方法。

下层阶级的专政替军人指挥刀的专政铺平了道路。

如果有人根据资产阶级革命的实例而想说，革命是同内战和专政含义相同的，那么他就也必然会得出这样的结论说，革命必然以克伦威尔或拿破仑式的统治而告终。

然而这在那些由无产阶级构成民族大多数并且用方式组织起来的国家里，决不是无产阶级革命的必然结局。只有在这样的国家里，才具备社会主义的生产条件。

我们不能把无产阶级专政理解为别的，只能理解为在民主基础上的无产阶级统治。

二 顾准:《直接民主与"议会清谈馆"》①

(一) 直接民主的理想,来自《法兰西内战》

一个人,要民主,又被"议会清谈馆"、"国家消亡"等等唬住了,当然不免向往直接民主制。他认为,这种民主制,应该是从基层开始的,采取公社形式的,人民真正当家做主的,即使要派代表(可不是代议士,虽然在英文中代表和代议士都是 represent),也必须是可以随时被选民撤换的;又这个代表机构,必须是真正的主权机构,等等。

不过,直接民主的概念,其实是西方文明的产物。所以,有必要从西方史的演变来看一看他们究竟怎样搞的。《法兰西内战》中的公社制,是西方文明的产物。看一看他们现在的议会政治和政党制度怎样演变过来的,它和直接民主制的递嬗关系如何等等。还想讨论一下更贴近我们的当代的问题。

1. 雅典是直接民主的原形。据亚里士多德的《雅典政制》,雅典有9 个执政官,其中一个首席执政官。他们都是无给(无薪俸)职。雅典除元老院外,没有类似部局之类的常设官僚机构(英语 Bureau 就是局,机构;Bureaucracy,官僚政治,就是由这些雇员组成的机关统治的政治,以相对于由元老院之类的议会直接统治的政治)。整个雅典城邦,只有极少数几个打更的、通讯员之类的由公家养活的公务员。军队由自己出资装备的公民——民兵组成;将领,临时推举;执政官中有一个是大将军,战时统率军队。其所以如此,是因为雅典民主,其实是贵族政治——商业贵族及其子弟,有钱,从政是体面事情。

不过,当政既然要经过选举,就必须有受选民(他们可并不都是贵族,极大多数是自由工商业者和自由农民)欢迎的政纲。当政时期干得不好,下次就选不上。雅典还有一种有趣的贝壳放逐法。一个政治家,给公民大会判决为有僭主的野心的时候,尽管他打仗打胜了,从政成绩

---

① 顾准:《顾准文集》,北京:中国市场出版社 2007 年版。

很好，也可以加以放逐——赶出雅典，并不杀头。雅典在和斯巴达打了一次精疲力竭的战争（伯罗奔尼撒战争）以后，衰落了。亚历山大从马其顿统一了希腊（至少有二三十个雅典这类的城邦），一直打到阿富汗，建立了大帝国。后来这个大帝国分裂成几个帝国，不过这些帝国，都是凭借希腊文化统治东方民族，是彻底东方专制主义的。

2. 罗马兴起得晚，它深受希腊文化的影响。有历史的罗马城邦，只经历了短期的王政就实行了雅典式的民主。它有元老院，选出两个执政官（现在的圣马力诺这个小共和国还有共和罗马的遗风），任期二年。作战，由执政官当统帅。大政方针，全由元老院决定。军队，也由自行出资装备的公民军组成。罗马人还有一种"法律呆子"脾气，大小事情都要通过元老院用立法形式来确定。我国解放以前的大学法学院，有一门必修课罗马法。契约、债权债务、所有权，他们都咬文嚼字地订成法律，如此等等。共和罗马只有现在罗马城及其周围一小块地方，所以它也是城邦。罗马人好战，虽然罗马城还被高卢人攻破过，不过它终究先是征服了全意大利，后来和迦太基（现在的突尼斯地方，由腓尼基人组成的一个商业国家，腓尼基人是犹太人同族，老家在黎巴嫩的西顿、推罗等处）打了几十年生死存亡的仗，直到这时候，罗马还是城邦共和国。不过征服中的俘虏越来越多，原先都是自耕农民的公民，现在专门打仗去了，分到奴隶的人成了奴隶主。贫穷又不打仗的公民，共和国免费发给粮食，逐渐成了彻底的寄生阶级。可是他们还有选举权，打仗发了财的统帅们对他们施舍。共和罗马就这样成为了帝国罗马。

打胜了迦太基以后，罗马征服了现在的法国、西班牙、希腊、巴尔干全部、小亚细亚、埃及、北非，把地中海周围都统一起来了，征服和防守征服的土地，使军队成为雇佣军（原来是公民军），它造成 军阀，军阀自然变成皇帝。不过，罗马的皇帝还由元老院选举，事实上有世袭制。皇帝却从来不敢说他"富有四海"，不敢说他统治下的人民都是他的臣妾。甚至，拉丁文的 emperor，不过是"掌军政大权的人"，不是"主人"。皇帝称为"主人"，那已是西罗马帝国接近灭亡的时候了。至于 4 世纪以后的东罗马帝国，即拜占庭帝国，那是彻底承袭了东方专制主义的。所以，马克思称之为"没落帝国"。

（二）中世纪的欧洲，它怎样转变到"宪政时期"的

罗马的灭亡，是由于蛮族的入侵。蛮族是日耳曼诸族。经过一些变迁，他们实行了孟德斯鸠所称的"等级君主制"。这就是说，君王对所属诸侯（诸侯对从属他的小诸侯和骑士也一样）相互间有比较明确的权利义务关系，上面不得侵犯下面的权利。初期，君王和诸侯一样，靠他自己的庄园的农奴来供给，而且，直到后来根本没有普及全国的"田赋"。农奴只对他所属的长上负有贡赋和徭役的义务。军队，是由封建骑士组成的骑士军队，所以中世纪欧洲历史上，从来没有"坑长平降卒 40 万"那样的事，最大的军队也不过几万人。据英国的梅因考证，这种等级君主制，是蛮族在作为罗马帝国的邻人和雇佣兵的时候，从罗马法的契约观念那里脱胎出来的。十七八年前，我惊讶卢梭怎么写出他的《民约论》（全译应作《社会契约论》），后来懂得，那不过是他们历史传统的结果。

中世纪西方城市也不同于中国的城市。中国的城市，历史上最早是朝廷所在地。手工业是王室的，同时在法律上是皇帝的私产。汉武帝时，城市的税收进入少府（帝室的财库，不是帝国的财库）。西方的城市，是由向封建主付钱赎买了他的农奴身分的自由民自治的，公社（Comune；Communism，其实是公社主义）是城市的政治组织形式。它们对谁都不担负什么义务。不过，它得防卫自己。它本身好像是一个城邦。14、15 世纪以后，在我们熟悉的英、法大革命以前，西方经历过一段开明专制主义时期。那些有名无实的国王，要统一民族国家，削弱诸侯的独立性，他们所依靠的办法有几条：（1）组成等级会议；（2）和城市联盟来巩固王权；（3）对外作战；（4）把诸侯弄到宫廷里等等；逐渐统一军权和政权。直接的征服（即王室消灭诸侯，使之"郡县化"），是有的，不过，这显然不是主要手段。

这样，议会制度就逐渐形成起来。英、法的大革命当然是重要的转

折点，不过，若没有以上的历史背景，那些革命也不是不可理解的。

（三）议会的渊源及其演化

议会，是在等级君主制的根子上长出来的。最初的英国议会，只有一个等级：诸侯。有名的大宪章，是英国诸侯反对国王违反惯例，侵犯诸侯利益，起来造反所争得的王室对诸侯的"不侵犯诺言"。城市生长起来了，商业发达了，关税成了王室的收入了，王权利用城市来搞统一。议会的成员，从诸侯这一成分，扩大到包括城市代表，逐渐地，议会就成了"和平的"阶级斗争的集中舞台。"战争是政治的继续"，也可以从这个意义上来理解——议会内取不到妥协，就在议会外用战争来决定问题。17 世纪的英国革命和 18 世纪的法国革命，议会都是斗争的中心。对比中国的历史，这又是中国人所不能理解的。

议会的演进史，是其所包含的成分逐步扩大、民主权利逐步下移的历史。这就是说，开始只不过是等级君主制下封建的权利义务关系，最后成了民主政治唯一实现途径的议会政治，封建君主和诸侯的斗争，本来和农奴毫不相干。但是少数特权人物之间的斗争，只要它是遵循一定的章程，而并不完全通过暴力，只要这种斗争的每一个方面，按照这种章程，必须力求取得群众的支持，它就势必要发展成为议会政治。举一个例子，英国大宪章，因为诸侯不许王室向他们非分勒索，规定朝廷要征收钱款必须取得议会同意，从这里就发展出来"不出代议士不纳税"的口号。开始，它成了资产阶级的斗争武器，逐渐扩大成为"人民当家做主"的号召。这在中国也是不可想象的。中国只有"迎闯王，不纳粮"，从来没有过"不出代议士不纳税"的口号，现在还是没有。

议会的演进史，又使民主政治演进到不同于城邦直接民主的代议政治。城邦的直接民主，行政权、立法权统一于公民大会和元老院，没有"朝廷"和"行政机关"与议会之间的对立。现在，议会是在诸侯对抗王室中成长起来的，议会代表立法权，而"朝廷"代表行政权。孟德斯鸠把它系统化为三权分立的宪政制度。有一个具有立法权的议会，势必要演化出政党来。通过一个议案时的赞成派，演化成为执政党，反对派演化成为反对党。也唯有一个有立法权的议会，才使政治和政策，成为公开讨论的对象。否则的话，政治和政策，永远是由"时代的智慧和良心"躲在警卫森严的宫廷里作出决定。

（四）英国革命、法国革命中的议会

英国革命以前，英国议会已经存在了好几百年了。革命中王党和革命党的武装斗争，是议会中的政治斗争的延续。克伦威尔之成为革命军的统帅，以及后来成为"护国主"，都是议会任命的。虽然克伦威尔的独裁，事实上消灭了议会。"光荣革命"以后，英国议会实际上取得了全部政权，王室不过是傀儡。不过，直到1832年以前，英国议会实际上是贵族把持的。作为议员，是土地贵族的特权，王党由贵族组成，民权党也由贵族组成。后来的历史学家说，19世纪及以前，英国资本主义猛烈发展时期，资本家的任务是打算盘、挣钱。大官、将军、大使以至其他权势职务，全由贵族包办。和这种怪现象同时发生的是法国革命中议会的变化。大革命初期的议会，是英国式的。到国民公会——公安委员会时期，国民公会集立法权和行政权于一身，它是古罗马式的、由代表组成的直接民主机构了。

达到这一步，通过了恐怖主义。那是真正革命的，和当时死气沉沉的英国议会来比较，尤其如此。不过，国民议会时代，其实为拿破仑皇帝铺平了道路。也许应该说，是巴拉斯的反动，而不是革命的国民公会给拿破仑效了劳。不过，我们也可效法鲁迅"娜拉走后怎么样"的口吻，问一下，罗伯斯庇尔不死，而且彻底胜利了以后怎样？也许，答案是罗伯斯庇尔自己会变成拿破仑。不过这个拿破仑也许不会称帝，不会打算建立一个世袭的皇朝。也许，区别只不过是这一点点。这种区别在现代看来，无关重要。希特勒说过，皇帝（红胡子腓特烈）建立第一帝国，宰相（俾斯麦）建立第二帝国，士兵（他自己自称为社会主义者，不过是国家社会主义。戈培尔曾经是一个地道的马克思主义者）建立第三帝国云云。

（五）直接民主是复古，事实证明直接民主行不通

其实，1789 年议会转为国民公会是复古。马克思说过，历史总要出现两次，第二次是讽刺剧。法国大革命时代的风尚是要复共和罗马之古，亦即复直接民主之古。《法兰西内战》倡导直接民主，一方面是要消灭异化，一方面也是复古——复公民大会之古，也是复共和罗马之古。如果用一种客观的批判的眼光来读《法兰西内战》，为"新法兰西政制"描绘一幅图画，你会看到：

1. 它主张，法国各城市都组成巴黎公社式的公社。一切城市公社，都是直接民主，决非代议政治的。乡村怎么办，说得很含糊。直接民主，当然不存在执政党和反对党。那么像 1870 年的公社内部，也存在过政策互有区别的政派，它们相互关系如何？是不是也像罗伯斯庇尔一样，反对派都归入反革命派，加以消灭？

2. 它主张，共和国是各公社的自由联合体。共和国要不要一个中央政府？如果要，今天我们聚讼不休的条条块块问题如何解决？《法兰西内战》显然主张彻底的"块块主义"。那么"块块之间"的关系如何处理？尤其如果彻底消灭私有制，"块块之间"的产品交换怎么办？按《反杜林论》，块块之间的交换决不可以通过货币，那么通过什么？

3. 《法兰西内战》主张，自大革命以来，历经两个拿破仑皇朝建立起来的官僚机构要彻底打烂（今天人们对于"彻底打烂旧政权机构"的意思，作了彻底的歪曲），要恢复雅典时代的简直没有行政机构的做法。你想想，行吗？

4. 取消常备军。这事实上是恢复雅典和共和罗马的、民兵的、公民的军队。行吗？这个主张，现在苏联和我国，只在"民警"这个词上留下了痕迹。可是，"民警"，难道是马克思的不领饷、轮流义务服役的民兵的原意吗？

现在人们读《法兰西内战》，对《法兰西内战》究竟说了些什么，历史渊源如何，并不去深究，甚至一概不知道。至于拿它跟现实生活对照一下，用批判的眼光来观察它究竟行不行得通，当然更是无从谈起了。

（六）考茨基的争论

考茨基说，当代行得通的民主，只能是保留行政机关（亦即保留官僚机构）实行代议政治，还要让反对派存在。考茨基是和平过渡论者，他的和平过渡论，事实上给希特勒准备了第三帝国。他错了。列宁强调直接民主的无产阶级专政，夺取了政权，扫荡了沙皇政治的污泥浊水，他对了。他对考茨基之间的区别，是无畏的革命和胆怯和庸人之间的区别，这是无疑的。问题还在"娜拉走后怎样"。列宁相信直接民主，他甚至有充分的勇气，在布列斯特和约订立之后，解散了全部军队，用赤卫队（亦即公民的民兵的军队）代替常备军。他说，"机关"，不过是会计和打字员，可以由无特权的雇员组成；他说，群众的统计监督可以代替企业管理和政府阁部。列宁的计划委员会是由技术专家组成的，它不是什么经济管理机构。实行的结果是：苏联的军队是全世界最大的一支职业军队；它的官僚机构是中国以外最庞大的机构；捷尔任斯基的契卡成了贝利亚的内务部；以工厂苏维埃和农村苏维埃为基层的直接民主制，列宁生前已被工厂的一长制所代替；一切权力归苏维埃嬗变为一切权力属于党，再而变为一切权力属于斯大林。

（七）一段美国史

饶有趣味的美国开国以后的一段历史。华盛顿是一个大地主，只因为大陆会议实在没有别人可以带兵，他才成了总司令，而战争确实也是艰苦卓绝的。英军打败了，康华利投降了，华盛顿部下的将领，还有他部下的一个政治家，汉密尔顿要拥戴他为国王，华盛顿坚决拒绝，为了表示决心，他干脆离开了军队。华盛顿当总统只当了两任，第三任就拒绝参加竞选。后来的几任总统，亚丹姆斯、杰弗逊都有名望，尤其是杰弗逊，罗素还立了一个专门名词，叫做杰弗逊民主主义，一种全力扶植独立小农场主（我们称做自耕农，后来的《宅法》规定，国家以低价卖给每户3600亩土地）的民主主义。那位主张王制的汉密尔顿也没有被杀头。他违反潮流，没有当上总统，不过成了"联邦党"的创始人。

联邦党着眼于发展海外贸易，反对袒护穷人的民主主义，有严重的贵族倾向。不过他的联邦党，和主流的党对峙，成为美国后来两党制的基础。所以，美国独立战争时期大陆会议中的主要角色，都在政治舞台上露了一手。以此来比喻1917年，那就是斯大林、布哈林、托洛茨基轮流当了总统。并且，联共分成两个党，先后轮流执政。设想一下，这么办，十月革命会被葬送掉吗？我不相信。吹嘘世界革命的托洛茨基上了台，他还得搞五年计划，他还是不会冒什么险用武力输出革命。正相反，因为执政者总有反对派在旁边等着他失败，等着他失却群众的拥戴，等着下次选举时取而代之，随便什么事情不敢做得过分，更不用说把真理过头成为荒谬了，后来苏联发生的一切弊害的大半倒反而是可以避免掉的。当然，唯有美国（这个由新教徒移民组成的国家）才会有华盛顿。华盛顿其人，如果生在俄国（这个专制沙皇，又兼东正教教会首脑的野蛮落后的俄国），即使不成为斯大林，也不可能是华盛顿。

（八）"议会清谈馆"与"党外有党，党内有派"

不说各个国家的历史传统，现在来谈谈对两党的议会政治的一个主要批评："议会清谈馆"。

议会政治必然有我们十分看不惯的地方。议会里有一套"战术"，为了阻挠议案通过，可以有冗长的演说发言，可以有议员互相抛掷墨水瓶，可以动武。通过一项法案时，要"三读"，讨论法律条文时咬文嚼字。无关重要的议案，也按正式的议事程序，可以有演说者对空座侃侃而谈的奇观。选举时会有五花八门的"抬轿子"、请客、地方大亨（杜月笙这一流人物）包办选举等等，当然也少不了大大小小的贿赂。这些都不过是形式。更使某些哲学家看不惯的是，这全套东西表明一个民族没有领袖，缺乏领导，也就是等于没有"主义"。而且，那种咬文嚼字的议会讨论，真叫做庸人气息十足。刚从德国，这个盛行黑格尔主义的德国到达伦敦的恩格斯，就是这样看待英国的。恩格斯也好，马克思也好，其实都是拿破仑第一的崇拜者，而黑格尔则曾称拿破仑是"世界精神"。黑格尔主义其实是哲学化了的基督教，英国的卡莱尔是个英雄崇拜的神秘主义者，恩格斯从他那里获得启发，相信绝对真理的人和狂热的基督教徒一样，都讨厌庸人气息，赞美一天等于二十年的革命风暴，自然要对议会清谈馆深恶痛绝了。何况，把轰轰烈烈的1793年的国民公会和死气沉沉的英国议会对比一下，那种只计较一寸一寸前进和英国精神又算什么呢？

我赞美革命风暴。问题还在于"娜拉走后怎样"？大革命要求铁的纪律，大革命涤荡污泥浊水，不过，新秩序一旦确立，那个革命集团势必要一分为二，"党外有党，党内有派，历来如此"。这时候怎样办呢？按逻辑推论，任何时候，都要一分为二，你总不能用"我吃掉你"来解决啊。用"吃掉你"解决以后，还是会"一分为二"，不断演变下去，势必要像蜻蜓一样把自己吃掉。既然总是要一分为二，干脆采用华盛顿的办法不好吗？——比如说，我设想，不久后若能解决目前"政令不一"的现象，《文汇报》还该办下去，让它形成并代表一个派别。有一个通气孔，有一个吹毛求疵的监督者，总比龚自珍所说的"万马齐喑究可哀"要好一些吧。

至于弊病，哪一种制度都有，十全十美的制度是没有的。这个人世间永远不会绝对完美，我们所能做的，永远不过是"两利相权取其重，两害相权取其轻"，还有，弊害不怕公开骂，骂骂总会好些。

（九）"保护少数派"是两党派的口号

1957年前后，我们这个一党制的国家也响亮过"保护少数派"的口号。其实，这是英国的穆勒说过的话，是地道的两党制口号。少数派所以要保护，是因为它的政纲今天不被通过，今天不合时宜，若干年后，倒会变成时代的潮流。我们这个人间也是螺旋形前进的，看来像走马灯，老转圈，其实一圈过来，向前进了一寸。革命是直接前进，不过，1789—1793年，只占法国近代史约200年的2%。人世间的基调是进化，革命则是进化受到壅塞时的溃决。100年中可以有那么几天，一天等于二十年。要求每天都等于二十年，是要闹笑话的，这种笑话我们经历得够了。

（十）"当家做主"

"领导"，"竞争"战斗的两派变成乒乓球的两方，精神贵族直接民主的口号是人民当家作主。可是，希腊史上留下来的还是一些英雄。"人民当家作主"其实是一句空话。从马克思起，社会主义者在"民主—专政"问题的争论中所要实现的是对人民的"领导"——说得最彻底的是列宁："马克思主义不是自发产生的，是少数人搞出来向群众中灌输的"（不是原文）。其所以和"议会清谈馆"格格不入，是因为那种清谈馆和"领导"概念是大相径庭的。两党制的议会政治的真正意义，是两个都可以执政的政治集团，依靠各自的政纲，在群众中间竞争取得选票。你仔细想想，这是唯一行得通的办法。

我们实际上不可能做到人民当家做主，那一定是无政府。我们要的是不许一个政治集团在其执政期间变成皇帝及其宫廷。怎么办呢？不许一个政治集团把持政权，有别的政治集团和它对峙，谁上台，以取得选票的多少为准。要做到这一点，当然要有一个有关政党、选举的宪法，好使两个集团根据一套比赛规则（宪法、选举法）变成球赛的两方，谁胜，谁"坐庄"。我们不是有过武斗的两派吗？现在这两派还在互不服气。这简直成了社会不安定的根源。使武斗的两派服从民主规则来竞赛，祸乱的因素就可变成进步的动力。轮流坐庄就是轮流当少数派。轮流着来，走马灯——螺旋就转得起来了。甚至两个党政纲没有差别也是好的。大将军艾森豪威尔不仅没有成为皇帝，还痛切地指出了美国有一种军界——工业界膨大的威胁。当然，这样一定会产生一种职业政治家的精神贵族。不过这又有什么可怕的呢？像我们这个农民占80%的国家，不仅现在的政治家（不论他原是工人出身的）是精神贵族，科学家、工程师是精神贵族，中学教师也是精神贵族呢。要解决这个问题，唯一的办法是培养更多的贵族，"贵族"多如过江之鲫，他们自然就贵不起来了。陈毅说过，日内瓦会议时他受到了各国外长的特殊的尊敬，因为那些外长，只当一任，下台就是平民，哪里有一个元帅的威风。那个发表了白皮书的艾奇逊现在在当教授，费正清其实是基辛格的老师。

美国工人子弟上大学的比例越来越多。唯其多，美国现在倒有一种强烈的呼声：美国社会上有一些底层的集团，子女受不到足够的教育，成不了科学技术日趋发达的社会中的有销路的劳动力。天天在反对精神贵族的中国，那些贵族们下乡两年回来以后，他们的贵族气味打掉一点没有？而现在高叫的是落实政策，其实是照顾贵族。农村里冬天无鞋的孩子们，又提不到议程上来了。我们要的是进步，向后看齐实在是进不了步的。

（十一） 官僚机构和代议政治

官僚机构和代议政治行政机关，亦即官僚机关当然是取消不了的。不过常务的行政机关应该稳定，要换班的只是政务官。这一点其实已经无须解释了。行政事务本身是复杂的专门行业，政党所争论的是政策问题。其实，在政党政治下面，部长和司长、科长的关系也不是像现在那样的"领导"关系。常务次长和司长干他们的日常性的专门性的行政工作，他们可以为这种政策服务，也可以为那种政策服务。社会日趋复杂，国家机关不能没有，打烂（其实是取消）国家机器是办不到的。不过，唯一有了真正的议会，不仅政策受到监督，日常行政也可以受到监督。你别看清谈馆的议会，我们的代表大会中，章乃器对预算提一个问题，财政部还忙了几天呢。眼睛愈多，无法无天的事情愈可以减少。

（十二） 李自成、洪秀全和 1957 年

你说到李自成和洪秀全。何必设想他们如果胜利怎样呢？朱元璋不是一个李自成吗？农民造反，没有知识分子成不了事，而刘基、宋廉、牛金星、李岩这一类人，除四书五经、廿四史以外还能读到什么？不按照老一套，他们能够建立一个有效的政权吗？萧何是秦吏，西汉的法制全套照搬商鞅、李斯那一套，正因为如此，汉武帝才做成了第二秦始皇，拓疆千里。洪秀全已经沾到一点西方味儿了，可是他只搬来了令中国士大夫十分讨厌的"天父天兄"，其他一切都是皇朝旧制。太平军中开始还有点军事共产主义的味道，可是天朝田亩制度只是一纸空文。那

种军事共产主义的东西，在朱元璋军中也有（朱元璋靠"明教"起家，明教是波斯传来的祆教的中国版），当了皇帝以后，在史籍中把这一套涂抹得只剩下一点影子了。所以"思想要靠灌输"，一点也不错。"枪杆子、笔杆子，靠这两杆"，一点也不错。五四的事业要有志之士来继承。民主，不能靠恩赐，民主是争来的。要有笔杆子，要有用鲜血做墨水的笔杆子。

三 郑谦:《 "文化大革命" 的巴黎公社情结》[①]

[摘要] 本文从叙述 "文化大革命" 中对巴黎公社、《法兰西内战》的学习、宣传和实践入手,分析了这一活动的阶段划分、上层宣传和民众诉求的异同,以及主观愿望与实践结果的巨大矛盾。本文认为,"文化大革命" 的巴黎公社情结不是偶然和孤立的现象,它是中国现代化进程中一些深层问题的反映。它所反映出的一些问题是我们今天所必须注意的。

中国人民和中国共产党始终对 1871 年法国巴黎公社怀有深深的敬意。公社的首创精神为我们所景仰,公社对未来社会的设想使我们神往,公社社员为事业慷慨赴死的牺牲精神使我们热血沸腾。马克思的《法兰西内战》对公社经验的科学总结和对无产阶级革命规律的科学预见使我们折服。党中央几次把它作为党员特别是党的领导干部必读的经典著作之一。新中国成立以来,党内外曾出现过几次比较集中地学习《法兰西内战》和巴黎公社经验的活动。但这种学习实践的高潮,却是在 "文化大革命" 中。

(一) "文化大革命" 前对巴黎公社经验的宣传

"文化大革命" 前,对巴黎公社和《法兰西内战》的宣传、学习,比较突出的有两个时期:一是 1958 年,一是 20 世纪 60 年代上半期。1958 年的人民公社化运动中,毛泽东曾把人民公社与巴黎公社相提并论,认为巴黎公社是世界上第一个公社,遂平的卫星公社是第二个公社。(武力、郑有贵主编《解决 "三农" 问题之路》,中国经济出版社,2004 年,第 429 页) 当年 10 月,张春桥在《破除资产阶级的法权思想》一文中,引用了《法兰西内战》中有关巴黎公社分配原则的几段著名论述,批评 "片面地强调 '物质利益' 原则",批判 "资产阶级的

---

① 该文选自《中共党史研究》2010 年第 2 期。

法权"和"资产阶级的不平等的等级制度"。(《人民日报》1958年10月13日)1959年有关报刊发表的纪念巴黎公社的文章,则是从正确对待群众运动的角度阐述巴黎公社的意义,意在要求人们正确对待"大跃进"等运动。

60年代上半期,对巴黎公社和《法兰西内战》的宣传、学习主要围绕着与苏联"修正主义"的论战。强调的重点,一是暴力革命的必要性、普遍性,以反对苏联等国家共产党的"和平过渡"、"和平共处";(《红旗》杂志编辑部:《列宁主义万岁——纪念列宁诞生九十周年》,《人民日报》1960年4月20日)二是强调无产阶级专政的必要性,批判苏共的"全民国家"、"全民党";三是强调其反对官僚特权的举措及意义,批评苏联等国扩大收入差距、放任官僚特权和高薪阶层。(《关于赫鲁晓夫的假共产主义及其在世界历史上的教训》,《人民日报》1964年7月14日)当时这些宣传和学习,都曾在社会上产生过一些影响,但与"文化大革命"期间相比,则显得有些微不足道了。

(二)"文化大革命"中报刊对巴黎公社经验的宣传

"文化大革命"从一开始起,就高举着猎猎作响的巴黎公社旗帜。1966年6月1日,毛泽东把北京大学聂元梓等人的那张大字报称为"二十世纪六十年代的北京人民公社宣言"。(《论无产阶级革命派的夺权斗争》,《红旗》1967年第3期)"文化大革命"十年中,对巴黎公社的向往与追求一直未曾中断——尽管这往往建立在基本错误的理解和解释的基础上。

在这十年中,就报刊舆论来说,这种宣传大体可分为三个阶段。

第一阶段:从"文化大革命"发动到1966年底。这是对巴黎公社精神宣传最为集中和狂热的一个时期,宣传的重点是巴黎公社的直接(全面)选举制和首创精神,意在为当时的"大民主"、"四大"(即大鸣、大放、大字报、大辩论)寻找理论和历史根据,为脱离党的领导从体制外造反提供合法性依据。

"文化大革命"是基于对党和国家阶级斗争形势的严重错误估计和

对中共一线领导的严重不满而发动的，所以一开始就采取了非常规的、绕开党的各级组织的群众造反方式，用一种无序参与的、类似直接民主的"大民主"方法直接依靠和诉诸群众，从体制外冲击原有体制。"无产阶级文化大革命，只能是群众自己解放自己，不能采用任何包办代替的办法"，(《中国共产党中央委员会关于无产阶级文化大革命的决定》，《人民日报》1966年8月9日)"要把束缚群众手脚的旧机构、旧纪律、旧制度打乱"。为达到这一目的，巴黎公社直接选举、直接参与的经验得到了高度评价和广泛宣传。也正是在这种意义上，毛泽东又说："北大聂元梓等七人的大字报，是二十世纪六十年代的巴黎公社宣言——北京公社。"(《毛泽东在中央常委扩大会议上的讲话》，1966年8月4日，转引自陈东林、杜蒲主编《共和国史记》第3卷上，吉林人民出版社，1996年，第116页)

1966年8月，党的八届十一中全会通过的《中国共产党中央委员会关于无产阶级文化大革命的决定》(即《十六条》)中说："文化革命小组、文化革命委员会和文化革命代表大会是群众在共产党领导下自己教育自己的最好的新组织形式"，"它是无产阶级文化革命的权力机构"。这些机构的成员或代表的产生"要像巴黎公社那样，必须实行全面的选举制"，"如果不称职，经过群众讨论，可以改选、撤换"。对此，《人民日报》专门发表社论解释说：它"贯串着一个基本精神，就是：信任群众，依靠群众，放手发动群众，尊重群众的首创精神。就是说，无产阶级文化大革命，只能是群众自己教育自己，自己解放自己，不能采用任何包办代替的办法"。(《学习十六条，熟悉十六条，运用十六条》，《人民日报》1966年8月13日)几天后，《人民日报》在一篇题为《巴黎公社实行的全面的选举制》的资料中介绍说："巴黎公社实行了全面的选举制。恩格斯说：'为了防止国家和国家机关由社会公仆变为社会主宰'，巴黎公社'把行政、司法和国民教育方面的一切职位交给由普选选出的人担任，而且规定选举者可以随时撤换被选举者。'"(《人民日报》1966年8月15日)

为鼓动"大民主"和造反，煽动无政府主义，对"文化大革命"

作进一步发动，此后的一段时间里，对巴黎公社这一原则的宣传、强调不断升温。1966 年 11 月 3 日，林彪在讲话中说："按照巴黎公社的原则，充分实现人民民主权利。没有这种大民主，不可能发动真正的无产阶级文化大革命"；"这种大民主，是毛主席对马克思列宁主义关于无产阶级革命和无产阶级专政学说的新贡献。"（《在接见全国各地来京革命师生大会上林彪同志的讲话》，《人民日报》1966 年 11 月 4 日）在此前后，《人民日报》等也反复强调："领导文化革命的权力机构，一律按照巴黎公社的原则，实行全面选举制。群众对被选的人员，有随时改选和撤换的权力。"（王力、贾一学、李鑫：《无产阶级专政和无产阶级文化大革命》，《人民日报》1966 年 12 月 14 日）工矿企业中的"文化革命委员会"等组织代表的产生，"不能由上面指定，不能背后操纵，而必须按照巴黎公社的原则，实行全面的选举制，经过群众充分酝酿，反复讨论，认真选举，并且可以随时改选和撤换。"（《迎接工矿企业文化大革命的高潮》，《人民日报》1966 年 12 月 26 日）《人民日报》的另一篇"重头"文章把问题说得更为明确："在文化大革命中，我们党支持广大革命群众的创造，支持革命群众广泛采用大鸣，大放，大字报，大辩论，大串连这些大民主的形式。党和国家的各项政策，国家机器的各个环节，群众都有权提出批评和建议。各级领导干部，不管他功劳多大，地位多高，资格多老，群众都可以批评。""这种大民主，是群众自己教育自己的最好方法。"（王力、贾一学、李鑫：《无产阶级专政和无产阶级文化大革命》，《人民日报》1966 年 12 月 14 日）诸如此类的号召、宣传给各种造反行为披上了神圣的外衣，当时许多群众造反组织都以"公社"命名，都以摆脱党的领导、"革命造反"、"自己解放自己"自命。伴随着这种宣传，"文化大革命"迅速走向高潮。

　　第二阶段：1967 年初的"全面夺权"阶段。1967 年初，"文化大革命"已发展到"全面夺权"阶段。为给这种荒诞行为制造舆论，对巴黎公社的宣传又突出了《法兰西内战》中总结的"不能利用现成的国家机器"即"打碎旧的国家机器并用新的形式代替它"以及"公社委员是人民公仆"等内容。在 1967 年第 3 期《红旗》杂志社论、指导

"全面夺权"的"纲领性文件"《论无产阶级革命派的夺权斗争》中，引用《法兰西内战》着重论述了三个问题：一是在夺权斗争中，不能和平过渡，必须实行马克思主义的打碎旧的国家机器的原则。马克思在总结巴黎公社的经验时指出，无产阶级决不能接受资产阶级的现成的国家机器，而必须把它彻底打碎。二是要创造无产阶级专政国家机构的新的组织形式。社论说，1966年6月1日毛泽东把北京大学聂元梓等人的大字报称作"北京人民公社宣言"时，"就英明地天才地预见到我们的国家机构，将出现崭新的形式"。三是"要尊重群众的首创精神，大胆地采取在群众运动中涌现的具有生命力的新形式，来代替剥削阶级的旧东西"。社论说，这种夺权运动"在国际无产阶级革命的历史上，在国际无产阶级专政的历史上，开创了新纪元，它将大大地丰富和发展巴黎公社的经验"，"大大地丰富和发展马克思列宁主义"。在《人民日报》对此发表的报道中称：决不能把"走资派""对我们实行资产阶级专政的机构现成地接受过来，决不搞改良主义与和平过渡，一定要把它彻底打碎"；毛主席"把建设巴黎公社式的崭新社会的历史任务交给了我们革命造反派"；新成立的权力机构"要按照巴黎公社的原则实行全面选举"，等等。（《人民日报》1967年2月3日）

1967年初上海造反派酝酿夺权时，起草"夺权宣言"的执笔者以毛泽东对聂元梓等人大字报的评价和马克思的《法兰西内战》为依据，提出要把巴黎公社的革命精神写进上海的夺权宣言，主张"彻底砸烂旧的国家机器"，"公社委员由群众直接推选"，"公社委员是人民公仆，工资收入不得超过普通工人"，等等。2月5日，上海人民公社宣告成立当日发表的《上海人民公社宣言》中称：它"是二十世纪六十年代在毛泽东思想指导下无产阶级专政条件下产生的崭新的地方国家机构"；其领导成员"是由革命群众按照巴黎公社原则选举产生"等等。它甚至也像1871年巴黎公社那样宣告："一切权力归上海人民公社"。（《解放日报》1967年2月5日）

巴黎公社不仅为"大破"即"全面夺权"提供了依据，而且为"大立"即"新政权"的建设指明了方向。当时的一些工厂按照巴黎公社的选举方式，建立了小组、车间、科室的"革命生产委员会"，其委员"一律称为服务员"，如"政治服务员、生产服务员、工会服务员等"，"彻底废除过去的什么'长'之类的职称"；凡是不称职的人，群众有权随时罢免或撤换。这样，就最充分地、最有效地发扬和保证实行无产阶级大民主。（《人民日报》1967年1月23日）在此后成立的中央各部、各省市革委会中，一般都取消了部、局（司）、处等设置，而代之以各种级别的小组，如政工组、宣传组、生产组等等。更有一些造反派组织为了保持自己组织的"纯洁性"，声称"一个当官的也不要"，"连一个科长也没有"。"一个市委机关总部向国务院发了一个通令，要求取消一切'长'"。（参见陈丕显《在"一月风暴"的中心》，上海人民出版社，2005年，第159页；另见张春桥《1967年2月24日在上海的讲话》）姚文元在给中央的一份简报中说，在上海夺权中，"把过去的部长、局长、处长、科长……庞大的官僚机构，一扫而光。这就使革命大大推进一步"。（1967年1月20日姚文元起草的《上海工作简报》转引自霞飞《"文革"中的"革命委员会"小史》，《党史天地》2008年第5期）

第三阶段：1968年至1976年。在这个阶段，报刊对巴黎公社宣传的数量已不如前两个阶段，其侧重点，一是根据运动发展的需要不断对公社经验附加一些新内容；一是重复"文化大革命"以前学习、宣传的一些内容。

例如：要求领导干部学习巴黎公社经验，不要利用职权去谋私利、搞特殊化，在各个方面纠正不正之风，促进领导班子思想革命化，"防止国家和国家机关由社会公仆变为社会主人"。（陆淦华：《永远保持工人阶级的本色》，《人民日报》1973年10月16日）用五七干校等形式教育干部，坚持干部参加集体生产劳动的制度，改造国家机关。（《五·七干校是社会主义时期的新型干部学校》，《人民日报》1973年11月24日）无产阶级国家政权要把"特权制、'长官制'的残余铲除干净"。干部要当好"社会公仆"，自觉限制资产阶级法权，把自己置于人民群众的监督之下，不要高居于群众之上，做官当老爷，这是在无产阶级专政下继续革命的一个重要组成部分。(参见《全心全意为人民服务》,《人民日报》1975 年 5 月 6 日、《限制资产阶级法权是无产阶级专政的历史任务》,《人民日报》1975 年 4 月 8 日、《在下放劳动中重新学习》,《人民日报》1974 年 10 月 6 日等)

1973 年底,一个"走后门"上大学的工农兵学员在其《退学申请报告》中,联系马克思有关巴黎公社取消国家官吏的一切特权使社会公职不再是官吏私有物的论述,对干部子弟的特权提出批评。

1975 年学习无产阶级专政理论运动后,提出:"巴黎公社成立以后,对内采取的重要革命措施之一,就是取消高薪,禁止兼薪,废除特权,缩小工资差别,并通过了取消将军军衔的决议。这些防止国家和国家机关由社会公仆变为社会主人的措施,就是对资产阶级法权的一种限制。"(黎新:《领导干部要自觉限制资产阶级法权》,《红旗》1976 年第 7 期)

"文化大革命"后期,面对广大干部群众中日益发展的不满情绪,又要求群众用马克思、恩格斯、列宁高度评价、热情支持巴黎公社首创精神的态度,对待"文化大革命"中的各种"新生事物",批判否定"文化大革命"、不满社会主义"新生事物"的"右倾翻案风"。(参见《批林批孔推动教育革命深入发展》,《人民日报》1974 年 4 月 13 日、《社会主义新生事物在斗争中成长》,《人民日报》1974 年 5 月 6 日、《反修防修的伟大革命》,《人民日报》1975 年 12 月 9 日等)

此外,在 1971 年纪念巴黎公社 100 周年的重要文章中,再次展开了对"苏修""和平过渡"等的严厉批判,重申暴力革命对推翻资本主义的普遍意义。

还有一种情况,虽然没有出现巴黎公社的字样,但在其具体实践中,却经常体现出对公社经验的简单模仿和照搬。如在革委会中除把部、局、处等改为组或小组外,还提出酝酿废除级别的问题;(参见陈东林、杜蒲主编《共和国史记》第 3 卷上,第 314 页)在革委会领导机构中要有群众代表参加,而这些代表只能拿原工资或工分;"工人阶级必须领导一切",干部下放、知青下乡,工农兵学员上大学、管大学和改造大学;在工厂里批判"专家治厂",取消联产计酬、计件工资、奖金制度,撤销原有的业务科室,建立"无产阶级政治挂帅,人人负责"的"新制度";(《改革不合理的规章制度是一场革命——北京市北郊木材厂的调查报告》,《红旗》1969年第6期、第7期合刊)在农村由"贫下中农管理学校;干部与工人群众画等号,知识分子与工农群众画等号",如此等等。总之,"文化大革命"中的许多活动似乎都闪耀着巴黎公社"民主"、"平等"、"公正"的光芒,而当时许多号称最革命的"新生事物",似乎也只是重复100年前公社的实验。

(三)群众的反响与诉求

"文化大革命"初期,广大群众对高层的"路线斗争"知之甚少,而毛泽东对官僚主义一以贯之的激烈批判却在他们中间产生了一些影响和共鸣。从个人的社会体验出发,循着中苏论战中对苏联特权阶层揭露、批判的思路,按照毛泽东对官僚主义等的尖锐批评,他们更侧重从"官僚主义"、"特权阶层"等方面去理解"走资派"这个概念,更多的是通过巴黎公社这个中介来了解"文化大革命"的目的和意义,因而热烈憧憬着用公社模式革新社会主义制度。北京大学的一位教师在回忆运动初期的心态时说:"当时还广泛宣传巴黎公社原则,这就意味着党和国家领导人的工资不得超过技术工人最高工资,意味着全民选举、人民平等。我们都想,如果国家真能这样,在这新生命出现的阵痛中,个人受点苦,甚至付出生命,又算得了什么?"(乐黛云:《四院 沙滩 未名湖》,北京大学出版社,2008年,第48页)当时,持此认识的知识分子当不在少数。

《十六条》的公布使各种红卫兵组织大受鼓舞。他们把"全面选举"、"自己解放自己"等同于摆脱党组织、工作组和不受任何约束的造反,纷纷宣布要"实行巴黎公社的大民主",要求"尊重群众的首创精神"。(《北京地质学院东方红公社宣言》,1966年8月17日)"实行巴黎公社式的全面选举"(《首都大专院校红卫兵代表大会宣言》,1967年2月22日)断言"今天是工农兵群众直接走上政治、军事、经济、文化舞台的时代，时代要求我们进一步消除资产阶级法权残余，铲除产生官老爷的社会基础，使每一个干部都成为焦裕禄式的真正的普通国家工作人员"；"毛主席撤走了工作组，给予人民群众自己教育自己、自己解放自己、自己闹革命的权力"。（北航红卫兵八一野战兵团：《无产阶级大民主万岁》，1966 年 12 月 12 日）

　　在造反高潮中，一些激进、敏感的青年学生又有了新的感悟。面对运动中揭发出来的一些干部特殊化问题，这些在红旗下长大、长期受正面教育的青年，根据对苏联特权阶层的批判和对巴黎公社的宣传，把报刊对巴黎公社的解释又向前推进一步。1966 年 10 月，一份题为《公社已不是原来意义上的国家了》的大字报提出：我们现在的制度是从资产阶级那里来的组织形式，是一个没有资产阶级的资产阶级国家。这仍然是产生资产阶级、修正主义、官僚主义的温床和社会条件。这种组织形式不能再继续下去了。因此，要实现巴黎公社的原则：一是官吏的工资不能超过熟练工人的工资，二是人民有权随时罢免官吏。总之，人民需要一个廉价的、廉洁的政府。"文化革命的目的就是要实现巴黎公社的原则"，要"革新社会主义制度，改善无产阶级专政"。大字报最后激情满怀地欢呼："共产主义航船的桅杆已经露出地平线了，让我们高举双手迎接它吧！"（李文博：《公社已不是原来意义上的国家了》1966 年 10 月 17 日）

　　同月，另一份大字报说，解放后 17 年中阶级关系发生变动，以前地主、资本家是剥削阶级，现在压迫和剥削人民的是特权阶层。（1966 年 10 月中国科技大学"红炮班"：《毛主席的无产阶级斗争哲学万岁》。参见印红标《失踪者的足迹》，香港中文大学出版社，2009 年，第 91—92 页）在他们看来，"文化大革命"就是"通过对干部的批判，避免走上跟苏联同样的道路，具体的办法就是革新社会主义制度，实行巴黎公社式的民主制度，使群众可以批评和随时罢免不称职的干部"。（参见印红标《失踪者的足迹》第 96 页）

　　1966 年 11 月 15 日的一份大字报称："党和政府组织形式需极大的改变，17 年前建立的人民民主专政的中华人民共和国已经陈旧，极需创造出一个适合中国历史特点的、世界上从来没有的国家机器。"（伊林·涤西：《给林彪同志的一封公开信》，1966 年 11 月 15 日。转引自陈东林、杜蒲主编《共和国史记》第 3 卷上第 154 页）他们认定"代表'中国'的东方公社的光芒已经射露东方的地平线了"。

1967 年"全面夺权"后，毛泽东已部分放弃了直接按巴黎公社原则建设革委会的设想，但一些自称极左派的青年及其组织却不愿停步，越走越远。他们认为：中国也出现了一个特权阶层，这"标志着部分的生产关系变质"。（湖南省无产阶级革命派大联合委员会：《我们的纲领》，1967 年 12 月）"现在 90% 的高干已经形成了一个独特的阶级"（杨曦光：《中国向何处去？》1968 年 1 月）；"一月风暴"中被推翻的阶级就是这 17 年来在中国形成的"官僚主义者阶级"。他们因此热烈地歌颂"一月革命风暴使政权在一个短时期内由官僚们手中转到了热情澎湃的工人阶级手中"。工人们第一次感觉到"不是国家管理我们，而是我们管理国家"，"第一次感觉得为自己而生产，干劲从来没有这么大，主人翁的责任感从来没有这么强"。"实际上没有了官僚和官僚机构，生产力得到了很大解放"。"文化大革命"与当年推翻旧政权一样，"是'一个阶级推翻另一个阶级的暴烈的行动'，这就是无产阶级革命派推翻新生的腐朽的资产阶级特权阶层，砸烂为资产阶级特权服务的旧的国家机器"。（湖南省无产阶级革命派大联合委员会：《我们的纲领》1967 年 12 月）"引起无产阶级文化大革命的基本社会矛盾是新的官僚资产阶级的统治和人民大众的矛盾，这个矛盾的发展和尖锐化就决定了社会需要一个较彻底的变动，这就是推翻新的官僚资产阶级的统治，彻底砸烂旧的国家机器，实现社会革命，实现财产和权力的再分配——建立类似巴黎公社的没有官僚的新社会——'中华人民公社'"，"这也就是第一次文化大革命的根本纲领和终极目的"。第一次"文化大革命"的最后结果，是中国将向"中华人民公社"的方向去。（杨曦光：《中国向何处去？》，1968 年 1 月。《试看明日之中国，必然是"公社"的天下。》原载于《广印红旗》1968 年 3 月）

1968 年 1 月，湖北一个极左派组织声称："文化大革命""将要向世界和历史宣布一个划时代的社会产物——北京人民公社"。他们的奋斗目标是："巩固革命委员会，并使之过渡到巴黎公社式的崭新国家机器——武汉人民公社。"（转引自印红标：《失踪者的足迹》第 116 页）

这些在 1967 年至 1968 年间出现的极左派及其"新思潮"，尽管地点、时间和代表人物不同，却有一个共同特点，即直接用巴黎公社原则作为衡量"全面夺权"后建立的"新政权"的标准。据此，他们认为，夺权并不意味着革命的终结，因为革委会并未完全实现巴黎公社的民主原则，只是过渡到公社之前的临时的权力机构。"一月革命风暴"告诉人们中国要向着一个没有官僚的社会去。（参见《扬子江评论》第 11 期、第 12 期合刊，1968 年 6 月 20 日）如果把革委会的建立当成运动的最终目的，中国仍然不能避免走苏联修正主义的道路（杨曦光：《中国向何处去?》，1968 年 1 月）。他们甚至认为，革委会的领导权已被资产阶级篡夺，"新政权"仍然是旧官僚在里面起作用，成为资产阶级改良主义的产物，所以还要进行再夺权，甚至要"武装夺权"，以重建巴黎公社式的政权。极左派的这些极端主张理所当然地受到中央的严厉批评，认为其实质不仅反对"文化大革命"，而且反对整个社会主义制度，是要重新建党、建军。（参见李振祥：《47 军在湖南三支两军纪实》，2004 年 4 月，第 108、106 页）

1969 年后，"文化大革命"高潮已经过去，前期的狂热和激情已开始冷却，人们又回到现实中来，一些群众对公社经验的理解也有所变化，其重点又回到 1966 年以前的状态。他们在反思中淡化了公社经验中"砸碎旧的国家机器"一类的认识，重新强调公社对于反对官僚特权的意义。他们依据毛泽东有关特权阶层、"官僚主义者阶级"的理论，认为"走资派"就是特权阶层而不是一个政治派别，因而"文化大革命"只是一场社会斗争而不是党内权力斗争。当一些学生看到德热拉斯的《新阶级》后，"感到十分兴奋，感到顿开茅塞"（参见《中国新闻周刊》2008 年第 29 期），认为这与毛泽东的"走资派"理论十分相似，而"文化大革命"就是要打倒这些因特权而走上资本主义道路的当权派。还有一些人已开始用巴黎公社经验质疑"文化大革命"本身："三面红旗"、"文化大革命"、知青下放、教育革命等的提出，全国人民事先对这些运动没有进行必要的讨论、参加意见。人民心中无数，不理解、不明确。（参见《位卑未敢忘忧国》，湖南人民出版社，1989 年，第 382—399 页）这也就是说，"文化大革命"这样的"大民主"本身就是背离民主发动起来的。

（四）令人失望的结局

"文化大革命"照搬巴黎公社经验，曲解《法兰西内战》的理论，很快就使自己陷入了尴尬之中。运动初期对"自己解放自己"、"大民主"、"革命造反"之类的狂热宣传，引起激进的造反派对整个无产阶级专政和社会主义制度的怀疑，因而提出"彻底改善无产阶级专政"一类的口号，所以 1967 年下半年后，不得不大大减少对"自己解放自己"之类口号的宣传。"全面夺权"大大鼓舞了各种形式的无政府主义和极端思潮，造成"天下大乱"的局面，所以在号召夺权的同时，中央报刊又要求"自觉遵守无产阶级的革命纪律"，反对极端民主化、无政府主义和自由主义等，既要"实行最广泛的民主，也要实行最高度的集中"。与发动运动时强调"大民主"不同，此时强调的是要记取"巴黎公社把权威运用得太少的教训"。（《论无产阶级的革命纪律和革命权威》，《人民日报》1967 年 2 月 4 日）"恩格斯在总结巴黎公社的经验教训时，非常强调了行使无产阶级革命权威的必要性和重要性"。（《打倒无政府主义!》，《人民日报》1967 年 3 月 1 日）在一段时间里，为控制"天下大乱"局面，又不得不以"三支两军"的形式，让最权威的力量——军队——介入地方运动。

革委会基本建立后，"文化大革命"初期"大民主"之类说法已很少再被提及，代之而来的是集中、权威、纪律、群众组织停止活动等等，我国的政治体制大体又回到"文化大革命"以前的状态，只是集中程度更高。革委会并没有给人们带来它所许诺的那些民主、平等、公平、廉洁和高效，相反，借助阶级斗争扩大化对社会主义民主、法制的摧残，官僚主义、特权、"走后门"等不正之风更加肆无忌惮、日甚一

331

日、难以遏制。

1972 年底，福建省莆田县一位乡村小学教师上书毛泽东，反映他们那里"当今社会走后门成风，任人唯亲"，而他则"呼天不应，叫地不灵"。（参见《位卑未敢忘忧国》第 174 页）1974 年 11 月，广州街头的一张大字报认为，"文化大革命""并没有使人民群众牢牢掌握广泛的人民民主的武器"，虽然运动已进行了 8 年，但仍在产生新的资产阶级。某些领导者将党和人民给予的必要特殊照顾膨胀起来，变为政治和经济的特权，并无限地触及家庭、亲友乃至实行特权的交换，通过"走后门"之类的渠道完成其子弟在政治、经济上实际的世袭地位，扶植起一批特殊于人民利益并与人民利益相对立的"新贵"集团和势力来，由"人民公仆"转变为"人民的主人"。（参见《位卑未敢忘忧国》第 232 页）1974 年至 1975 年间，南京的一份题为《反对特权》（此大字报原名为《为实现巴黎公社式民主而奋斗》）的大字报认为："文化大革命"并没有解决修正主义赖以产生的特权制度问题。（参见印红标《失踪者的足迹》第 415—418 页）毛泽东对民间呼声所反映的社会现实也有所察觉。1973 年 4 月，他在给福建那位小学教师的复信中承认"全国此类事甚多"（《建国以来毛泽东文稿》第 13 册，中央文献出版社，1998 年，第 349 页）。这种坦率的回答，在一定程度上也反映了他对理想没能实现的失望和对现实的无奈。

到后来，公社的经验已经被"四人帮"实用主义地变成愚弄群众的工具。为建立一支自己可以掌握的武装，他们论证说："普遍武装工人阶级，是巴黎公社的一条极为重要的历史经验，是一个伟大的革命创举，它在今天仍然具有重大的现实意义。"（《巴黎公社与工人武装》，《学习与批判》1973 年第 1 期，第 38 页）1976 年 10 月，当"四人帮"在上海的党羽得知江青等人已被控制时，竟然准备举行暴动，叫嚣"打一个礼拜不行，打它三天五天也好，就像巴黎公社一样"。

到 1976 年，"文化大革命"初期那种巴黎公社式的民主激情已杳如黄鹤，当时似乎伸手可及的平等、公正也恍若隔世，人们对公社理想的热切憧憬和追求也如明日黄花。所以，尽管当时官僚、特权之类现象更甚于前，群众的不满情绪也已溢于言表，但希望借助巴黎公社方式解决问题的呼声也已大不如前。这一则是由于"文化大革命"败坏了巴黎公社的声誉，一则是由于人们经过反思已经多少认识到，照搬100年前外国的经验无助于解决中国的问题。

在这些反思者中，既有"书生意气、挥斥方遒"的热血青年，也有历尽沧桑、不懈探索的理论家。在动乱中，顾准，一个正在经受种种磨难但又清醒的思想家，一个孤独的先行者，已对教条主义地照搬《法兰西内战》的种种做法提出了中肯的批评。他以渊博的学识和敏锐的目光指出，直接民主的概念，其实是西方文明的产物，雅典是直接民主的原型。《法兰西内战》中的公社制，是西方文明的产物，是城市的政治组织形式。历史上直接民主只存在于"城邦"中，在现代广土众民的民族国家里实行直接民主是不现实的。（《顾准文集》，中国市场出版社，2007年，第242、244、253、159页）马克思对资产阶级清谈馆式的议会深感厌恶，十分向往雅典民主。然而，行政机关是取消不了的。社会日趋复杂，国家机关不能没有，打烂（其实是取消）国家机器是办不到的。对于几代共产主义者对巴黎公社分配原则的向往，顾准说："要克服异化而又反对僧院共产主义、斯巴达平等主义，这是非常非常高的理想，是一种只能在人类世世代代的斗争中无穷无尽的试验与反复中逐步接近的理想。马克思的学生中未必有几个人能够懂得这一点。"（《顾准文集》，第252、159页）

（五）对"文化大革命"中巴黎公社情结的反思

"文化大革命"的巴黎公社情结不是偶然的，也不是孤立的。例如，1968年5月轰动世界的巴黎"五月风暴"中，学生就曾高举着"再造一个巴黎公社"的旗帜。它是当代世界现代化进程中一些深层矛盾在中国的一种特殊表现形式。它向我们提出了在中国走向现代化的过程中，必须注意的几个问题。

（1）如何破解"世纪难题"

近代以来，任何一种现代化模式都存在其结构性矛盾，因而在推动现代化发展的同时，又为各自的深层矛盾所困扰，并通过调整和改革，不断解决这些矛盾。从一定意义上说，"文化大革命"的巴黎公社情结就是对传统模式社会主义国家这种结构性矛盾的一种反应。

如果只是从国内因素看，"文化大革命"（特别是其初期）的巴黎公社热是基于对公社内在的两重因素及其解释促成的：一是反对官僚主义，一是反对"走资派"。从国际方面的因素看，当时对巴黎公社的大力宣传主要是为了反对苏共等的"和平过渡"、"议会道路"等，强调暴力革命、"砸碎旧的国家机器"的普遍意义。这两个问题及其解决方法的提出，都与传统社会主义结构性矛盾密切相关。

马克思、恩格斯通过对巴黎公社经验的总结，提出了无产阶级政权形式的某些一般特征。例如：这种政权形式不是资产阶级三权分立的议会式的间接民主，而是议行合一的、人民参与管理的直接民主；管理人员不能利用公共权力谋取个人私利，等等。根据这一设想，十月革命前，列宁一直希望把俄国建成巴黎公社式的国家。他在著名的《四月提纲》和《国家与革命》中指出："不要议会制共和国（从工人代表苏维埃回到议会制共和国是倒退了一步），而要从下到上遍及全国的工人、雇农和农民代表苏维埃的共和国"，"废除警察、军队和官吏"，"一切官吏应由选举产生，并且可以随时撤换，他们的薪金不得超过熟练工人的平均工资"。（列宁：《论无产阶级在这次革命中的任务》，《列宁选集》第 3 卷，人民出版社，1995 年，第 15 页）无产阶级在夺取政权后，将打碎旧的国家机器建立自己的国家机关，它由工人和雇员组成，普遍吸收所有的劳动者来参加管理国家，使所有人都能执行监督和监察职能，使所有人暂时变成"官僚"，因而使任何人都不能成为官僚，等等。但十月革命后的实践证明，这种直接民主、议行合一在实践中是行不通的。在其后斯大林时代形成的苏联模式，基本上属于政党、政府主导的赶超型现代化，它为战后大多数社会主义国家所沿用。这种模式特别强调执政党和政府在社会发展中的作用，党政一体、政府主导、计划经济、高度集中、人民的管理变成代表人民的管理、等级授权和服从的经济政治体制、强大的政党与国家权威等是其突出特征。与马克思主义经典作家最初设计相比，现实社会主义的实践已出现很大的差别。由于政府过多地干预经济，这种体制在带来高速发展时所造成的强政府、弱社会，削弱了人民对公共事务的管理和个人权利，发展着滋生官僚主义、特权的条件（在这里，官僚主义显然不是一个准确的概念，严格地说这是一种体制而不是一种作风。但从行文需要出发，此处还沿用此概念）。或者说，传统模式缺乏抑制官僚主义的体制资源。这是依靠高度集中的计划经济和强大的行政力量实施赶超战略的传统社会主义模式发展初期难以逾越的一个阶段，一个难以避免的弊端。正是在这个意义上，毛泽东认为，苏联的政权名义上是全体人民的，但人民并没有管理国家的权利，不能参与对企业的管理，只有少数高级官员说话才算数。苏共所说的工人是主人翁是空的（参见《毛泽东读苏联政治经济学教科书时的谈话》）。诸如此类的观点，在当时国际范围内的左翼思潮中是很有代表性的。时至今日，学者们普遍认为，一个庞大的官僚特权阶层的存在，官本位对整个社会无所不在的影响，是苏联经济、社会停滞的重要原因之一。关于官僚特权阶层的称谓众说纷纭。早期的德热拉斯称之为"新阶级"，之后又有米尔斯、扬诺维奇等称之为"统治精英"，中国 20 世纪六七十年代有"官僚主义者阶级"以至"走资本主义道路的当权派"的说法，布热津斯基、亨廷顿等则认为它与美国的技术统治阶级和权力精英相类似。正是在这样的背景下，毛泽东高度评价巴黎公社的经验，用公社经验更新社会主义的设想一度使人耳目一新。

与马克思主义经典作家对社会主义、共产主义平等、民主、公平、正义的理想相比，与广大人民群众对社会主义民主、平等的强烈预期、诉求相比，传统模式中这种弊端显得尤为突出和不协调，产生或酝酿着众多的社会矛盾。而如果与这种体制弊端并行的还有阶级斗争扩大化，那么两者的危害都会被加倍放大，造成更为严重的社会后果。这不仅是因为用阶级斗争方法认识和反对官僚主义的片面和低效，更因为阶级斗争扩大化必然会更严重地破坏社会民主、必然会更严重地削弱群众对公共权力的监督，因而更助长一种借助扩大化去压制群众、破坏监督的官僚主义。反过来，扩大化又因此获得进一步发展的丰厚土壤。"在反右派斗争扩大化以后，特别是 1959 年庐山会议'反右倾'之后，我们党和国家的政治生活陷入了很不正常的状态。'逢人只说三分话，未可全抛一片心'，成为普遍现象。那个时候，弄虚作假，吹牛夸大，成为一种严重的流行病。"（薄一波：《若干重大决策与事件的回顾》下卷，人民出版社，1997 年，第 1328 页）在这样的氛围中，民主、监督、人民参加管理往往已无从谈起。

理想与现实、理论与实践的矛盾又因中国的特殊国情显得更为突出和尖锐。一般来说，中国长期革命的传统和经验、党对社会主义的理解以及更深层次上中国文化传统的影响，都使中国共产党和人民对社会主义条件下的公正、平等、民主有着更多的关注和期望，因而对社会主义社会中的官僚、特权之类问题更为敏感。新中国成立后，出于对执政党和人民政权建设更自觉、更迫切的考虑，为真正实现人民的主人翁地位，加强党与群众的联系，党中央、毛泽东领导全党对克服党内、政府内的官僚主义倾注了大量心血，颁布和发出过大量指示和号召，发动了一次又一次大规模的群众运动。但由于认识上的局限，毛泽东往往把官僚主义等同于资产阶级作风或旧社会的遗留，当成一个政治问题甚至阶级斗争问题。这不但限制了他反对官僚主义的视野和努力，也助长了他阶级斗争扩大化的失误。

新中国成立后一系列反官僚主义的运动未能取得预期的成果，现实与对社会主义的平等期望之间的距离似乎越来越大，与此相对应的是毛泽东对官僚主义的批判更为激烈、尖锐。1960 年后，毛泽东多次谈到"死官僚主义分子"等概念，提出要从他们手里夺权。（参见《建国以来重要文献选编》第 14 册，中央文献出版社，1995 年，第 94 页）与此同时，他又多次强调干部要通过参加集体生产劳动等方式加强与人民群众的联系，并把这个问题提高到"防止修正主义"的高度。此后，在与苏联共产党的论战中，他又经常提及高薪阶层和特权阶层之类的概念，认为赫鲁晓夫代表了苏联的高薪阶层，这与帝国主义代表的阶层实际上是相同的。著名的《关于赫鲁晓夫的假共产主义及其在世界历史上的教训》一文，就认为目前苏联社会上的特权阶层是资产阶级的主要组成部分，是赫鲁晓夫修正主义集团主要的社会基础。在国内外因素的作用下，1965 年初，毛泽东尖锐地提出："官僚主义者阶级与工人阶级和贫下中农是两个尖锐对立的阶级"。（《建国以来毛泽东文稿》第 11 册，中央文献出版社，1996 年，第 265 页）"文化大革命"中，这种理论更加完备了："苏修叛徒集团篡夺了苏联党政大权之后，苏联资产阶级特权阶层大大膨胀了自己的政治权力和经济权力"，"从中形成了一个掌握全部国家机器和支配整个社会财富的官僚垄断资产阶级，即新型的大资产阶级。"（《列宁主义，还是社会帝国主义？——纪念伟大列宁诞生一百周年》，《人民日报》1970 年 4 月 22 日）从"官僚主义"、"死官僚主义分子"、"特权阶层"、"高薪阶层"直到"官僚主义者阶级"、"走资派"以及"官僚垄断资产阶级"，这些概念相互交叉、融合，并越来越直接地与资产阶级、阶级斗争联系在一起。诸如此类的认识固然反映了阶级斗争扩大化错误的发展，但也反映了体制现实与民主预期的深层矛盾，以及面对这种矛盾的焦虑与无奈。

当时认为，在社会主义条件下，产生这些问题的重要原因之一，是未能在干群关系和分配政策中坚持巴黎公社的原则，（参见《关于赫鲁晓夫的假共产主义及其在世界历史上的教训》，《人民日报》1964 年 7 月 14 日）因而巴黎公社的经验和原则越来越受到重视。毛泽东激烈地反对官僚、特权的思想和实践，在一般群众中具有很大的认同感和号召力，甚至在不同程度上满足了其中一些人某种平均主义欲望，激起了巨大的共鸣，从一个方面为"文化大革命"的发动提供了群众基础。正是传统体制难以避免的弊端在 20 世纪五六十年代强化了巴黎公社情绪。公社的精神和实践往往成为对抗官僚、特权、不公的思想资源和精神盛宴。

实际上，当时几乎所有社会主义国家都面对着一个世纪性的两难困境，即在落后国家走向现代化初期，利用传统模式实行赶超战略的有效性、不可替代性和克服其结构性弊端的艰巨性。在改革尚未取得实质性进展之前，这种体制缺乏从内部纠错的机制和能力。在国际共产主义运动史上，卢森堡、托洛茨基特别是德热拉斯、铁托等都程度不同地提出过这个问题，但真正解决这个问题的道路还很遥远。正是在尚未从体制上认识问题而又急于破解这个世纪性难题时，毛泽东和广大群众——甚至包括西方一些激进的左翼思想家——不约而同地把目光集中于巴黎公社。从这一重因素（即反对官僚主义）来看，公社的经验具有目的性、根本性。

从另一重因素来看，巴黎公社的经验则在其方法性、手段性方面。

随着八届十中全会后阶级斗争扩大化错误的不断发展，到 1965 年时，毛泽东关注的重点已不是官僚主义、特权阶层或"官僚主义者阶级"，而是"走资本主义道路的当权派"了。"走资派"这个概念虽然多少还有一些官僚主义等的影子（因素），但其核心内容已是反对党内特别是党内上层那些被认为是走资本主义道路的领导人。又由于毛泽东对当时党内这种斗争的形势做了过于严重的估计，认为以往的方式已不能解决问题，因而只能采取一种不是依靠各级党的组织，而是依靠"大民主"的方式直接诉诸群众。正是在这个意义上，他又从直接选举而不是上级任命、从直接参与而不是依靠党的领导、从建立一种新型政权形式以代替旧的国家机器等方面发挥了巴黎公社的经验，以打倒他所认定的"走资派"。从这一方面看，公社经验被用来论证"大民主"的合法性，更侧重于其手段的意义。曾有论者提出"两个'文革'说"，即一个是群众的、下层的反对官僚主义的"文革"，一个是上层的、反对"走资派"的"文革"。实际上，从某种意义上说，两个"文革"的源头都直接或间接地存在于毛泽东对"文化大革命"的理解之中。

虽然当时多数群众对官僚主义、特权阶层与"走资派"的区分知之甚少，主要还是从追求平等（甚至平均主义）、反特权、反官僚主义的意义上去理解"文化大革命"，例如，1966 年 10 月一份题为《毛主席的无产阶级斗争学说万岁》的大字报说："现在压迫和剥削人民的是特权阶层，也就是干部阶层，所以走资派成了革命的对象。"而《中国向何处去？》的作者杨曦光直到 1967 年 11 月仍然没有严格区分"中国新生资产阶级、特权阶层和官僚机构"与"走资派"；（参见印红标：《失踪者的足迹》第 95、107 页）虽然上层号召与下层理解中存在着明显的差距，呈现出一种复杂的交织，但两种意义上的理解都不难在对巴黎公社经验的解释中找到根据。这样，作为目的性、根本性的理解和作为手段性、方法性的理解汇合到一起，形成了"文化大革命"运动初期对公社经验那样狂热的宣传大潮和积极实践。

1968 年革委会基本成立后，在自认为解决了"走资派"的问题后，毛泽东又把侧重点转到公社经验作为目的性的一面上去了。这样，上层的理解与下层的理解又趋于同一。到"文化大革命"后期，为反击"右倾翻案风"，毛泽东再次把侧重点放在反对"走资派"方面。1969年他在党的九届一中全会上的发言中对"修正主义"的概括，更多的是在重复"文化大革命"以前的论断，而他在 1970 年与斯诺谈话时，更是把"四大"等同于反官僚主义。（参见《建国以来毛泽东文稿》第 13 册第 36—37、175 页）到 1973 年时，他甚至说："我的目的是想烧一烧官僚主义，但不要烧糊了"（《毛泽东传（1949—1976）》（下），中央文献出版社，2003 年，第 1654 页），如此等等。正是对公社经验的这些新解释，使其既满足了发动群众造反和夺权的需要，又满足了夺权后建立新社会的需要。

当然，诸如此类的解释、运用不可能解决传统社会主义的结构性矛盾。但这种失败的探索和实践，却从反面为破解"世纪难题"准备了有利的主客观条件。

（2）如何寻求民主、公平、正义

如果进一步拓宽研究的视野，我们便不难发现，"文化大革命"中那些有关民主、公平、正义的理论与实践，与当代世界范围现代化过程中的民粹主义思潮有颇多相似之处。应当指出的是，不能简单地把民粹主义等同于 19 世纪俄国的民粹主义。尽管民粹主义至今仍是一个没有统一定义、模糊而无法确定的概念，但它概括的对象、思潮却在世界现代化进程中普遍存在、反复出现。例如：主张直接民主、大众参与、平民政治、道德至上、精神万能，贬低知识和知识精英、对人民主权的极端崇拜、反对代议制度和精英政治，政治上的简单化倾向，激进的民主理想，极端的平民化倾向，内在的反市场化和反现代化倾向，如此等等。这些主张往往是对世界现代化进程中种种弊端的极端反应或矫正。它们或许在批判、抵制这些弊端方面不乏深刻之处和道德高度，但在提供解决方案时却因不同程度的空想色彩而乏善可陈。"文化大革命"的实践告诉我们，在中国实现现代化的道路上，不论遇到什么困难和曲折，都要注意提防民粹主义、激进主义的诱惑，不论它穿着怎样"革命"、"正义"的外衣。

（3）如何对待马克思主义

巴黎公社是19世纪国际工人运动的高峰。公社社员在起义中表现出来的自己解放自己的首创精神和大无畏的献身精神，他们通过起义夺取政权以及建立一个无产阶级政权的种种尝试，使整个资本主义世界第一次被无产阶级的勇气和智慧所震撼，为此后的无产阶级革命树立了光辉的榜样。"英勇的三月十八日运动是把人类从阶级社会中永远解放出来的伟大社会革命的曙光。"（《马克思恩格斯全集》第18卷，人民出版社，1964年，第61页）马克思的《法兰西内战》对公社经验的科学总结和对未来革命的天才预见，指导着几代无产阶级革命家进行社会主义革命和建设。显然，公社与《法兰西内战》不应对"文化大革命"错误负责，因为"文化大革命"对它们的解释、宣传和运用已经背离了马克思主义的精髓，带有浓厚的教条主义、实用主义色彩。不顾时代、民族的巨大差异，希望照搬公社的具体做法来破解当代社会主义的"世纪难题"，是不可能成功的。

除了教条主义外，还有对经典作家著作的误读。正如当时顾准慨叹的那样：现在人们读《法兰西内战》，对《法兰西内战》究竟说了些什么，历史渊源如何，并不去深究，甚至一概不知道。至于拿它跟现实生活对照一下，用批判的眼光来观察它究竟行不行得通，当然是无从谈起了。（参见《顾准文集》第247页）实际上，"公社"一词源于欧洲中世纪，意为实行自治的城镇。法国大革命后一些激进派曾主张在法国恢复公社制度。19世纪空想社会主义者欧文把自己实验的基层组织称为"公社"，当时欧洲其他一些共产主义派别也都使用过"公社"这个概念。在这样的历史背景下，马克思、恩格斯也曾把他们设想的共产主义社会的基层组织称为"公社"。如恩格斯《在爱北斐特的演说》中描绘共产主义社会概况的几段话中，有两个地方提到共产主义社会的基层组织叫做公社。（另参见薄一波《若干重大决策与事件的回顾》下卷第760—761页）但巴黎公社起义者大多不信仰共产主义，也没有接受马克思主义。巴黎公社"不过是在例外条件下的一个城市的起义，而且公社中的大多数人根本不是社会主义者，也不可能是社会主义者"。（参见《马克思恩格斯选集》第4卷，人民出版社，1995年，第643页）他们把自己的政权称为"公社"，并不是在共产主义的意义上，而只是在城市自治的传统意义上使用这个概念的。对此，恩格斯曾意味深长地指出："公社是旧的、法国特有的社会主义的坟墓，而同时对法国来说又是新的国际共产主义的摇篮。"（《马克思恩格斯全集》第36卷，人民出版社，1974年，第228页）如果"文化大革命"中那些热情呼唤公社原则的人们能多一些世界史知识，多一些对经典著作的全面理解，或许就会少一些狂热，多一些理性。

在当时，对巴黎公社经验、对《法兰西内战》的这种误读和教条化运用，并不是个别现象。例如，此后对列宁有关小生产论述的反复学习和全国范围内对"资产阶级法权"的激烈批判。这种对待马克思主义的方法和态度，是"文化大革命"得以发动和维持的思想根源之一。"文化大革命"的巴黎公社情结告诉我们，不仅要正确地学习和领会马克思主义经典著作的原意，更要随着时代的发展不断发展马克思主义，推动马克思主义的当代化，用公社的首创精神义无反顾地推进中国的改革开放进程。

四 穆罕默德·塔巴克：《马克思的无产阶级专政理论再认识》[①]

摘要：在马克思看来，巴黎公社是"终于发现的"工人阶级解放的无产阶级专政形式。它建立在工人阶级直接统治的基础之上。这个专政通过一种强制的（否定的）功能否定旧秩序，通过一种积极的功能实现一种在经济、社会和政治上得到解放的社会。当代人主要通过其强制的功能认同无产阶级专政。相反，这里的研究用积极的功能定义无产阶级专政，用积极的功能取代强制的功能。此外，正如马克思所说，作为政治消亡的前提条件，无产阶级在建立自己的政治统治以前需要"打碎"国家。无产阶级专政不可能是官僚式的国家，因为这种模式与人的解放不相符合，而且它天生抵制消亡。当无产阶级开始通过直接的权力进行统治，消灭异化、剥削和控制的经济、社会和政治原因——包括官僚体制时，人的解放就成为可能的了。

导言

马克思分散在各处的有关国家的著作包含有三组不同的概念。最为著名和人们讨论最多的是有关资本主义国家的概念。资本主义国家大体被看做是：（一）一个具有自身利益的组织，其利益不可还原为社会的利益；（二）一种直接或间接保护资本主义社会生产关系的力量，资产阶级在其中是统治阶级；（三）一种使政治和社会分离、使社会阶级分化的异化机制。

第二组概念讲的是共产主义社会的国家形态，或者更准确地讲是国家的消亡。国家，就其现代形式而言，因为两个相互关联的原因而消失：（一）因为共产主义是和谐自由的王国，所以，含有和保持着矛盾的社会关系的国家成了这种和谐和自由的对立物；（二）国家因为结构

[①] 见美国出版的《科学与社会》2000 年秋季号总第 64 卷第 3 期第 333—356 页（李惠斌译，翻译时有删节）。

的力量和必然也会因此而消失的资本主义关系而消失。

在上述两者之间，有一组叫做无产阶级专政的概念，这就是我们现在研究的主题。我认为，马克思论述 1871 年巴黎公社的著作是理解他有关这种专政的思想的关键。公社与无产阶级专政的联系是被马克思主义者普遍接受的，虽然这种观点也有人反对。我试图使公社与无产阶级专政之间的这种关系更加稳固。

我也想就现行的观点提出一些批判性的质疑，这种观点把无产阶级专政解释成一种国家形式，一种由工人阶级夺取的对象。如果无产阶级专政可以通过公社的经验来加以理解，那么，我们不得不对这种专政"形态"进行质疑。公社是一个国家吗？或者，如恩格斯曾经说过的，它"不再是真正意义上的国家了吗"？

提出无产阶级专政不应被解释为国家形式，这本身具有重要的理论和实践意义。按其现代的和官僚式的形式，国家不可能解放工人阶级。相反，国家变得不利于向共产主义过渡。因此，无产阶级需要在革命期间打碎国家。

这里，拒斥国家的目的并不是拒斥政治。相反，只有通过拒斥官僚式的国家，我们才能有意义地谈论工人阶级成为统治阶级的政治组织。所以，消灭国家并不带来政治的终结，而是带来它的新生。

按照马克思的观点，政治的终结与阶级冲突和矛盾的逐渐消失相伴而来："当阶级冲突在发展过程中消失的时候……公共权力也会消失"。既然国家是在革命期间被打碎的，那么，最终消亡的就是无产阶级的非官僚式的政治统治。在马克思转变时期的概念中的"专政"，往往只是被理解为对付资产阶级反革命的强制措施。我的观点是，严格说来情况并非如此。无产阶级专政对于马克思来说是一个有其标准、规则、法律、目的和把社会改造成为共产主义的长期计划的"正常"社会制度类型。我称其为无产阶级专政的积极的和建设性的要素。

当代马克思主义者在其努力证明需要进行的强制的过程中，往往轻视积极要素与否定要素之间的关系。强制要素错误地变成了专政的本质性的和无所不在的要素，以牺牲积极要素为代价。相反地，本文把积极要素当做是无产阶级专政的本质性要素，而且认为，不论是强制性制度，还是它们的功能，都不该构成积极要素的障碍。强制要素应该从属于过渡社会的积极要素。

无产阶级的政治制度重视劳动者的解放，将这种解放作为其制度中必不可少的一部分。政治、社会和经济的解放一起构成了总目标，因而构成了建设性的和积极的要素。任何试图建构无产阶级专政理论模式的理论都必须解释这种政体的制度性何以会保证其总目标的实现。仅仅建设一个建立在保卫社会主义反对旧秩序的革命成果需要基础上的强制性模式，并不保证新秩序必然会走向共产主义。

总之，我打算：（一）说明公社何以是马克思所理解的无产阶级专政形式；（二）说明马克思并未把这种专政论述为国家形式；（三）研究从资本主义向共产主义过渡期间专政的政治性质和作用；（四）确定专政在监督经济向共产主义过渡中的政治功能。在给出无产阶级专政的积极形式中，我打算留心一下普兰查斯的警告，即这些命题"只能是一些运用理论策略的概念，无疑是用以指导行动，不过更多的是以路标的方式起作用"。

公社与无产阶级专政

正如哈丁所考察，恩格斯最早称公社是无产阶级专政："在1898年，马克思去世后很久……恩格斯在他为马克思的《法兰西内战》所写的'导言'中确认公社是无产阶级专政的形式或一种形式"。哈丁认为，"马克思自己始终都在审慎地躲避公社是无产阶级专政的形式这一说法"。的确，马克思从不称公社是"无产阶级专政"，至少没有写成文字；不过，马克思关于公社的描述难道不是有点认同他有关无产阶级专政的定义吗？哈丁说不，因为"马克思有关公社的描述不存在过渡的东西"，而无产阶级专政却要求把"武装的各无产阶级团体"算做是"过渡的措施"。公社的"第一个行动是取消常备军"，意即"公社不是为某种更完备的东西作准备"。哈丁认为，既然马克思把无产阶级专政定义为过渡现象，那么，公社就不是这种专政的形式，因为它不是过渡形式。

马克思认为无产阶级专政是一个过渡阶段，这不是事实。在1852年3月5日给约瑟夫·魏德迈的信中，马克思写道："专政本身不过是向消灭一切阶级和进入无阶级社会的过渡"。在《哥达纲领批判》中，马克思说到"国家不过是无产阶级革命专政的一个过渡时期"。这些引文表明，马克思始终（虽然并非经常）把无产阶级专政表述为一个过渡性的政治手段。

与哈丁相反，我认为马克思也把公社当做一种过渡现象。指出这一点有助于在公社和无产阶级专政之间建立一种更加紧密的关系。哈丁自己引用马克思的话说："公社是……最终找到的一种劳动者实现其经济解放的政治形式"。这就是说，公社依然要实现从劳动者的非解放的形式向其解放的形式过渡，从资本主义向共产主义过渡。但是，如果哈丁认为公社本身就是最终的政府形式，那就不是一种过渡形式，所以我们不得不提醒他，公社对马克思而言是一种"政治手段"。政权的存在必然意味着过渡阶段的存在。只要公社作为"政治形式"存在，在马克思看来，它就必然代表一种过渡现象。政治制度的终结只能伴随着"阶级冲突"的废除而来。公社尚未达到这样的条件。

哈丁还有另一个观点："公社反映并推动最大限度的分权，而无产阶级专政在政治和经济两个领域中都强调最坚决的中央集权制"。哈丁得出这个结论的证明之一是《共产党宣言》中的下面这句话：无产阶级"把全部生产手段集中到国家手中"。所以这个论点是，无产阶级专政要求集权，而公社则推动"最大限度的分权"。

当马克思在《共产党宣言》中表述"全部生产手段集中到国家手中"时，他所想的是类似于公社的这样一种机构，虽然这个机构的机制或它所采用的形式直到有了公社的经验以后在马克思那里才有了明确的认识。如果我们接着读《宣言》的这个部分，大约1个页码以后我们会看到，集中"全部生产手段"在手中的国家不过是"所有个人的广泛联合"。① 因此，早在 1848 年，马克思对集中的理解就具有了高度民主的记录，与他 1871 年关于公社的描述口径没有什么不同。马克思说过，革命会使得无产阶级赢得"民主的战斗"，这进一步支持了我的这个论点。

公社与国家

某些接受马克思关于公社是一种无产阶级专政形式这一观点的理论家把这种专政表述为一种国家形式。对列宁、约翰·霍夫曼以及约翰·艾林伯格（仅举此 3 人为例）来说，无产阶级专政似乎是一种集权国家，显然是一种与公社不同的东西。这是一种误导，尤其是众所周知，今天的国家是一种中央集权的和官僚机构。

约翰·霍夫曼对这个问题所持的观点是特别有用的。霍夫曼非常正确地向哈丁提出的有关马克思在《共产党宣言》中与在《法兰西内战》中关于无产阶级专政的观点相矛盾的说法提出了挑战。霍夫曼写道："按照《共产党宣言》，如果社会生产集中在统一的国家手中，那必然出现政治上的集权制。当然，'统一的合作社会'将按照公共计划调节国民生产；这是一种通过地方自治和'生产者自治'表现出来的集权制……"这个描述很像马克思在《法兰西内战》中讲的公社的情况。

霍夫曼把公社和无产阶级专政看做是"（无产阶级）阶级统治的总机构"。我们在后面还会看到，这原则上是正确的。但是，霍夫曼认为这个政体是一种国家形式，尽管是一种"不再存在"的国家形式。

如霍夫曼一样，艾林伯格认为，按照马克思的意见，公社应该建成一种"'民主集中的'民族国家"。为了支持这一观点，他从马克思那里引述下面的这句话："中央政府依然会保留少数但重要的功能不会被废除。"但是这并非指中央集权制国家要保留。艾林伯格也承认，马克思解释说，这些"功能"是"由公共机构组织起来的，通过**国家权力的消灭**而变为现实"（引自艾林伯格，这里加了黑体字）。然而，关于

---

① 这句话中的"个人"往往被翻译成"民族"。

他的无产阶级专政的终结，艾林伯格的论点比上面这句话的意思具有更强的国家主义腔调。追随恩格斯和列宁，而不是马克思，他用"国家不是被消灭了，它是消亡了"的论点取代"国家权力的破坏"的论点。

艾林伯格和霍夫曼倡导的有关无产阶级专政的国家主义观点，能够导致不受欢迎理论和实践结果。例如，霍夫曼认为，公社形式和斯大林主义两者都是无产阶级专政的变化形式，因为在这两种情况下，"无产阶级被组织成为统治阶级"。在我看来，霍夫曼既能承认公社，也能承认斯大林主义——极端的国家主义——是这种专政的可能的形式，因为他并未遵循他自己所提出的："重要的不是事物的理想状态，而是社会主义社会的现实运动，前进的方向和印有旧社会胎记的程度。"既然这个方向是向着理想的王国，那么理论的任务就是去找到过渡时期的现实解决办法。在承认斯大林主义和国家形式无产阶级统治的可能性形式以前，我们一定要问：官僚式国家主义模式何以看不到任何种类的政治、经济和社会过渡，却能把我们带入无阶级社会？

霍夫曼和列宁主义者提出的这些分析主要依据的是消灭"旧社会胎记"的要求。大多数理论研究都涉及专政的强制性和否定性因素，很少讨论它的积极因素。因此，霍夫曼得出结论说："认识必然是改造它的唯一途径：同意必答之以强制，为的是'否定'它"。这些讨论呈现出来的是对一切强制形式的强有力的辩护，只是它们针对的是资产阶级秩序。

无产阶级专政一定含有强制性因素，不过不是把社会主义的进步转变为官僚主义官场的那种强制性因素。组织起来的阶级权力镇压反革命的需要并不能为官僚主义和斯大林主义国家作辩护，因为这些形式在理论上和结构上都与共产主义建设不相容。

马克思论公社

把公社——以及无产阶级专政——等同于国家，不可能比马克思自己的思想更早。对他而言，公社与"分离和独立于社会的国家的最后胜利"完全不是一回事。公社与集权的和组织成为政权的国家完全相对立，后者是社会的主人，而不是社会的公仆"。

在《法兰西内战初稿》中，马克思提醒我们，"拥有无所不在的军事、官僚、教权以及司法组织的中央集权国家机器，是专制君主政体时期首先形成的，目的是用它作为新生现代社会在其从封建主义获得解放斗争的武器"。马克思写道："1789 年的法国革命提出了专制君主政体倡导的东西——中央集权和国家权力组织。"通过革命建立的现代国家，"被迫发展"其自身的集权过程，因为"其任务是建立民族统一——为了创造一个民族——（它）必然要打破一切地方的、区域的以及城镇省区的独立"。

对第一次法国革命建立的国家而言，"每一个由各社会集团关系引起的独立势力，都是与既定的社会本身分离的，独立于它，而且以国家利益的形式与其相对立，由国家领导人通过严格规定的等级制功能进行管理。"第一次法国革命开始的东西在"波拿巴一世退位后得到了充分的发展。"复辟王朝和七月王朝"加给它的不过是更大劳动分工，劳动分工以同样的尺度增长，公民社会创造了新的利益集团，因而为国家行为创造了新的物质基础"。

我们知道，马克思认为法兰西国家是一种自发的力量，一种现代化的工具和民族统一的手段，不可能降低为阶级统治，这是他在批判中经常提到的。马克思指出，只是在复辟王朝和七月王朝统治下，国家成了"中产阶级的暴力阶级统治的手段……"与此同时，"政府权力……已经完全脱离社会，甚至一个以饿鬼般的亡命徒作后盾的、平庸到可笑地步的冒险分子，都可以来运用它"。不用说，马克思这里说的是拿破仑三世。[①] 马克思写道：拿破仑统治下的国家"看来不再是阶级统治的手段"。第二帝国时期的国家甚至"使其控制下的统治阶级的利益受到损伤，这样，它"在第二帝国获得了其最后的和最高的表现"。我们至少可以说，马克思承认官僚集权国家能够变得独立于和高于公民社会。

---

① 前苏联是另一种完全脱离社会并且高高在上的国家，它需要这种完全受斯大林控制的形式。正如托洛茨基所说，他是另一个"平庸者"。

公社何以容纳这一切？如前所述，第二帝国统治下的国家是国家权力"最后的和最高的表现"，是"集权的执行者"。公社被认为是"帝国本身的真正的对立物"。马克思认为，公社以前的一切革命与反抗导致对工人阶级的镇压，是因为国家机器作为一个镇压的工具，只是从"一部分镇压者转到了另一部分镇压者的手里"。公社的不同特征在于，它不是"反对这个或那个合法的、立宪的、共和的或帝国主义的国家政权形式的革命"，而是"一种反对国家本身的革命"。

这样，无产阶级革命建立自己的专政以前先"打碎"国家"机器"，因为"中央集权国家机器……像蟒蛇似地把活生生的公民社会从四面八方缠绕起来（网罗起来）"。《法兰西内战》一段著名的话指出，"工人阶级不能简单地掌握现成的国家机器，运用其无所不在的常备军、政治官僚以及司法组织不定期实现自己的目的。"这段话应该与马克思上述反对国家的话联系起来理解和解释。列宁之后，许多马克思主义者把这段话误解为马克思希望工人阶级建立其自己的国家，理解为反对资产阶级的国家，从而为以马克思主义的名义建立的苏联式国家提供辩护。

马克思并不主张建立无产阶级国家，而是主张完全消灭国家。这是因为国家作为奴役工人的"政治工具""不能当成解放他们的政治工具来使用"。能够用来解放他们的是公社的体制，"这是社会把国家政权重新吸收回来，把它从统治社会和压制社会的力量变成社会本身的生命力"。

马克思恩格斯1871年发表《宣言》时加上了这唯一的一段话，上面引述的这句话，即无产阶级"不能简单地掌握现成的国家机器"，就是在这段话里面。这并不是说马克思关于无产阶级专政和国家的观点只是在有了公社的经验以后发生了变化。马克思早在1852年写《雾月十八日》时，就坚持同样的观点。有了公社的经验以后，马克思高兴地看到他的这个预言变成了现实，他在给库格曼的信中这样写道："如果你看一下我的《雾月十八日》，你就会看到，我宣布法国革命的下一个打算不是仅仅交替掌握官僚集权的军事机器……而是要**打碎**它。"这反映了这样一个事实，早在 1852 年，马克思就赞成打碎中央集权国家。马克思后来再也没有放弃过这个想法。在 1875 年写的《哥达纲领批判》中，马克思重复了他早期的反国家主义："自由在于把国家从一个凌驾于社会之上的机构转变为完全从属于社会的机构。"

消亡还是打碎国家？

上述几段话表明，至少从马克思本人的观点来看，无产阶级专政的国家主义版本是站不住脚的。不过有一个问题依然没有回答：如果国家是被打碎的，那么，消亡的是什么？

正如戴维·麦克莱伦所说，马克思从来没用使用过"消亡"（abs-terban）这个词，他使用的是"更加直接的术语'废除'（ab-schaffen）"。引入这个概念的是恩格斯。不管怎样，我相信消亡在马克思的理论中是有据可查的，不过不是以人们通常理解的方式。

既然无产阶级专政开始于官僚和中央集权国家的消亡，那么，消亡的就是无产阶级专政本身。这个专政一直持续到"阶级存在的经济基础被消灭"。这就是说，国家是在社会主义革命期间被打碎的，但是，资本主义的经济基础一直要持续到它们未来的消灭，我们将会看到，这是一个持久的渐进过程。

总而言之，在马克思看来，官僚集权国家必须在其消亡过程能够出现以前被废除，理由有两个：（一）官僚主义不符合人的完全解放，尤其因为官僚化要求分化工人阶级并使其非政治化；（二）官僚集权政治可能成为独立的社会和政治力量，并抵制消亡。

列宁曾于 1917 年断言，"社会主义不是经过来自上面的秩序建立起来的。国家官僚的无意识行动与其精神格格不入；社会主义是充满活力的、具有创造精神的——人民群众自己的创造。"这是我们所同意的列宁，但是，还有一个我们不同意的列宁，1919 年他宣称，"正是由于社会主义的利益，群众无疑地要服从劳动过程中领导者的个人意志"。正是后面的这句话反映出一种信息，把马克思的无产阶级专政理论不公正地解释成中央集权的和官僚制国家。

正如保罗·托马斯正确指出的，官僚集权国家"强制地排斥社会和经济领域中出现的自发的公共行为"和"自发的自治"。正如马克思所说，这样做的结果是，官僚集权国家解放了自己，但"人自身没有得到解放"。国家自身的法人利益和等级制结构任由官僚集权存在，并承认其独立于社会的功能。官僚集权国家只是在抽象的意义上代表着人的解放，但却不触动社会的不平等。官僚集权国家，能够有效地完成无产阶级专政的否定性目的，但在制度上却不符合这种专政的积极目的，即不符合人的解放这个目的。

在马克思看来，只有当人"认识到他自己的力量是一种社会力量，并将其组织起来，因而不再把这种社会力量与作为政治力量的他自己分开"的时候，人的解放才能完成。官僚集权国家使社会与政治的分离永久存在。无产阶级专政不得不像公社那样反对这种分离。如保罗·托马斯所说，"按照马克思的说法，公社最积极的特征恰恰在于，它使得政权非制度化，并因此而使社会重新政治化。"

在马克思看来，官僚集权国家发生了异化，因为它是"人和人的解放之间的中介。正如基督是人将其所有神性及其所有宗教纽带都集中在一起的中介一样，国家是人将其全部非神性及其全部人类自由集中在一起的中介"。官僚集权也异化了，因为它创造了"精神活动与物质活动之间的对立"。因此，人的完全解放，无产阶级专政的目的，不可能在官僚体制中产生。

无产阶级专政不可能是官僚集权的第二个理由，固然与它与社会的异化关系有关，但更与官僚集权本身有关。国家中央集权一旦建立，就会成为一个利益集团，其成员享有经济和与权力有关的特权。就这一点而论，官僚集权不仅抵制消亡，而且会千方百计地以其权力确保自己的地位。此外，官僚集权在任何形式的经济体制下都能作为寄生的等级制度存在，而且一旦存在，就容易创造出理由，支持它自己的存在。因此，消灭资本主义的经济基础，并非必然要求官僚集权绝迹。

实际上，马克思在麦克尔和韦伯以前很久就意识到，不管其起源如何，官僚都会成为自私的统治者，不论是作为个人，还是作为法人团体。众所周知,在其著作《路易波拿巴的雾月十八日》中,马克思清楚地表达了这一点。在早期著作《黑格尔法哲学批判导言》中,马克思明确说,国家官僚集权"实际上成了一种现实的权力,而且本身成了自己的物质内容。"因此,"官僚集权使自己成为国家的终极目的"。

与马克思不同,列宁向来坚持认为,国家必然单独依赖社会经济阶级。因而他认为,随着资产阶级的消灭,国家会"自行"消亡。这个理论错误使得他倡导苏维埃(公社)转变"成为国家组织"。这个政策表明,作为工人阶级组织的官僚集权的胜利从属于官僚体系。

1921 年,当喀琅施塔得苏维埃依照巴黎公社模式反对官僚集权的起义受到布尔什维克军队镇压时,列宁正忙于在第十次党代会上取缔"一切反对派"。具有讽刺意味的是,在这同一次党代会期间,列宁宣布他的纲领"提出了与官僚集权罪恶进行斗争的任务……"列宁提出的解决方法是把"工人从下面"提升到官僚集权的位置,而不是取消官僚结构。

列宁的提法忽略了无产阶级专政的重要方面。提出把工人提升到官僚集权的位置会消灭官僚集权的罪恶,他必定认为工人作为个人天生就不是官僚。伯特尔·奥尔曼(Bertell Ollman)认为这也是马克思的观点:"马克思相信人民在政府中没有什么重要利益是与他们所在的那个阶级的利益相冲突的。因此,选举产生的无产阶级专政的领导人会想着代表工人。"认为政府中的工人会变成腐败分子是一种"愚蠢的和不可能的梦想,实际上马克思是在坚持这样一种观点,即'工人不可能这样',或者更确切地说,'当工人掌权时,他们不可能这样'"。

巴枯宁也认为这是马克思的观点,他警告说:"一旦从前的工人变成了人民的代表或人民的统治者,他们就不再是工人……而且他们就会从国家的高度上开始看不起所有的普通工人;他们这时就不会代表人民,而是代表他们自己,而且,他们主张统治人民。"苏联的历史证明,巴枯宁的话是正确的。不过,在我看来,马克思在这方面是被误解了。

马克思对巴枯宁的观点的答复是,"不过是说今天的工厂主不再是资本家,因为他们已经成为市政会的成员。"在这方面,马克思对巴枯宁的这个答复指的是：选举出来的无产阶级专政的成员并非成为专职的官员，而是作为工人在政府中服务。甚至那些变成给工人阶级"公务员"支付薪水、全日制工作或要求有技术的人，也都是无产阶级专政的雇员。重要的一点是，公社政府中的真正的权力依赖的是工人阶级组织，它同时既是立法机关又是执法机关。预访选举产生的或雇用的官员成为腐败的统治者，是无产阶级专政的结构设计，而不是工人的慈善本性。

作为官僚集权的习性，国家以及作为国家物质内容的官僚集权陷入了一种自我实现和自我保护的相互关系中。因此，官僚集权国家必然抵制消亡。另一方面，无产阶级的任务是把无产阶级组织成为现实的力量和它的物质内容。这样一来，无产阶级就成了无产阶级专政的"终极目的"。但是，官僚集权与无产阶级之间存在着实质性的差别，这种差别就是：官僚集权国家不会消亡，而无产阶级专政会消亡。

官僚集权的自我实现是它自身的保护，而无产阶级的自我实现是它自身的消灭。官僚集权不是无产阶级自身的目的。无产阶级是它自身的否定，因为对工人阶级的政治统治不可能保持它的征服。因此，官僚集权不可能使政治机器——它的生命源——消亡，而无产阶级则必须使其消亡。这样，为了避免官僚集权自我保护的困境，无产阶级专政既是非国家的，也是反官僚集权的。

还有一个重要的问题有待回答：如果不是国家，那么，无产阶级专政应该是一种什么样的别的政治形式呢？

公社与过渡政治

公社的经验为马克思提出无产阶级专政的措施提供了经验的材料。这些措施与他的所有理论研究和他关于向共产主义过渡的说法是一致的。在试图提出无产阶级专政的积极形式时，我要用他自己的其他著作对他关于公社的著作作一个补充。

"专政"这个词会使人产生误解。哈·德雷珀（Hal Draper）告诉我们，"……在 19 世纪中叶，'专政'这个老词依然沿用着过去几个世纪的含意，按照这个含意，它与专制主义、暴政、极权主义或独裁并不是同义词，总之，它与民主并不是对立的。"马克思甚至从不认为无产阶级专政是反民主的。这是德雷珀的第一个贡献。

德雷珀的第二个贡献是他指出，"……马克思是在政权的阶级性意义上，而不是在某种特定政府形式的意义上，考虑阶级的专政……"这里的意思是说，无产阶级专政表达的是社会主义制度的"阶级内容"。在这个意义上，它可以获得各种"政府形式"。许多马克思主义者——德雷珀说是除卢森堡以外的所有马克思主义者——都错误地认为无产阶级专政是一种特定的政府形式，仅仅为了镇压反对派的目的而设计。列宁的思想体现了这种误解："'专政'这个科学术语不过是指不受任何法律约束的权力，绝对不受任何规则限制，而且直接建立在暴力的基础上面"。德雷珀回应说："相反，它的运作意味着建立它自己的、新的和重新以阶级取向的法律法规、标准和权力，以及建立在其自己的法律基础上的新制度"。

德雷珀的解释尽管有用，但问题很多。波比奥（Norberto Bobbio）对此表述得恰如其分，"在马克思关于无产阶级专政的表述中，专政这个词没有特殊的重要意义：因为一切国家都是专政，在由阶级统治这个意义上，这个词实质上指的是一种事态，有一种重要的描述意义。"所以，在我看来，不要求特定制度表现的，正是"专政"这个词，而不是"无产阶级专政"这个词。德雷珀的两者合并使得他得出结论说：马克思"并没有说到可以找到适合工人国家的国家形式。即使马克思偶尔有过关于这些形式可能会怎么样的观点，但用来表述这些观点的也不是'无产阶级专政'这个词"。如德雷珀所言，如果巴黎公社是一种无产阶级专政形式，那么，马克思从没说过"适合"社会主义政治制度的政府形式。让我们收集一下马克思在《法兰西内战》以及其他著作中有关这个问题写的东西。

正如我们反复说过的，无产阶级专政要求非国家的和公社的形式。公社政治制度的内容如下：

公社是由巴黎各区通过普选选出的市政委员组成的。这些委员是负责任的，随时可以罢免。其中大多数自然都是工人或公认的工人阶级代表。公社是一个实干的而不是议会式的机构，它既是行政机关，又是立法机关。警察不再是中央政府的工具，他们立刻被免除了政治职能，而变为公社的负责任的、随时可以罢免的工作人员。所有其他各行政部门的官员也是一样。像公社自己的成员一样，所有公职人员，都只能领取相当于工人工资的报酬。法官也是选举出来的，可以罢免的和负责任的……一句话，所有的公共职能，甚至属于中央政府的少数职能，都要应该通过公社来实施，因此是在公社的控制下。

法律和行政机关工作人员是由统治公社的工人阶级构成的。其法律和法规由选举产生和雇用的雇员代表和实施，这些人并不执掌控制公民的真实权力。他们不再是官僚！

集权主义者反对说，如果没有集权国家，社会的一般职能就会变得无法运转。在马克思看来，这是一种"谬论"。他说，不得不消失的"不是这些职能，而是凌加于现实社会之上的……官员"。公社的经验使马克思能够批判这样一种"错觉"，即认为"管理和政治统治是行业，卓越的职能只能托付给那些受过训练的阶级。实际上他们是国家的寄生虫、高薪雇用的谄媚者和帮闲"。

"执掌政权的第一个条件是改造工作机制并消灭它"。但是，充分解放的斗争并不因为消灭中央集权国家而终结，因为，对马克思而言，公社只是"社会解放的政治形式"。这就是说，公社不是"工人阶级的社会运动，因而不是人类的总复兴，而是组织起来的行为手段"。因此，公社"并不结束阶级斗争"。"努力消灭所有阶级"的正是工人阶级。这里的差别要求有诸如工会、协会和政党等工人阶级组织存在。换句话说，工人阶级组织不是转变为列宁所讲的国家控制的组织，而是转变为无产阶级政治制度的建筑物。

无产阶级专政在人类解放中的作用提供"阶级斗争以最合理、最人道的方式跨越各个阶段的合理手段"。公社"通过去除国家这个寄生的赘瘤中的非生产性的和有害的劳动，开始了劳动的解放这个伟大的目标……"

无产阶级专政使用的强制和防御工具也应种类适当。在宣布建立"保卫公民"的民兵组织的3月22日中央委员会的宣言中，马克思加上一句话说，"人民完全不得已才在全国范围内组织这个民兵组织。"我们不要把在全国范围内组织民兵组织与把中央集权的国家机器掌握在少数官僚或技术专家手中两者混为一谈。

组织民兵需要消灭常备军，因为它是"政府侵占阶级统治的一个经常性的危险"。马克思显然是害怕政府"侵占阶级的统治"，想要把强制的力量保持在民兵组织的形式上。我认为这里的观点并不是要严格地规定无产阶级统治的镇压手段的形式，而是保证无产阶级直接控制这些手段。

这里有必要澄清两个不同的概念。第一，无产阶级专政含有镇压手段。但是，专政的制度设计应该防止政府"侵占"权力，坚持镇压手段直接控制在无产阶级手里。马克思提出了非官僚的民兵组织形式。

第二，镇压不是常态。马克思预言，一旦公社组织在全国范围内牢固地建立起来，它"可能"依然会"因为分散的奴隶主的反抗而遭遇灭顶之灾，和平进步短时间内被打断以后，它只会推进这个运动，使得社会革命拿起武器"。依照其他标准，"和平进步"即无产阶级专政，只有"镇压资产阶级对革命的反抗"才成为"专制的"。在这个意义上，无产阶级专政的"专制"的方面并没有被排除。但是，如卢森堡所说，一定不要利用必然性，不要把内战情况下不得已采取的"所有策略都弄进一个完备的理论体系"。认识到使用武力的必然性是一回事，而利用它则是另外一回事。

经济过渡时期

马克思的所有著作都与人的解放问题有关，无产阶级专政理论也不例外。艾森伯格正确地抓住了无产阶级专政的最重要的因素：它"不过是马克思说的从盲目的必然充分地过渡到自觉的自由"。关键是要认识到，资产阶级和官僚集权国家的消灭并非自发地导致人的解放。从《1844 年经济学哲学手稿》到最后一卷《资本论》，马克思总是坚持，劳动的过程和组织可能在脑力和体力两方面对人的生存和人的自由都是有害的。劳动分工，机器的附属物，脑力活动与体力活动的划分，工厂劳动组织，以及过去劳动对当前劳动的支配，积累的全部劳动促成了人的异化和"被奴役"。马克思对普鲁东合作社理论的批判以及其非政治特色，主要建立在这样的观点上面，即劳动机制和组织也可以在劳动的奴役中扮演独立的角色。就这些是资本主义的创造物而言，它们也可以被带入别的类型的社会制度，就像我们在从前的共产主义社会制度中所看到的那样。因而，奥尔曼断言，"显然，无产阶级专政为改善这种状况提供了最大的优越性。在这个领域中，一切行为的目的首先是使劳动变得可以忍受；然后，使劳动变得令人愉快；最后，使劳动成为人的劳动。"

　　主要地依据《共产党宣言》和《哥达纲领批判》，奥尔曼拼凑出一套可以逐渐实现人的解放的经济措施。这些措施主要是：a）"缩短劳动日"；b）满足"社会需求的"计划；c）提高社会消费时间；d）降低管理费用；e）同工同酬。不过，这些措施不是无产阶级专政的最后目的，因为它们在资本主义制度下也是可能的。工作日在资本主义制度下也能缩短，而且已经缩短。福利国家业已计划满足"社会需求"。美国的社会消费在保持增长。问题的关键是，在无产阶级统治下，这些措施是持续的，而且具有它们必须进步的一般参照点，而在资本主义制度下，它们只是偶然的和被迫的应对措施。

　　《哥达纲领批判》中的下面几句话似乎是一些比较合适的参考观点，或者是一些无产阶级专政在经济领域中进行斗争的一般标准和目标。无产阶级专政逐渐消灭"个人对劳动分工的奴隶般的服从，因而取消脑力劳动与体力劳动的对立"，它使得劳动"不仅成为生活的手段，而且成为生活的第一需要"。生产力的提高带来"个人的全面发展"。通过"社会财富的充分涌流"，无产阶级专政把生产的目的从资本的积累变成社会需要的满足，一直到能够实现"各尽所能，按需分配"。

五 阿兰·巴迪欧:《巴黎公社: 政治的政治性宣言》①

长期以来,那些宣称代表工人和人民的政党、政治组织、工会和政治派别基本上都忠诚于巴黎公社。他们都紧随着马克思在《法兰西内战》中的结论:"工人的巴黎及其公社将永远作为新社会的光辉先驱为人所称颂。"

他们总是定期参观巴黎公社墙(Mur des fédérés),那是一座可以让我们记起 1871 年 5 月被射杀的两千多名社员的纪念物。马克思再一次说道:"它的英烈们已永远铭记在工人阶级的伟大心坎里。"

工人阶级有一个心坎吗? 在今天,无论在什么情况下,人们很少记得他们,对他们也没什么好印象。近来,巴黎公社已经从法国历史进程中被扫地出门,不过,以前在历史中也仅仅就是占了一个位置。如今,凡尔赛派(Versaillais)[1]的嫡系后裔占据了上风(tiennent le haut du pavé),对于他们来说,那些共产主义不过是罪恶的乌托邦,不过是工人们腐朽不堪的马克思主义的创造,不过是革命的血腥的狂欢,不过是非代议制政治的暴虐的亵渎。

不过,和以往一样,这个问题并不是记忆的问题,而是真理的问题。在今天,我们应该如何提炼出巴黎公社的政治性真理? 在不忽略那些文献和事实性根据的基础上,这里的问题在于,更多的是通过哲学的方式,我们要去重构在我们的历史中无法回避的庄严时刻。

当然,当我说到"我们"的历史,这应该看做是解放政治学中的"我们",这个"我们"的潜在的旗帜仍然是鲜红的,而不是在 1871 年春天那些刽子手们举的三色旗。

①　见新浪"九月鹰的博客",蓝江译。

参照点一——事实

我们首先从选择几个带日期的例子开始。这将构成第一部分，其后，我将按照新的范畴（情势、显现、位、独特性、事件、非存在的方面……）来排列这些数据。

18 世纪中叶，在法国，拿破仑三世在位。他为了那些唯利是图的商人们和独裁者们列举了一份关于瓜分 1848 年二月革命成果的清单。这件事件就在 1848 年 6 月路易-菲利普·波拿巴复辟后不久就加以实施了，那时，共和派中的小资产阶级对卡芬雅克（Cavaignac）[2]的军队屠戮工人表示欣慰和支持。这就像 1919 年德国的社会民主党中的小资产阶级通过对罗莎·卢森堡领导的斯巴达克派的屠杀迎来了未来的纳粹式假设的可能。

在 1870 年 7 月 19 日，法国政府由于过于自信，和受害于俾斯麦迂回战略，决定对普鲁士宣战。9 月 2 日，惨剧在色当[3]发生了，连皇帝都被活捉了。国难当头让巴黎人民在"法国国民自卫军"（garde nationale）的名义下部分武装起来，而其中主要都是由工人组成的。但其内部情况事实上起到了决定性作用：9 月 4 日，帝国的人民举行了一场大示威游行，并占领了巴黎市政厅（L'Hôtel-de-Ville），之后被推翻。就像 1830 年和 1848 年的情形一样，权力立刻被幕后的一些"共和派"政治家们所垄断，例如茹尔·法夫尔（Jules Favres）、西蒙（Simon）和费里（Ferry）（就像亨利·居伊曼［Henri Guillman］所谓的"茹尔的共和国"），埃米尔·比卡（Emile Picard）和阿道夫·梯也尔（Adolphe Thiers），所有这些人都想着一个事情：同俾斯麦谈判，其目的是要更好地对付人民的政治起义。由于他们不得不改变现状，他们马上就宣布成立了一个共和国（这是为了哄骗巴黎人民的决定），这个共和国甚至没有明确提出任何宪政的内容，为了欺骗那些爱国者，他们宣布成立"国防政府"（gouvernement de la défense nationale）。在这种情况下，人民群众继续抵抗着包围巴黎城的普鲁士军队。

10 月份，这是一个晦暗的时刻，巴赞元帅（Bazainne）和他的法国军队主力一起在梅兹（Metz）投降了。在亨利·居伊曼的那本著名的描述 1870 年普法战争和巴黎公社缘起的书中叙述了其中最细微的细节，所有的政府的伎俩都会导致巴黎的投降以及 1871 年 1 月 28 日的停战。绝大多数巴黎人民都毫无怀疑地认为这个政府实际上就是一个"叛徒政府"（défection nationale）。

但这也是一个捍卫资产阶级对抗人民运动的政府。他们现在的问题是找到一个方式来解除国民自卫军的武装。至少有三条理由让那些掌权的政治家们认为情势对他们有利。第一，他们以最快速度进行了一次由农村和外省反对派主导的议会选举，事实上，这是由极右派、正统派（légitimiste）和社会上的报复派组成的"无双"议院（Chambre introuvable）[4]。反对革命绝不会击败选举：在戴高乐同样的言行下，蓬皮杜（Pompidou）及其官方左翼盟友在 1968 年 6 月复活了。其次，最核心和最著名的革命领导人，布朗基（Blanqui）还在监狱里。最后，停战协议让巴黎仍然在北面和东面被普鲁士军队包围着。

在 3 月 18 日清晨，军方的一个支队试图掌控由国民自卫队控制的几门大炮，这个举动让他们同从工人聚居区中自发云集而来的大量的巴黎人民产生了冲突，尤其是许多妇女加入其中。军方撤退了，政府逃到了凡尔赛。

3 月 19 日，国民自卫军中央委员会（其工人领导人是先前由自卫军统一选举出来的）做出了一个政治性的宣言。这是一重要文献，我还会在后面详细来谈论这个文献。

3 月 26 日，新的巴黎当局组织选举了由 90 名成员组成的公社。

4 月 3 日，公社进行了第一次军事行动，这次行动主要是针对在普鲁士军队的授意下原政府军的反扑。这次行动却失败了。军方屠杀了俘虏，其中包括两名公社的高级成员，弗卢龙（Flourens）和杜瓦尔（Duval）。有人已经开始预感到，残酷的镇压即将到来。

4 月 9 日，公社最优秀的军事领导人，波兰的共和派丹布洛夫斯基（Dombrowski）获得了几场胜利，尤其他们收复了阿斯涅尔（Asnières）。

4 月 16 日，公社以绝对光明正大的方式，并在最平静中举行了一次候补选举。

在 5 月 9 日到 14 日间，军事状况持续显著恶化，在西南方的郊区，伊西（Issy）堡垒和旺沃（Vanves）堡垒相继沦陷。

在整个过程中（从 3 月底到 5 月中旬），巴黎人民以创造性和和平的方式追求自己的生活。所有的涉及工作、教育、妇女和艺术的社会尺度都由协商来决定。这反应了以这些事情为绝对优先的观念，譬如在 5 月 18 日——政府军大规模进驻巴黎是 5 月 21 日——在一所小学里，几个阶级的代表举行了一次选举。

事实上，在那一刻，那是一个和平的巴黎，尤其是政治化了的巴黎。纯粹由当时情景中的亲历者的描述很少：非军方的知识分子一般支持凡尔赛派，他们中许多人，如福楼拜（Floubert）、龚古尔（Goncourt）、小仲马（Duma fils）、勒龚特·德·里尔（Leconte de Lisle）、乔治·桑（Georges Sand）……对此做了奠基性的评述。没有几个知识分子比兰波（Rimbaud）和魏尔伦（Verlaine）更令人景仰，他们宣布站在公社一边。至于雨果，根本没明白是怎么回事，他出于本能地并以高傲的论调反对镇压。

有一部关于巴黎公社的历史绝对很特别。关于其作者是否是维利耶·德利尔·阿丹（Villiers de l' Isle Adam）充满争议，并最后得到肯定。不管怎样，这部作品让我们看到了公社缔造了和平和政治鲜活相结合的巴黎街头：

有人进来，有人离开，有人四处穿梭，有人聚集在一起。巴黎儿童的嬉笑会打断政治讨论。去靠组织近些吧，去聆听吧。所有的人民都享受着这个意义深远的大事。我们第一次听到工人们彼此交流自己对事物的看法，迄今为止，只有哲学家这样做过。那里没有监工的立足之地，没有警察在大街上设置路障阻止行人来来去去。安全保障是无懈可击的。

先前，就是这帮人走出去沉溺于他们的栅栏舞会（bals de barière），资产阶级就避而远之，并平静地说道：

"如果这些人都自由了，我们会怎么样？他们会怎么样？他们自由并不再跳舞，他们自由并努力工作，他们自由并拼命战斗。当一个人的良好的信仰已经成为过去，在今天看来，他认为一个新的世界即将诞生，即使最大的怀疑家也会对之表示惊奇。"

在 5 月 21 日到 28 日之间，凡尔赛的军队一个堡垒一个堡垒地接管了巴黎，最后的战斗发生在西北区（arrondissements du Nord–Est）的战斗堡垒里：第十一堡、第十九堡，第二十堡……没有什么阻止他们之间的屠杀，即便在"血腥的星期"之后屠杀也没有停止。至少两万人丧生于飞啸的子弹之下。五万人被关进了监牢。

参照点二——经典解释

就在这时，马克思对巴黎公社做出了评价，这个评价完全处于他对国家问题的思考之中。于他而言，这是历史上第一次无产阶级掌握了领导地位，第一次接管了行政乃至整个社会的伟大事件。从巴黎公社的经验和教训中，他得出结论：国家机器不能"接管"或"占领"，而是要摧毁。

我们逐渐注意到，马克思分析的主要问题或许在于他对 1871 年 3 月到 5 月间的权力问题的看法，而权力是那个时期的秩序。无论什么样的尖锐的批评都达成了共识：公社被认为缺乏决策能力。如果公社立即进攻凡尔赛，如果他们接管了法兰西银行的黄金……在我看来，所有这些"如果"都没有实际意义。说真的，公社不会去回应这些"如果"，甚至也不可能会那样去想。

马克思的评价实际上有歧义。一方面，他对所有可以导致消解国家，更准确地说，消解民族国家的东西都抱有好感。在这个方面他写道：公社摒弃了职业军队，而喜欢直接由人民武装起来的军队；所有的措施在选举中，而人民公仆是可以撤换的；这样做的结果是决策和执行的权力被分化了；它的国际主义（公社的金融代表是德国人，军事领导人是波兰人），等等。但另一方面，他谴责了公社的无能，这实际上是在国家上的无能（incapacités étatique）：他们羸弱的军队缺乏中心；他们不能界定的金融的归属，还有其关于民族的问题上的缺陷，同其他城市的联系，关于公社谈没谈到同普鲁士的战争，或者来号召外省的民众。

可以很明显地看到，20年后，恩格斯在1891年为马克思的《法兰西内战》的新版撰写序言的时候，他也以类似的方式归纳了公社的矛盾。他指出，事实上，在1871年的运动中，实际上有两种主要的政治力量，即普鲁东主义和布朗基主义，他们各自的意识形态的需求走向了明显的对立。布朗基主义是高度集中和武装密谋的支持者，一小部分决定性的任务接管了政权，建立起对工人阶级有利的政权。不过，他们主张社员的自由联合以及摧毁国家官僚机构。普鲁东主义不喜欢所有的集体联合的生产方式，他们捍卫的是小型的自给自足的产业。不过他们最终都支持了大规模的工人的联合的形式，其目的是在于掌控大工业。在逻辑上，恩格斯从中得出结论，公社的弱点在于其意识形态的形式不太适合做出国家决策。此外，其两派对立的结果是布朗基主义和普鲁东主义走向了终结，让位于单纯的"马克思主义"。

但是1871年乃至其后的马克思和恩格斯的潮流何以更适合于那种情形呢？又是在何种意义上，将他们领导权赋予公社呢？

最终，马克思含混的评价，在后来的一个世纪里，一方面被社会民主党的条文，另一方面被列宁的激进化立场所弘扬。

"社会民主"党，即"工人阶级"政党，或者说"无产阶级"政党，或者再后来的"共产主义"政党，最终在同国家的关系中保持自由，与此同时，在权力的作用下变得井井有条。

这是一个纯粹政治性的功能，它是通过意识形态的断裂由主观的拥护来建构的，同时它又外在于国家。在与统治关系中，它是自由的：它担负着革命的任务，也承担着摧毁资产阶级国家的使命。

不过政党也是一个高度集中和有纪律的组织者，其能力完全是在于接管国家权力。它担负着建立新国家的任务，也承载着无产阶级专政的使命。

于是，我们可以说，政党实现了马克思主义关于巴黎公社的含混评价，赋予了它一个实体（corps），它逐渐成为了非国家（non étatique）

和反国家（anti-étatique）之间，解放政治的特质和新政治的胜利和持续的国家性特质之间的根本紧张关系的一个政治性位点（le lieu politique）。此外，这与胜利是由起义获得还是选举获得的没有一点关系；这两者在精神实质上是一致的。

这就是为什么政党会导致（尤其自斯大林之后）党—国（parti-État）的形象。党—国拥有可以解决巴黎公社所不能解决问题的能力：监管和军事防卫的集中化；对资本主义经济的彻底摧毁；号召并让农民臣服于工人阶级的领导之下；一个强有力的国际的创立，等等。

那么就丝毫不奇怪，如同在列宁传记中记载的那样，列宁在布尔什维克政权达到并超越了巴黎公社全部命运并走向终结的 72 天之后，在雪地里翩翩起舞。

不过，尽管其提供了一种国家式的方式解决了巴黎公社所不能解决的问题的方案，我们还需要质问，在解决这些问题时，是否党—国没有镇压一些政治性的问题，在这一点上，巴黎公社清晰可见。

无论如何，很明显的是，通过党—国反过来思考下，将巴黎公社简化为两个参量：一是工人的社会决策；二是英雄史诗般的但有缺陷的权力实施。

其后果是，巴黎公社倾空了所有恰当的政治意义。那当然是一种纪念、一种庆祝和一种宣言，不过这仅仅只是作为同国家权力的社会本质绞合在一起的时候才是纯粹的。但如果巴黎公社仅此而已的话，那么它在政治上就已经过时了。其之所以过时了正是由于席尔万·拉撒路（Sylvain Lazarus）所谓的斯大林模式，在这种模式中，党是政治的唯一位置。

这就是为什么对它的纪念同时也阻止了其复活。

在这一点上，有一则关于布莱希特的趣闻。在战争之后，布莱希特在经过缜密思考之后回到了"社会主义"的德国，在那里，苏联军队制定了法律。1948 年，他出发返回德国，但他得到了来自于远方的情报，选择在瑞士滞留。在滞留瑞士期间，在他那时的爱侣露特·贝劳（Ruth Berlau）的帮助下，完成了一部历史剧，叫做《公社岁月》

（Les jours dela Commune）。这是一部力作，在这部剧作中，历史形象与平民英雄结合在一起。这部巨作，更像是抒情剧和幽默剧，而不像一部史诗剧。在我看来，尽管这部戏剧上演很少，但这真的是一部相当不错的戏剧。到达德国后，布莱希特向当局申请上演《公社岁月》。不过，那一年，即 1949 年，当局宣布其中的表达不合时宜！当时，东德正处于成功地建设社会主义过程中，没有必要回到巴黎公社时期，那个无产阶级意识十分艰难并已化作历史烟尘的时代。总之，布莱希特没有运气获得一张好牌。他不能理解，既然斯大林是将列宁主义的——成为党的偶像——描绘成"革命胜利时代的马克思主义"，那么回到保卫革命的时代毫无意义。

这样说来，布莱希特是怎样解释公社的？为了更好地判断，我们在这里读一下这个剧作最后那三届名为"社员的决心"的歌曲：

要知道我们不会说服你付给我们让我们活下去的薪酬
我们会从你们手中夺得工厂来解决这一切
要知道你们的所失的就是我们的所得
要知道我们不会依赖于我们老板所做出的许诺
我们从自由之中，已经为我们自己赢得了好的生活
我们的未来只有我们自己来决断
要知道炮声轰鸣是我们唯一用来回答你的语言
我们向你证实了我们吸取了教训
在未来我们将会将枪口对准你们

很明显，这里的一般性框架延续了经典解释。巴黎公社是一种社会和权力的结合，也是物质富足同炮火的结合。

参照点三——在中国的新生

在"文革"中，尤其是在 1966 年到 1972 年间，巴黎公社在中国复活了，中国的毛主义经常提及巴黎公社，这仿佛是在一个既定的严格的党—国的等级制之中，试图寻找不同于 1917 年十月革命和列宁主

义的新的支点。这样，在 1966 年的十六条（这个文本很有可能出自于毛泽东自己的手笔）中，提出了对巴黎公社的缅怀和景仰，尤其是从群众运动中涌现的新组织中选举和召唤领袖。1967 年 1 月，上海革命工人和学生颠覆了上海市政，一个被命名为"上海公社"的新组织接管了权力，指出一些毛主义分子试图从政治上将权力和国家问题链接起来，而不是用斯大林主义的党的形式。

不过，这些企图是非常危险的。我们可以从事实上看到，当权力被"掌控"后，权力不得不安置在新的省市的新组织中，"公社"很快被废除，取而代之的是更模糊的"革命委员会"。同时，我们从 1971 年中国对巴黎公社的百年纪念中也可以看到这一点。这次纪念不纯粹是一个纪念活动，在这次纪念中包含了复兴的要素，很明显，这种复兴包含在波澜壮阔的游行活动中。数百万人在中国大地上到处串联。不过渐渐地，革命的主题被封闭了，最终在这种情况下，官方出版了一个文本，这个文本我们中一些人在那时都曾读过，但我们中几乎没有人会记得并再去翻它（或许，对于中国人来说重读这些文本也很困难……）。这个引发争议的文本是：《无产阶级专政胜利万岁！纪念巴黎公社一百周年》。

这完全是矛盾的！

重要的是，其中包含了当时马克思为巴黎公社所写的一段文字：

即使公社被搞垮了，斗争也只是延期而已。公社的原则是永存的，是消灭不了的；在工人阶级得到解放以前，这些原则将一再表现出来。（马克思：《关于巴黎公社的发言记录》。《马克思恩格斯全集》第 17 卷，第 677 页）

这个选择确定了即便在 1971 年的中国，巴黎公社不仅仅是一个光辉的工人起义的历史时代，而且其原则的历史展现一定会再次复活。我们再说一个或许源于毛泽东的对马克思评述的回应："如果文化大革命失败了，它的原则不会仅停留在今天的秩序中。"这里再次证明了"文化大革命"更多的是与巴黎公社而不是十月革命一脉相承的。

巴黎公社的相关性更多的是在中共反对苏联领导的庆典的内容中清

晰体现出来的。例如：

当时，当世界各地的无产阶级和革命群众纪念伟大的巴黎公社一百周年的时候，苏修叛徒集团正付诸行动，滔滔不绝地谈论"忠于公社的原则"并将自己作为巴黎公社的先驱。他们一点都不害臊。这些苏修叛徒怎么能厚颜无耻地谈论巴黎公社？

正是在这个意识形态框架中，创造性的革命的马克思主义同叛变的斯大林主义对立，在毛泽东和"文化大革命"本身的文本中被指出来，而这是巴黎公社的继续：

> "毛主席亲自发动和领导的无产阶级文化大革命一声炮响，摧毁了以叛徒、内奸、工贼刘少奇为首的资产阶级司令部，粉碎了帝国主义和现代修正主义在中国复辟资本主义的迷梦。"

> "毛主席全面地总结了无产阶级专政的正反两个方面的历史经验，继承、捍卫和发展了马克思列宁主义关于无产阶级革命和无产阶级专政的理论，提出了无产阶级专政下继续革命的伟大学说，从理论上和实践上解决了巩固无产阶级专政、防止资本主义复辟这个当代最重大的课题，对马克思列宁主义作出了伟大的新贡献，给我们开辟了把无产阶级革命进行到底的胜利航道。"

其要旨是"巩固无产阶级专政"。在这里引出巴黎公社是要说明无产阶级专政不是一个简单的国家的原则，追求并向共产主义大步迈进必然要以人民群众的革命运动为基础。换句话说，1871 年 3 月 18 日的巴黎工人在历史上第一次建立了公社，这个原则需要在不断前进的革命经验中进行创造无产阶级国家的新形式——往往有些飘浮不定并难以预测。此外，早在毛泽东的著作中已经宣告了"文化大革命"是"无产阶级专政的最后发现的形式"。

不过，政治和国家链接在一起的一般性概念还是没有什么变化。巴黎公社的革命性复兴早在先前的算计之中，尤其是其在党的守护者的形象支配之下。很明显，这出现在对公社缺点评述的段落中：

"巴黎公社失败的根本原因，是由于当时历史条件的限制，马克思主义还没有在工人运动中取得统治地位，还没有一个以马克思主义为指导思想的无产阶级革命党。……历史的经验证明，有了大好的革命形势，有了人民群众的革命积极性，还必须有无产阶级的坚强领导核心，即要有一个"按照马克思列宁主义的革命理论和革命风格建立起来的革命党。"

尽管最后所说的党是毛泽东的党，这也很容易理解为斯大林的党。这就是为什么不管毛泽东有多么激进，多么富有战斗力，毛主义对于巴黎公社的看法最后仍然踯躅于党—国框架之下，这就是我所谓的"第一次计数"（premier bilan）。

在经典解释描述以及这个例外的结尾，我们可以说，在今天，巴黎公社在政治上的能见度依然不够清晰。至少，亦即我们所说的这个"今天"，指的是我们迎接这样的挑战，即我们需要在摒弃对国家的臣服，摒弃多党或一党的框架来思考政治。

于是，巴黎公社是一个政治后果，准确地说，它并不将自己局限在对这样一个框架的臣服之中。

我们在这里的方法会将经典解释的方法放在一边，并用一种完全不同的方法来处理事实和巴黎公社的决定。

————

［1］凡尔赛派是指法国 1871 年巴黎公社起义胜利后在凡尔赛成立的以阿·梯也尔为首的反革命资产阶级政府的拥护者。凡尔赛派对公社战士实行极为残酷的镇压，是巴黎公社最凶狠的敌人。1871 年后，凡尔赛派一词成了灭绝人性的反革命派的同义语。——译者注

［2］路易欧仁·卡芬雅克，法国将军，让·巴普蒂斯·卡芬雅克次子，艾兰诺路易·戈德弗鲁瓦·卡芬雅克之弟。生于巴黎。卡芬雅克在 1840 年代法国征服阿尔及利亚期间表现突出，1848 年被任命为阿尔及利亚总督。在 1848 年革命中，他被选入法国的立法议会。法兰西第二共和国临时政府成立后，任命他为陆军部长。同年 6 月巴黎工人起

义，他进行残酷镇压，6 月 28 日卡芬雅克被制宪议会批准为"法兰西共和国政府首脑"（最高行政官）。1851 年 12 月 2 日路易·波拿巴发动军事政变，卡芬雅克和其他反对派成员被逮捕，经过短暂监禁后被释放，与他刚结婚的妻子居住在萨尔特省乌尔纳市（Ourne，Sarthe）直到他去世。——译者注

［3］色当战役发生于 1870 年 9 月 1 日普法战争时期。战斗的结果是普军俘虏了法皇拿破仑三世及其麾下的军队，虽然普军仍需要与新成立的法国政府作战，但此战实际上已经决定了在普法战争中普鲁士及其盟军的胜利。——译者注

［4］无双议院指的是 1815—1816 年由极端反动分子组成的法国众议院，巴迪欧为"无双"加上引号表示，1870 年战争形成的"国防政府"所举行的议会是另一个"无双"议院。——译者注

附录V 参考文献

1. 马克思：《法兰西内战》，吴黎平、刘云译，解放社 1948 年版。

2. 马克思：《法兰西内战》，吴黎平、刘云译，北京：人民出版社 1954 年版。

3. 马克思：《法兰西内战》，中央编译局译，北京：人民出版社 1961 年版。

4. 〔法〕浦罗佩奥利维耶·利沙加勒（Proper Olivier Lissagaray）：《一八七一年公社史》，柯新译，北京：生活·读书·新知三联书店 1962 年版。法文版 1947，德文版 1956。

5. 苏联科学院世界历史研究所：《一八七一年巴黎公社史》（上、下册），马龙闪等译，重庆：重庆出版社 1982 年版。

6. 凯尔任策夫：《巴黎公社史》，中国人民大学编译室译，北京：生活·读书·新知三联书店 1961 年版。

7. 中国人民大学马克思列宁主义教研室：《巴黎公社》，北京：中国人民大学出版社 1958 年版。

8. 〔法〕阿·阿达莫夫：《巴黎公社史料辑要》，黎星译，北京：商务印书馆 1962 年版。

9. 皮埃尔·米盖尔：《法国史》，北京：商务印书馆 1985 年版。

10. 《巴黎公社——纪念巴黎公社一百周年》，上海：上海人民出版社 1971 年版。

11. 中央党校编写小组：《〈法兰西内战〉提要和注释》（校内用书），北京：人民出版社 1972 年版。

12. 中国人民大学马克思列宁主义基础系：《〈法兰西内战〉简释》

（校内用书），北京：中国人民大学出版社 1962 年版。

13. 史唯：《巴黎公社》，学习生活出版社 1955 年版。

14. 苏联大百科全书选译：《巴黎公社》，北京：生活·读书·新知三联书店 1956 年版。

15. 北京大学国际政治系：《巴黎公社》，北京：商务印书馆 1971 年版。

16. 北京大学国际政治系：《巴黎公社》，北京大学国际政治系 1974 年出版，校内用书。

17. 胡代聪：《巴黎公社》，通俗读物出版社 1955 年版。

18. 中国人民对外文化协会：《巴黎公社文物资料展览》，中国人民对外文化协会 1966 年主办。

19. 〔苏〕莫洛克：《巴黎公社会议记录》，何清新译，北京：商务印书馆 1961 年版。

20. 俞鸣：《巴黎公社英雄列传》，北京：商务印书馆 1986 年版。

21. 《巴黎公社的原则是永存的——纪念巴黎公社一百周年（1871—1971）》，北京：人民美术出版社 1971 年出版。

22. 卡尔·考茨基：《无产阶级专政》，何疆、王禺译，北京：生活·读书·新知三联书店 1963 年版。

23. 吴江：《论无产阶级专政》，北京：人民出版社 1979 年版。

24. 中国社会科学院哲学研究所《无产阶级专政学说史》编写组编：《无产阶级专政学说史（1842—1895）》，长春：吉林人民出版社 1979 年版。

25. 《人民日报》、《红旗》杂志、《解放军报》编辑部：《无产阶级专政胜利万岁——纪念巴黎公社一百周年》，北京：人民出版社 1971 年版。

26. 陕西师大等八院校：《国际共产主义运动史》上卷，兰州：甘肃人民出版社 1981 年版。

27. 陈启能、沈永兴：《巴黎公社革命经验不容篡改》，载《历史教学（高校版）》1979 年第 3 期。

28. 赵永清：《巴黎公社革命与马克思主义国家学说》，载《吉林师范大学学报（人文社会科学版）》1980 年第 4 期。

29. 段毓珍：《学习巴黎公社经验，发扬社会主义民主——纪念巴黎公社一百一十周年》，载《新疆师范大学学报（哲学社会科学版）》1981 年第 2 期。

30. 邵景均：《以科学的态度对待巴黎公社经验——省社联筹委会和社会科学院联合召开巴黎公社学术座谈会》，载《东岳论丛》1981 年第 3 期。

31. 陈叔平：《建国以来有关巴黎公社著作编译出版的情况》，载《历史教学（高校版）》1981 年第 4 期。

32. 赵明义：《要正确理解巴黎公社的原则》，载《文史哲》1981 年第 4 期。

33. 曹特金：《马克思的〈法兰西内战〉》，载《历史教学（高校版）》1983 年第 9 期。

34. 鲁兰沁、张宝瑞、朱毅：《试论马克思学说的实质——兼评美国学者哈尔·德雷珀和查理·N. 亨特的"新观点"》，载《齐齐哈尔大学学报（哲学社会科学版）》1985 年第 4 期。

35. 张汉清：《简明国际共产主义运动史》，北京：北京大学出版社1985 年版。

36. 薛刚：《对"工人阶级不能简单地掌握现成的国家机器"》，载《理论探讨》1988 年第 1 期。

37. 文彩：《巴黎公社经验长新——重读马克思〈法兰西内战〉等名著》，载《广西社会科学》1991 年第 2 期。

38. 劳苑：《马克思关于廉价政府的思想与我国的政治体制改革》，载《东北财经大学学报》1999 年第 6 期。

39. 林凤升：《国家政权职能的根本变革——纪念巴黎公社成立 130 周年》，载《河北大学学报（哲学社会科学版）》2001 年第 4 期。

40. 郁建兴：《马克思与自由主义民主》，载《哲学研究》2002 年第 3 期。

41. 李延明等：《马克思恩格斯政治学说研究》，北京：人民出版社2002 年版。

42. 何俊志：《对马克思关于"巴黎公社"有关论述的再认识》，载《马克思主义与现实》2005 年第 1 期。

43. 张爱军、孙贵勇：《重新审视巴黎公社的民主原则》，载《马克思主义研究》2006 年第 3 期。

44. 安云初：《巴黎公社执政为民的实践及启示》，载《长沙铁道学院学报（社会科学版）》2007 年第 1 期。

45. 安云初：《巴黎公社建设廉价政府的实践及当代价值》，载《湖南商学院学报》2007 年第 4 期。

46. 韦建平：《以服务人民为荣 巴黎公社民主和廉政建设的有益探索——纪念巴黎公社 136 周年》，载《黄冈师范学院学报》2008 年第1 期。

47. 董世明：《从〈法兰西内战〉看马克思的廉政建设思想》，载《马克思主义与现实》2008 年第 5 期。

48. 胡帆、陈宇宙：《节约型政府：马克思廉价政府思想在中国的践行——读〈法兰西内战〉有感》，载《学术探索》2008 年第 5 期。

49. 高千、张英魁：《1980 年代以来学术界对巴黎公社研究评述》，载《高校社科动态》2009 年第 5 期。

50. 杨涵：《双重民主原则下的自治——从〈法兰西内战〉透视马克思的政体思想》，载《理论界》2009 年第 6 期。本文以对理想政治运行模式的寻找为切入点，通过对马克思《法兰西内战》中关于巴黎公社的相关论述进行分析，提炼、总结出马克思在文中关于政体的思想，即一种新型的共和政体。这种新型共和政体以双重民主原则下的自治为核心，通过良好的政府治理模式来进行实际运作，它为我们提供了一个很好的借鉴。尽管公社自身的运作时间十分有限，其制度安排也没能达到最优化的效果，但其以人民自治为核心的治理精神却有着永恒的意义。

51. 巴迪欧：《共产主义假设》（L'Hypthese Communiste，2009）。

52. 刘晓龙、阎国平：《论马克思的反腐倡廉思想——读〈法兰西内战〉》，载《山西高等学校社会科学学报》2010 年第 7 期。作者认为，马克思在总结巴黎公社经验的基础上创作了《法兰西内战》，这部著作包含了丰富的反腐倡廉思想。巴黎公社摧毁了资本主义的经济基础，彻底改变了国家性质，并通过打碎旧的国家机器，使公社的权力真正掌握在人民手中，这就铲除了腐败产生的土壤。同时，公社还制定了民主制度、监督制度等具体制度，推动了反腐倡廉工作的有序发展。马克思的反腐倡廉思想对中国特色社会主义建设具有重要指导意义。

53. 黄东阳：《转型期我国政府公仆身份的塑造——从〈法兰西内战〉探服务型政府建构之一隅》，载《闽江学院学报》2010 年第 3 期。作者认为，马克思著作中蕴含丰富的政府治理理念，特别是在《法兰西内战》中对公仆的内涵进行了深刻的阐述，提出了公仆政府建设的诸多观点，这些观点与我国当前建设的服务型政府相契合。我国政府公仆身份的塑造主要应关注三个方面内容：一是规范公仆行为，提高公仆素养；二是贯彻以人为本的善治理念；三是实践公仆功能与理念的结合。

54. 郑谦：《"文化大革命"的巴黎公社情结：他山之石必能攻玉?》，2010 年 8 月 3 日中国共产党新闻网，原载《中共党史研究》2010 年第 2 期。

55. 代俊兰：《法兰西内战与人类解放——纪念巴黎公社成立 140 周年》，载《社会主义研究》2010 年第 6 期。

56. 马寒玉：《马克思的代表理论初探——〈法兰西内战〉读书笔记》，载《新闻爱好者》2010 年 24 期。

57. 王得众：《"巴黎公社"教学误区谈》，载《历史教学（中学版）》2011 年第 4 期。

58. 蓝江：《巴黎公社与共产主义——析巴迪欧的解放政治学逻辑》，载《南京大学学报》2011 年第 3 期。

59. 沈慧：《论马克思反腐倡廉思想及其中国化发展——又读〈法兰西内战〉》，载《辽宁师范大学学报（社会科学版）》2011 年第 4 期。

60. 刘真金、肖铁肩：《从〈法兰西内战〉看马克思的人民主体思想及其当代价值》，载《马克思主义研究》2011 年第 5 期。

61. 吴盼、刘建明：《我国民主政治建设的一面历史明镜——读〈法兰西内战〉》，载《辽宁行政学院学报》2011 年第 4 期。文章认为，《法兰西内战》深刻总结了巴黎公社的历史经验，发展了马克思主义关于无产阶级革命和无产阶级专政的理论。在我国改革开放和社会主义现代化建设新的历史时期，《法兰西内战》仍然具有现实的指导意义。

62. 石倩：《马克思的民主观——重读〈法兰西内战〉》，载《新西部（下旬·理论版）》2009 年第 4 期。

63. 穆罕默德·塔巴克（Mehmet Tabak）：《无产阶级专政再认识》，载《科学与社会》（美国）2000 年秋季号（总第 64 卷第 3 期）。

64. 曲延明：《重新认识马克思的无产阶级专政理论》，载《国外理论动态》2001 年第 5 期。

65. Understanding the dictatorship of the proletariat：the Canadian left and the moment Of socialist possibility in 1919.（理解无产阶级专政：1919 年的加拿大左翼以及社会主义运动的可能性）By Campbell，Peter（皮特·康姆贝尔著）2009 年 9 月 22 日 发表于公司大全网 Tuesday，September 22 2009，Published on AllBusiness. com。

66. 蓝江：《巴黎公社与共产主义观念——析巴迪欧的解放政治学逻辑》，载《南京大学学报》2011 年第 3 期。

67. Hal Draper，M. 1990，"Marx and the Dictatorship of the proletariat"，in *Karl Marx's Social and Political Thought*：Critical Assesments，vol. Ⅲ，Routledge.

68. Hal Draper，*The "dictatorship of the proletariat" from Marx to Lenin*，Monthly Review Press，1987，p. 188.

69. Caron，Jean-Claude，*Frères de sang：la guerre civile en France au XIXe siècle*，Publication Seyssel：Champ Vallon，impr. 2009.

70. Todorov，Tzvetan，*Une tragédie française：été 1944：scènes de guerre civile*，Edition Ed. revue et corrigée Publication［Paris］：Éd. du

Seuil, 2004.

71. The Civil War in France. Address of the General Council of the International Working Men's Association. London: *Edinburgh Review*, 1871.

72. Sempronius, *Histoire de la Commune de Paris en* 1871, Paris: 1871.

73. Gustave Flourens, *Paris Livré*, Paris: 1871.

74. Edouard Moriac, *Paris sous la Commune*, Paris: 1871.

75. Joseph Liu, "The People's Communes and the Paris Commune", *Studies in Soviet Thought*, Vol. 12, No. 2 (Jun. , 1972), pp. 149-165.

76. Eugene Schulkind, "Socialist Women during the 1871 Paris Commune", *Past & Present*, No. 106 (Feb. , 1985), pp. 124-163.

77. Irena Koberdowa, "La Commune de Paris et les débuts du mouvement ouvrier polonais", *Le Mouvement social*, No. 111, Georges Haupt parmi nous (Apr. -Jun. , 1980), pp. 127-143.

78. George M. Wrong, "Paris in 1871", *The Lotus Magazine*, Vol. 9, No. 6 (Mar. , 1918), pp. 279-280, 282-288.

79. Heinz-Gerhard Haupt, Karin Hausen, "Comment adapter les moyens révolutionnaires aux buts de la révolution? Réflexions à partir de l'expérience de la Commune de Paris" (1871), *Le Mouvement social*, No. 111, Georges Haupt parmi nous (Apr. -Jun. , 1980), pp. 119-126.

80. Roger V. Gould, "Multiple Networks and Mobilization in the Paris Commune 1871", *American Sociological Review*, Vol. 56, No. 6 (Dec. , 1991), pp. 716-729.

81. Prosper Olivier Lissagaray, *History of the Paris Commune of* 1871, Translated from the French by Eleanor Marx, First Published: in French, 1876. http: //www. marxists. org/subject/france/index. htm.

82. Jenny Marx, *Escape from Post-Commune France*, First Published: in *Woodhull & Claflin's Weekly*, 21 October 1871. http: //www. marxists. org/subject/france/index. htm.

图书在版编目（CIP）数据

马克思《法兰西内战》研究读本 / 李惠斌

编著. —北京：中央编译出版社，2013.6

（马克思主义经典著作研究读本 / 杨金海，李惠斌主编）

ISBN　978-7-5117-1785-6

Ⅰ.①马…　Ⅱ.①李…　Ⅲ.①《法兰西内战》-马克思著作研究

Ⅳ.①A811.23

中国版本图书馆 CIP 数据核字（2013）第 228130 号

马克思《法兰西内战》研究读本

出　版　人：刘明清
出版统筹：薛晓源
责任编辑：李媛媛
责任印制：刘　慧
出版发行：中央编译出版社
地　　　址：北京西城区车公庄大街乙 5 号鸿儒大厦 B 座（100044）
电　　　话：（010）52612345（总编室）　　（010）52612335（编辑室）
　　　　　　（010）52612316（发行部）　　（010）52612317（网络销售）
　　　　　　（010）52612346（馆配部）　　（010）55626985（读者服务部）
传　　　真：（010）66515838
经　　　销：全国新华书店
印　　　刷：北京文昌阁彩色印刷有限责任公司
开　　　本：710 毫米×1000 毫米　1/16
字　　　数：349 千字
印　　　张：24.5
版　　　次：2013 年 6 月第 1 版
印　　　次：2018 年 6 月第 2 次印刷
定　　　价：84.00 元

网　　　址：www.cctphome.com　　邮　　　箱：cctp@ cctphome.com
新浪微博：@中央编译出版社　　微　　　信：中央编译出版社（ID：cctphome）
淘宝店铺：中央编译出版社直销店（http：//shop108367160.taobao.com）　（010）52612349

本社常年法律顾问：北京市吴栾赵阎律师事务所律师　闫军　梁勤
凡有印装质量问题，本社负责调换。电话：（010）55626985